All Voices from the Island

島嶼湧現的聲音

台灣經濟四百年

吳聰敏

春山之聲 042

台灣經濟四百年
A 400-Year History of Taiwanese Economy

作者	吳聰敏
總編輯	莊瑞琳
責任編輯	吳崢鴻
行銷企畫	甘彩蓉
封面設計	吳慕凡・吳聰敏
封面題字	蕭世瓊
內文排版	吳聰敏
出版	春山出版有限公司
	地址 11670 臺北市文山區羅斯福路六段 297 號 10 樓
	電話 02-2931-8171
	傳真 02-86638233
法律顧問	鵬耀法律事務所戴智權律師
總經銷	時報文化出版企業股份有限公司
	地址 33343 桃園市龜山區萬壽路二段 351 號
	電話 02-2306-6842
製版	瑞豐電腦製版印刷股份有限公司
印刷	搖籃本文化事業有限公司

初版 1 刷 2023 年 2 月 20 日
初版 4 刷 2024 年 1 月 2 日

定價新臺幣 660 元

台灣經濟四百年網頁:
https://homepage.ntu.edu.tw/~ntut019/te400/

Email   SpringHillPublishing@gmail.com
Facebook   www.facebook.com/springhillpublishing/

填寫本書線上回函

台灣經濟四百年 / 吳聰敏作– 初版.
– 臺北市: 春山出版有限公司, 2023.03
　面: 公分 . – (春山之聲; 42)
ISBN 978-626-7236-12-3 (平裝)
1. CST:臺濟經濟 2. CST:經濟史
552.339   111022418

感謝我的父母，

他們是台灣人特別的一代，

出生於困頓的環境，

但見證了人類歷史上罕見的高成長。

簡要目錄

目錄

目錄

目錄

目錄

目錄

目錄

目錄

大事記

1624	荷蘭東印度公司在大員建立商館 (1624–1662)
1662	鄭氏王朝 (1662–1683)
1683	清朝統治台灣 (1684–1895)
1886	劉銘傳推動清賦事業
1895	日本統治台灣 (1895–1945), 大清潔法
1897	公醫制度
1899	台灣銀行成立
1901	台灣製糖株式會社成立 (台南橋仔頭)
1905	臨時土地調查事業完成, 第一次戶口普查
1908	縱貫鐵路全線通車
1925	蓬萊米開發成功
1945	國民政府接收台灣
1945	惡性物價膨脹 (1945–1950)
1947	二二八事件
1949	戒嚴 (5/19), 國民政府撤退到台灣 (12/8)
1950	韓戰爆發 (6/25), 美國援助台灣 (1950–1965)
1954	第1次台海危機, 中美共同防禦條約
1958	第2次台海危機, 外匯與貿易管制部分解除
1959	「八點財經措施」
1960	「十九點財經措施」
1960	紡織品出口
1964	美國通用器材公司在新店設廠
1965	美援終止
1979	美國與中國建交, 台灣關係法
1987	解除戒嚴 (7/15)
2022	第3次台海危機

體例

- 日期全部使用西元。鄭氏王朝與清治時期之月分為農曆，除非會造成誤解，引文中不特別說明。

- 日本於1945年8月戰敗投降後，台灣的行政機關是1945年9月1日成立的臺灣省行政長官公署；後於1947年5月16日改制為臺灣省政府。在以上期間，中央政府為「中華民國國民政府」；後於1948年5月20日改制為「中華民國政府」。在不產生誤導的情況下，行文中不特別區分「國民政府」與「中華民國政府」。

- 「年度」指財政年度，「年」指曆年，各時期之年度期間不完全相同，例如，1953年曾經變更，1958年又改變。除非會影響推論結果，引用資料時不加以調整，也不特別說明。

- 引文的文字與現代的用法可能不同，例如，「征購」二字現在的寫法通常是「徵購」，「稻谷」則通常寫為「稻穀」，行文當中使用現代的用法，但引用時依原來的寫法。

- 「臺」與「台」，原則上使用後者，但專有名詞依原來的用法，例如，「臺灣製糖株式會社」，「台積公司」。

- 日治初期到1949年6月14日流通的貨幣簡稱為台幣，其中，戰後的期間又稱為舊台幣；6月15日開始為新臺幣。

- 為節省篇幅，圖表的資料來源若有論文或書籍可引用，即直接引用，不再列出原始資料來源。

- 數字盡可能使用阿拉伯數字。

序

本書講述台灣400年來經濟發展的故事。台灣經濟的歷史不只400年,但是,從1624年荷蘭人在大員 (今日的台南安平) 設立商館之後,才有較多的文字紀錄與統計,我們也才能瞭解長期經濟發展的過程。

從1624年到清治末年,台灣是一個傳統而落後的農業經濟。1895年日本統治台灣之後,總督府推動全面性的基礎建設,包括公共衛生,土地調查,戶口調查,與現代化的交通系統,並建立了新式糖業,也啟動了台灣的現代經濟成長。到了日治中期,台灣已經從一個傳統落後的社會,轉型為現代化的經濟,台灣人的所得也大幅上升。

二戰結束,國民政府接收台灣後,實施全面性的管制,台灣的經濟又陷入停滯。幸運的是,美國援助台灣期間 (1950–1965),在美方的主導與壓力下,部分的管制鬆綁,台灣逐漸回到市場經濟體制,並在1960年代初期走上高成長之路。

台灣人的所得從1960年代初期以來高速而且持續地成長,被經濟學者視為是奇蹟。事實上,20世紀的百年期間,台灣經濟成長的軌跡,在人類歷史上極為罕見。對於研究經濟成長機制的學者來說,台灣自20世紀初以來的成長經驗,極具教育意義。

綜合言之,台灣的經濟成長經驗,驗證了制度經濟學的論點:自由市場的經濟制度最有利於經濟成長,而台灣之所以能轉型為市場經濟制度,要歸功於日本的殖民統治與美援。事後看來,1950年代晚期,台灣在美援開發分署的壓力下,由管制體制轉型為市場經濟體制,可以說靠一點運氣。

本書講述台灣經濟400年的故事,我所選擇的議題主要是以往我曾經做過研究的。毫無疑問,400年來還有很多重要的議題,但限

序

於我個人的能力有限,本書並沒有講到。例如,晚清到日治初期的高山原住民,晚清的茶業發展,閩南人與客家人在經濟發展中的角色,日治時期在台日本人的發展,戰後的土地改革,黨國資本主義等。我期待未來有人能從經濟的角度,把這些故事寫出來。

1990 年代中期,台大經濟系與日本一橋大學進行台灣長期經濟統計之研究計畫,我有幸參與,這個機會觸發我對於台灣長期經濟成長議題之興趣。我特別感謝當初一橋大學的尾高煌之助教授。

2015 年,我有幸獲邀參加東京大學武田晴人教授的亞洲高成長的研究計畫,後續的計畫是由立教大學的林采成教授所推動。本書最後幾章關於紡織業與電子業的內容,即是以上研究計畫的成果。對於以上幾位學者,我深表感謝。

本書寫作的過程中,有一些人接受我的訪問,包括:蕭文瑞,鍾慶仁,陳有諒,孫元成,陳文洋,劉羽隆,何泰舜,段孝勤,陳木在,林正義,楊名周,許中明,陳瓅安,與張雪梨,我感謝他們協助我釐清很多問題。

好幾位同事與朋友提供資料,有些人回答我的問題 (前中有幾位素未謀面),有些人看過書稿早期版本的一部分,並指出錯誤或提出建議,我衷心感謝:陳添枝,蔡龍保,洪紹洋,周雨田,張永健,翁佳音,陳信行,李文環,林建樑,蔡尚仁,陳博修,王盈裕,蕭耀基,蕭伊伶,俞瑞成,顏瑞和,鄭甯勻,雲海龍吟,張安琪,鄭惠芳,陳德隆,吳勉禎,林君柔,與吳浩文。

過去幾年,我有幸與樊家忠老師合作,進行日治初期纏足與死亡率的研究,他不時鞭策我完成本書。本書出版之前,古慧雯,魏凱立,樊家忠,陳旭昇,與陳妍蒨幾位老師,以及我以往的學生,林啟超與葉俊佑兩位先生,讀了全部或部分的章節。不管是對初稿或是最後版本的修改建議,我已經盡可能納入,但限於能力與時間,有些部分並未完成,希望未來有機會加進來。我感謝以上諸位的幫忙。

過去兩年,魏思宇與黃品鈞兩位同學幫我看稿與校對,指出錯誤

序

以及他們看不懂的段落;最後大約半年的階段,黃品鈞獨撐大局。沒有他們兩位,本書會有許多不清不楚的段落。本書在寫作的階段,張馨云與李晨心擔任過我的助理,此外,第9章的GIS是許雨翔幫忙畫出的。我感謝以上學生們的協助。

春山出版公司的莊瑞琳與吳崢鴻也校訂了全書,我應謝他們在出版上的協助。

蕭世瓊老師是書法名家,2020年8月我們一起在合歡山區健行。他知道我的寫書計畫後,拔筆相助,本書封面的題字是他的傑作。此外,他還請洪健豪先生幫我刻一個印璽。本書的封面設計,過程冗長,我感謝我女兒的協助。

本計畫獲得科技部學術性專書寫作計畫(MOST 107-2410-H-002-030-MY3, 2018/8–2021/7),與教育部「大專校院人文與社會科學領域標竿計畫」對台大經濟系的經費補助(GRANT NO. 110L9A00501–503),作者在此深致感謝。

最後,我要感謝我的家人。本書的第1章寫了我父親「經濟成長」的故事,內容來自於我對他所作的片片斷斷的口述歷史。遺憾的是,我以前對我父母本身成長年代的瞭解太少,否則他們會講出更多精彩的故事。我希望這本書對於想要瞭解自己家族故事的人,有一點幫助。

我父母一輩子住在屏東,晚年的生活由我姊姊,兩位弟弟及他們的家人照料,他們對於本書也有相當的貢獻。最後,我也要感謝我太太,如果沒有她的照料,我平日的生活一定會退化成低度開發國家的水準。

吳聰敏
2023/2

1
「現在生活真的很好」

"那時候一個月四百八，我每個月拿三百塊給我媽媽，剩下的錢就是租房子、吃飯，車費。以前的人都比較省。... 現在生活真的很好，苦都苦過來了，以前是一直工作一直工作，沒有甚麼玩樂。"

蔡宮慧 (2014)

1932–1960

蔡宮慧女士是屏東縣內埔鄉客家人。1967年她從省立鳳山商職畢業後，到高雄加工出口區 (簡稱為加工區) 的高雄電子公司工作，負責品質管制。高雄電子公司是美國飛歌 (Philco) 公司1966年所設立，英文名字是 General Microelectronics，主要是做電晶體與半導體封裝與測試。外資電子公司來台設組裝廠是台灣電子產品外銷的起點，蔡宮慧女士是最早期的員工之一。

蔡宮慧女士當初是高職畢業，起薪是新臺幣480元。如果是初中畢業，起薪是420元；國小畢業的起薪是360元。[1] 從1967至2019年，台灣的物價上漲為6.6倍，因此，她的起薪若改以2019年的幣值計算，等於3,168元。相對的，依據勞動部的調查，2019年高中職畢業生的起薪是25,260元，因此，從1967到2019年，高中職畢業生的起薪增加為8倍。

同樣是高中職學歷，為何大約半世紀前的起薪只有今天的12.5%？或許有人會認為是物價膨脹的影響，但以上已經把1967年的起薪改為2019年的幣值計算，因此，物價膨脹的影響已排除。另外一個可能的解釋是工作時間長短。不過，在蔡宮慧女士的年代，一週工作6天，現在則是週休2日。因此，工作時間長短也不能解釋起薪的差異。

本書要講台灣經濟400年的故事，焦點是放在經濟成長上。經濟成長就是所得成長，以蔡宮慧女士作為1960年代晚期的代表，台灣在過去半世紀所得水準大約上漲為8倍，如果換算為成長率，平均年增率是4.1%。我們必須與其他國家比較，才能理解以上的數字。以菲律賓為例，1965年菲國的平均每人所得是2,603美元 (2011年幣值)，台灣是2,885美元，差異不大。2018年，菲律賓的所得上升為8,139美元，平均年增率是2.2%。[2]

蔡宮慧女士在受訪時說，「現在生活真的很好，苦都苦過來了，以前是一直工作一直工作，沒有甚麼玩樂。」如果我們能在菲國找到一

---

[1] 蕭伊伶 (2014)，頁122–133。

[2] Bolt and Zanden (2020)，年增率是由頭尾兩年的數字計算。

位與蔡女士年紀接近的女性,她也會覺得現在的生活比以前好,但對照之差異則遠不如台灣。台灣今天的年輕人也覺得自己是一直工作,不過,在蔡女士的年代,一週工作6天,現在是週休二日。另外,蔡女士「沒有甚麼玩樂」,現代人的休閒活動很多。

蔡宮慧女士在受訪時,回憶過去,比較現在,感受到生活品質的巨大改變。她可能不知道,她恰好經歷台灣有史以來經濟最快速成長的一段期間,而「現在生活真的很好」是所得快速成長的結果。

台灣從荷治時期開始,才有統計數字可供瞭解經濟發展的狀況,但是,400年來並非每一段期間都有所得成長。事實上,所得成長是從日治初期才開始。但是,經過半世紀的經濟成長,蔡女士在1960年代中期開始工作時仍然覺得「生活很苦」。那麼,更早以前的人怎麼過日子的?為了說明早期的經濟狀況,且容許我花一點篇幅講我父親的故事。

1.1 單車上的小木箱

我的父親於1924年出生在高雄州的彌陀庄(今日的高雄市彌陀區)。小學一年級時,我祖父過世。因為家裡貧窮,祖母不讓他再上學,留在家裡照顧最小的弟弟。根據1930年的調查,台灣人的學齡男童(6–14歲)裡就學中的比率為48.9%,因此,我父親讀完一年級之後不再上學,在當時並不算特別。我父親在學校的成績不錯,他的老師還為此到家裡來拜訪,但沒有改變祖母的心意。

1900年代晚期起,台灣轉型為現代化的農業經濟,主要的農產品是稻米與甘蔗。糖業成長時,蔗作農家的所得也提升。不過,我祖父沒有農地,也不是佃農,家裡經濟情況並未因此好轉。

我祖父平常的工作是到遠在屏東里港的醬油工廠工作。有空回彌陀時,他會趁機挑兩個大醬油桶回來,挨家挨戶兜售。挑著扁擔的小販在今天幾乎已看不到,我找不到1920年代扁擔小販的圖片,圖1.1是戰後初期的小販,或許呈現我祖父從里港走路回家時的景象。

圖 1.1: 台灣戰後初期的小販

來源:Tesmar Michel (雷柏爾, 全漢昇, 與陳紹馨 (1954), 頁 120)。

　　我父親輟學之後, 在隔鄰的雜貨店裡打雜, 每個月的薪資是台幣 3圓, 這大約是日治時期1932年的事。日治時期, 台灣流通的貨幣稱 為臺灣銀行券, 簡稱為台幣。從1932年到2019年, 躉售物價指數上漲 為 5,367,405倍。[3] 簡單來說, 躉售物價是指批發價格, 因此, 某商品在 1932年的批發價格是1圓, 到了2019年會上漲為 5,367,405圓。為什 麼價格上漲幅度那麼驚人? 原因是台灣在 1945–1950年期間曾發生 惡性物價膨脹, 後面的第17章會講這一段故事。

　　一般而言, 物價膨脹時, 薪資也會隨之上漲。因此, 1932年的月 薪3圓, 到了2019年大約會變成 3 × 5,367,405 = 16,102,215 圓。台灣 在1949年6月實施幣制改革, 發行新臺幣以取代原先流通的台幣 (後 來又稱為舊台幣), 兌換率是1比4萬。反過來說, 舊台幣4萬換新臺 幣1元。因此, 我父親在1932年的月薪3圓, 以2019年的幣值計算, 等 於是新臺幣 3 × 5,367,405/40,000 = 402.6 元。

　　上面說過, 1967年高雄加工區女工, 若是小學學歷, 起薪是360

---

[3] 吳聰敏 (1996); 躉售物價指數銜接表, 主計總處。

圖 1.2: 台灣1953年的農家住屋

來源: Marnie Jensen (Raper (1953), 頁7)。

元, 以2019年的幣值計算, 等於新臺幣2,390元。我父親只讀了小學一年級, 不過, 他的薪資還是可以拿來跟1967年的女工比較。以2019年的幣值計算, 1967年加工區女工的薪資是我父親的 5.9 倍。

不過, 我父親的狀況特別, 無法代表1930年代的工人。1932年, 台灣製造業男性工人的平均工資是26.4圓; 換算為2019年的幣值, 等於新臺幣3,529.5元, 高於1967年蔡宮慧女士的起薪。[4] 以上的數字似乎顯示, 台灣1960年代的薪資水準, 可能與1930年代差不多。

後面的第23章會進一步講工資長期變動的現象, 在此且讓我再多講一點我父親的故事。

1920年底, 彌陀庄的人口是581人, 男生305人, 女生276人, 是一個貧窮的小鎮。到了1930年代中期, 人口有所增加, 但經濟狀況之改變應該不大。圖1.2是1953年前後所拍的農家住屋, 雖然地點不是彌陀鄉, 但大約反映我父親小時候的生活狀況。圖1.3小孩子吃飯的景象, 與我自己小時候模糊的印象相符。從1930年代中期到1950年代初期, 台灣農村的經濟情況並沒有太大的變化。

---

[4] 溝口敏行 (2008)。

22

圖 1.3: 台灣1950年代初期的童年生活

來源: 石徵 (雷柏爾, 全漢昇, 與陳紹馨 (1954), 頁238)。

　　長期待在彌陀, 我父親看不出有何出路。他的哥哥 (我三伯父) 在早兩年就到屏東一家布店當夥計, 鼓勵我父親也到屏東去。16歲那一年 (1939年) 的夏天, 我父親身上帶著全部的存款37圓, 騎腳踏車前往屏東, 與三伯父會合。

　　為什麼要騎腳踏車? 從彌陀到屏東, 可以先到岡山車站, 再搭火車前往。不過, 岡山到屏東的火車票價是0.72圓。[5] 搭火車要用掉全部財產的2%, 顯然騎腳踏車才是正確的選擇。出發之前, 我父親向雜貨店老闆要了一個木箱, 綁在車上。木箱裡面裝了簡單衣物, 鍋子, 及兩副碗筷。一副碗筷是自己用, 另一副給我三伯父。

　　為何要幫三伯父帶碗筷? 三伯父當時在一家布店當夥計, 三餐在店老闆家吃, 並沒有自己的碗筷, 因此, 我父親特地為三伯父帶一副碗筷過來。事隔80年之後, 這個裝家當的木箱竟然還在 (圖1.4), 上面印有 "MADE IN JAPAN" (日本製造) 三個英文字。顯然, 木箱內的物品原先是日本製造的, 運到彌陀出售之後, 木箱被我父親載到屏東。

　　我父親從彌陀出發, 邊騎邊問, 終於抵達屏東, 與三伯父會合。兄

---

[5]1932年三等車廂的票價, 武澤贇太郎 (1932)。

圖 1.4: 1939年的木箱

來源: 吳聰敏。

弟兩人在屏東車站右前方的市場裡, 頂下一個9平方公尺的格子攤位, 賣衣服為生。這個格子攤位的權利金是100圓, 我父親隨身帶到屏東的錢不夠, 所幸, 早兩年到屏東的三伯父, 已存了一些錢。兩人的錢湊在一起, 足以支付100圓的權利金。

我父親與三伯父所頂下的格子攤位上, 有一個簡單的木架, 放著販售的衣服與布料。以今天來看, 木架就是一個簡單的, 只有4隻腳的廉價書桌或餐桌。兄弟兩人白天賣衣服, 晚上就睡在木架子底下。但是, 木頭架子底下還要放布料存貨, 米甕與炊具, 兩人同時睡在底下有一點擠。有時候我父親會借用對面的賣菜攤販架子底下的空間睡覺。屏東天氣炎熱, 但冬天晚上仍有寒意。有時候半夜太冷凍醒, 只能做體操取暖。

大約到了1943年, 台灣總督府管制經濟活動, 布攤不能再營業。幸運的是, 我父親申請進入屏東市民防隊, 擔任文書工作。我父親雖然小學一年級之後就輟學, 但他到屏東之後, 賣布之餘會去上日本政府提供的補習教育, 也在漢人開設的私塾上課; 因此, 到了1943年, 他已能勝任文書的工作。民防隊的月薪是40.8圓, 遠高於他原先在彌陀的3圓月薪。

1945年8月15日,日本戰敗投降,經濟管制瓦解,兄弟兩人回到市場裡的格子攤位,重操舊業。戰後初期,許多尚未被遣返的日本人,生活無以為繼,只好把家中的衣物與用品拿出來賣。我父親每天早上大約9點出門收購日本人的衣物,11點回到格子攤位上出售,大約下午1點就全部賣光。中飯之後,我父親又外出收購舊衣服。兄弟兩人異常忙碌,但省吃儉用。到了1948年,兩人終於有能力買下一間日本人被遣返後留下的房子,台灣人習慣稱之為「日本宿舍」。

我父親與三伯父合買的日本宿舍,價值1億元。1948年的屏東,為何有如此昂貴的房子?事實上,1億元是舊臺幣。日本戰敗投降後,台灣出現惡性物價膨脹,我父親買房子之後不久,1949年6月15日省政府實施貨幣改革,發行新臺幣以取代舊臺幣,兌換率是舊臺幣4萬元換新臺幣1元。因此,我父親買的房子價值是新臺幣2,500元,以當時的經濟狀況來說,不是一筆小錢。後面的第17章會講惡性物價膨脹的故事。

從1939年身上帶著37圓離開彌陀老家,9年之後兄弟兩人能夠合力買下一間房子,可以說我父親在16歲離開彌陀,是他一生的轉捩點。我父親的經歷是一個白手起家的故事,同時也是一個人力移動的故事。為了謀生,低所得地區的人會移往高所得地區。1930年代晚期,屏東的所得高於彌陀,因此,我父親到屏東謀生。

同樣的,本章前面所提到蔡宮慧女士,她的老家在屏東內埔,但畢業後到高雄加工出口區上班。很多人可能不願意離鄉背井,但這是提升所得的機會。1970年代初期,許多南部的人往北部移動,道理也相同。台灣目前有數十萬來自越南,菲律賓,印尼,與泰國的移工,也是同樣的道理。

1.2 天外飛來救星

戰後初期,台灣社會動盪不安。1947年的二二八事件後,表面上社會穩定下來,但因為產業結構劇烈轉變,失業問題嚴重。1949年底國民

政府撤退到台北,台灣人口驟增約一百萬人,食衣住行問題都不知如何處理。

雪上加霜的是,1950年1月美國總統杜魯門 (Harry S. Truman)發表白皮書,宣布不再介入國共內戰,而毛澤東則準備要攻打台灣。英美兩國的情報單位評估,若無外來援助,國民黨無法自保,美國駐台北的領事館已準備撤離。[6] 1950年初,台灣命在旦夕。

但出乎許多人的意料,天外飛來救星。1950年6月25日,在蘇聯與中國的支援下,北韓金日成發動戰爭,軍隊越過北緯38度線攻入南韓。戰爭爆發後,美國的政策改變。兩天之後,杜魯門總統派遣第七艦隊巡航台灣海峽,目標是台灣海峽中立化。

美國曾在1948年對國民政府提供經濟援助,但因為國共內戰日趨激烈,1949年度的美援計畫暫停。韓戰爆發之後兩天,美國恢復對國民政府之援助。如果沒有韓戰,就不會有美援,若沒有美援,台灣可能在1950年代初期就落入中共手中,往後的發展當然就完全不同。

雖然美國提供援助,但台灣仍籠罩在戰爭的陰影下,國民政府把全部的資源投入國防,經濟上則面臨物價膨脹,外匯欠缺,衣服與食物不足的問題。1950年代,台灣是一個貧窮的國家。台灣不只是貧窮,而且經濟發展停滯,意思是,今年的所得水準與去年相同,而預期明年又會與今年相同。經濟停滯,老百姓對於未來不懷抱希望。相對的,若貧窮但經濟有成長,則老百姓對於未來有樂觀的展望。

但是,大約10年後,另一個意外出現,台灣開始高成長。「意外」這兩個字的意思是,在1950年代初期,沒有人會預料到,台灣的經濟大約10年之後,會由停滯轉為成長。

1.3 高成長

1624年,荷蘭人在台南建立商館,台灣開始有經濟活動的紀錄。台灣經濟400年來最特別的一段是20世紀的後40年。1960–2000年期

---

[6]Jarman (1997),第8卷,頁117, 124。

間, 台灣人均國內生產毛額 (人均 GDP) 成長率平均為 6.5%, 全世界排名第一。

持續的高成長使人民的所得持續上升, 很快接近高所得國家的水準。例如, 1960 年台灣的人均 GDP 是日本的34%, 到了 2000 年, 台灣是日本的80.7%; 再10年之後, 台灣超過日本。以上是經購買力平價 (purchasing power parity) 換算的數字, 若以匯率換算, 2010 年台灣的人均 GDP 仍遠低於日本。購買力平價是指考慮兩國貨幣的購買力, 那麼, 應該採用匯率還是購買力平價來換算? 下面會有進一步的說明。

台灣為何能出現高成長? 這是許多人想要瞭解的, 也是本書最後幾章所要講的。本書講述 400 年來台灣經濟成長的故事, 以下先解釋兩個與經濟成長有關的概念: 國民所得與國內生產毛額。

國民所得與 GDP

國民所得 (National Income, 簡稱為 NI) 是指一年當中全部家庭所得之總和。家庭所得的主要來源包括薪資所得與資產所得, 後者是指利息與股利收入等。以 2021 年為例, 台灣的大學畢業生的起薪大約是新臺幣 38 萬元 (年薪), 如果他銀行有存款 30 萬元, 若利率為 1%, 則一年利息所得約 0.3 萬元, 所得合計是 38.3 萬元。

把全台灣所有的家庭的所得加總, 即算出國民所得; 而國民所得除以人口, 即為平均每人國民所得, 簡稱為人均所得。2021 年, 台灣的人均所得是新臺幣 79.8 萬元。

相對的, 國內生產毛額 (Gross Domestic Product, 簡稱為 GDP) 是指一個國家在一年當中所生產的產品與服務的價值之總和。在生產過程中, 機器設備會有所損耗, 這稱為折舊。由 GDP 扣除折舊, 結果稱為國內生產淨額 (Net Domestic Product, 簡稱為 NDP)。由統計計算的結果來看, 國內生產淨額與國民所得很接近, 其中的邏輯也合乎直覺: 如果某國能生產較多的產品出售, 人民的所得水準也

會比較高。因此,經濟學家常直接使用GDP統計來討論經濟成長與所得成長的問題。

平均每人GDP(簡稱為人均GDP)等於GDP除以總人口。2021年,台灣的人均GDP是新臺幣92.5萬元,比人均所得高12.7萬元,其中的差異主要是折舊。經濟成長率通常是指實質GDP的成長率。台灣2020到2021年的經濟成長率是6.6%,表示2021年台灣各式各樣產品的生產總價值是上一年的1.066倍。

不過,生產總價值的增加可能是因為產量增加,但也可能部分反映商品價格上漲。台灣的GDP之估算是由主計總處負責,主計總處所發布的經濟成長率,通常已經扣除物價上漲之影響。

購買力平價

台灣的GDP可以與其他國家比較。根據國際貨幣基金組織(International Monetary fund, 簡稱為IMF)所公布的估算,2017年台灣的人均GDP是24,577美元,而日本是38,440美元,因此,日本是台灣的1.6倍。以上兩項數字的單位是美元,台灣的人均GDP是先以新臺幣算出,日本則是先以日圓計算,最後再以匯率換算為美元。

不過,經濟學家發現,以匯率換算的結果做比較,通常不能反映真實的生活水準。例如,日本的物價一般而言高於台灣,因此,日本上班族較高的薪資不一定能買到較多的商品。

假設在2017年台北上班族買一個雞腿便當花費新臺幣100元,而東京的上班族買一個類似的便當要花600日圓。當年年底,新臺幣兌日圓的匯率是0.26,因此,這一個便當折合新臺幣156元,是台北的1.56倍。因此,東京上班族的薪資所得雖然是台北人的1.6倍,但把購買力納入考慮,兩地的實質薪資水準差異並不大。

以匯率折算還有另一個問題:匯率經常大幅度變動。2017年底,新臺幣兌日圓的匯率是0.26,2020年底大約是0.27,但2022年底變成0.23。基於以上的因素,經濟學家主張,在比較各國的GDP時,

應該把購買力納入考慮,其結果稱為「人均 GDP (PPP)」,其中, PPP (Purchasing Power Parity)是「購買力平價」的簡寫。人均GDP(PPP)的單位是國際元 (international dollar),但常簡稱為美元。

為了估算各國貨幣的購買力,聯合國與世界銀行等國際機構在2005年推出一個計畫,蒐集世界各國的物價資料, 2008年首度發布估算結果。此項計畫持續進行, 2010年的結果發布後,台灣的人均 GDP (PPP) 在當年超越日本,《經濟學人》(Economist) 週刊還特別寫了一篇短文報導。[7]

以匯率換算, 2022年台灣與日本的人均GDP分別是35,513美元,與34,358美元,在全球的排名分別為第27與28名。若改為人均GDP (PPP) 計算,台灣是69,500美元,日本是48,813美元;台灣的排名是第13,日本的排名是第36。[8]

台灣與墨西哥

台灣戰後高成長的起點是在1960年。圖1.5畫出台灣與其他4個國家的長期人均 GDP (PPP) 之變動。此圖的縱軸是採用對數刻度,因此,人均 GDP 線之斜率即代表人均 GDP 之成長率。1950年代初期,菲律賓的所得水準略高於台灣,但1960年代初期台灣開始高成長,很快就超越菲國。

圖中最強烈的對比是台灣與墨西哥。1960年,墨西哥的人均GDP是台灣的2.2倍, 2018年,墨國是台灣的36.9%。人均GDP的水準會反映在居民的生活水準上,想像1960年,有一位遊客到墨西哥遊覽,之後又來台灣,他由親身的經歷會得到一個結論,墨西哥的所得水準高於台灣。不過,如果2018年另一位遊客也到了墨西哥與台灣,他的結論會與1960年的遊客剛好反過來。

事實上, 1960年代初期確實有美國人前往墨西哥與台灣,但目的不是遊覽,而是考察投資設廠的可能性。1950年代,因為美國國內的

---

[7] *Economist* (2010)。

[8] Wikipedia (2022b)。

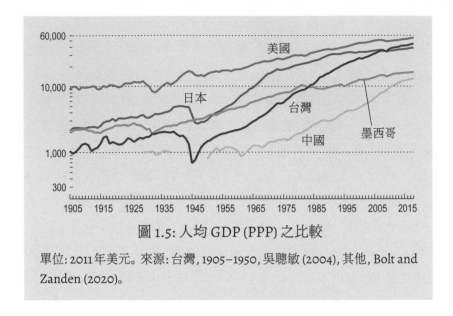

圖 1.5: 人均 GDP (PPP) 之比較

單位: 2011年美元。來源: 台灣, 1905–1950, 吳聰敏 (2004), 其他, Bolt and Zanden (2020)。

工資持續上升, 美國電子業廠商開始把生產線外移。電子業者派出經理前往墨西哥與台灣考察, 目的是要瞭解生產線外移後, 生產成本能下降多少。

　　一開始, 美國電子業者認為墨西哥北邊的城鎮應該是較佳的地點, 但幾年之後, 美國人發現, 台灣才是較好的地點。結果, 歐美電子業大廠紛紛前來台灣設廠, 這是台灣電子業出口擴張的源頭, 也是台灣高成長的起點。後面的第23章會講這一段故事。

1.4　現代經濟成長

歐美電子業者捨墨西哥而就台灣, 前者喪失了高成長的機會, 台灣則啟動了長期持續的高成長。經濟學家研究已開發國家的經濟成長經驗, 發現制度與基礎建設是經濟成長不可或缺的條件。換言之, 歐美電子業者在1960年代初期選擇來台灣設廠, 原因是當時台灣的制度與基礎建設相對完善。

　　台灣現代化的制度與基礎建設, 事實上是在20世紀初期逐步建立起來的。圖1.6畫出台灣與其他4個國家從17世紀以來人均GDP

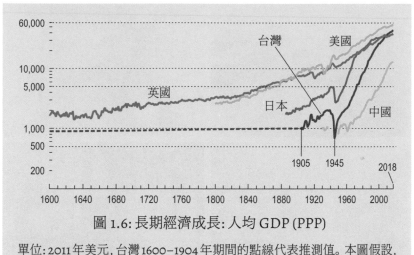

圖 1.6: 長期經濟成長: 人均 GDP (PPP)

單位: 2011年美元, 台灣 1600–1904 年期間的點線代表推測值。本圖假設, 1600年台灣的人均 GDP 大約 900 美元。來源: 台灣 1905–1950 年, 吳聰敏 (2004), 其他, Bolt and Zanden (2020)。

之變動, 單位是 2011年美元。台灣 1905 年開始的人均 GDP 是根據經濟調查統計所估算出來的, 但 1600–1904 年期間的人均 GDP 是猜測值, 故以點線畫出。此圖的縱軸是採用對數刻度, 因此, 斜率即人均 GDP 之年增率。

從 17 世紀到清治末期, 台灣的人均 GDP 幾乎是一條水平線, 表示人均 GDP 成長率幾乎等於 0, 或者說, 經濟處於停滯的狀態。日治初期, 人均 GDP 成長率由幾乎等於 0, 變成大於 0 之現象, 經濟學家稱之為「現代經濟成長」(modern economic growth)。現代經濟成長以前的經濟, 稱為傳統農業經濟 (traditional agricultural economy), 其特徵是經濟幾乎無成長, 而且人民的所得低。

圖1.7是台北市衡陽路街景從 1895 到 2018 年的變化。上左圖與上右圖是 1895 年底的景象, 上左圖的石牌坊稱為急公好義坊, 原位於今日的懷寧街與衡陽路交口, 現已移入二二八和平公園內。圖中的街道稱為石坊街, 這是今日台北市衡陽路的東段, 西段在當時稱為西門街。照片中的遠端為舊臺北府城西門, 但目前已拆除。

圖 1.7: 台北市衡陽路: 1895, 1930, 與 2018 年

來源: 上左圖: 臺灣總督府民政部 (1915), 頁 19; 上右圖: 陸軍參謀本部陸地測量部 (1896), 頁 16; 中左圖: 國立台灣歷史博物館; 中右圖: 台北市文獻館; 下左圖與下右圖: 吳聰敏。

　　從石牌坊的位置往西走, 下一個路口重慶南路口。圖1.7的中間左圖是 1915 年重慶南路口的街景, 從 1895 年與 1915 年, 台北市的街景產生很大的變化。日治時期, 這地區區稱為榮町, 是台北最繁華的地區之一。中間右圖是 1930 年榮町的店鋪與亭仔腳。

　　由重慶南路口再往西走, 下一個路口是博愛路口。1932 年, 全台灣第一家百貨公司, 菊元百貨店, 就位於衡陽路與博愛路口。下左圖是 2018 年的重慶南路與衡陽路口, 下右圖是衡陽路的店家。圖1.7的

3組照片,呈現從1895年開始約120年間台北市中心的變化。從日治初期至今,台灣的社會有很大的改變,衛生條件改善,生活品質提升,這是經濟成長的結果。

在17世紀的荷蘭時期,台灣的原住民除了下淡水溪以南的鳳山8社已經以農耕為主,其他地區大多是狩獵與農耕並重。清治初期,清廷對台灣採取隔離政策,但仍有不少漢人來台開墾。1720年代,清廷改變政策,鼓勵漢人前來台灣開墾,台灣快速地轉型為農業經濟。但是,在清朝統治下的212年期間,台灣是一個停滯而無成長的傳統農業經濟,台灣的現代經濟成長到了日本統治初期才啟動。

台灣由傳統農業經濟轉型為現代經濟成長的過程,與歐美先進國家並無不同,只是出現的時間較晚。經濟學家的研究指出,大約在19世紀初之前,所有人類社會都是傳統農業經濟。但是,工業革命(industrial revolution)帶來改變,英國與西歐少數國家開始出現現代經濟成長。現代經濟成長啟動後,人民的所得增加,生活水準持續提高,這是人類以往未曾經歷過的。

西歐國家的現代經濟成長的經驗後來往外擴散,亞洲國家最早出現現代經濟成長的是日本,時間點是1860年代的明治維新。大約30年之後,台灣成為日本的殖民地,總督府把日本本國現代經濟成長的經驗移殖過來,台灣也走上經濟成長之路。

經濟有成長,人民的所得才會提升。本章最前端的引文裡,蔡宮慧女士「現在生活真的很好」的感受,是經濟長期成長的結果。

2
鹿

"山最宜鹿，儦儦俟俟，千百為群。… 居山後始通
中國，今則日盛，漳、泉之惠民、充龍、烈嶼諸澳，往
往譯其語，與貿易，以瑪瑙、磁器、布、鹽、銅、簪環之
類，易其鹿脯皮角。" 　　　　　　　　陳第 (1603)

陳第是明朝末年的儒生,後來曾被提補為游擊將軍。1603年初,沈有容將軍從福建出兵掃蕩盤據在大員(今日台南安平)的海寇,陳第隨著前來,在大員附近待了三星期。他返回福建後,寫下〈東番記〉,其中講到台灣鹿多,原住民以鹿脯皮角與福建的百姓交易布、鹽與瑪瑙磁器等物品。

〈東番記〉被歷史學者方豪認定為是「最古的台灣實地考察報告」。[1]但事實上,早在20年前就有西方人的觀察報告。1582年7月6日有一艘大船由澳門出航前往日本,不幸在16日經過北台灣時,遇到颱風,擱淺在淡水附近。[2]這一艘船載了近300人,其中有戈梅斯(Pedro Gómez)與桑切斯(Alonso Sánchez)兩位西班牙神父,以及葡萄牙耶穌會士比雷茲(Francisco Pirez),三人後來都有文章記錄此次船難。這群人被迫在淡水待了將近二個半月,才於9月底搭乘重新打造的船返回澳門。

這三篇文章對於原住民並無深入的描述,但相較之下,耶穌會士比雷茲的文章裡描述較多。他提到淡水山上有鹿,也提到船上有一位葡萄牙人去爬了幾次山,有一次親眼看到原住民如何捕鹿。他又說,附近有兩三個村莊,彼此懷有敵意。

船難事件之後再過40多年,西班牙人於1626年占領北台灣,在淡水與基隆各建了一座城堡,一直到1642年被荷蘭人打敗之後才離開。西班牙人留下一些檔案,其中最深入的紀錄是1632年埃斯基維爾(Jacinto Esquivel)神父所寫的兩篇報告。[3]

在第一篇報告裡,埃斯基維爾神父一開始就提到硫磺貿易。1631年,漢人從淡水運走大約5千擔的硫磺。除了硫磺之外,原住民也出售藤與鹿皮,藤賣到中國去,鹿皮主要賣給日本人。埃斯基維爾說,今年(1632年)有三艘船從日本來買鹿皮回去。[4]

---

[1] 周婉窈 (2012)。
[2] Borao (2001),頁12–15;翁佳音 (2006)。
[3] Borao (2001),頁162–189。
[4] Borao (2001),頁168。

早期對於台灣的實地觀察,不管是中國人與外國人,都一定會提到鹿多。鹿是自然資源,但它對於原住民的經濟有重大影響。鹿的主要產區是中南部,北部也有,但相對較少。

2.1 聯合東印度公司

在西班牙人占領北台灣之前的4年, 1622年荷蘭的聯合東印度公司 (Vereenigde Oostindische Compagnie, 簡稱 VOC) 的司令官雷爾松 (Cornelis Reijersen), 就前往台灣南部探查是否有適當的港口。[5] 聯合東印度公司創立於1602年, 總部在阿姆斯特丹, 目的是要開發東印度地區的貿易機會。雖然名義上是貿易公司, 但荷蘭政府授與它發動戰爭以及與其他國家和議或談判的權利。

17世紀初, 聯合東印度公司前來亞洲, 主要目的之一是與中國貿易。1619年, 聯合東印度公司占領爪哇的巴達維亞 (今印尼的雅加達, 以下簡稱為巴城), 建立亞洲地區的總部。聯合東印度公司的總部設有一個17人董事會, 是公司最高的權力機構, 巴達維亞的決策機構是評議會, 並設有總督。

台灣的歷史還跟另外一家東印度公司有關, 那就是英國東印度公司 (British East India Company)。英國東印度公司曾在1671–1680年間在台南設立一間商館, 當時的名稱是台灣商館 (Tywan Factory)。為了簡化文字, 聯合東印度公司以下將簡稱為「東印度公司」。

東印度公司的主要目標是要打開對中國的貿易。荷蘭人原先希望能在中國的領土設商館, 獨占對外貿易, 但明朝政府不接受。1622年, 東印度公司在巴城的總督顧恩 (Jan Pietersz Coen) 派遣雷爾松指揮艦隊攻打澳門, 但無功而返, 轉而占領澎湖。但是, 明朝政府視澎湖為中國領土, 要求荷人撤出, 而且主動提議荷人前往台灣。

1622年11月20日, 駐在澎湖的司令官雷爾松寄信給總督顧恩:[6]

---

[5] 江樹生 (2007), 頁 3。
[6] 江樹生 (2007), 頁 21。

> "官員王守備 ... 他要看到我們 ... 航回巴達維亞, 或前
> 往其他地方。... 他也願意再次寫信給漳州的官吏, 請
> 派一個舵手來帶領我們去一個不屬於中國國王領土的
> 島嶼, 該島稱為淡水。... 他們說, 那裡有很多黃金 ...
> 也有一個可讓大船停泊的良好港灣。"

信中的「淡水」指的是台灣。明朝政府立場堅定, 荷蘭人在1624年8月退出澎湖, 前來台灣的大員建立貿易商館。[7]

在落腳大員的前一年, 雷爾松司令官於1623年10月25日再度來到大員, 隨行者之一是瑞士人利邦 (Élie Ripon) 上尉。雷爾松隨後離開, 利邦則受命留下來建一座堡壘。[8] 利邦出生於瑞士, 受僱於東印度公司前來亞洲。他在日記裡記錄了1623年底到隔年年底南台灣的景象, 除了記錄興建堡壘的過程外, 他也提到在麻豆社的經歷。

接著, 有兩位名為康斯特 (Jacob Constant) 與培斯特 (Barent Pessaert) 的荷蘭人於1623年11月探訪蕭壠社。東印度公司的檔案裡, 還有另一份探訪蕭壠社的報告, 但作者不明, 內容也不盡相同。[9]

2.2 西拉雅族

荷蘭時代初期, 對於原住民描述最深入的是干治士 (Georgius Candidius) 牧師所寫的一份報告, 他於1627年夏天來台灣, 住在新港社傳教。他在隔年年底所寫的備忘錄, 詳細記錄原住民的生活。[10] 除了新港人之外, 他與麻豆, 蕭壠, 目加溜灣, 大化港 (Taffakan), 帝福鹿港 (Tifalukan), 與大歐龐 (Teopan) 等社的原住民也有互動。[11]

---

[7]江樹生 (2007), 頁 xxiii。

[8]江樹生 (2007), 頁 75–83; 利邦 (2012), 頁 123。

[9]Blussé, Everts, and Frech (1999), 頁 13–22, 28–31。

[10]甘為霖 (2003), 頁 15–36; Blussé, Everts, and Frech (1999), 頁 91–133; Campbell (1903), 頁 9–24。

[11]最後的三社是新港社屬下的小社, 江樹生 (2007), 頁 251。

在人類學的分類上,以上各社都屬於西拉雅族,大約是今日的台南到嘉義一帶。此外,他也到過往東靠近山區的大武壠社。但現代的語言學家認為,大武壠語與西拉雅語是不同的語言。

荷治初期與荷蘭人互動較多的是新港, 蕭壠, 目加溜灣社, 與麻豆社,為方便說明,以下將上述四社所在的位置稱為「西拉雅一帶」。圖 2.1 使用 1908 年的地圖,標出西拉雅一帶往北到濁水溪較重要的社之位置。不過, 原住民偶爾會整村遷徙,因此,日治初期的地圖所標示的,不一定對應荷治時期的位置。圖 2.1 中的大武壠社是底圖中的「噍吧哖」(位於今日台南玉井區), 而虎尾壠社是底圖中的「崙背」(位於今日雲林西北部)。

荷蘭人建立大員商館之後, 很快與新港社人建立友好的關係, 但因為新港社與麻豆社及目加溜灣社不睦, 荷蘭人不得不出面調解他們之間的糾紛。早期西方人對於台灣原住民的紀錄, 幾乎都會提到以下現象:

- 鹿很多, 原住民與漢人及日本人交易鹿脯與鹿皮,
- 女生負責耕種, 採集與捕魚, 男生負責打獵與打仗,
- 原住民之間爭戰不休, 能從戰爭中帶回敵人頭顱者是社內英雄。

「彼此征戰」

利邦上尉在日記裡說, 原住民之間經常有戰爭,「村落和村落之間彼此征戰。... 雙方你來我往, 直到雙方都獵到人頭, 才各自退回自己的部落, 歡慶勝利。」康斯特與培斯特的報告說,「他們一年打仗一兩次」。更重要的是,「男人完全不理家務, 所事唯打獵與打仗」,「未成年人日常在公共廣場受人操練。」[12]

陳第的 〈東番記〉 也說,「鄰社有隙則興兵, 期而後戰。疾力相殺傷, 次日即解怨, 往來如初, 不相讎。」若是「次日即解怨」, 則社之間

---

[12]康斯特與培斯特 (1985), 頁 82–84; 利邦 (2012), 頁 124; Blussé, Everts, and Frech (1999), 頁 16。

圖 2.1: 西拉雅一帶至濁水溪

底圖為1908年的臺灣島全圖。

的仇恨不深，但西方人的紀錄並非如此。干治士在1628年8月寫給總督顧恩的信裡說：「麻豆和目加溜灣兩村是新港的敵人，如果荷蘭人不派出100個步兵協助新港，新港必被他們夷為平地，居民必被屠殺。」[13]

打仗耗用人力與物力，若有人員傷亡，成本更高。利邦說，「據我們瞭解，男人四十歲以前，出草是他們生活的重心」，其中，「出草」是指打仗。干治士也有同樣的觀察，男生大約在40歲之前主要的任務是作戰與狩獵。[14]

因為年輕男人要作戰，西拉雅族原住民社會的分工如下：男人在17歲到40歲之間負責打獵與打仗；女生則負責耕種，採集與捕魚。[15]換言之，男生全部要當兵，而且時間長達23年。以今天的名詞來說，男生全部是職業軍人，而且是義務役。全民皆兵的成本很高。如果不需要當兵，男生在狩獵之餘，可以從事農耕或其他生產活動，提升生活水準。

西拉雅族也因為此種分工型態，出現一個特別的婚姻制度。男生大約在20歲就可以結婚，但是，夫妻不能同住在一起，因為年輕男生晚上要睡在公廨裡。一直到大約40歲退役下來之後，丈夫才住進妻子家裡，協助耕種與其他生產活動。更奇怪的是，西拉雅族有強制墮胎的制度。

「如果懷孕了，就必須墮胎」

利邦訪問麻豆社時發現：「丈夫出草期間，女人不受孕」。從字面上來看，「出草期間」是指外出打仗的期間。[16]但由其他的紀錄可知，這指的是從結婚之後到40歲之間。「女人不受孕」的意義也難以理解，但

---

[13]甘為霖 (2003)，頁131。

[14]利邦 (2012)，頁124；甘為霖 (2003)，頁20–21；Blussé, Everts, and Frech (1999)，頁16。

[15]Constant and Pessaert (1623)，頁16。

[16]利邦 (2012)，頁124。

> Ch. v.   *the Islands of the South Sea.*   87
>
> remained unmarried, living like the members of
> the Eareeoie society in Otaheite, and distinguished
> by a similar name.*   In the island of Formosa, it
> is said that the women were not allowed to bring
> children into the world before the age of thirty-
> five.   If they were with-child prior to that period,
> an abortion was effected by the priestess, and till
> the husband was forty years of age the wife conti-
> nued to live in her father's house, and was only
> seen by stealth.†

圖 2.2:《人口論》關於台灣原住民強制墮胎制度之紀錄

來源: Malthus (1826), 頁 87。

對照其他紀錄可知, 這指的是女人若懷孕, 必須強制墮胎。

　　1623 年訪問蕭壠社的康斯特與培斯特, 講得更明確: 只要丈夫仍出外作戰, 妻子生下的小孩就要殺掉; 而男人大約到了 40 歲, 才免除外出打仗的任務。[17] 干治士牧師的備忘錄提供更多的細節, 婦女未達 35、36 或 37 歲, 不可以生小孩, 如果懷孕了, 就必須墮胎。他甚至說明了墮胎的方法。[18] 干治士在稍早寫給長官顧恩的信中, 就提到這項習俗, 並說他無法說服原住民停止墮胎。

　　干治士的報導傳回歐洲, 大約 170 年後, 英國著名的人口學者馬爾薩斯 (Thomas Malthus) 把這個習俗寫進《人口論》裡 (圖 2.2):

> "在福爾摩沙, 據說婦女在 35 歲之前不准生下小孩。在此年齡之前, 婦女若懷孕, 女祭司會強迫墮胎。在丈夫年滿 40 歲之前, 妻子一直住在娘家, 夫妻兩人只能偷偷地見面。"

---

　　[17]Blussé and Roessingh (1984), 頁 70。康斯特與培斯特的紀錄說, 男人大約在 34 或 35 歲就退役, 但利邦與甘治士的紀錄是大約 40 歲才退役, 本文採用後兩者的說法。

　　[18]甘為霖 (2003), 頁 30, 130; Blussé, Everts, and Frech (1999), 頁 126。

馬爾薩斯提出的解釋是,台灣原住民的人口過多,食物不足。人類因為貧窮而直接或間接殺嬰,在早期的歷史上屢見不鮮。以台灣而言,1632年西班牙神父埃斯基維爾所寫的報告裡就說,北部地區有些原住民非常貧困,母親甚至把剛出生的嬰兒活埋,或者送給別人以交換衣服或食物。[19]

　　一直到清治末期台灣仍有殺嬰的風氣。曾經擔任美國駐台灣代理領事的達飛聲 (James W. Davidson),在他的鉅著《臺灣的過去與現在》裡說,女嬰受到不平等對待的習俗一直存在。西班牙天主教會出面接受被父母拋棄的女嬰,並扶養她們長大,估計其人數高達五六千人。[20] 不過,以上的案例應該是極端貧困家庭不得已的做法。任何社會裡有一些窮人,但也有相對較富裕的人,殺嬰應該只會出現在極端貧困的家庭。但是,西拉雅族的強制墮胎規定是社內所有的家庭一體適用。因此,以食物不足來解釋應該不正確。

　　美國人類學家邵式柏 (Robert Shepherd) 不同意馬爾薩斯的解釋。他指出,荷治時期西拉雅地區的人口密度不高,而且原住民身材高大,表示健康情況良好,應該沒有糧食不足的問題。[21]

　　邵式柏使用人類學的年齡階級 (age grade) 的概念,來解釋強制墮胎制度的原因。年齡階級是指西拉雅族的男生,從17歲開始就集中在公共會所訓練,並肩負作戰任務,一直到40歲才退役。因此,17到40歲是第1個階級,40歲以後是第2個階級。身處不同階級的男生,任務不同,家庭生活的型態也不同。

　　為何要區分年齡階級? 以經濟學的概念來說,年齡階級是分工,第1個階級的男生負責作戰與狩獵,第2個階級則協助耕種。分工的好處是可以提升效率,因此,現代社會裡分工的現象隨處可見,不足為奇。比較特別的是,西拉雅族對於第1個階級的男生加上一道管制,不能生小孩。或者說,男生要進入第2個階級後,才可以生小孩。

---

[19] Esquivel (1632),頁 179。
[20] Davidson (1903),頁 613。
[21] Shepherd (1995),頁 14。

為何要管制生小孩? 邵式柏的推測是, 上戰場的男子如果已有小孩, 會有後顧之憂, 因而影響其作戰表現。早期西方歷史上有一個對照的制度, 羅馬帝國在第1與第2世紀時, 曾經禁止軍人結婚。學者對此管制提出的解釋是, 羅馬帝國可能認為結婚會影響男性氣概(masculine quality), 因而影響戰力。[22] 同理, 西拉雅族的強制墮胎制度可以解釋為是為了提高戰力。

不過, 強制墮胎的成本很高。實施墮胎的婦女, 其健康受影響, 而原住民的人口也會減少。因此, 只有在強制墮胎的利益很高的情況下, 原住民才會採取這種制度。

除了西拉雅地區之外, 台灣其他地方的原住民也有年齡階級的制度, 例如, 東部的阿美族與卑南族, 但他們並未強制墮胎。邵式柏的猜測是, 這可能是因為西拉雅地區的衝突較激烈所致。[23] 要驗證以上的猜測, 我們必須提出西拉雅地區的衝突比其他地區激烈的證據, 不過, 邵式柏並無進一步的分析。以下, 我將提出推論與證據, 說明西拉雅一帶的原住民, 部落之間的衝突較嚴重。

2.3 鹿產貿易與利益衝突

古今中外, 戰爭都是為了保護自己的資源, 或者搶奪他人的資源, 台灣的原住民應該也不例外。但是, 早期的西拉雅地區, 地廣, 人稀, 鹿多, 搶奪資源雖然難以避免, 似乎不至於打到你死我活的地步。其他國家的原住民也有利益衝突, 其中有一些案例可以讓我們瞭解, 西拉雅族為何爭戰不休, 以及為何會出現強制墮胎的制度。

河狸毛皮的貿易

17世紀初, 當荷蘭人來到台灣時, 法國商人則到北美洲的魁北克地區(Quebec) 去, 向當地的印第安人購買河狸毛皮 (beaver fur)。對印第

---

[22] Phang (2002)。
[23] Shepherd (1995), 頁 66, 頁 33–34。

安人而言,河狸肉是食物,毛皮可以禦寒。法國商人尚未前來貿易之前,河狸多,印第安人少,故狩獵不會出現利益衝突。不過,法國商人前去貿易之後,毛皮的價格上升,捕獵的利益也上升。

捕獵野生動物有敵對性 (rivalry),這是經濟學的概念,意思是說,甲獵人捕捉較多,其他獵人的收穫即減少。毛皮貿易出現後,印第安人競相捕捉河狸出售,利益衝突上升。

不過,印第安人並未以戰爭來解決利益衝突。人類學家李蔻克 (Eleano Leacock) 發現,北美洲印第安人解決狩獵利益衝突的方法,是把大片的共有土地劃分為私有地。[24] 河狸的活動範圍不大,印第安人劃分土地並指定為私有地後,各人都在自己的土地上捕獵河狸,利益衝突的問題即獲得解決。

魁北克地區的印第安人進一步規定,任何族人迫於飢餓,可以在別人的土地上獵殺河狸作為食物,但毛皮與尾巴必須留下。此項規定的原因不難理解,河狸毛皮與尾巴可以出口,價值高。相對的,河狸肉並未出口,價值低。到了18世紀初,魁北克地區的印第安人已經建立私有土地產權制度,利益衝突的問題也獲得解決。

不過,並非所有的原住民都能以發展私有土地產權制度來解決利益衝突,例如,北美洲西南部的印第安人並未發展出私有土地產權制度。[25] 經濟學者認為原因有兩個。第一,北美洲西南部地區的獵物 (例如, 野牛) 的商業價值不高,利益衝突也不大。第二,該地區的野生動物會到處遊走,因此,即使建立私有土地產權制度,也無法解決捕獵的利益衝突。

鹿脯皮角

1603年陳第在〈東番記〉裡說,福建漢人「以瑪瑙、磁器、布、鹽、銅簪環之類,易其鹿脯皮角」。這是關於台灣原住民的國際貿易活動,最

---

[24] Leacock (1954)。
[25] Demsetz (1967),頁 351–352。

早的紀錄之一。但更早期還有一些間接的記載。例如, 西班牙人高樂 (Francisco Gualle) 在 1584 年的航海日記裡記載他與中國人的交談, 後者說台灣有鹿皮出口到中國去。[26]

此外, 1589 年明朝政府已對鹿皮與鹿脯進口課稅。[27] 不過, 此一時期除了台灣之外, 菲律賓, 暹羅 (今日的泰國), 與柬埔寨也有鹿皮出口, 故無法確定被課稅的鹿皮有多少是來自台灣。

綜合以上的文獻, 我判斷至少到了 16 世紀晚期, 因為鹿脯皮角的出口, 鹿產的價值已經變高, 原住民捕鹿的利益衝突也出現。不過, 鹿與河狸不同, 河狸的活動範圍不大, 但鹿會四處跑。北美洲的印第安人創造私有產權制度來解決利益衝突, 但這個方法不適用於台灣。圖 2.3 為 Caspar Schmalkalden (1616–1673) 所畫的台灣原住民, 標題是「一個福爾摩沙人」, 圖中文字的翻譯如下:

"我們在原野, 整天奔跑,
　若靠近我們, 你會聽到我們手上拿著的小鈴鐺的聲響,
　我們打獵為生, 能夠打獵的人都外出打獵,
　如果我們沒射中鹿, 狗會去追捕。"

由荷蘭人的紀錄可知, 原住民有「社有獵場」的概念, 但是, 社有獵場的界線在哪裡, 劃出界線之後如何確保產權, 這些問題都不容易解決, 也可能是引發衝突的起點。

20 世紀初期, 日本人類學者馬淵東一在台灣的調查發現,「種族之間的衝突或內部的紛爭, 多半源於獵場的問題。」他還發現,「獵場原則上是屬於同一氏族共有。不屬於該氏族的人, 要到該獵場狩獵時, 必須 ... 取得對方同意。」[28] 日治初期, 台灣已經無鹿產出口, 但

---

[26]曹永和 (1979c), 頁 322–323。不過, 翁佳音認為, 這是指琉球 (私人通信, 2021/1/29)。

[27]曹永和 (2011), 頁 48。

[28]馬淵東一 (2017), 頁 4, 137。

圖 2.3: 一個福爾摩沙人

來源: Forschungsbibliothek Gotha, Chart. B 535 Bl. 533–284r (國立台
灣歷史博物館)。

原住民之間仍然會因為獵場的問題而起衝突。由此推論, 在17世紀
鹿脯皮角大量出口時, 利益衝突一定更大。

　　鹿脯皮角出口主要經由大員, 也因此, 西拉雅一帶成為利益衝突
的中心。原住民的人口分布, 也間接驗證以上的推論。

　　荷蘭人從1646年開始調查原住民的人口, 邵式柏分析這些統計,
發現1647年新港社到諸羅山社一帶, 原住民每社的平均人口數最多,
平均每社為1,007人, 相對的, 全台灣的社平均是258人。[29] 狩獵需要
勞力, 鹿脯與鹿皮的處理也需要勞力, 因此, 鹿產多的地方, 會聚集

---

[29]Shepherd (1993), 表2.1, 頁40–41; 中村孝志 (2002), 頁1–38。

較多的原住民。

每社人口第二多的地區是鳳山8社,平均為811人,但這應該不是因為鹿產多,而是因為鳳山8社地區已經以農耕為主。

我們可以拿20世紀的後40年來做對照比較。1960年代初期,紡織品與電子產品開始大量出口,中南部的勞動人口即移往北部的工廠所在地,或者高雄的加工區。當屏東與台南的人前往高雄加工區工作時,加工區的人口密度即上升。

1647年,納入東印度公司人口統計的原住民是57,579人,但1655年減為39,223人;平均每社人口則由258人減為218人。其中,嘉義的諸羅山社由993人減為698人,但相對的,虎尾壠社(位於今日的雲林)的人口反而由513人增加為623人。下一章將說明,從1640到1650年代,鹿產出口的主要地區已經由嘉義移到雲林,造成虎尾壠社的人口增加,而諸羅山社的人口減少。

綜合言之,從16世紀晚期鹿產開始出口之後,西拉雅一帶是鹿產出口的主要地區。鹿產貿易為原住民帶來利益,但也引發部落之間的衝突。在利益衝突最嚴重的地區,為了保護自身的安全,原住民甚至發展出強制墮胎的制度。以上的推論也解釋了為何東部與北部原住民並無強制墮胎制度。這些地區也有鹿產,但出口量不多。

干治士住在新港社傳教,因此,他的紀錄以西拉雅一帶的社為主要對象,但他也到過大武壠社。此社靠近山區,由大員來回走路需要3天。干治士並未特別說明,大武壠社是否也有強制墮胎的習俗。但是,1636年長官普特曼斯(Hans Putmans)寫給巴城總督布勞爾(Hendrik Brouwer)的信裡說,大武壠社「已婚的男人與妻子兒女同住,和我們的習俗相同,與其他社不同」。[30] 顯然,大武壠社並無墮胎習俗。

鹿產的運輸成本高,距離大員較遠的地方,鹿產出口應該相對較少。更重要的是,大武壠社與其他社的距離遠,利益衝突應該也較

---

[30]Campbell (1903),頁112。

少。因此,大武壠社無強制墮胎的習俗與以上的推論一致。

荷蘭人在1630年代中期奠定殖民統治之後,即由傳教活動改變西拉雅族夫妻分居的制度,也禁止強制墮胎。1639年底,東印度公司的專員庫克巴克 (Nicolaas Couckebacker) 說,他親訪新港,目加溜灣,蕭壠,與麻豆社,其中,新港社有190對新人採用基督教的婚禮儀式,夫妻住在一起,年輕的婦女也不再墮胎。

不過,到了1646年仍有一個強制墮胎的紀錄,出現在放索社 (屬於鳳山8社,今日屏東林邊):「該社裡有一個婦女按照他們以前的異端作風,把她的孩子擠壓流產。」[31] 若是如此,放索社以往可能也有強制墮胎的習俗。由此看來,制度一旦形成,並非一朝一夕就能改變。

2.4 資源保育

荷蘭人雖然在1630年代晚期禁止強制墮胎,但是,捕鹿的利益衝突並未減低,反而加劇。1635年11月,在新港社人的協助下,荷蘭人出兵攻打麻豆社;隔年1月,荷蘭人再度出兵攻打蕭壠社。到了1636年8月,西南平原已有57社的原住民臣服於荷蘭人的統治。[32] 原住民不見得是心甘情願,但武力不如人,不得不低頭。

建立殖民統治後,鹿皮出口是大員商館重要的收入之一。為了增加收入,1630年代後期荷蘭人引入中國人來台灣捕鹿,其中有不少獵人前往虎尾壠地區,也引起虎尾壠原住民激烈反抗。東印度公司規定,中國人捕鹿要付費取得許可,因此,荷蘭人有義務要保護他們。

1637年10月,荷蘭人對虎尾壠社發動第一次的征討。獲勝之後,荷蘭人把虎尾壠社的獵場劃為兩區,較大的獵場占原面積的三分之二,提供給中國獵人捕鹿用;其餘的三分之一留給原住民與居住於虎尾壠社的漢人捕鹿,兩區並立柱為界。[33]

---

[31] 江樹生 (2002),頁 594。

[32] Shepherd (1995),頁 59–60; Campbell (1903),頁 148。

[33] Andrade (2005); Andrade (2000),頁 174–179; Blussé and Everts (2000),頁 211。

　　這可能是東印度公司在台灣所訂出的最早的獵區界線。不過,界線是分隔原住民與中國人,而非不同部落的原住民。

　　中國人購買許可證打獵,最早可能是在1636年,但是這一年發放的許可證數目不詳。[34] 原住民捕鹿的方法包括: 網罟, 鏢槍, 與弓箭,而中國人捕鹿的方法, 除了罟之外, 尚使用坑洞陷阱, 後者是在地上挖出大坑洞, 再驅趕鹿群掉入其中。[35] 每一個網罟每次可以捕一隻鹿, 但每一個陷阱大約可以捕400–600隻鹿。[36]

　　1637–1638年期(1637年11月至翌年3月),大員商館出售了網罟許可證717.5張, 陷阱許可證數量高達132張 (每張期限1個月), 合計收入為2,700.5里耳。[37] 接下來的1638–1639年期, 朱諾斯牧師曾記錄出售給中國獵人的狩獵許可證清單, 區分網罟法 (每月1里耳) 與坑洞陷阱 (每一個陷阱每月15里耳), 前者收入1,278.5里耳, 後者收入720里耳, 兩者合計1998.5里耳。

　　朱諾斯牧師在清單之後加上說明, 當年只准出售24張陷阱許可證, 期限2個月。[38] 他說, 若出售更多的陷阱許可證, 鹿會全部消失。原因不難理解, 掉入坑洞陷阱內的, 除了成年的公鹿之外, 小鹿與懷孕的母鹿也會掉進去, 摔死在陷阱內, 因此, 下一個年度的鹿產會減少。圖2.4為1635–1661年期間的鹿皮出口量, 最多的一年是1638年,數量是152,810張, 其前後兩年也都遠高於平均值。但是, 1640年鹿皮出口量劇減, 僅有15,180張, 朱諾斯牧師的預測成真。

　　大員議會也注意到朱諾斯牧師所提出的問題, 因而採取一系列的對策。1638與1639兩個年期的鹿皮出口大增, 主要是中國獵人使用陷阱捕鹿。1638年5月, 荷蘭人禁止中國獵人在4月底之後獵鹿。以4月底為期限的理由是, 母鹿通常在4–5月生小鹿。翌年5月, 荷

---

[34]Campbell (1903), 頁149。
[35]江樹生 (1985), 頁29–30。
[36]江樹生 (1985), 頁45–46。
[37]韓家寶 (2002a), 140–141。
[38]Campbell (1903), 頁176。

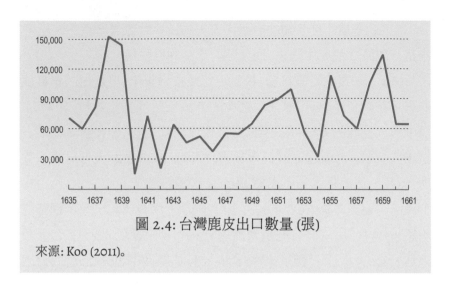

圖 2.4: 台灣鹿皮出口數量 (張)

來源: Koo (2011)。

蘭人規定,中國獵人不得再設陷坑捕鹿;1645年起則全面禁止中國人捕鹿。

　　除了對中國獵人設限外,荷蘭人後來也對原住民的捕鹿方式及時間設限。1650年5月4日大員議會決議,虎尾壠地區因為鹿隻數目尚多,原則上不限制捕鹿。但在其他地區,5–6月之間除了日常食用之外,不許原住民捕鹿;5–9月之間則不許捕小鹿。

　　東印度公司禁止中國人捕鹿,再加上管制原住民的捕鹿時間,達到資源保育的效果。圖2.4顯示,台灣的鹿皮出口在1640年代後半穩定回升。

2.5　獵場界線

1650年5月4日大員議會討論鹿資源日漸減少的問題,一開始就說,新港與蕭壠兩社的原住民外出捕鹿,經常空手而回。大員議會因而重新規範原住民的捕鹿季節,並且禁止使用獵犬。[39]

　　決議錄中透露,西拉雅一帶的原住民不時向荷蘭人申訴獵場界線問題。首先是新港社,因為赤崁一帶已開墾為農地,新港社的獵場

---

[39]Blussé and Everts (2006), 頁 300–303。

大幅縮減。其次是蕭壠社,因為中國獵人在之前挖了許多大陷阱,獵場已變成廢墟。兩社的長老向荷蘭人提出要求,希望可以到北邊的獵場捕鹿。如圖2.5所示,蕭壠社的東北邊是麻豆社,哆囉嘓社,與諸羅山社。

大員議會討論之後,把大員到諸羅山的獵場分為三大共有獵區,第1區涵蓋蕭壠,目加溜灣,麻豆,諸羅山,與哆囉嘓等五社的獵場。決議錄記錄,「以上區域在荷蘭設立商館之前,並無界線,可以自由捕鹿。... 依據牧師亨布魯克 (Anthonius Hambroeck) 所說,諸羅山,哆囉嘓,與麻豆社人並不反對共享他們的好獵場。」由常識來判斷,牧師亨布魯克的說法並不可信,獵場是原住民的利益來源,社有獵場與他人共享,原住民不可能不反對。

第2共有獵區包含目加溜灣與大武壠兩社的獵場,比較特別的是,目加溜灣社同時屬於第1區與第2區,但目加溜灣社人只能在第2區捕鹿,不能進第1區。決議錄內並未說明為何如此規定。最後,第3共有獵區為新港社與大目降社獵場,而赤崁地區只允許新港與大目降兩社的人捕鹿。

以上第1獵區的北邊緊鄰笨港溪(今日的北港溪),大員議會規定,南邊的社不可以到溪的北岸捕鹿,而北邊的社 (例如虎尾壠社) 也不得跨溪到南岸捕鹿。若違反規定,獵物沒收,捕獵工具也沒收。[40]

不過,以上的規定並未平息界線爭議。同年10月底,長官花碧和 (Nicolaes Verburch) 在報告裡說,新港,蕭壠與麻豆3社獵場的爭議已解決,蕭壠與麻豆兩社從現在開始變成一共有獵場。但是,報告裡並未說明,以上新港,蕭壠與麻豆3社獵場的爭議,是否與5月時所劃的界線有關。

長官花碧和說,新港社人不准進入這個獵區,如果他們也加入的話,麻豆社獵場上的鹿會被捕光。花碧和強調新港社人可以在赤崁地區捕鹿。他說,赤崁地區的鹿的確較少,但大員議會現已禁止荷蘭

---

[40] Blussé and Everts (2006), 頁 302–303。

圖 2.5: 西拉雅獵場分區 (1650年)

底圖為1908年的臺灣島全圖。

人及中國人在赤崁地區捕鹿,這應該會提高新港社人的狩獵收穫。[41]

獵場界線的糾紛應該不會至此就平息,但我在荷蘭人的檔案裡未能找到其他的案例。

野生動物資源耗竭的問題不只發生在台灣。16世紀晚期,日本的商船(朱印船)經常前往菲律賓購買鹿皮。鹿皮出口使菲律賓獵人的所得上升,但很快造成鹿資源耗竭。1598年,菲律賓的西班牙副總督報告,因為鹿皮大量出口造成資源的耗竭,鹿皮貿易非禁止不可。1602年,菲律賓管制日本商船數量,僅允許6艘船前來貿易,1608年減為4艘,翌年7月則完全禁止日本人前來貿易。[42]

菲律賓以禁止出口來處理鹿資源耗竭的危機,荷蘭人則是禁止中國獵人進入原住民的獵區,並管制捕鹿的季節。由前面圖2.4來看,1640年代之後,鹿皮出口數量呈現上升趨勢,表示荷蘭人的保育政策成功。

自然資源需要管理,台灣原住民可能更早就知道。陳第的〈東番記〉裡有一段話,「居常不許私捕鹿,冬,鹿群出,則約百十人即之」。我的推測是,16世紀末期台灣的鹿產大量出口之後,原住民很快就發現,若無管理,鹿資源會耗竭,這可能是「居常不許私捕鹿」的由來。不過,社的管制只對社內成員有拘束力,社與社之間的利益衝突,若無跨社的統治機構(殖民政府)存在,仍然難以解決。

---

[41]Blussé and Everts (2006),頁 343–344。

[42]岩生成一 (2013),頁 386–387;岡田章雄 (1983),頁 41–47。

3
掌中明珠

"1662年鄭成功之奪取臺灣，對於東印度公司來說，就正如喪失掌中明珠般的大打擊。" 中村孝志 (1997a)

1624–1662

東印度公司於1624年在大員設立商館,到1662年被鄭成功打敗後撤出台灣,前後不過38年。中村孝志教授是荷治時期台灣史的權威,他在一篇論文裡整理出東印度公司在台灣殖民地的財政收支,發現大約從1650年開始,大員商館的財政盈餘有逐年增加的趨勢。因此,他認為鄭成功奪取台灣,對於東印度公司來說,失去了一個利潤的來源,「就正如喪失掌中明珠般的大打擊。」[1]

16世紀中葉,西方人來到亞洲,希望與中國通商。明朝政府早期的政策是以中華帝國為中心的冊封體系與朝貢貿易,並屬行海禁。明朝的政策事實上也就是國家獨占對外貿易。獨占帶來利潤,因此,政府獨享貿易的利潤。1567年,福建月港 (海澄) 被指定為中國商船的出入口,對外貿易有限度地開放,但是範圍僅限於今日的南太平洋 (當時稱為東西洋),對日本的貿易仍被禁止。[2]

明朝政府獨享貿易利潤的政策不斷受到挑戰,除了日本人之外,葡萄牙、西班牙、英國與荷蘭商人先後來到東亞,希望能分享一杯羹。最早與明朝貿易的是葡萄牙人。16世紀中葉,葡萄牙人賄賂地方官員暫居澳門。後來,這筆賄賂金變成上繳國庫的地租銀,葡萄牙人正式租借澳門,也取得跟中國貿易的有利地位。

3.1 大員

荷蘭的東印度公司於1619年在巴城建立據點後,評估與中國通商的兩個可能管道。第一是把中國人招到巴城來,第二是前往中國沿岸建立貿易據點。巴城評議會認為後一途徑較佳,因為若不在中國建立貿易據點,中國人會前往馬尼拉貿易,而不會到巴城來。[3] 此一方針確立之後,荷蘭人軟硬兼施,希望能在福建沿岸取得貿易據點,但最後無功而返,只能以大員作為貿易基地。

---

[1] 中村孝志 (1997),頁341。

[2] 曹永和 (2000c)。

[3] 程紹剛 (2000),頁3。

荷蘭人為何把商館建在大員? 事實上, 大員也非理想地點。荷蘭人在早兩年就巡視福爾摩沙島, 想要找一個大船可以出入的海港, 但遍尋不獲。大員是不得已的選擇, 因為「漲潮時水深也不過15到16呎。」[4] 大員是今日的台南安平, 但在17世紀時, 大員是位於一鯤身沙汕的頂端, 其地形與今日的安平完全不同。

鯤身是指圍繞著潟湖的沙汕的地形地貌。圖3.1是大員在17世紀與今日的對照, 古地圖是1652年所畫, 當時荷蘭人建立大員商館已快30年。荷蘭人最早的商館是建在北線尾嶼上, 北線尾嶼與一鯤身之間隔著「南方港道」。一鯤身是南北走向的狹長沙汕的頂端, 其下為二鯤身, 三鯤身, ..., 一直到七鯤身。荷蘭人後來所興建的熱蘭遮堡, 即坐落於一鯤身上面。

商館一開始是建在北線尾嶼, 但首任長官宋克 (Martinus Sonck) 覺得該地不適合居住, 故於1625年1月20日向新港社人買一塊位於赤崁的地, 開發成普羅民遮 (Provintien) 市鎮, 並把商館移往該地。在17世紀, 一鯤身與赤崁之間是一個海灣, 稱為台江內海或大員灣。400年之後, 滄海變成桑田, 台江內海已變成陸地。

宋克長官向新港社人買土地是以物易物, 他的花費是15疋棉花布 (cangans)。依據牧師干治士在1628年所寫的備忘錄, 原住民結婚時, 聘禮依財富而定, 但可能包括20或30疋棉花布, 每疋布價格大約是3/8里耳。[5] 依此價格計算, 宋克買地的花費是5.625里耳。

荷蘭人的紀錄說: 原住民如果有人打死別人, 「用20疋或稍微多一點的棉花布 (對他們來說這已算是很多了) 就可以和解。」[6] 另外, 1624年, 大員地區1擔鹿脯的價格是4兩銀, 而1里耳折合0.72銀兩, 因此, 1擔鹿脯的價格是5.5里耳。換言之, 宋克僅花了比一擔鹿脯多一點點的錢就從原住民買了赤崁市街的地。

---

[4] 1呎 (voet) 大約30公分, 江樹生 (2007), 頁3–4。
[5] Blussé, Everts, and Frech (1999), 頁125。
[6] 江樹生 (2007), 頁161, 258。

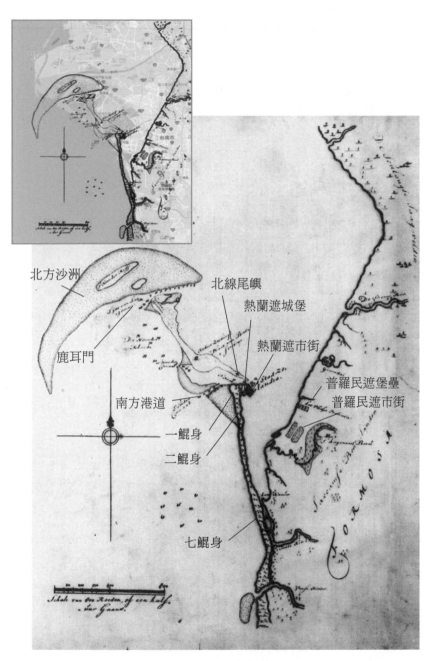

圖 3.1: 大員及附近地區 (1652)

來源: 古地圖, 布落克荷伊 (Cornelis Jansz Plockhoy) (冉福立 (1999a), 頁 60–61, 116–117); 今日地圖: google map。

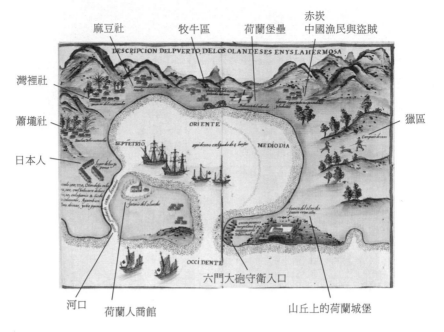

圖 3.2: 大員附近 (1626)

圖左方的文字:「荷蘭人總共 220 人,城堡內 100 人,堡壘內 10 人,商館內 8 人,其餘待在船上。中國人有 5,000 人,日本人有 160 人。」

來源: Pedro de Vera (Borao (2001), 頁 xiii, 70)。

　　一個有趣的對比是,荷蘭商人米紐伊特 (Peter Minuit) 於 1626 年在紐約向美洲原住民買下曼哈頓島 (Manhattan),他花的錢是 60 荷蘭盾 (guilders)。後者是荷蘭銀幣單位,1 里耳約兌換 2.4 荷蘭盾,因此美洲原住民出售曼哈頓島的價格是 25 里耳。[7]

　　荷蘭人初到台灣,不能以主人自居,因此,赤崁的地是花錢向新港人買的。不過,大約 10 年之後,大員商館已轉變成殖民政府,原住民的祖傳地反而變成是東印度公司授予的封建領地。[8] 下面會說明轉變的過程。

　　普羅民遮市鎮的發展一開始並不順利,很多荷蘭人水土不服,生

---

[7]Wikipedia: Peter Minuit。17 世紀時的貨幣兌換率,見吳聰敏 (2016)。

[8]韓家寶 (2002a),頁 76–82。

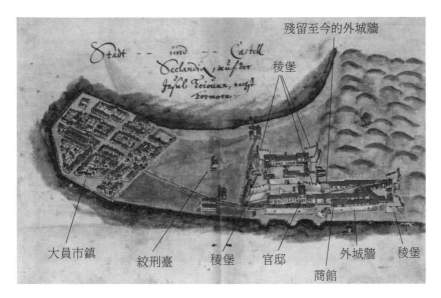

圖 3.3: 熱蘭遮堡與大員市鎮 (1640年代)

本圖朝下為北方。來源: Forschungsbibliothek Gotha, Chart. B 533 Bl. 283r (韓家寶與鄭維中 (2005), 頁 xxxviii)。

病死亡, 因此, 荷蘭人把商館搬回北線尾。1628年, 荷蘭人在興建中的熱蘭遮堡前面蓋了新的商館, 並在城堡右邊的空地上開發出熱蘭遮市街, 又稱為大員市街。[9] 一般人所說的「大員」, 包括熱蘭遮堡與大員市街, 熱蘭遮堡即今日的安平古堡。

在大員商館設立之前, 中國人與日本人已來台灣貿易。圖 3.2 是西班牙測圖師維拉 (Pedro de Vera) 於 1626年根據間諜轉述所繪製的大員地圖, 其中畫出中國人住在赤崁地區, 日本人則住在蕭壠社附近。熱蘭遮市鎮發展出來後, 中國人陸續移入, 而荷蘭人則住在城堡或商館內。

熱蘭遮堡後來不斷擴張, 圖 3.3 是大約1640年代的大員市街與熱蘭遮堡。此圖繪製時是北方朝下。若以目前習慣的北方朝上來看, 大員市鎮是在城堡的右邊。熱蘭遮堡的四個角各有一座稜堡, 圖 3.3 下

---

[9]江樹生 (2007), 頁 115, 註 31, 頁 161–162; 冉福立 (1999a), 頁 153。

到大員，單程大約要35到40天。為了公司治理的需求，巴城總部與各地商館都要詳盡地記錄每天發生的事情。大員商館的紀錄會先送到巴達維亞，再傳回阿姆斯特丹。

《熱蘭遮城日誌》是台灣荷蘭時期的流水紀錄。日記的第一則是1629年10月1日，記錄「快艇Slooten號從北方抵達此地」。最後一則是1662年2月9日，記錄荷蘭人離開台灣的情景。

3.2 從貿易商館到殖民統治

上面已經說明，宋克長官於1625年初向新港人買了一塊地，開發成普羅民遮市鎮。荷蘭人初到台灣，不敢以統治者自居，必須付錢買地。但是，荷蘭人一開始可能就有殖民統治的意圖。理由是首任大員商館主管宋克的頭銜已經是「長官」(Gouverneur)。當時東印度公司駐外單位的主管有兩種稱呼，商館的主管稱為「館長」(Derecteur)，殖民地的首長才稱為長官。[11]

麻豆社和約

東印度公司第4任台灣長官普特曼斯於1629年上任，在他任內，殖民統治政權日漸穩固。普特曼斯抵達大員的前8天，第3任長官納茨(Pieter Nuijts)於6月13日派出63人，前往麻豆社搜捕漢人海盜。

荷蘭人抵達麻豆社之後，受到熱烈招待，但被告知漢人海盜已逃入深山。回程中要經過一條河，麻豆社人主動提議要先把步槍送到對岸，再背荷蘭人過河。荷蘭人不疑有他，欣然接受。在荷蘭人過河時，原住民發動突擊，殺死所有荷蘭人，僅有一名漢人翻譯與黑人奴隸逃走。

麻豆社人緊接著前進到新港社，把新港社人為台灣長官納茨所蓋的房子燒掉。同一天，蕭壠社人也殺死一名荷蘭人。荷蘭人事後

---

[11] 江樹生 (2007)，頁 xxvii–xxviii。

檢討此一事件,認為新港社及附近幾個小社仍然是公司的盟友,但其他社並不是。[12]

普特曼斯上任後,一心想要報仇,但鑑於麻豆社人口多,而且武力強大,乃先對勢力較小的目加溜灣社下手。1629年11月23日,普特曼斯派軍隊襲擊目加溜灣,燒毀原住民的房屋與穀倉。這是荷蘭人落腳台灣之後,第一次對原住民發動戰爭,可能也是原住民有史以來第一次受到西方強大武力的摧殘。

大約一個禮拜之後,目加溜灣人前來求和,雙方後來簽訂的和約如下:[13]

1. 他們必須歸還被他們謀殺時,奪去的我方人員的所有頭顱和骸骨。

2. 他們也必須歸還被他們謀殺時,奪去的我方人員的所有武器。

3. 他們必須每年獻出感恩禮物。

4. 目加溜灣的中國人頭家,名叫 Hoytsee 的,被認定為造成這場衝突的大煽動者。

5. 他們必須交出跟我方被他們謀殺同等人數的青年人,照巴達維亞總督閣下的意見處置。

6. 他們必須派出跟我方人員去他們各社相等人數的人質,就像以前我們住在新港時那樣,以便我方人員能平安地在那裡來往。

這是台灣原住民有史以來第一個有紀錄可查的和約。

普特曼斯原本要乘勝追擊,前去攻打麻豆社,但因為天氣不佳而作罷。接下來的幾年,他忙著處理鄭芝龍與海盜的事情,攻打麻豆社即一延再延。到了1635年11月23日,時機成熟,普特曼斯終於出兵攻打麻豆社,原住民幾乎沒有抵抗就全部逃走。五天之後,麻豆社人前來求和,雙方在12月18日於熱蘭遮堡簽訂和約。

---

[12] Blussé, Everts, and Frech (1999),頁153–159。
[13] 江樹生 (2000),頁5–6。

麻豆社和約與目加溜灣社和約的意義不完全相同, 和約含有7條條文, 前4條如下:[14]

1. 我們 Tavoris, Tuncksuy, Tilulogh, 和 Tidaros 以整個麻豆地區的名義保證, 在全社收集根據我們的傳統作為裝飾品佩帶的被殺的荷人頭顱及其他身骨, 在新港交給牧師朱諾斯, 我們所有的銃槍, 其他武器和衣物也包括在內。

2. 我們帶來椰子和檳榔樹栽種, 以示我們將所有的一切獻給荷蘭聯省共和國的執政官, 包括我們的祖先流傳下來和我們現在麻豆社以及平原地帶的管轄區的所有財產, 東至高山, 西至大海, 南北至我們的轄地。

3. 我們不再向荷人及其盟友發起攻擊, 承認尊敬順服上述荷蘭省執政官, 以他為保護人, 願歸服他的領導, 我們同時保證遵從所任命的四位長老 (長官任命最年長的人) 的指揮和命令。四座教堂每三個月輪流掛出荷蘭旗。村社有什麼事情, 我們的頭目和長老將到教堂集會解決。

4. 一旦長官先生與其他村社村民發生戰爭, 我們永遠自願與荷蘭人一同作戰, 若有地方反抗荷蘭人, 我們願竭力相助, 只要公司允許。

麻豆社和約的第2條, 原住民要「將所有的一切獻給荷蘭聯省共和國的執政官, 包括 ... 現在麻豆社以及平原地帶的管轄區的所有財產」, 這是1629年目加溜灣社和約所沒有的。

在10年前, 第一任宋克長官為了發展普羅民遮市鎮, 以15疋布的代價向新港社人買下赤崁的一塊地, 這表示在當時荷蘭人仍然承認原住民的土地所有權。但由以上和約的第2條來看, 麻豆社人已把全部土地獻給東印度公司。

---

[14]程紹剛 (2000), 頁174–175; 江樹生 (2007), 頁304。

歷史學者韓家寶從荷蘭法律制度的角度解釋, 和約的目的是要建立「封建領地」的關係, 領主是東印度公司, 原住民則為封臣。在此制度下, 原住民雖然喪失土地所有權, 但仍保有使用權。

封建領地與地方會議

在封建領地的制度下, 領主與封臣各有權利與義務。[15] 臣民對領主效忠 (包括第4條的出兵作戰), 領主則對封臣提供保護與防衛的服務。此外, 雖然原住民的土地已「獻給」東印度公司, 但是, 東印度公司承認原住民對祖傳地有加以利用與享用之權。

1649年的一個案例可以說明以上的關係。中國人習慣採摘竹材建屋, 他們若採截原住民領地內的竹子, 雙方可能會發生衝突。1649年8月, 巴城當局決議, 中國採竹人每採百根竹子, 必須支付原住民3里耳的補償金。另外一個案例發生在1651年, 新港與大目降兩社的長老向大員商館陳情, 因為土地開墾造成鹿群走失, 要求賠償。大員商館後來決定, 每年對兩社合計補償1,500里耳。

但是, 並非所有原住民的損失都獲得補償。例如, 1630年代中期, 大員商館引入中國人進入原住民獵場捕鹿, 中國人須繳交許可證費用, 但這些費用似乎並未完全移轉給原住民。

由以上案例來看, 歸順之後原住民的土地使用權基本上受到保障, 這是接受殖民統治的好處。但是, 也有其成本, 例如要協助東印度公司作戰。

麻豆社之役是東印度公司建立殖民統治的關鍵戰役。接下來, 普特曼斯南征北討, 原住民也紛紛歸順, 歸順的條件與麻豆社和約可能差異不大。到了1636年後半, 歸順的社已經有57社。

1641年4月10日, 第6任長官特羅登紐斯 (Paulus Traudenius) 在大員首度舉行「地方會議」(Landdag), 總計有14社的原住民代表42人前來參加。次日另有一場集會, 參加者是位於較北邊的社, 包括諸

---

[15] 本小節依據韓家寶 (2002a), 頁 76–91。

圖 3.6: 荷蘭時期的地方會議

來源: Forschungsbibliothek Gotha, Chart. B 533 Bl. 288v–299r (Blussé and Everts (2000), 附圖)。

羅山社。[16] 從1644年開始, 大員每年都召開地方會議, 一直到1660年為止。圖3.6為地方會議召開時之景象。地方會議通常是南路與北路分別召開, 分別指大員以南與以北的地區。1653年, 另外加開東部(卑南地區) 與北部 (淡水地區)。前來參加的社, 表示已歸順東印度公司, 接受荷蘭人的殖民統治。

　　地方會議召開時, 荷蘭人同時統計前來參加的社的戶口數與人數。目前留下紀錄的是1647與1648兩年, 1650年, 與1654至1656三年, 其中, 1650年的原住民人數最多, 合計為68,657人。[17]

　　1645年4月, 南路的會議召開時, 台中的大肚王 (Quataong) 社也前來參加, 這是西部平原最後歸順的原住民。大肚王社是由15個較小的社組成, 可能已經有鬆散的王國組織。大肚王社所簽訂的和約, 內容與同一年年初瑯嶠社 (今日恆春地區) 的和約相同。和約內容共

---

[16]程紹剛 (2000), 頁 226。
[17]中村孝志 (2002), 頁 39–55。

有11條,前兩條為:[18]

1. 承認該領主以往之權限,但以往諸村落向住民徵收之稅項,今後改由公司收取,且不承認領主之世襲。

2. 管理處死罪之權力,對人身、生命等之處罰行為,要與政務員聯繫,交由大員長官處理。

由第1條來看,瑯嶠社與大肚王社原本已有收稅的制度,但在歸順之後,改由東印度公司徵收。

　　東印度公司在台灣建立殖民統治是以武力為後盾,後續的鄭氏王朝,清朝,日本與國民政府也都是如此。比較特別是,東印度公司是透過與原住民簽訂和約的方式,確立領主與封臣的關係,但後續的改朝換代,原住民則直接被納入統治。

　　原住民歸順東印度公司,有一些是先經過強烈抵抗之後,不得不投降,但也有一些並沒有經過戰爭,而是權衡得失之後的選擇。因為紀錄有限,我們無法判斷歸順東印度公司的得與失,何者較大。當然,每社的情況也可能不同。

　　荷蘭人落腳大員的初期,依據干治士牧師的紀錄,新港社正面臨被麻豆社與目加溜灣社消滅的危機。東印度公司建立大員商館後,新港社很快與荷蘭人結盟,後來也歸順東印度公司,這可以視為是自我保衛的舉動。

　　原住民在不同的統治政權下,命運也不同。鄭成功統治台灣之後,因為缺糧的問題與原住民發生衝突。依據東印度公司的紀錄,鄭軍因為侵墾大肚王社領域的土地,遭到原住民攻擊,死傷慘重。[19] 但是,鄭氏王朝末年,鄭軍曾於1670年對沙轆社發動攻擊,這一次戰役的結果是原住民死傷慘重。

---

[18] 中村孝志 (2002),頁 77–82;歐陽泰 (2007),頁 134–153。
[19] 程紹剛 (2000),頁 566;中村孝志 (2002),頁 92–93。

3.3　小琉球事件

東印度公司的殖民統治是以武力為基礎,原住民與荷蘭人之間發生多次的流血衝突,其中,原住民死傷最慘重的一次是小琉球事件。事情的起源於大員商館設立之前。

　　1621年4月,東印度公司的商船金獅子號 ('t Gouden Leeuw Ei-land) 從荷蘭出發,中途未停靠其他港口,於8月23日就抵達巴達維亞。之後,金獅子號受命前往澎湖,後來又前往印尼的占碑 (Jambi) 購買胡椒。航行途中,金獅子號停泊於小琉球,船長派若干船員登陸取鮮水,但一去不返。接下來遇上狂風,金獅子號上的船員無法上岸搜救,只好駛開。但荷蘭人後來知道,登陸的船員全部遇害,被吃掉。[20] 荷蘭人後來把小琉球稱為金獅子島。

　　對於金獅子島與前述的麻豆社兩事件,長官普特曼斯一心一意想要報仇。但麻豆社較難攻打,因此,他首先討伐小琉球原住民。1633年11月,荷蘭人派出300名士兵,再加上新港社與蕭壠社原住民,出征小琉球。但這一次的行動並不順利,荷蘭人與新港社人各死一人,而小琉球人看到敵人來襲,即躲入天然的地下珊瑚礁岩洞裡,這些岩洞即今日之「烏鬼洞」。

　　荷蘭人的報仇行動雖然不成功,但仍把原住民的房屋燒光。此外,他們在島上搜索時,意外發現另一艘荷船貝弗韋克 (Beverwijck) 號的遺留物。這一艘船原本是兩年前的9月停泊在大員北邊的礁石區,後來遭遇強風吹襲,脫錨漂走,下落不明。荷蘭人原以為船已沉入海底,但是,在小琉球島上荷蘭人發現貝弗韋克號的鐵砲與錨,因此確認船從大員漂到小琉球,被原住民洗劫。荷蘭人在島上還看到西班牙與葡萄牙商船的遺留物品,猜測這些船也是在小琉球遇難。[21]

　　1635年底,麻豆社臣服;翌年4月,荷蘭人二度出兵攻打小琉球。此次行動,荷蘭人有備而來。4月26日,荷蘭士兵加上新港社與放索

---

[20]本小節主要根據曹永和 (2000a),另見江樹生 (2007),頁16。

[21]江樹生 (2000),頁233;江樹生 (2015),頁298。

表 3.1: 小琉球島的紀錄

發配至巴達維亞	191人
分配在新港社, 並暫時安置在居民中間	482人
被荷蘭家庭收養的兒童	24人
交戰時死亡 (以及自殺) 的人數	405人
1644年最後被捕獲者	17人
總計	1,119人

曹永和 (2000a), 頁 214, 程紹剛 (2000), 頁 298。

社 (今日林邊鄉一帶) 人登陸小琉球, 並建立據點。與上一次一樣, 小琉球人又躲入岩洞, 但荷蘭人堵住所有的洞口, 再用煙把原住民燻出來。最先爬出來的是婦女與兒童, 但也有 8 位男丁。

到了 5 月初, 岩洞內已無動靜, 荷蘭人進入岩洞, 發現二三百具屍體, 都已發臭。荷蘭人後來陸續又有幾次小規模的掃蕩行動, 把殘留的原住民全部捕獲。

在整件事落幕後, 荷蘭人清點人數之後發現, 小琉球原住民共有 1,119人, 在交戰中死亡與自殺者合計 405 人, 被生擒的人當中大約有 200 人被發配到巴達維亞, 其餘的則被安置在新港社與大員 (表 3.1)。大員長官對於小琉球人的處置相當嚴厲; 1649年1月, 巴城總督萊恩 (Corenlis van der Lijn) 發布備忘錄, 要求大員長官改變措施, 原來被腳鏈綁住, 準備充當奴隸或勞工的人, 全部獲得自由身分, 不再轉運他處。[22]

東印度公司的紀錄顯示, 有一名小琉球人後來擔任公司士兵, 娶荷蘭婦女為妻, 之後並前往阿姆斯特丹, 成為荷蘭公民。巴達維亞總督向荷蘭總公司的十七人董事會報告小琉球事件始末。十七人董事會後來曾要求巴達維亞總督檢討此事, 並要求嗣後對台灣倔強的部

---

[22]陳秋坤等 (2014), 頁 26–27。

族，處理不要那麼嚴厲。

　　你今天如果前往小琉球，仍可看到小琉球鄉公所於1975年所設立的「烏鬼洞風景區記事碑」(圖3.7)，碑上的文字所記錄的是以訛傳訛的傳說，與事實相差一萬八千里。

烏鬼洞風景區記事碑

　　明永曆十五年，延平郡王鄭成功，克復臺澎，驅走荷人。少數黑奴未及歸隊，逃來本嶼，潛居此洞。數年後，有英軍小艇在此洞西北之蛤板登陸，觀賞風光，黑奴乘虛搶物燒艇，並盡殺英軍。旋被搜尋之英艦發現艇燬人亡，乃上岸搜索，但黑奴潛伏洞中，百般誘脅，誓死不出，乃灌油引火，黑奴盡死洞中。

　　後人遂名之為烏鬼洞，意指黑洋人曾棲息之洞也。清朝時洞中石床、石桌、石鑼、石鼓、銀器、珠寶等時有發現，因而烏鬼洞之名，遂聞遐邇。

　　茲為發展觀光事業，美化環境，乃以公共造產方式，籌資整建，俾略具規模，藉助遊興耳。

歷史學者曹永和在1995年的文章裡已指出其錯誤，但一直到2022年，這座碑仍存在，每天面對來訪的遊客。[23]

　　荷蘭人不只面臨原住民的抗爭，漢人也曾經揭竿而起，最嚴重的一次是1652年的郭懷一事件。動亂前後持續12天，有3到4千名中國人喪命。[24]古慧雯教授的分析指出，郭懷一因為欠荷蘭人的債還不出來，起念要殺債權人。交戰過程中，東印度公司懸賞原住民，提交一個漢人的頭顱可以獲得1疋布，而後來提交郭懷一頭顱的原住民，獲得50里耳的獎賞。[25]

---

[23]曹永和 (2000a)。

[24]程紹剛 (2000)，頁356–359。

[25]Koo (2015)。

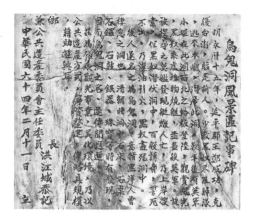

圖 3.7: 烏鬼洞風景區記事碑

來源: 林君柔。

3.4　貿易利潤

本章開頭引用了中村孝志的研究, 他認為台灣是東印度公司的掌上明珠, 意思是說, 台灣殖民地創造很多利潤。他的結論是依據東印度公司的財政收支統計, 不過, 早期的統計並不完整, 圖3.8畫出1636–1660年度的財政收入與盈虧。

　　1630年代後半, 大部分的年度是虧損, 1642與1643兩年有盈餘, 接下來的兩年又出現虧損。但是, 1646年開始, 大部分的年度都出現盈餘。中村孝志比較1640年代晚期東印度公司在各地方的商館, 發現台灣的財政盈餘豐厚, 僅次於日本。

　　財政盈虧等於財政收入減支出, 但為了避免圖形人過複雜, 圖3.8並未畫出財政支出線。圖中顯示, 財政收入從1646年開始大幅增加, 由此可知, 盈餘的出現主要是因為收入增加, 而不是支出減少。殖民地的財政收入分兩大項:「貿易毛利潤」(handelsinkomsten) 與「內地諸稅」(landsinkomsten), 前一項是轉口貿易的利潤, 後者是殖民地本身的生產活動之收入。圖3.8顯示, 1645–1653年期間, 貿易毛利潤遠高於內地諸稅, 因此, 在以上期間, 財政盈餘的主要來源是轉口貿易的利潤高。

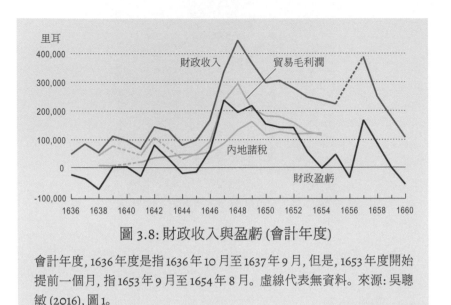

圖 3.8: 財政收入與盈虧 (會計年度)

會計年度, 1636 年度是指 1636 年 10 月至 1637 年 9 月, 但是, 1653 年度開始
提前一個月, 指 1653 年 9 月至 1654 年 8 月。虛線代表無資料。來源: 吳聰
敏 (2016), 圖 1。

　　中村孝志的結論是以財政盈餘為依據, 但是, 東印度公司計算貿
易利潤的方法, 與現代的會計準則不同, 無法正確反映商館的盈餘,
一個例子如下。

　　1760 年 10 月, 東印度公司在日本長崎的商館出口一批銅, 運到巴
達維亞重新打包, 隔年再分批運到孟加拉的胡格利 (Hooghly) 商館
出售。接下來的兩個會計年度, 胡格利商館的帳簿上記錄出售 72,200
荷蘭磅的日本銅, 售價是 64,069 荷盾, 而進貨成本是 22,532 荷盾。由
售價減去進貨成本, 胡格利商館的貿易毛利潤記為 41,537 荷盾。[26]

　　這批銅是東印度公司在日本長崎的商館所購入, 但最後的貿易
毛利潤僅記錄在孟加拉的胡格利商館的帳簿上。依現代會計的原則,
貿易毛利潤應該是這兩間商館共同創造的。此外, 計算貿易毛利潤
(稅前淨利) 時, 除了由銷售收入減去長崎商館的進貨成本外, 還要扣
除營業費用, 包括運輸成本以及商館工作人員的薪資支出。但是, 胡

---

[26]Shimada (2006), 頁 33–37; Glamann (1958), 頁 258–259; Wills (2005), 頁
122; Van Veen (1996), 頁 73。

格利商館在計算毛利潤時也未扣除以上的成本。

由以上的說明可知, 東印度公司帳簿上的財政收支數字必須經過調整, 才能呈現現代經濟學概念的盈虧。

中國絲貿易

荷蘭人在大員建立商館, 一開始的目的是中國絲的轉口貿易。在荷蘭人前來東南亞之前, 葡萄牙人已經以澳門為基地出口中國絲到日本。17世初荷蘭人與英國人加入之後, 競爭加劇。1620年代初期, 日本與葡萄牙交惡, 禁止葡萄牙商人前去貿易。接著, 1630年代中期, 日本實施鎖國政策。在鎖國政策下, 日本商人不能出海貿易, 但中國人與荷蘭人仍可到長崎貿易; 於是荷蘭人先在大員向中國商人購入絲與絲製品, 再運至日本銷售。[27]

影響中國絲貿易的另外一個因素是東南沿海的海盜。在1620–1630年代上半, 中國東南海域上海盜橫行。不過, 海盜勢力強大之後, 常接受官方招撫, 負責討伐其他海盜, 鄭成功的父親一官 (鄭芝龍) 是最有名的例子。1628年, 他由人人聞之色變的海盜搖身一變, 成為廈門沿岸之防衛提督。1635年, 一官擊敗海盜劉香之後, 中國東南海域上海盜活動減少, 海上貿易變得較為安全, 中國的商品可以安全運抵大員。[28]

1633年大員商館僅有少量的生絲與絲織品出口至日本; 但接下來幾年, 出口劇增。以數量來說, 1638年大員出口的中國生絲最高, 但若以金額來說, 1637年更高。1630年代後半, 大員商館的貿易規模急劇擴大, 商館面臨資本不足的問題, 必須向平戶 (位於長崎) 的日本商人借入資金。[29] 1635–1639年期間, 東印度公司各地商館對日本之出口商品中, 生絲與絲織品金額占87%, 相對的, 台灣與中南半島

---

[27]曹永和 (2000c), 頁14–21。

[28]永積洋子 (1993a), 頁24–34。

[29]永積洋子 (1993b), 頁62–67, 73。

的鹿皮貿易金額僅占 4%。[30]

1640年,大員商館的生絲與絲織品出口金額合計是486.2萬荷盾。相對的,當年度大員商館的支出是21.7萬荷盾。假設轉口貿易的利潤是出口金額的10%,則出口利潤為商館一整年支出的2.2倍。[31] 但是,前面圖3.8顯示,1630年代後半大員商館的貿易毛利潤並不大。上面已經說明其中的原因。雖然絲是在大員買入的,但最終是由日本商館出售的,因此,貿易毛利潤只記錄在日本商館的帳簿上。

好景不常,接下來大員商館的絲出口急劇減少。此一轉變背後的關鍵人物是鄭芝龍,他一方面禁止中國商人將絲賣給大員商館,另一方面則自行出口絲到日本。[32] 因為無法由中國買入生絲與絲織品,東印度公司只好改從東京 (Tonkin, 位於今日越南的北部) 與孟加拉購入生絲與絲織品。

那麼,1640年代後半,大員商館的貿易利潤上升,主要是來自哪些商品?

胡椒貿易

胡椒是東印度公司在17世紀最重要的貿易商品,以價值計算,17世紀東印度公司運回歐洲的商品中,胡椒占50%以上。[33] 亞洲各國對於胡椒也有需求。事實上,在荷蘭人尚未前來亞洲之前,印尼所生產的胡椒有一大部分是由中國商人出口到中國。[34] 葡萄牙人,英國人,與荷蘭人相繼把胡椒出口到歐洲後,東南亞市場上胡椒的需求增加,價格上揚。

歐洲人初到亞洲,買胡椒必須透過中國商人之手,但到後來,歐洲人取得胡椒的獨占,中國商人欲從南洋進口胡椒,反而必須從荷

---

[30] Blussé (1996),頁65。

[31] 古慧雯 (2018) 對於東印度公司的貿易利潤有仔細的推估。

[32] Blussé (1996),頁67;永積洋子 (1993b),頁77–82;程紹剛 (2000),頁247–248。

[33] Glamann (1958),頁73。

[34] Tsao (1982);曹永和 (2000b),頁246–249;Glamann (1958),頁75。

蘭人或英國人買入。荷蘭人掌握相當數量的胡椒,但並非獨占。[35] 因此,中國商人買胡椒除了透過東印度公司之外,還有其他的來源。

為了阻止中國商人到其他地方去交易,荷蘭人設法讓中國商人前往大員買胡椒。[36] 為何選擇大員作為交易地點? 原因是中國商人若只能在巴達維亞交易,他們從中國南方的港口出發後,可能會航往其他地方 (如馬尼拉),如此一來,東印度公司的貿易將減少。[37]

胡椒在大員的交易價格遠高於巴達維亞,1654年巴城評議會的報告說,中國商人到巴達維亞買胡椒,1擔要價8銀元,大約等於11.1里耳。若在台灣,1擔要價14里耳。但在考慮風險與關稅之後,中國商人在台灣買胡椒仍然划算。

依據東印度公司的記帳制度,中國商人到大員購買胡椒,會記錄為台灣的貿易毛利潤,因此,驅使中國商人到大員購買胡椒之政策,提升了台灣殖民地帳面上的盈餘。

東印度公司在台灣的胡椒貿易很早就開始。1628年,巴達維亞運送300擔胡椒到大員,後來以每擔1里耳的價格賣給一官。[38] 1641年初,公司的報告說,「胡椒在中國重新獲得銷路,所有在大員的存貨均以14里耳1擔的價格售出。」1642年,荷蘭人從巴達維亞運送6千擔的胡椒至台灣,每擔以14–15里耳的價格出售。相對的,在巴達維亞市場上,胡椒每擔約售10–11里耳,這也是大員商館的進貨價格。[39]

1647–1649年之間,大員胡椒貿易的價量齊揚;但是,巴達維亞的胡椒價格並無明顯變動,因此,荷蘭人獲取可觀的利潤。為何價量齊揚? 原因是1644年滿清入關之後,戰事逐漸南移,幾年之後,福建與廣東地區也受到戰爭的影響。

1640年代中期,東印度公司的報告中開始出現中國內戰的消息。

---

[35]Tsao (1982), 頁 244–245; Boxer (1965), 頁 105–108; Glamann (1958), 頁 76。
[36]Glamann (1958), 頁 78。
[37]江樹生 (2007), 頁 136–137。
[38]程紹剛 (2000), 頁 84, 101; 江樹生 (2010), 頁 195。
[39]程紹剛 (2000), 頁 210–211, 309。

例如, 1645 年底,「中國的內戰仍持續未止, ..., 大員貿易稀少」。不過, 1647 年出現轉機,「因為中國戰場多數南移, 使通往北方的道路可以使用或安全一些, ... 胡椒最終以19里耳一擔的價格兌換成上等黃金, 沒有剩餘一斤, 這是前所未有的。」

1648 年度巴達維亞總部一共運了1.6萬擔的胡椒到大員, 例如,「商品貨物在大員賣得高價」。因為供不應求, 大員商館要求巴達維亞在下一年運來2萬擔胡椒。1649 年1月18日的報告指出, 上一年曾由巴城運送許多商品到台灣, 其中包括9,312擔的胡椒。所有商品「均以高價換成黃金, 比平常高出100%」。[40]

到了1650年, 中國東南方的戰事趨於和緩, 台灣胡椒的價格也下降。1651 年1月的報告中說,「胡椒價格從19、20里耳一擔降至15里耳」, 由此判斷, 1647–1649 年之間, 台灣的胡椒價格可能都在19–20里耳左右。[41] 若以每擔20里耳計算, 1648年度運到大員的胡椒, 出售後的收入合計是32.9萬里耳。

上面曾說明, 1640 年生絲與絲織品出口合計是486.2萬荷盾, 折合202.6萬里耳。因此, 胡椒出口最多的時候, 其金額大約只占絲出口最高金額的16.3%。但是, 絲貿易的利潤是記在日本商館的帳簿上, 而胡椒出口則記錄在大員商館的帳簿上。

由以上的說明可知, 前面圖3.8裡, 大員商館的「貿易毛利潤」在1646–1648 年之間的上升, 反映的是胡椒出口的興盛。

財政盈虧與利潤

利潤是經營決策的重要指標, 若帳面上的利潤不等於真實利潤, 這將誤導經營決策。東印度公司總部的十七人董事會深知記帳制度的問題, 因此早在1627年就對巴達維亞總部下指示, 東印度公司各商館的盈虧不能單獨計算, 而必須整體考量。[42]

---

[40]程紹剛 (2000), 頁 271, 293, 301–303, 309。

[41]程紹剛 (2000), 頁 271, 293, 309–312, 321。

[42]Van Veen (1996), 頁 73; Glamann (1958), 頁 244–265。

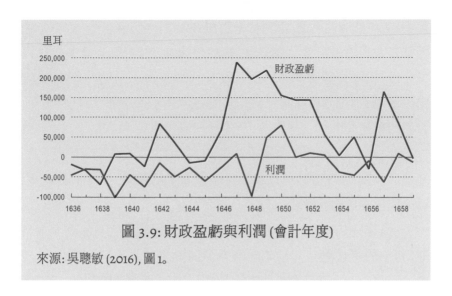

圖 3.9: 財政盈虧與利潤 (會計年度)

來源: 吳聰敏 (2016), 圖1。

以絲的貿易為例, 東印度公司所獲的利潤全部記在日本商館的帳簿上。相對的, 胡椒是在台灣交易, 因此全部記為大員商館的利潤。若以現代會計的概念來看, 大員商館在絲的貿易上也會有一點貢獻, 而把胡椒貿易的利潤全部記為大員商館的貢獻, 則是高估。

我曾經蒐集荷蘭時期的財政收支統計, 以及生產與出口統計, 並以經濟學的概念估算出東印度公司在台灣殖民地的利潤, 結果畫於圖3.9。[43] 本圖中的「財政盈虧」與前面圖3.8相同,「利潤」則是以現代經濟學的概念所重新估算的結果。從1636年度開始, 除了1649與1650兩個年度外, 其他年度的利潤都是小於0, 或者是接近收支平衡。更早期的統計目前不可得, 但應該不會更好。

由東印度公司帳簿上的「財政盈虧」來看,1640年代中期開始,大員商館的營運狀況似乎很好, 但其實大部分的時間是虧損。巴城評議會與十七人董事會應該也瞭解實情。

1662年2月, 荷蘭人向鄭成功投降, 撤出台灣。兩個月之後, 巴城評議會評估是否應重整旗鼓收復台灣, 結論是利弊得失「難以判斷」。同年12月, 巴城評議會再度評估台灣的情勢, 認為若有適當的

---

[43]吳聰敏 (2016)。

兵力,有可能奪回台灣,但對於是否應出兵則持保留意見。主要考量因素是大員海道深度愈來愈淺,船舶進出並不方便。在權衡利弊得失之後,巴城評議會認為對公司最有利的做法是,尋找一個優良港口以便在「北部地區從事貿易」,若能在中國沿岸落腳,「將是我們所希望的事情」。[44]

1664年8月,荷蘭人重新占領基隆,目的之一是作為軍事行動的基地,同時也希望基隆可以成為對中國貿易的據點。但4年之後,因為未能達成目標而撤離。

1684年,巴城評議會認為在臺灣維持基地無益,而且臺灣並無良港,以上的意見與22年前剛撤離台灣時的評估一致。1686年,東印度公司的十七人董事會告知巴城總督,「不可再去占據台灣,只可考慮一個小小的通商據點」。[45]東印度公司再度占領台灣的企圖,至此劃下句點。十七人董事會所下的命令也間接印證以上的分析,大員商館並非東印度公司的掌上明珠。

3.5 文化遺產

東印度公司在台灣38年,目前僅留下熱蘭遮堡外城牆一面,經濟上留下少許的痕跡,包括發展稻米與糖業,[46] 以及引入新作物,如荷蘭豆。相對的,文化上遺產頗多。

台灣原住民使用的語言屬於南島語系(Austronesian languages),但荷蘭時期之前只有語言,沒有文字。[47]荷蘭傳教士使用羅馬拼音來拼寫西南平原部分地區的原住民語言,留下珍貴的紀錄。

荷蘭人曾編撰至少3本原住民語言的辭典,包括:《福爾摩沙語辭彙集》、《虎尾壠語辭典》及《放索語辭典》。其中,《放索語辭典》已

---

[44]程紹剛 (2000),頁559, 567。

[45]Generale Missiven, vol. 4,頁 722;冉福立 (1999b),頁 91。

[46]Koo (2021)。

[47]本節主要參考李壬癸 (2010);林昌華 (2011);林昌華 (2019);https://www.wikiwand.com/zh-mo/南島語系。

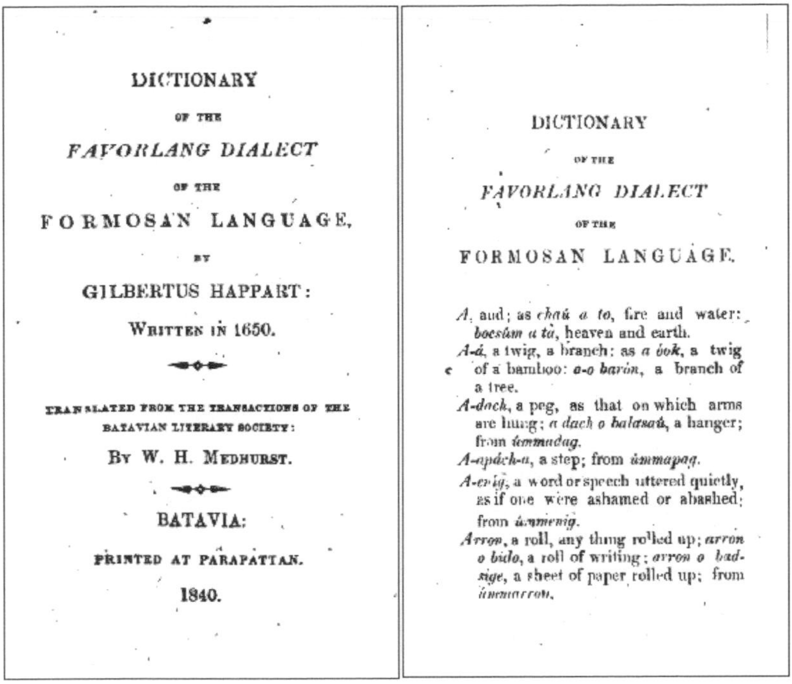

DICTIONARY
OF THE
FAVORLANG DIALECT
OF THE
FORMOSAN LANGUAGE,
BY
GILBERTUS HAPPART:
WRITTEN IN 1650.

TRANSLATED FROM THE TRANSACTIONS OF THE
BATAVIAN LITERARY SOCIETY:
BY W. H. MEDHURST.

BATAVIA:
PRINTED AT PARAPATTAN.
1840.

DICTIONARY
OF THE
FAVORLANG DIALECT
OF THE
FORMOSAN LANGUAGE.

A, and; as *chaú a to*, fire and water: *boesúm a tà*, heaven and earth.
A-á, a twig, a branch: as *a óok*, a twig of a bamboo: *a-o barón*, a branch of a tree.
A-dach, a peg, as that on which arms are hung; *a dach o balasaú*, a hanger; from *ámmadag*.
A-apách-a, a step; from *ámmapag*.
A-erig, a word or speech uttered quietly, as if one were ashamed or abashed: from *ámmenig*.
Arron, a roll, any thing rolled up; *arron o bido*, a roll of writing; *arron o badsige*, a sheet of paper rolled up: from *ámmarron*.

圖 3.10:《虎尾壠語辭典》

經佚失,但前兩者則流傳至今。第1本雖然稱為「福爾摩沙語」,但實際上是西拉雅語。第2本的內容虎尾壠語,主要使用於虎尾壠地區,大約是今日的雲林一帶;在1650年代這是台灣鹿產最多的地區。第3本的內容是放索語,放索是今日的屏東林邊一帶。

虎尾壠語辭典

《虎尾壠語辭典》(*Dictionary of the Favorlang dialect of the Formosan language*)是由東印度公司的牧師哈帕特(Gilbertus Happart)在1650年所編輯。字典的手稿後來在巴達維亞改革宗教會小會的檔案室被發現,圖3.10是1840年由梅德赫斯特(W.H. Medhurst)譯成的英文本,另外,也有荷蘭文的版本出版。[48] 英文本共有430頁,收錄2,662

[48]林昌華(2009); Klöter(2008)。

個虎尾壠語單字,字典以字母順序編排,搭配英文翻譯。

字典從 A 開始,第一個詞為「與」,例子是 *"chaú a to"*,意思是「火與水」。由辭典的內容來分析,虎尾壠人是以種植旱稻、小米,加上狩獵野鹿為生。林昌華教授發現辭典內包含「鮪魚、劍魚和翻車魚這些必須出海到一定的距離,甚至東海岸的黑潮海域才可能看到的魚類」,他對此表示「難以理解」。[49]

荷蘭時期之前,大陸的漢人就會到台灣沿岸捕魚,再運回大陸銷售,其中最有名的是烏魚。[50] 因此,漢人若把捕獲的魚與原住民交易鹿皮與鹿脯,也不無可能。這或許可以解釋為何有些海魚名稱會出現在虎尾壠語的辭典內。

收錄西拉雅語的《福爾摩沙語辭彙集》(*Formosaansche Woorden-lijst, volgens een Utrechtsch handschrift*),原始的手稿是於 1836 年在荷蘭的烏特烈支 (Utrecht) 大學圖書館裡發現。1982 年,荷蘭人弗利斯 (C.J. van der Vlis) 把手稿重新整理出版,合計收錄 1,072 字。

新港文書

荷蘭人編集原住民字典,主要目的是為了傳教。但是,文字也有其他的用途,其中之一是借貸與土地買賣契約。在沒有文字之前,借貸與土地買賣只能口頭約定,容易產生糾紛。

以台灣原住民文字寫下的契約現在統稱為「新港文書」,現存最早的一件是 1683 年 (康熙 22 年),麻豆社原住民與漢人的土地買賣契約。圖 3.11 是 1774 年 (乾隆 39 年),卓猴社原住民把一塊田地典給漢人的契約。[51] 這一件契約是先寫下新港語,再寫下漢字。比較特別的是,左邊還畫出地圖,並標示出田園的位置。

荷蘭人離開台灣之後,原住民的羅馬拼音文字持續使用。目前所知,最晚的一件新港文書契約是在 1818 年,此時荷蘭人離開台灣已

---

[49] 林昌華 (2009)。
[50] 曹永和 (1979a,b)。
[51] 李壬癸 (2010),頁 521–527。

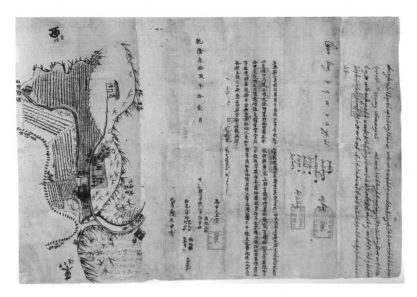

圖 3.11: 新港文書 (1774年)

來源: 劉澤民 (2002), 頁 360。

超過一個半世紀。

　　最後必須一提的是, 荷蘭人所留下的豐富的文字紀錄, 包括《熱蘭遮城日誌》,《荷蘭臺灣長官致巴達維亞總督書信集》, 以及《荷蘭人在福爾摩莎》, 後者是巴城總部定期向荷蘭十七人董事會所提交的報告中, 關於福爾摩莎的史料。沒有這些紀錄, 我們今天對於400年前台灣原住民狀況, 不可能有那麼多的瞭解。

4
贌社

"為要使村社居民盡量少被中國人威脅和剝削⋯ 原
住民得以將他們的貨物按照他們自己願意的價格
出售, ⋯ 也可以帶去他們認為會出價最高的任何
其他村社的贌商那裡交易。"

江樹生 (2003b)

1629年8月,台灣長官納茨向巴城總部報告大員商館的收支,隔年年底,巴城總部再向東印度公司十七人董事會報告1629年1至8月大員商館的收支情形,其中,支出是48,028荷盾,收入是11,614荷盾,差額為36,414荷盾。[1] 此時,大員商館才設立5年,入不敷出應該是在十七人董事會的意料內。不過,上一章已經說明,以現代經濟學的概念來計算,大員商館不僅是在初期虧損,在台灣的38年期間多數年度也都是虧損。

1630年代中期,大員商館轉型成殖民政府,收入增加,但支出也增加。若只是單純的轉口貿易,商館的支出項目主要是職員,駐軍以及海上船員的薪資,其中,駐軍的人數不會太多。但是,商館變成殖民政府後,駐軍人數增加,士兵薪資占支出的比重也上升。中村孝志說,「占支出重大比率的,還有守備隊兵士的薪給食糧。以1650年代後半 ... 兩者的合計幾占支出的八成。」[2]

1630年代,大員的荷蘭士兵的月薪是9荷盾,公司另外提供食糧代金1.875荷盾。兩項合計,一名低階士兵每年的支出大約是130荷盾。中尉的月薪是50–60荷盾,食糧代金是15荷盾。相對的,大員的中國苦力每個月的工資大約是7.2荷盾。[3]

4.1 大員商館的支出

表4.1為1628年度大員商館之支出表,總計是214,146荷盾。其中,「陸上合計」項下的「陸上薪資」應該是包含大員商館的軍人與一般行政人員的薪資在內,而「駐軍餐費」則代表軍人的食糧代金。「其他開支」包括醫院與城堡的開支等。「陸上合計」加入「大船、快艇、戎克船船上人員開支」等於150,046荷盾,又稱為「長官支出」(expendi-

---

[1] 江樹生 (2010),頁 207–209;中村孝志 (1997c),頁 329;程紹剛 (2000),頁 105。
[2] 中村孝志 (1997c),頁 334。
[3] 中尉的食糧代金是18世紀初期的統計,原資料的單位為里耳,以1里耳等於2.4荷盾換算。韓家寶 (2002b),頁 69–70;中村孝志 (1997c),頁 335。

表 4.1: 大員商館支出: 1628年度

長官支出 (expenditures governor)		150,046
陸上合計		122,450
陸上薪資 (monthly allowances)	67,186	
駐軍餐費	15,384	
長官餐費	1,758	
其他開支	38,122	
大船、快艇、戎克船船上人員開支		27,596
海上津貼 (monthly allowances at sea)		21,600
船隻折舊		7,500
利息成本		35,000
總計		214,146

單位: 荷盾。

來源: Van Veen (1996), 頁 63; 江樹生 (2010), 頁 208。

tures governor)。相對的,「海上津貼」可能是往來各地商館的船員之薪資,由大員商館所分攤的部分。

若把「陸上薪資」,「駐軍餐費」以及「長官餐費」之總和作為人事費用,則1628年度之人事費用占「陸上合計」的68.9%。學者的研究指出,台灣財政支出增加的主要原因是駐軍人數長期增加,這是東印度公司擴充其統治領域時無法避免的結果。[4]

1629年大員商館的駐軍人數是380人。到了1639年,東印度公司已逐步建立殖民統治,駐軍為500人。1652年9月7日發生郭懷一事件之後,駐軍人數增為958人。接著,鄭成功有意攻打台灣的消息開始流傳,從1654年開始駐軍都超過1,000人。1661年初,台灣的駐軍不下1,500人,這可能是鄭成功攻台時的駐軍人數。[5]

---

[4] Van Veen (1996)。

[5] 程紹剛 (2000), 頁 361, 410, 420, 440, 442, 458, 495, 509, 530。

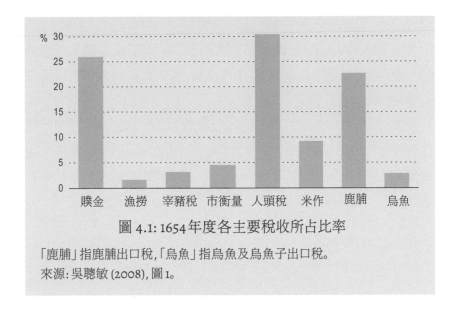

圖 4.1: 1654年度各主要稅收所占比率

「鹿脯」指鹿脯出口稅,「烏魚」指烏魚及烏魚子出口稅。

來源: 吳聰敏 (2008), 圖1。

上一章說明, 東印度公司在台灣殖民地有兩項收入來源: 貿易毛利潤與內地諸稅, 前者是轉口貿易的利潤, 後者是殖民地本身的生產活動之收入。前面第3章的圖3.8 (頁72) 曾畫出這兩項收入的變動情形, 圖中顯示, 財政收入在1650年度達到最高, 主要原因是貿易毛利潤上升。不過 , 上一章已說明, 東印度公司計算貿易毛利潤的方法與現代會計的原則不合, 因此, 貿易毛利潤之統計無法真實反映大員商館在轉口貿易上的貢獻。

「內地諸稅」反映東印度公司在台灣殖民地的經營成果。1630年代中期以後,東印度公司的殖民統治才較為穩固,而稅制則要到1640年代初期才確立。[6]台灣殖民地的稅目繁多,圖4.1為1654年度各主要稅收項目占總稅收之比率,其中,人頭稅比重最高,超過30%;人頭稅的課稅對象是在台灣工作的中國人。排名第二的是贌金,第三是鹿脯,後者是指鹿脯出口到福建時的出口稅。

贌金是中國商人前往原住民部落交易的權利金。交易的方式是商人把一些日常用品運往原住民部落, 以交換原住民所生產的鹿脯

---

[6]中村孝志 (1997d), 頁 266。

皮角,交換所得的鹿脯皮角先運到大員,再分別出口到日本與大陸。贌金與鹿脯出口稅合計,數額高於人頭稅。荷蘭時期,中國人在台灣的生產活動包括獵鹿,米作,蔗作及漁撈,由人頭稅的數額可以反推有多少中國人在台灣。

稅收代表生產活動的價值,圖4.1裡的「贌金」與「鹿脯」可用來代表狩獵活動的產值,相對的,「米作」與「人頭稅」則反映農業生產的價值,因此,則在1650年代的台灣,狩獵經濟的重要性不下於農業經濟。

4.2 包稅制度

東印度公司對在台灣工作的中國人徵收人頭稅大約是從1640年開始,根據朱諾斯牧師的紀錄,中國人並不反對交稅,因為交稅者會領到一張「許可證」,可確保居留權,並受到法律的保障。[7] 一開始,大員附近的中國人是由稅捐處直接收稅,其餘住在原住民部落內的中國人則由牧師或駐地政務官負責徵收。

因為徵收人頭稅的工作繁瑣,荷蘭人於1653年開始採用包稅制度,並把稅率由12分錢調高為14分錢。

包稅制度有不同的設計,最簡單的方式是,每徵收一人,包稅商即有一份手續費收入。在21世紀的今天,民眾可以到便利商店繳交路邊停車費,這也是包稅。便利商店代收的手續費是按件計算,台北市是每件3.65元 (2021年)。回到荷治時期,若徵收一人之手續費為1分錢,則包稅商徵收15,000人,即有15,000分錢的收入。不過,荷蘭人採取另一種方法,手續費是由公開競標決定。

假設居留在台灣工作的中國人共有15,000人,每個人每月繳交14分錢,則包稅商預估可以徵收到4,375里耳的人頭稅 (1里耳等於48分錢)。參加競標的商人事先會評估徵收的成本。假設只有甲乙兩人來競標,甲商人出價2,900里耳,而乙商人出價3,000里耳,則

---

[7]韓家寶 (2002a),頁142。

乙得標。乙包稅商徵收完畢後，交給東印度公司3,000里耳，剩下來的1,375里耳扣除徵收之費用後即是他的利潤。

包稅制度並非台灣所特有，荷蘭人統治下的巴達維亞在1620年代即有類似的制度。因此，在東南亞活動的中國商人對此制度應該不陌生。1653年8月，人頭稅首度公開競標，由中國人金哥 (Gincko) 以每個月3,025里耳承包當年9月至隔年4月的稅金。[8]

因為待在台灣的中國人的人數每個月不同，人頭稅的包稅商必須承擔風險。1656年5月開始的一年，人頭稅由何斌以月額3,990里耳承包。但是，該年6月底鄭成功對台灣發動封鎖政策，渡海來台的中國人減少，何斌徵收的人頭稅也減少，因此，他後來向大員商館請願，要求減收承包金。[9]

4.3 贌社制度

荷蘭人來台灣之前，鹿脯皮角是由中國商人到各部落收購，以小船運出，鹿脯自行運往福建出售，鹿皮則賣給日本商人運回。荷蘭人設立大員商館之後想要爭取鹿皮貿易，但卻難以與日本商人競爭。[10] 大員第2任長官韋特 (Gerrit Fredericksen de Witt) 在1626年說，「要在此地交易鹿皮的事情，公司能買到的不多，除非禁止日本人去買鹿皮。」[11]

1628年發生濱田彌兵衛事件後，日本禁止東印度公司前往貿易，荷蘭人無法出口鹿皮到日本。不過，1633年貿易禁令解除，鹿皮貿易的機會再度出現。1634年10月，大員商館下令，不干涉日本人前來貿易，但規定中國人從原住民部落運出之鹿皮只能售給東印度公司。隔年4月，荷蘭人再度宣告，「任何人不得出口，出售鹿皮或同類貨物

---

[8]中村孝志 (1997c)，頁260–261, 281–292；韓家寶 (2002a)，頁142–146。
[9]中村孝志 (1997c)，頁291。
[10]江樹生 (1985)，頁37。
[11]江樹生 (2007)，頁254。

於他人」，並把為日本人收購鹿皮的中國人驅逐出境。[12]

以上的禁令到底有多大的效果很難說，不過，1635年日本實施鎖國政策，幫了東印度公司一個大忙。因為日本商人無法出海，臺灣的鹿皮出口乃由東印度公司獨占。

前面第2章說明，1630年代後半荷蘭人引進中國人來台灣捕鹿，引發原住民的反抗，其中以虎尾壠社最為著名。虎尾壠社人屢次驅退在其獵場上捕鹿的中國人，迫使荷蘭人不得不出面保護中國獵人。1637年10月，荷蘭人出兵征討虎尾壠社，虎尾壠社人被打敗後，被迫派人到大員求和。

後來，荷蘭人與虎尾壠社人又發生3次衝突，到了1641年底虎尾壠社被徹底擊敗。隔年2月，虎尾壠社與附近5個社的原住民到大員簽訂和約，歸順東印度公司。[13] 因為這一段期間的東印度公司的檔案沒有存留下來，因此，目前已無法瞭解衝突的原因。東印度公司在1637年的首次征討是為了保護中國獵人。但到了1641年，荷蘭人與中國人及原住民的關係改變，反而變成是東印度公司要保護原住民免於受中國人的影響。[14] 但目前已無法瞭解荷蘭人態度改變的原因。

1642年底，大員議會決議，除了駐有東印度公司政務官的部落之外，居住在其他部落的中國人必須搬遷到赤崁市或熱蘭遮市。中國人如果要前往原住民部落貿易，必須申請許可證。每張許可證月費1里耳，但駕駛戎克船進出者，每月須付10里耳。

1644年，管制放鬆，荷蘭人允許6–10名中國人在幾個指定的部落居留，進行貿易，但須取得許可，而許可證的價格是公開競標決定。歷史學者韓家寶認為這是贌社（'t verpachten van dorpen）制度的起源。[15] 漢字的「贌」字，可能是由荷文 pacht 音譯而來，原文含有課稅

---

[12] 江樹生 (2000)，頁 183；Andrade (2000)，頁 164。

[13] 程紹剛 (2000)，頁 189, 193–194, 233。

[14] Andrade (2005)，頁 314。

[15] 韓家寶 (2002a)，頁 157。

權力與獨占之意味。[16]

1662年，荷蘭人被鄭成功打敗撤離台灣，贌社制度延續到鄭氏時期，一直到清治初期才被季麒光改掉。季麒光是清治時期首任諸羅縣知縣，他在1685年向福建的長官說明公開競標是如何進行的：[17]

> "其法每年五月公所叫贌，每社每港銀若干，一叫不應則
> 減，再叫不應又減。"

在荷治時期，「公所」是指大員商館，「每社每港」指的是，競標是以單獨的部落或漁港為對象。「一叫不應則減，再叫不應又減」則說明，荷蘭人一開始喊出一個較高的價格，若無人回應，價格即下降。

如果你去看電影，其中有藝術品拍賣的場景，影片中出價的方式剛好反過來，一開始價格低，競標者把價格往上抬高，一直到無人再加價時才停止，出價最高的人買到藝術品。相對的，荷治時期的競標是由高價往下調降，價格降到有人答應即結標。

得標的商人稱為贌商，他有權利到原住民部落收購所有的鹿脯皮角。贌商前往部落交易時，會帶一些衣料、鐵鍋，與鹽等日常用品，與原住民交易。贌商從部落收購的鹿脯皮角，鹿皮必須以事先公布的價格賣給大員商館，鹿脯與鹿角則是自行出口到福建。鹿脯出口時還須交10%的出口稅。[18]

贌社制度一直到鄭氏末年都還有，當時的運作方法是：「五月叫社，七月入社，四月出社，按季納餉」。[19] 因此，競標是在5月，結標後贌商在7月前往部落與原住民交易，一直到隔年的4月才離開，贌金是「按季納餉」。在荷治時期，贌金是分兩次繳交，開標後即支付半數，出社時再支付其餘的半數。[20]

---

[16]Andrade (2000), 頁224。

[17]季麒光 (1685), 頁166。

[18]韓家寶 (2002a), 頁158。

[19]季麒光 (2004), 頁170。

[20]韓家寶 (2002a), 頁168。

表 4.2: 贌金之變動

	1646	1647	1650	1654
竹塹社	500	940	2,700	1,550
虎尾壠社	400	–	7,550	4,325
諸羅山社	650	1,100	5,250	3,425
麻豆社	690	900	2,850	660
阿緱社	380	370	800	330
放索社	270	170	300	140

單位, 里耳。虎尾壠社 1647 年無統計。來源: 中村孝志 (1997c), 頁 282–283。

表 4.2 列出 6 個部落在 1646–1654 年間的 4 個年度的贌金。1647 年度, 諸羅山社的贌金最高, 放索社 (鳳山 8 社之一) 最低。例如, 1647 年度贌商前往麻豆社交易的權利金是 900 里耳。

在 21 世紀的今天, 如果你在清晨進到台北果菜市場, 也可以看到同樣的競標場景, 但標的物不是與原住民交易的權利, 而是當天從中南部運上來的水果與蔬菜。在台北果菜市場, 商人標下水果與蔬菜後, 即運往雙北地區各零售地點出售給消費者。

贌金劇增: 1648–1650 年

由表 4.2, 麻豆社的贌金在 1647 年為 900 里耳, 1650 年劇增為 2,850 里耳, 但 1654 年回跌至 660 里耳。在以上期間, 諸羅山社的贌金則是先從 1,100 里耳劇升為 5,250 里耳, 之後降至 3,425 里耳。

圖 4.2 畫出 1645–1657 年間贌金之變動, 圖中的「合計」為「新港等 6 社」,「諸羅山以北」與「鳳山 8 社」之總和。有些贌金較少的社並未計入, 例如, 小琉球與瑯橋, 因此, 各年的總額會略高於圖中之「合計」, 但總額之變動趨勢與圖中的「合計」相同。1647 年, 贌金總額為 12,585 里耳, 1650 年上升為 61,580 里耳, 增加為 4.9 倍。

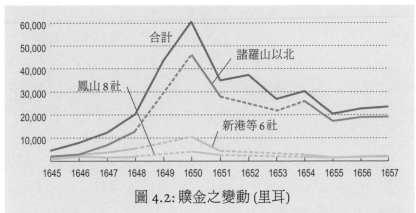

圖 4.2: 贌金之變動 (里耳)

單位, 里耳。「新港等6社」含新港, 蕭壠, 目加溜灣, 大武壠, 麻豆, 與哆囉
嘓。「諸羅山以北」為諸羅山社以北各社加總;「合計」為圖中3項之總和,
但 1649, 1652, 與 1653 年為全島總額。虛線表示無資料。
來源: 中村孝志 (1997c), 頁 282–283; 中村孝志 (2002), 頁 293–294; 1649,
1652, 與 1653 年, 韓家寶 (2002a), 頁 163–164。

　　1650年贌金劇增的現象引起很多學者的注意。[21] 不過, 1651年起
贌金又出現下降的趨勢。贌金上下起伏的原因到底是什麼? 要瞭解
贌金變動的原因, 我們首先要瞭解競標者的決策行為。

　　上面說明, 得標的贌商會運送一些日用品前往原住民部落, 交換
原住民所生產的鹿脯皮角, 交易完成後, 鹿脯皮角先運回大員, 鹿皮
以事先約定的價格賣給東印度公司, 鹿脯與鹿角則自行出口到福建。
因此, 贌商有3項收入:

- 出售鹿皮給大員商館,
- 出口鹿脯與鹿角到福建,
- 出售日用品給原住民。

贌商除了須繳交權利金 (贌金) 之外, 他的成本還包括在部落收購鹿
脯皮角的支出, 購買日用品的支出, 員工的工資, 與運輸成本。

_____

[21]Shepherd (1993), 頁 79; Andrade (2000), 頁 211–212; 韓家寶 (2002a), 頁
160。

以1647年的麻豆社為例,假設只有金哥與何斌兩人參與競標,在競標之前,金哥與何斌兩人都會估算各自的收入與成本。因為出售鹿脯皮角的收入是按數量計算,因此,若承包到鹿產較多的社,贌商的收入會較多,當然,運輸成本也會高一些。假設兩人都預估麻豆社鹿產是4,000頭,而平均每一頭鹿的鹿脯皮角(含出售日用品給原住民)之收入是1.5里耳,則預估收入是6,000里耳。

贌商與原住民進行鹿脯皮角的交易要耗費時間與精神,因此贌商要有足夠的利潤,否則不會前來競標。假設金哥認為利潤至少要等於收入的10%,也就是600里耳,才會考慮承包。進一步假設金哥的成本(不含贌金)是4,000里耳,亦即,平均每一頭鹿的成本是1.0里耳。在以上的情況下,金哥在競標時最高的出價是: 6,000–4,000–600 = 1,400里耳。

何斌的情況與金哥類似,但假設他的經營效率較差,平均每一頭鹿的成本是1.1里耳,則他的出價是: 6,000–4,400–600 = 1,000里耳。公開競標時,假設大員商館一開始喊出的價格是2,000里耳,兩人都不會應答。接下來,大員商館會逐步調降價格,降到1,400里耳時,金哥即出聲答應,成為這一年麻豆社的贌商。

公開競標時,原住民的狩獵季節事實上尚未開始,因此,贌商的營運有風險,意思是說,利潤可能高於他事先的預估,也可能低於預估。風險之一是麻豆社在未來的幾個月內能捕獲多少隻鹿,並非百分之百確定。若數量高於預估,金哥的利潤會高於預估,反之,利潤會較低。

前面圖4.2顯示,1647年開始,贌金即出現上升的趨勢,以往的學者們提出的解釋是,因為贌商在原住民部落有獨占買賣的權利,他們會壓低鹿脯皮角的收購價格,同時抬高出售給原住民的日用品之價格。以金哥為例,若抬高出售給原住民的日用品之價格使他的收入增加為6,500里耳,則在競標時他的出價會從1,400里耳上升為1,900里耳。

表 4.3: 價格管制: 1648年

	贌商支付	原住民出售
麻豆	16分錢	1隻公鹿腿
諸羅山	10分錢	1隻公鹿腿
虎尾壠	1匹 (6呎) 棉布	12隻公鹿腿或16張皮
阿猴	1匹 (6呎) 粗棉布	35束稻穀
阿猴	3綑細棉布	1頭雄鹿肉
塔樓	1只小鐵鍋	15束稻穀

來源: 韓家寶 (2002a), 頁 161–162; 江樹生 (2003b), 頁 29。

　　贌金上升表示大員商館收入增加, 荷蘭長官很高興, 但是, 原住民向大員商館抱怨贌商的獨占造成日用品價格上升, 大員商館提出的辦法是價格管制。

價格管制

1648年4月, 大員議會在競標之前公布了一份交易價格管制表, 表4.3列出管制價格的一部分。以麻豆社為例, 贌商買1隻公鹿腿時, 所付的價格不得低於16分錢。諸羅山社的管制價格較低, 為10分錢。後者的價格較低, 應該是大員議會考慮了運輸成本的不同, 諸羅山社離大員較遠, 運輸成本也會比較高。表4.3也顯示, 在更遠的虎尾壠社以及南路的鳳山8社 (阿猴社與塔樓社), 交易不是使用貨幣, 而是以物易物。

　　虎尾壠社的管制價格顯示, 一張皮的價值相當於 3/4 隻公鹿腿, 因為從1隻鹿身上可以取得1張皮與4隻鹿腿, 因此, 1隻鹿所產生的鹿脯之價值高於鹿皮。此外, 由表4.3也可以看出來, 鳳山8社中的塔樓社, 交易的產品是稻穀, 但阿猴社則同時有鹿脯皮角與稻穀之交易。表4.3只列出價格管制的一部分, 由完整的價格管制表可知,

鳳山8社的其他社也只交易稻穀。由此看來,在1640年代晚期,鳳山8社的原住民已經是以農耕為主。

　　雖然在1648年的競標之前大員議會已經公布管制價格,但當年的贌金總額又增加為上一年的1.6倍。韓家寶認為,「公司以強制價格來遏止獲取暴利的作法並未奏效」。[22] 換言之,他認為贌金之所以上升,原因是贌商獨占交易,獲取暴利的結果。

　　不過,在競標制度下,參與競標者為了得標,會盡可能提高出售給原住民的日用品之價格。最後,競標金提高,原住民的日用品價格也上升,但贌商的利潤並未上升。換言之,贌金提高的獲利者是東印度公司。

　　面對原住民的抱怨,大員議會採取進一步的行動。1648年的公開競標結束後,大員議會決議在赤崁建立市場,讓鄰近的原住民部落能自行出售鹿製品,不須經由漢人之手。雖然如此,1649年之贌金總額,又再升為上一年度的2.1倍。

　　1650年4月,在公開競標之前,東印度公司採取更進一步的反制獨占之政策:「原住民得以將他們的貨物按照他們自己願意的價格出售,如果跟他們村社的贌商談不妥,得以將他們的鹿脯、鹿皮和其他貨物帶來大員出售,也可以帶去他們認為會出價最高的任何其他村社的贌商那裡交易。」[23] 換言之,原住民的鹿脯皮角不一定要賣給取得交易權利的贌商,但是,1650年度之贌金總額又增加為上一年度的1.4倍。

　　表4.4整理東印度公司的反制贌商獨占之政策,這些政策的目的是要抑制贌商的獨占力量。但是,贌金總額仍持續飆漲,表示贌金劇增可能另有其他原因。我自己的研究發現,1648–1650年期間的贌金飆漲,主要原因不是贌商獨占,而是因為福建受到中國內戰的影響。

---

[22] 韓家寶 (2002a),頁160。
[23] 江樹生 (2003b),頁122。

表 4.4: 東印度公司反制贌商獨占之政策

日期	政策
1648年	公告管制價格表,價格表以外的商品必須以1647年之價格交易; 大員附近的原住民可以自由帶各種食物來市場出售。
1650年	原住民可以自行將鹿皮與鹿肉帶到大員出售,或者出售給鄰近村社之贌商。
1652年	公司試驗在大員附近的社開設商店,出售原住民日常生活用品。
1654年	贌商須按規定的價格收購,原住民可自由到其他社出售土產,贌商必須在指定地點提貨,地點由贌商與原住民共同決定。

來源: 吳聰敏 (2008), 表1。

中國內戰

1644年滿清入關,到了1640年代晚期,中國東南沿海受到戰爭的影響,物價飆漲。福建發生饑荒,許多中國人湧入臺灣,商人則設法從台灣出口食物到福建。1647年底,大員商館的報告說,「戰爭造成運自中國的貨物寥寥無幾」。[24] 大員商館擔心臺灣的米會不夠吃,禁止稻米出口,但是,「許多中國人經常違背我們的禁令祕密運出去」。[25] 相對的,鹿脯出口並無管制,因為福建對肉類的需求大增,鹿脯價格也飆升。

不過,我未能找到福建的鹿脯價格,表4.5所列為大員市場上的價格。福建與大員僅一水之隔,兩地的價格應該很接近,而且會同向變動。1644年,鹿脯價格每擔7里耳,1649年飆升至20里耳。1650年

---

[24]程紹剛 (2000),頁293。
[25]江樹生 (2003b),頁40; 程紹剛 (2000),頁301–303, 312。

表 4.5: 鹿脯價格 (里耳/擔)

1624年	1644年	1649年	1650年	1651年	1654年	1662年
5.7	7.0	20.0	20.0	10.0	8.0	10.4

來源: 1624年:「每擔4兩」, 以1里耳等於0.7銀兩轉換, 江樹生 (2007), 頁
141。1644年:「每百斤約6–8里耳」, 1擔等於100斤, 村上直次郎 (1970),
頁436。1649與1650年: 江樹生 (2003b), 頁121, 136; 1650年所示為年初
的價格, 後來下跌至10里耳。1651年:「目前鹿脯價格每擔9–11銀兩」, 鄭
氏時期之銀兩即里耳, 故平均為10里耳。1654年: 江樹生 (2003b), 頁323。
1662年:「每擔25荷盾」, 1里耳等於2.4荷盾, 江樹生 (2011), 頁815。

初的價格是20里耳, 但後來回跌到10里耳。

上面曾以麻豆社為例, 說明金哥如何計算其標金, 當時假設收入
是6,000里耳。以下繼續使用這個例子, 說明鹿脯價格上漲如何影
響贌金。假設金哥預期的6,000里耳之收入中, 一半是來自在福建
出售鹿脯的收入。現因為福建的鹿脯需求增加, 鹿脯價格上漲為2
倍, 他預估總收入將上升為9,000里耳。依據前面的計算公式, 金哥
在競標時會把標金提高為 9,000 – 4,000 – 900 = 4,100 里耳。同理,
其他參與競標的商人也會提高標金。由此可知, 福建的鹿脯價格飆
漲時, 大員的贌金會隨之而上漲。

同樣的道理, 鹿脯價格下跌時, 贌金也會下跌。前面圖4.2顯示,
1650年初贌金總額升到最高, 但1651年鹿脯每擔已回跌至10里耳,
原因是中國內戰結束, 需求趨於平穩, 價格也回歸正常水準。

在1649年4月公開競標時, 贌商並未預期隔年的價格會下跌, 結
果到了1650年初, 上一年得標的贌商面臨繳不起贌金的困境。大員
議會後來決定, 1649年的贌金減交五分之一, 此外, 贌金尾款延後到
7月底再繳交。[26]

---

[26]程紹剛 (2000), 頁335–336; 韓家寶 (2002b), 頁169。

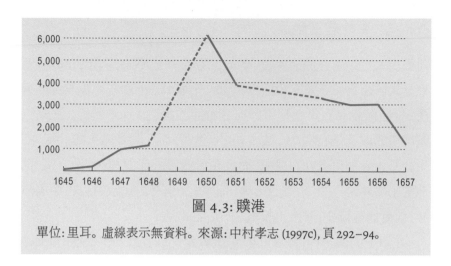

圖 4.3: 瞨港

單位: 里耳。虛線表示無資料。來源: 中村孝志 (1997c), 頁 292-94。

瞨港

除了鹿脯皮角之外, 台灣沿海漁產豐富, 許多中國人來臺灣捕魚, 運回中國銷售。台灣的漁產可分為烏魚與沿岸的淡水漁產兩大類。1645年, 大員商館首度以公開競標方式, 標售沿海漁場及內陸河流與湖泊捕魚之權利, 後來稱之為「瞨港」。

瞨港的所在地大多是原住民的地域, 中國人進入捕魚會影響原住民的利益。1649年, 巴城總督下令, 原住民所在地域的河流與湖泊之出瞨, 必須先獲得原住民同意。[27] 所謂「出瞨」, 就是指公開競標捕魚的權利。1650年, 大員商館決議, 瞨港之所得不歸公司所有, 而是歸給原住民, 此外, 原住民仍可在標售出去的漁場內自由捕魚。[28]

圖 4.3 畫出 1645-1657 年之瞨港總金額。雖然1649年並無資料, 但仍可看出來, 1648-1650 年之間, 漁港之瞨金也是劇增, 而之後也回跌。以上的結果再度驗證, 中國內戰才是瞨金上升的主要原因。

---

[27] Blussé and Everts (2006), 頁 264; 韓家寶 (2002a), 頁 176-177。
[28] 中村孝志 (1997c), 頁 296-297; 韓家寶 (2002a), 頁 176。

4.4 主要的鹿產地區

前面表4.2顯示, 在同一年度, 各社的贌金高低不同, 例如, 1647年麻豆社的贌金為900里耳, 但放索社僅170里耳。上面在解釋贌金如何決定時, 假設1647年金哥預計麻豆社可以捕到4,000頭鹿。交易一頭鹿產的收入是1.5里耳, 成本是1.0里耳, 而利潤是收入的10%。如果金哥也參與蕭壠社的競標, 而且預計蕭壠社僅能捕到1,200頭, 則他的出價將是: 1,800 − 1,200 − 180 = 420里耳。比較麻豆社與蕭壠社, 前者鹿產較多, 贌金也較高。

在以上的例子裡, 蕭壠社的鹿產數量是麻豆社的 1,200/4,000 = 30%, 而贌金之比率是 420/1,400 = 30%, 兩項比率恰好相等。贌金比率與鹿產數量比率相等的結論, 是在簡化的假設下所推導出來的, 其中並未考慮各部落與大員的距離不同, 故運輸成本也不同。如果把運輸成本不同與其他的因素納入考慮, 贌金比率與鹿產數量比率不會剛好相等, 但直覺上兩項比率同向變動的邏輯應該會成立。意即, 在同一年度, 鹿產較多的社, 贌金也會較高。

依據以上的推論, 圖4.4畫出1648與1656兩年台灣鹿產分佈之預測圖。畫圖時, 我假設兩社的鹿產數量比率恰等於贌金比率。換言之, 就任何一個年期而言, 某社之贌金占贌金總額之比率, 恰等於該社之鹿產量占總鹿產數量之比率。例如, 1647年的贌金總額為13,035里耳, 麻豆社的贌金為900里耳, 所占比率為 6.9%, 麻豆社的鹿產數量即以此一比率算出來。

1647年捕鹿年期是從當年7月到翌年4月, 因此當年的贌金所對應的鹿皮產量, 是在翌年出口到日本的數量。1648年, 台灣的鹿皮出口為54,744張, 假設鹿皮產量即等於出口量, 則麻豆社在1647–1648捕鹿年期的鹿皮產量是 54,744×6.9% = 3,777 隻。為簡化文字, 圖4.4中以「1648」代表1647–1648捕鹿年期。

以同樣的方法計算, 1655年麻豆社的贌金比率減為 2.1%, 而1656年的鹿皮總出口量增加為 73,022張, 故 1655–1656捕鹿年期麻豆社

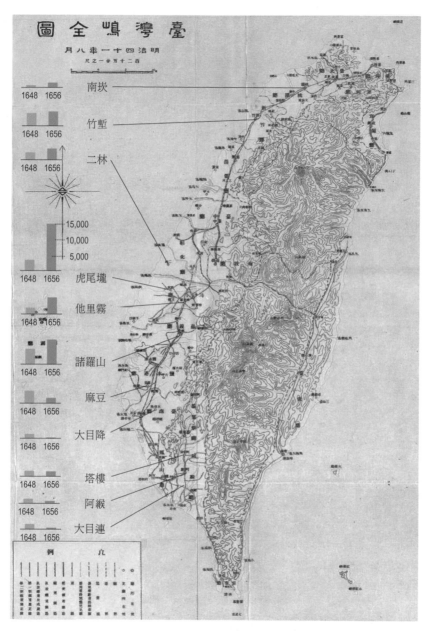

圖 4.4: 由各社贌金比率推測鹿產數量: 1648 與 1656 年

「1648」指 1647–1648 捕鹿年期,「1656」指 1655–1656 捕鹿年期。「虎尾壠」為貓兒干與虎尾壠兩社合計。

的鹿產數量減少為1,533隻。

圖4.4顯示,1648年鹿產最多的社是諸羅山社,其次是竹塹社,第3是麻豆社。但到了1656年,鹿產最多的社是虎尾壠社,諸羅山社變成第2,第3是他里霧社。由此可見,從1640年代晚期到1650年代中期,台灣的主要鹿產區有逐漸北移的趨勢。

荷治時期的文字紀錄可以驗證以上的推論。荷蘭人初抵赤崁一帶時,對於鹿產之豐富留下深刻印象。例如,1623年的一份報告中指出,大員附近有相當多的鹿。[29] 1638–1639年間是中國人捕鹿最盛的時期。依據朱諾斯牧師之紀錄,1638年10月至1639年5月荷蘭人發放給中國人捕鹿許可證所得到的收入為1,278.5里耳,其中,諸羅山獵區之收入為686里耳,虎尾壠獵區之收入為280里耳。[30] 因此,在1630年代晚期,臺灣主要的產鹿地可能已北移至嘉義一帶。

大約10年之後,新港與大目降兩社的長老於1651年向大員議會陳情,因為農業開發的結果,導致部落之鹿產減少,影響經濟,並要求補償。大員議會後來決定每年補償1,500里耳。[31] 但是,1650年5月大員議會的一份決議錄裡說,虎尾壠一帶「...還有很多鹿」。[32] 因此,1650年代,主要的產鹿地區又再往北移。

下一章將說明,鄭氏末年虎尾壠仍然是鹿產最多的地方。不過,1697年郁永河從台南出發,前往淡水採買硫磺,他在途中對於鹿產豐富的印象是竹塹地區,而非台灣中南部。[33]

農業開墾使平原上的鹿群減少,狩獵收穫也減少,因此,圖4.4的另一個解讀是,鹿產由多變少的地方表示大規模的開墾活動已經在該地區展開。

---

[29] Blussé, Everts, and Frech (1999),頁21。
[30] 獵區之認定依江樹生 (1985),頁44。
[31] 韓家寶 (2002a),頁91。
[32] 江樹生 (1985);頁58–62。
[33] 楊龢之 (2004),頁109。

5
番餉

"聞臺地番黎大小計九十六社。有每年輸納之項, 名曰
「番餉」: 按丁徵收, 有多至二兩、一兩有餘及五、六錢
不等者。... 所輸番餉即百姓之丁銀也; 著照民丁徵
銀二錢之例, 其餘悉行裁減。"   乾隆皇帝 (1737)

乾 隆 2 年, 乾隆皇帝下令裁減台灣原住民的「番餉」, 乾隆皇帝說, 番餉即原住民「輸納之項」, 也就是原住民繳交的稅。在此之前, 清廷已經對台灣的漢人減稅。雍正皇帝在 1731 年下令, 1729 年以後開墾報陞的水田, 不分等則一律是每甲繳交 1.7585 石穀。清治初期, 中則田每甲田賦是 7.4 石穀, 因此, 田賦大幅削減為原先的 23.8%。[1]

下一章會說明, 雍正皇帝減稅的目的是要鼓勵漢人來台灣開墾, 那麼, 乾隆皇帝要對原住民減稅的動機是什麼? 學者邵式柏猜測, 乾隆皇帝削減番餉的原因, 可能是 1731–1732 年中部大甲西社平埔族發生大規模的抗清事件。[2] 因此, 他認為清廷削減番餉的動機並非鼓勵開墾, 而是要減輕原住民的負擔, 希望藉此減少動亂。

番餉又稱為「社餉」或「餉銀」。乾隆皇帝認為番餉是「按丁徵收」, 也就是說家戶內有多少男丁就課多少稅。「按丁徵收」的另外一種說法是丁口稅或人頭稅。以往的學者大多認同社餉是人頭稅的說法, 包括日本知名的學者伊能嘉矩。邵式柏也認同人頭稅的說法, 但他對於各社每丁稅額之差異如此大, 感到奇怪。[3]

事實上, 番餉是人頭稅的說法是錯的。乾隆皇帝對於番餉的誤解, 背後涉及清治初期原住民課稅制度的變革, 而且, 這項變革對於原住民的經濟產生重大的影響。

5.1 瞨社的變革: 鳳山 8 社

鄭克塽投降清朝之後, 清廷指任命季麒光為首任的諸羅縣令, 並要求他整理台灣的財政收支。季麒光於 1684 年 11 月抵達台灣之後, 很快就清理鄭克塽所提交的清冊, 他把鄭氏末年的財政收入分為兩大項, 第一是「稻粟」, 也就是田賦, 第二是田賦以外的收入, 包括人丁,

---

[1]臺灣總督府財務局 (1918), 上卷, 頁 52–53。
[2]Shepherd (1993), 頁 128–133。
[3]伊能嘉矩 (1999), 上冊, 頁 65; Shepherd (1993), 頁 109–111。

「社港」,進口稅等,其中,「社港」也就是荷蘭時期的贌社與贌港之收入。[4] 田賦是以稻穀繳交,其他的都是以銀錢繳交。

上一章曾引述季麒光對於贌社制度運作方法的說明,為方便起見,再次更完整地引述如下:

> "查港社係土番所居,紅毛始設贌商,稅額尚輕,偽鄭因
> 而增之。其法每年五月公所叫贌,每社每港銀若干,一
> 叫不應則減,再叫不應又減,年無定額,亦無定商,偽冊
> 所云贌則得,不贌不得也。"

中國的傳統文化裡,前面的朝代都會被加上「偽」字,以上引文中,「偽鄭因而增之」是指荷治時期的稅額尚低,但鄭氏時期加以提高。

不過,贌金是由競標決定的,每一年的數額並非固定。除非鄭氏王朝提高鹿皮收購價格,或者降低鹿脯出口稅率,否則「偽鄭因而增之」並不可能。事實上,由季麒光整理出來的資料可知,鄭氏末年的贌社總額只有1655年的75.3%,因此,季麒光「偽鄭因而增之」的說法難以理解。

要進一步探討季麒光的說法,我們要回到財政收入的第一項,也就是田賦。鄭克塽的清冊上列出的田賦總額是138,191.3石穀;這可能是指1682年,或者1683年。為簡化文字,以下假設是1682年。

田賦有兩個來源,第一是由漢人繳交的,第二是由原住民繳交的。鄭克塽的清冊裡記錄,前者共徵92,128.28石穀,後者「南路八社番民男婦老幼 ... 共徵米五千九百三十三石八斗」。[5] 南路八社即上一章所提到的下淡水溪以南的「鳳山8社」。米與穀的折換率是2石穀折算1石米,因此,鳳山8社合計繳出11,867.6石穀。

荷治時期,鳳山8社也是採用贌社制度,贌金是由競標決定的;原住民並不繳交田賦。季麒光的紀錄顯示,到了鄭氏王朝期間,鳳山8

---

[4]季麒光 (2006),頁 155–165。
[5]季麒光 (2006),頁 160。

社的贌社制度出現重大的變革,原住民改繳交稻穀,稅額是按人頭計算:「壯番每丁徵米1.7石,番婦每口又徵米1.3石」,此外,「老疾男女小番」也要按人頭繳稅。

從荷治末年到鄭氏王朝末年,鳳山8社由贌社變成繳交田賦,那麼,課稅負擔是增加或減少? 1655年,鳳山8社的贌金是1,300里耳。明鄭末年繳交稻米,總數是5,933.8石米,因此,後者必須先轉換成銀錢才能比較。

清治初期,正常的米價大約每石1.0清銀兩。[6] 清朝官方公認的銀兩又稱為紋銀,實際上這是明朝的貨幣單位。相對的,鄭氏時期並無官訂的銀兩,而是使用當時在東南亞廣為流通的西班牙銀幣,單位是里耳 (real),季麒光稱之為「時銀」,時銀1兩兌換紋銀0.7兩。

若以時銀為單位,清治初期的米價大約每石1.42兩。鄭氏時期經常缺糧,糧價較清治初期高。以下將假設鄭氏末年的米價每石是時銀2兩,因此,鄭氏末年鳳山8社的田賦合計是11,867.6銀兩 (里耳)。換言之,從1655年到鄭氏末年,鳳山8社的總稅負大增為9.1倍。

除了鳳山8社之外,其他社仍然維持競標制度,季麒光所說的「偽鄭因而增之」,可能是指鳳山8社,而增稅的方法是改變制度。

鳳山8社改交田賦,但徵收的方式與漢人不同。漢人的田賦是交稻穀,而鳳山8社是交米。此外,漢人的田賦是按田園的面積與土地等則計算,例如,中等則水田每甲徵3.12石,而鳳山8社的田賦是按人口計算。以上差異的原因為何,目前並不清楚。

5.2 減稅

季麒光奉命整理台灣的財政收支,但在他來台灣之前,福建的長官已經開會討論,並確認台灣稅收的原則。1684年7月,中央官員蘇拜,閩浙總督王國安,與福建水師提督施琅等人在福州開會,討論「台灣應得錢糧數目若干」,以上的「錢糧」,是指政府歲入。施琅在8月初另

---

[6]吳聰敏 (2009),頁28。

有他事先離開, 蘇拜等人後來所訂出之錢糧數目與「鄭克塽所報之額相去不遠」。

大約兩個月之後, 施琅於9月29日密陳皇上, 說明此議不妥。他的理由是, 鄭克塽投降之後, 鄭氏官員與各省難民「相率還籍 ... 人去業荒」, 因此, 錢糧數目若與以往相同, 稅率必須大幅上升。[7] 另一個理由是, 鄭氏時期通用的時銀 (里耳) 與清朝官方的紋銀不同; 時銀一兩, 值紋銀7錢; 若要求數額相同, 非得提高稅率不可。

不過, 清廷似乎沒有接受施琅的建議, 因為季麒光於1684年底上任諸羅縣縣令時, 福建的長官告訴他,「偽時舊有之餉, 今日照舊追納」, 亦即, 鄭氏末年歲入多少, 清初也必須有同樣的收入。面對福建長官的要求, 季麒光的回覆與施琅的說法相同; 不過, 福建的長官仍然要求盡可能維持舊有的歲入水準, 因此他在調整稅制與稅額時, 空間並不多。

首先, 在鳳山8社的田賦方面, 原住民的田賦是按人頭繳交。在中國傳統的丁口稅是對壯丁課稅, 而丁是指16到60歲的男子, 婦女與老幼並不課稅。但是, 鄭氏王朝期間, 鳳山8社除了壯番要課稅之外, 番婦也被課稅。季麒光說,「夫婦重科, 殊可憫惻」。不過, 他在調整稅制時也沒有免除原住民婦女的稅, 只是男女每人都減0.3石。

清治初期減稅之後, 鳳山8社的田賦總額合計是9,290.6石穀, 比起鄭氏末年大約削減了20%, 但仍然是1655年的7.1倍。

在漢人田賦的部分, 因為許多漢人回到大陸, 仍然在耕種的田園面積大幅減少, 田賦稅率不得不調高, 否則田賦會大幅減少。以中則田為例, 鄭氏時期每甲課徵3.12石穀, 季麒光後來把稅額調高為7.4石穀, 調升為2.4倍。[8] 稅額調升後, 農民的負擔增加, 不過, 清治初期的另一項政策是把官有土地移轉給佃農。綜合言之, 佃農可能受益, 或者, 至少受損較少。後面的第8章會講官有土地移轉的政策。

---

[7] 施琅 (1958), 頁66–69。
[8] 季麒光 (2006), 頁159–160。

在「社港」方面,鄭氏末年贌社與贌港合計是19,388兩,其中,贌社是16,228.08兩。季麒光說,因為舊商「多歸內地」,無法如數課徵。經過一番努力,他與贌商達成協議,贌餉削減一些,而贌商則答應繼續經營;其中,竹塹社削減4成,其餘各社削減3成。竹塹社削減較多的理由是,「竹塹,南崁,雞籠,淡水與野番接壤,須兵防護,始可通商。不設官,不設兵,無人敢至」。[9]因為無公權力保護,竹塹以北地方之贌商營運的風險較高,因此贌餉削減較多以為獎勵。

季麒光是在1684年底來到台灣,因此,贌餉削減是指1685年比鄭氏末年減3成,但竹塹地區減4成。那麼,之後是否又回到競標制度?由後來的地方志之記載可知,1685年之後各社的餉銀都沒有再變動,換言之,贌社從此由競標改成定額。後面會討論這一個制度變革的影響。

5.3 鹿產區持續北移

福建的長官除了要求歲入維持舊額之外,也要求季麒光繼續出口鹿皮,並且訂下目標:「鹿皮興販定額九萬張」。季麒光回覆說,鄭氏末年不曾有一年9萬張的出口量,「出口九萬張」的數字其實是1680與1681兩年合計出口量。換言之,鄭氏末期每年的鹿皮出口僅約四五萬張。[10]

上一章曾由贌社公開競標的運作方法,推論贌金與鹿皮產量會成正比,並以荷治時期的資料驗證以上的推論。由季麒光的紀錄,我們也可以比較鄭氏末年與荷治末年的數字,再度驗證以上的推論。

荷治時期的贌金統計,目前尚存的最晚的一年是1657年。不過,1656與1657兩年,中部以北的幾個社 (例如竹塹社) 都未發贌,因此我們選擇資料較完整的1655年與鄭氏末年做比較。1655年的贌社的總額是21,560里耳。

---

[9]季麒光 (2006),頁170–171。

[10]季麒光 (2006),頁185。

鄭氏末年,歸順鄭氏王朝的平埔族,除了鳳山8社之外,尚有38社,其中34社位於諸羅縣。季麒光的紀錄說,南北兩路38社的贌金為16,228.08兩,為1655年的75.3%。所謂的「南北兩路」是以大員為中心,以北稱為「北路」,以南稱為「南路」。

季麒光還指出,在鄭氏末年,「新港,蕭壠,麻豆,目加溜灣,大武壠,倒咯嘓等六社額銀四千餘兩,止出米粟」,[11] 其中,「額銀」即餉銀,而「止出米粟」是指已經無鹿可捕,只生產稻米。以上6社臨近大員,開發較早,因此鄭氏末年已經無鹿可捕並不意外。

為了方便說明,新港等6社以下簡稱為「新港6社」。扣除「新港6社」之後,1682年的贌金合計為14,643.08兩,等於1655年的68%。

依慣例,贌社於5月公開競標,贌商於7月進社交易,隔年4月離開。因此,1655年的贌金對應的是次年的鹿皮產量。1656年台灣出口鹿皮73,022張。若鹿皮產量與贌金成正比,則1683年的鹿皮產量應該是: 73,022 × 0.68 = 49,655 張。因此,季麒光所說,鄭氏末期每年的鹿皮出口量約四五萬張,與贌金總額的變動大體上一致。

除了鹿產總量之變動外,我們還可以分析各地區鹿產之變動。圖5.1畫出1655與1682年各社贌金占總贌金之比率。本圖只列出35個社,其餘3社的數量微不足道,故不畫出。圖中由上往下的社名順序,大體上對應各社由北往南的地理位置。因為1682年時新港6社已不產鹿,故計算贌金比率時不計入。

1655年,虎尾壠社的比率是14.8%,1682年為14.6%,幾乎相同。虎尾壠社位於今天的雲林縣北邊,從1640年代中期開始一直到清治初期,一直是最主要的鹿產地。不過,鄭氏末年的鹿產總量大約只有1655年的68%,因此推測,鄭氏末年虎尾壠社的鹿產數量大約也只有1655年的68%。

虎尾壠社以南的地區,鄭氏末年的比率都低於1655年,諸羅山社由10.8%降為1.2%,降幅的絕對數值最大。降幅排名第二是他里霧

---

[11]季麒光 (2006),頁171。

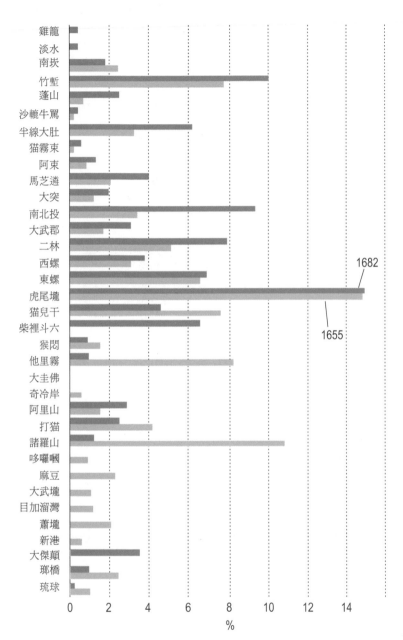

圖 5.1: 各社贌金占贌金總額之比率: 1655 與 1682 年

單位:%。虎尾壠社在鄭氏時期稱為「南社」。

社,由8.2%降為0.9%。柴裡斗六與大傑顛兩社在荷治末年並未出
贌,故無法比較其變動方向。相反的,虎尾壠社以北的社大體上贌金
比率都上升,但是,南崁社是下降。增幅最大的是南北投社,由3.4%
上升為9.3%。

上一章推論,從1640年代中期到1650年代中期,主要的鹿產區從
麻豆社與諸羅山社地區逐漸北移到虎尾壠社一帶。圖5.1顯示,到了
鄭氏末年,鹿產區北移的趨勢仍然持續。

5.4 原住民的遷徙

季麒光在1685年所訂出的贌餉,後來就沒有再變動過。亦即,原本是
每年競標決定的贌金,從此之後變成固定金額。乾隆皇帝在1737年
說,「番餉按丁徵收,有多至二兩、一兩有餘及五、六錢不等者」,他所
說的每丁稅額,事實上是以1685年的贌餉除以丁口數計算出來的。

乾隆皇帝以為平均每丁贌餉是丁口稅,表示到了這時候,清朝的
官員已經沒有人知道餉銀的由來。

事實上,乾隆皇帝所用的丁口數也不是1737年的統計,而是1682
年鄭克塽所提交的清冊上的數字。清治時期,原住民的人口從來沒
有再重新調查過。因此,乾隆皇帝減稅的前夕,原住民真實的平均每
人稅額是多少,也無法回答。不過,荷治時期與鄭氏末年的平均每人
稅額可以算得出來。

圖5.2畫出鳳山8社,新港6社,與諸羅20社之平均每人稅額與
人口之變動。諸羅縣在鄭氏末年有34社出贌,其中新港6社雖然有
出贌,但已不產鹿。其餘的28社中,本圖只計入其中的20社,原因是
在荷治與鄭氏時期僅這20社同時有贌餉與人口統計。[12] 另外,鄭氏
末年僅有丁口統計,本圖是先由丁口數推估出人口數,再計算平均
每人稅額。

---

[12]吳聰敏 (2009)。

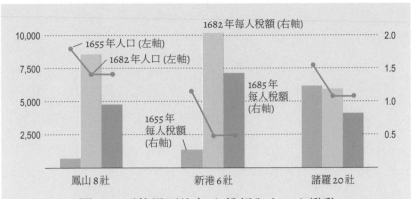

圖 5.2: 原住民平均每人稅額與人口之變動

1682年的人口是由丁口數推算, 1685年的人口假設與1682年相同。田賦的單位為石, 乘上穀價或米價以轉換為銀兩 (里耳)。1655年的穀價為0.5里耳, 1682與1685分別為1.0與0.71里耳。來源: 吳聰敏 (2009), 表2, 表3, 與頁28。

　　圖5.2顯示, 從1655年到1682年 (鄭氏末年), 鳳山8社與新港6社的平均每人稅額大幅增加, 但諸羅20社則略下降。相對的, 從1682年到1685年, 平均每人稅額都下降, 反映季麒光削減稅額的效果。鳳山8社的田賦是交米, 而清治初期的米價低於鄭氏末年, 因此, 以銀錢計算, 1685年的平均每人稅額下降更多。

　　圖5.2也顯示, 從1655年到1682年, 原住民的人口都明顯減少。1685年並未重新調查人口, 畫圖時假設與1682年相同。以鳳山8社而言, 1655年的人口為9,065人, 但1682年減為6,926人。

　　人口大幅減少表示原住民從原先的社地遷徙出去。早期的原住民有遷徙的傳統, 原因可能是原住民之間彼此征戰, 或者是與漢人發生衝突, 但也可能是受瘟疫的影響而離開。在被納入殖民統治之後, 稅負上升也會提高遷徙的誘因。但是, 荷治時期鳳山8社已經是以農耕為主, 遷徙的誘因較低。因此, 人口會大幅減少, 稅負上升應該是主要的原因。

　　季麒光在1685年減稅之後, 原住民的外流的人口是否會回流? 以

鳳山8社而言,不無可能。不過,前面已經提過,清治時期並無人口調查,因此,也無法分析原住民的人口遷徙。

就新港6社與諸羅20社而言,即使這些社的原住民曾經因為減稅而回流,我的推測是,他們在不久之後,很可能又會離開。原因是,1685年贌金削減之後,各社的贌金即固定下來,沒有回到競標制度。

5.5 贌社的變革:改為定額

上一章已經說明,在公開競標制度下,贌金是如何決定的。鹿脯皮角是原住民生產出來,由中國商人先運到大員,鹿脯與鹿角自行運往福建銷售,鹿皮的出口則是由東印度公司獨占。

1642年底,東印度公司規定中國商人要前往原住民部落交易,必須申請許可證,月費是1里耳。中國商人會拿日常生活用品與原住民交換鹿脯皮角,因此,許可證的費用到最後事實上是由原住民與中國商人共同負擔。換言之,許可證費用可以視為是對原住民狩獵的所得課稅。

若某社之鹿產較多,商人會在該社待較久的時間,許可證之花費也較高。因此,前往某社交易之許可證總費用大約會與該社鹿產量成正比,或者說,每單位鹿產的稅額大約是固定的。

1685年,贌金改為定額,地方官員省卻了每年要舉辦競標活動的麻煩,但對於原住民而言卻造成重大的影響。荷治時期,贌金決定於鹿產數量,鹿產減少時,競標所決定的贌金會下降。清朝統治時期,來台灣開墾的漢人愈來愈多,可捕的鹿愈來愈少。如果贌社仍然維持競標的方式,贌餉會跟著下降。到了無鹿可捕的時候,贌餉便會歸零,狩獵經濟轉變成農耕經濟。

由日本的商品進口紀錄可知,1725年台灣尚有少量鹿皮輸往日本,1733年以後則完全沒有。[13] 但是,贌餉變成定額之後,雖然鹿產已

---

[13] 永積洋子 (1987)。

經少到不足以出口, 贌金卻仍然維持在1685年所定出的水準。到了這個時候, 贌商與原住民如何交出餉銀應該是一個棘手的問題。

由目前留下來的資料, 我們不知道贌商 (後來又稱為社商) 是如何繳出餉銀的。郁永河的《裨海紀遊》記錄他在1697年所觀察到的社餉制度:「郡縣有財力者認辦社課, 名曰社商。社商又委通事、夥長輩。」[14] 其中,「認辦社課」是說, 各社之餉銀是由社商繳交的, 但郁永河並未說明, 社商的錢是哪裡來的。

在公開競標下, 各社的贌商可能每年不同, 變成定額之後, 社商是如何選出的, 目前也不清楚。郁永河說, 社餉是由有財力的社商承攬, 但本人不親自前往原住民社交易, 而是委由通事與夥長負責。

清朝官員藍鼎元在1710年代初期的觀察是,「番終歲所捕之鹿, 與畜產布縷, 皆為社商所有, 朘削不堪。」[15] 藍鼎元在講這句話的時候, 台灣的鹿皮出口已經大量減少, 因此, 鹿產可能已經不是原住民主要的所得來源。在鹿產減少的情況下, 唯一可以做的是, 原住民的傳統獵場開墾成田園, 再以農耕之所得, 委由社商繳交。

但是, 社商如何與原住民「合作」, 或者社商如何脅迫原住民, 以完成繳交社餉之任務, 目前還有很多的細節並不清楚。但有一點可以確定, 競標改成定額之後, 原住民的獵場會更快速地開墾成田園。

清治時期才歸順的原住民, 並未實施社餉制度, 即使名義上要交餉稅, 金額也不高。因此, 被定額的社餉制度困住的是鄭氏末年即出贌的38社。一直到1737年, 乾隆皇帝下令減稅, 這些社的原住民才脫離困境。

以經濟學的概念來看, 競標改成定額是價格管制。在競標制度下, 若政府不設定贌金的下限, 競標的結果會是贌商可以接受的權利金。清治初期, 因為人口變少, 贌商不容易找到人手, 競標所決定的贌金可能會比以往低一些。竹塹地區因為安全的顧慮, 贌金的降

---

[14]楊龢之 (2004), 頁209。

[15]藍鼎元 (1723)。

幅可能更大。但是,只要維持競標制度,就會出現贌商可以接受的價格。因此,季麒光努力地與贌商磋商,然後向福建說要削減社餉,可以說是多此一舉,完全沒有必要。

1685年,季麒光數次上陳福建長官,說明贌社制度應該如何調整,他在陳文中說,許多社商都已經離開台灣,上一年的贌金要徵齊是不可能的,「惟有免從前之稅,酌後此之徵,減其額以來商,寬其力以甦番」,才能「番商兩利,公私相安」。[16] 由「減其額以來商」這一句話來看,他瞭解贌商的利潤誘因。

不過,他把競標改為定額,又表示他對於利潤誘因的概念,事實上是似懂非懂。或者,他瞭解誘因的重要,但在長官要求維持歲入水準的壓力下,他也管不了那麼多。

台灣入清之初是福建省管轄下的一府,台灣府的財政如果無法自給自足,則福建省必須提供補貼。大清帝國前期,政府財政也是連年赤字。[17] 福建省本身自顧不暇,當然要求台灣盡可能多收一點稅。歸根究底,不管是鄭氏王朝期間或者是清朝統治時期,稅制的改變與稅率之調升,原因都是政府財政入不敷出。

但是,稅率調升降低人民努力的誘因,對於經濟發展不利,這反過來又使稅收減少,形成惡性循環。

---

[16]季麒光 (2006),頁170。
[17]張研 (2002),頁477–479。

6

土牛溝

"臺郡西臨大海 … 崇山之內, 皆生番所居; 界外平
埔係熟番、漢民零星散處。從前定有地界, 立石開
溝; 久而失址, 甚有拔石填溝, 那移改徙, 希圖越界
私墾, 致啟生番戕殺之機。"   高山 (1745)

清朝官員高山從1730年起擔任巡台御史3年;1744年,他又以福建布政使的身分來台。隔年,他上呈一份疏文給乾隆皇帝,其中提到「從前定有地界,立石開溝」,其中,「立石」是指豎立石碑,「開溝」則指開挖出「土牛溝」,這可能是現存的,最早提到「土牛溝」名詞的官方文獻。不過,在1743年的一份民間開墾契約裡已使用「土牛橫溝」來表明地界。[1]

早期,漢人常以居住的地域把原住民區分為兩大族群:高山族(日本人稱為「高砂族」)與平埔族。顧名思義,高山族住在深山;平埔族則住在平地。早期的另外一種稱呼是生番與熟番,今天則稱之為山地原住民與平地原住民。

清治時期,因為土地開墾的問題,原住民與漢人之間常發生衝突。立石與開溝都是要劃出界線,以減少雙方的衝突。立石的政策比開溝的政策更早就被提出來。清朝巡台御史黃叔璥於1720年代初期巡行台灣各地,他後來說,康熙61年(1722年)已有官員提議「豎石」以區隔生番。[2]不過,我們目前不清楚第一塊界石是什麼時候豎立的。

相對的,土牛溝的政策則是到了1740年代中期才出現,土牛溝是地方官員派人在原住民與漢人居住地域的分界處所挖出的壕溝。

1720年代豎立界石的提議是要隔離漢人與生番;到了1740年代,開挖土牛溝的目的則是要區隔漢人與熟番經濟活動的地域。土牛溝出現後,台灣的西部平原上劃分為3塊區域,靠海邊的是漢人活動的區域,靠山區的是生番的領域,夾在中間的則是熟番的區域。

6.1　隔離政策

清治初期,清廷治理台灣的政策主軸是「隔離」,清廷管制漢人來台,即使是獲准來台,也禁止攜眷。隔離政策背後的想法是,只要管制漢人來台,台灣就不會發生動亂,清帝國也能維持穩定。在隔離政策

---

[1]施添福(1990b),頁69。
[2]黃叔璥(1736),頁167–168。

下, 人口移入不多, 土地開墾也緩慢。不過, 清廷並不在意經濟發展, 只擔心台灣成為反清的基地。

在隔離政策下, 仍有一些漢人來台開墾, 而且, 官員也注意到漢人開墾可能侵犯原住民土地產權的問題。荷治時期, 東印度公司承認原住民社有地的產權, 鄭氏王朝與清朝大體上遵循同樣的原則。

陳璸 (福建分巡台廈道) 在1710年就主張, 原住民對於社有獵場應該有所有權, 理由是內地人民繳交田賦, 即有土地所有權, 依此原則, 原住民繳交社餉, 對於傳統社地與獵場應該也有所有權:[3]

> "內地人民, 輸課田地, 皆得永為己業而世守之, 各番社自本
> 朝開疆以來, 每年既有額餉輸將, 則該社尺土皆屬番產, 或
> 藝雜籽, 或資牧放, 或留充鹿場, 應任其自為管業。"

陳璸雖然主張原住民擁有傳統獵場的土地所有權, 但他建議禁止漢人開墾原住民的土地:

> "誠恐有勢豪之家, 貪圖膏腴, 混冒請墾, 縣官朦朧給照,
> 致滋多事, 實起釁端, 應將請墾番地, 永行禁止, 庶番得
> 保有常業, 而無失業之嘆。"

以上的「請墾番地」是指漢人開墾原住民的土地, 而「失業」則指喪失土地所有權。

陳璸的出發點是要保護原住民的土地, 他認為若不管制, 到最後原住民的土地會落入漢人手中。但是, 禁止漢人開墾原住民的土地, 等於是限制了原住民自由運用私有土地的權利。

陳璸所建議的「請墾番地, 永行禁止」的政策, 後來稱為「禁墾番地」, 這項管制對於原住民不利, 因為若無管制, 原住民可以自行開墾, 也可以和漢人合作開墾; 多一項選擇應該是有利無害。相對的,

---

[3]陳璸 (1961), 頁16。

清朝並未限制漢人對於私有土地的運用方式,漢人的土地可以自己開墾,找他人開墾,也可以自由出售。

除了禁墾番地之外,陳璸還建議,「除濫派以安番民 ... 給腳價以甦番困」,亦即,地方官應減少原住民的勞役,即使找原住民出公差,不應該是無償,而要給工資。

「禁墾番地」之議是否曾經執行? 1721年,藍鼎元在朱一貴事件後提議鼓勵開墾,其中提到:[4]

> "臺北彰化縣,地多荒蕪,宜令民開墾為田,勿致閒曠。前
> 此皆以番地禁民侵耕,今已設縣治,無仍棄拋荒之理。"

由此可知,「禁墾番地」以往曾經執行過。藍鼎元的提議不久之外,清廷的隔離政策出現重大的轉變。

6.2 鼓勵開墾

隔離政策在雍正朝初期改弦易轍,原因是隔離政策並沒有達到治安穩定的效果。1721年3月,南台灣爆發朱一貴事件,這是清治時期台灣三大民變之一。清兵一開始節節敗退,到了5月1日府城也失陷,地方官員逃往澎湖避難,全台灣只剩台北與淡水未失陷。6月中,閩浙總督覺羅滿保親自指揮,集結兵力二萬一千人開始反攻。到了7月,全台才平定。

事件平定之後,清朝官員檢討治台政策,覺羅滿保提議遷民劃界,「山外以十里為界,凡附山十里內民家,俱令遷移他處, ... 如此則奸民無窩頓之處,而野番不能出為害矣。」這項提議類似1660年代清政府的「遷界令」,當時清廷為對付鄭成功的軍隊,把沿海居民往內陸遷移30里。

但是,藍鼎元反對此項提議。藍鼎元在1721年隨著堂兄南澳總兵藍廷珍入台平定朱一貴之亂,之後在台灣待了一年多,對於台灣的

---

[4] 藍鼎元 (1958a),頁54。

情況有所瞭解。他認為隔離政策無法減少動亂，反而是要鼓勵移民與積極管理，才能長治久安。藍鼎元提議是，「南北二路，地多閒曠，應飭有司勸民，盡力開墾，勿聽荒蕪。」[5] 他的建議似乎發生作用，1724 年 (雍正2年) 雍正皇帝下令：

> "福建臺灣各番鹿場閒曠地方可墾種者，令地方官曉諭，
> 聽各番租與民人耕作。"

清廷對台灣的政策由隔離改變成鼓勵移民。

雍正皇帝的命令裡說，番鹿場閒曠地方「聽各番租與民人耕作」，意思是說，任由原住民出租其土地。以上的命令也表示清廷承認原住民擁有社有獵地的產權，而漢人必須取得原住民的同意，才能開墾原住民的土地。此外，上一章已經說明，雍正皇帝在1731年也下令，大幅削減台灣的田賦。

原先在隔離政策下，除了官員之外，合法來台的漢人也不得攜帶或招致家眷，藍鼎元也提議改變。他說，「自北路諸羅、彰化以上，淡水、雞籠山後千有餘里，通共婦女不及數百人」，他認為限制婦女來台，反而造成社會動亂。清廷在1732年也解除了攜眷來台的禁令。[6]

雍正皇帝鼓勵移民開墾的政策發揮效果，台灣的田園面積大幅增加。圖 6.1 為 1683 到 1905 年已報陞 (開墾成功並且繳交田賦) 的田園面積之變動。鄭氏王朝末年，台灣已開墾的田園面積大約 3 萬甲，但以上不包括由鄭氏軍隊所開墾的營盤田。

大約 220 年之後，總督府於 1905 年完成土地調查事業，發現台灣的田園面積合計是 610,857 甲。因此，從 1683 到 1905 年台灣的田園面積的平均年增率是 1.37%，圖 6.1 的虛線代表年增率為 1.37% 之甲數，圓點則代表官府所記錄的開墾面積。

---

[5] 藍鼎元 (1958)，頁 40–43；Shepherd (1993)，頁 137–154；李文良 (2007)。
[6] 臨時臺灣舊慣調查會 (1910)，第 1 卷，頁 40–41；藍鼎元 (1723)，頁 67–69；施添福 (1989b)，頁 39；Shepherd (1993)，頁 146。

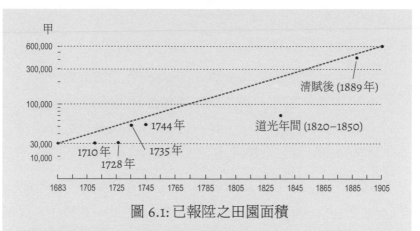

圖 6.1: 已報陞之田園面積

縱軸為對數刻度, 故虛線的斜率代表平均年增率;「道光年間 (1820–1850)」的甲數畫於 1835 年。來源: 1683 年為鄭氏末年王田與文武官田合計, 季麒光 (2006), 頁 157; 1710 年, 高拱乾與周元文 (1712), 頁 236; 1728, 1735, 與 1744 年, 余文儀 (1774), 上卷, 295–297; 吳聰敏 (2020b), 圖 1 之說明。

　　圖 6.1 顯示, 從 1683 至 1728 年田園面積幾乎沒有增加, 這反映隔離政策的效果。相對的, 1735 年的田園面積則明顯增加。清治初期規定, 開墾 3 年後陞科 (開始繳納田賦), 但雍正元年起, 陞科年限延長為水田 6 年, 旱園 10 年。[7] 因此, 雖然雍正皇帝在 1724 年改變政策, 但報陞之田園甲數增加最快要到 1730 年才會看到。

　　圖 6.1 中, 1728 年的甲數仍然是舊政策下之情況, 而 1735 年的甲數增加為 1.7 倍, 則反映鼓勵開墾政策的效果。

6.3　土牛紅線與番界

鼓勵移民之政策造成大批漢人來台開墾, 漢人與原住民之間的土地產權糾紛也增加, 平埔族首當其衝, 高山族比較不受影響。不過, 漢人愈來愈多, 開墾區域日趨擴大, 高山族的傳統領域也受威脅。

---

[7]臨時臺灣舊慣調查會 (1910), 第 1 卷, 頁 152–153。

　　曾經擔任巡台御史的黃叔璥認為, 漢人與原住民 (不管是平埔族還是高山族) 的衝突, 根源都是漢人無止境的開墾活動:[8]

> "內山生番, 野性難馴, 焚廬殺人, 視為故常; 其實啟釁多由漢人, 如業主、管事輩利在開墾, 不論生番、熟番越界侵占, 不奪不饜; … 康熙六十一年, 官斯土者議: 凡逼近生番處所, 相去數十里或十餘里, 豎石以限之; 越入者有禁。"

以上的文字可能是寫於1720年代初期。地方官員在康熙 61 年 (1722年) 奏准豎立界石以區隔生番之後, 台灣從南到北一共豎立了 54 塊界石, 但最早是何時豎立的, 目前已不可考。

　　豎立界石的措施與鼓勵移民的政策並不衝突, 漢人來台主要是開墾西部平原的土地, 而豎立界石則是要隔離生番, 因此, 豎立界石是要保護開墾者免受生番的攻擊。圖 6.2 是目前還留存的界石之一, 這是淡水同知曾曰瑛於1746年所立, 目前移置於台北石牌捷運站。

　　不過, 前面圖 6.1顯示, 1735 至 1744 年期間報陞之田園甲數不再增加, 原因是乾隆朝 (1735–1796) 初期, 鼓勵移民的政策反轉。

　　1731 年底, 台灣中部發生大甲西社事件, 這是清治時期最嚴重的平埔族反抗清朝之動亂, 起因是地方官吏指派原住民勞役過多。中國的傳統制度下, 人民除了繳交田賦之外, 還要服勞役。明朝開始, 勞役之征逐漸轉型為折銀繳納, 稱為丁銀。清朝雖然承續明朝的制度改革, 但是, 台灣的原住民仍然必須服勞役。[9] 大甲西社事件爆發後, 福建總督郝玉麟先後從大陸徵調六千多名軍隊來台, 事件經過一年後才平定。

　　大甲西社事件之後的 5 年, 乾隆元年 (1736年) 北路的新港社與加志閣社的熟番與漢人發生衝突, 附近的生番也被捲入。新上任的巡視台灣監察御史白起圖動用了數百名士兵, 又徵召其他社的原住民前來協助, 才平定動亂。

---

[8]黃叔璥 (1736), 頁 167。
[9]劉翠溶 (1967)。

圖 6.2: 漢番界碑

碑文:「奉憲分府曾批斷東南勢田園歸番管業界」, 目前置於台
北石牌捷運站。來源: 王筱蘭。

「生番在內、漢民在外, 熟番間隔於其中」

新港社與志加閣社的事件平定之後, 白起圖於1737年奏准:

> "飭地方各官嚴禁民人私買番地, 並將近番地界畫清, 以
> 杜滋擾。所有私佔番地, 勒令歸番;其契買田土、久經墾
> 熟升科者, 查明四至, 造冊報部存案。"

白起圖的奏議有兩個要點, 第一是嚴禁民人私買番地, 第二是畫清
近番地界。其他的官員也有類似的提議, 並獲准實施。

　　先就畫清地界而言, 1720 年代豎立界石的提議把西部平原劃分
成兩塊區域, 靠山的區域是高山族的領域, 平原的區域是漢人與平
埔族的活動範圍。不過, 光是豎立界石並未解決問題, 因為漢人會越

界侵占。面對愈來愈多的衝突, 1745 年福建布政史高山向清廷提議, 再加上一條界線, 這一條新的界線是要隔離漢人與熟番:[10]

> "飭令地方官 ... 眼同各番土目指出現在管理分界之處, 再行立表, 劃清界限; 使生番在內、漢民在外, 熟番間隔於其中。清界而後, 漢民毋許深入山根, 生番毋許擅出埔地; 則彼此屏跡, 斷絕往來, 自不致生釁滋事矣。"

上文中,「眼同」的意思是「會同」。高山的提議是要將西部平原劃分為3個區域, 漢人在靠海的平原耕種, 熟番則安置於漢人與生番之間, 以「彼此屏跡, 斷絕往來」。

高山的提議獲准實施之後, 台灣出現兩條南北向的界線, 第一條是隔離熟番與生番的「番界」, 第二條則隔離漢人與熟番的土牛溝。土牛溝後來又稱為「土牛紅線」。為何稱為「土牛」? 原因是在分界處地方官派人挖出壕溝, 挖出來的土就堆在壕溝旁邊, 遠看像一條橫臥的水牛。為何稱為「紅線」? 因為這條界線後來在地圖上是以紅線畫出。

圖6.3是土牛溝的遺跡, 位於今日桃園楊梅地區。土牛溝底部的寬度為3公尺, 從地面算起, 土牛溝的深度是1.8公尺, 而土牛本身的高度大約是2.4公尺。[11]

為了釐清民番界線, 1760年閩浙總督楊廷璋奏准繪製完成「臺灣民番界址圖」, 圖6.4為今日新竹桃園一帶的界址圖, 地圖上以紅線表示漢人與熟番的界線, 也就是俗稱的「土牛紅線」, 藍線則代表新定番界 (隔離熟番與生番)。土牛紅線南端從今日的屏東枋寮開始, 北端一直到基隆, 但是, 藍線大約在雲林以北才有。[12]

圖6.4中左邊部分地區的紅藍線重疊, 但右邊大部分地區的藍線則比紅線更靠近山區。把圖6.4順時針旋轉90度, 讓上方為北邊, 則

---

[10]高山 (1745)。
[11]桃園市政府文化局 (2017), 第5章。
[12]施添福 (2001a); 施添福 (2001b), 頁 26–36。

圖 6.3: 土牛溝

桃園市楊梅區青山二街321巷附近的山坡地。來源: 黃品鈞。

藍線東邊是「生番在內」,土牛溝往西到海邊是「漢民在外」,兩條界線之間為「熟番間隔於其中」。施添福教授分別稱之為「隘墾區」,「漢墾區」,與「保留區」。漢墾區主要是漢人所居住,保留區是平埔族的地域。隘墾區本來是生番活動的地區,但後來也被開墾者「入侵」。

1760年的民番界址圖上只有紅藍兩條線,後來又增加了紫線與綠線。紫線是在1784年畫出,其位置比原先的藍線更靠近山區,表示開墾活動愈來愈進入高山原住民的傳統地域。

1787年的林爽文事件之後,來台平亂的陝甘總督大學士福康安提出了番屯制的構想。簡單來說,番屯制是以熟番作為維持治安的武力 (屯丁),並把番界外的埔地撥給屯丁耕種。為了規劃屯田埔地,清廷於1790年在地圖上畫出紫線。[13]

清代所畫的民番界址圖是山水示意圖。施添福教授在1980年代晚期進行田野調查,畫出清代竹塹地區 (大約今日的桃園到竹南一帶) 的土牛溝與番界,如圖6.5所示,其中的番界對應乾隆55年 (1790

---

[13]蘇峯楠 (2015)。

125

圖 6.4: 臺灣民番界址圖: 今新竹桃園一帶

來源: 中央研究院歷史語言研究所。

年) 的紫線的位置。圖中靠近海邊的區域稱為漢墾區, 靠山的區域稱為隘墾區, 夾在兩者之間的稱為保留區。

禁買番地與禁墾番地

上面說明, 白起圖在1737年提出畫清地界的構想。除了提議「畫清地界」之外, 白起圖還提議「嚴禁民人私買番地」, 此項政策後來稱為「禁買番地」或「禁買番產」。不過, 漢人已往簽約購買的原住民土地, 若已經開墾成功並繳稅, 白起圖建議仍承認其產權。

翌年, 總督郝玉麟也提出同樣的建議:「嗣後永不許民人侵入番界, 購買番業」, 他所說的「番界」並不是生番的領域, 而是指平埔族的領域。[14] 因此, 原住民保留區的政策, 大約在1730年代晚期已出現, 而且付諸實施。

清廷不只禁止漢人購買保留區的土地, 後來還「禁墾番地」。禁墾番地的政策反轉了雍正皇帝在1724年鼓勵漢人開墾原住民土地

---

[14] 白起圖 (1737); 頁9, 王瑛曾 (1764), 頁98-99。

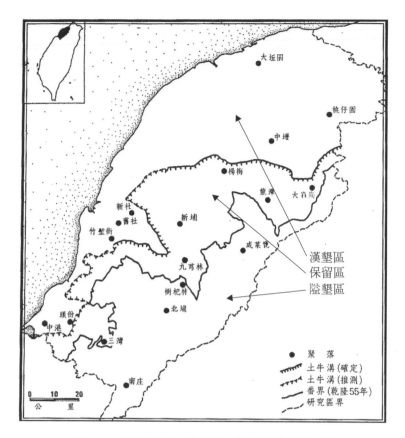

圖 6.5: 竹塹地區: 漢墾區, 保留區與隘墾區

來源: 施添福 (1990b), 圖 2-6, 頁 82。

之政策。1745 年布政使高山奏議,「民墾番地之宜永行禁止也」。[15] 翌
年, 高山在上奏「臺地民番事宜」裡說:「民墾番地雖久經禁止, 但不
分別定罪, 小民不知畏懼」。由「久經禁止」4 個字來看, 雍正皇帝鼓
勵民墾番地的政策可能是在乾隆初年就已改變。

綜合以上所述, 大約到了 1730 年代晚期, 位於土牛紅線與番界之
間的保留區, 清廷禁止漢人贌買, 也不准漢人開墾。今天的台中市石
岡區土牛國民小學內, 有一塊「土牛民番地界碑」, 是由彰化知縣張
世珍在 1761 年所立, 碑文中有一句:「永禁民人逾越私墾」。

---

[15]高山 (1745), 頁 39。

相對於保留區,圖6.5裡土牛溝以西的「漢墾區」的廣大土地,大約在1730年代晚期大部分已落入漢人手中。清治初期漢人尚未入墾之前,西部平原大部分地區都是平埔族的獵場,但大約半世紀之後,漢墾區絕大部分的土地已落入漢人手中。漢人是如何取得這一大片土地的?原住民的土地是如何流失的?下一章會講這個故事。

6.4 原住民保留地

從清治初期到18世紀中葉,台灣西部平原的土地產權之型態發生劇烈變化。清治初期,除了台南地區外,西部平原絕大部分的土地都是原住民所有。一開始清廷對台灣的政策是隔離,並禁止漢人開墾原住民的土地。

雍正朝時期(1722–1735年),隔離政策反轉,變成鼓勵開墾。移民政策使原住民與漢人之間的衝突日增。接下來,乾隆朝時期(1736–1796年),官員提出隔離民番之政策,經過多年的演變,台灣西部平原的土地最晚在1740年代中期已被劃分成3個區域:漢墾區,保留區,與隘墾區,其中,保留區內的土地禁止漢人購買,也禁止漢人開墾。

不過,禁止歸禁止,清朝官員都承認,民墾番地的現象普遍存在。布政使高山在1745年的奏議裡說,「民墾番地雖久經禁止,但不分別定罪,小民不知畏懼」。人民不畏懼,侵墾持續,番地界線後來也數次重畫,其位置也愈往山區移動。

進入20世紀之後,山地原住民的活動範圍持續縮小。圖6.6的中圖之綠色區域為1901年的番地,標題中的「堡(里)」是當時的行政區域名稱,但圖中所畫出的是縣界。1901年,日本殖民政府的統治勢力尚未進入山區,但隔年開始,日本積極推動以武力鎮壓的「理蕃政策」。理蕃政策在1915年告一段落,接下來總督府推動的是教育同化政策。

1925年,總督府推動為期15年的森林事業計畫,並在1928年頒布「森林事業計畫規程」,將國有山林地區分為3類,其中之一的「準要

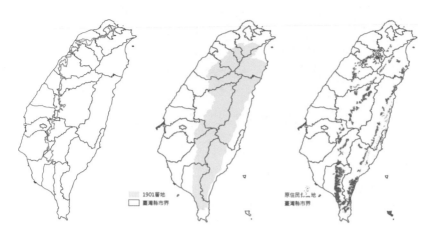

圖 6.6: 從番界到原住民保留地

來源: 杜張梅莊 (2019)。

存置林野」(亦稱為「蕃人所要地」),後來改稱為「高砂族保留地」。這是今天原住民保留地的由來。

　　戰後國民政府接收台灣時,維持日治時期保留地的政策,但面積大幅縮小。日治時期的保留地大約24萬甲,以1930年的高山族人口計算,平均每人約1.7甲;但戰後保留地的總面積減為約13萬甲。圖6.6右圖為今日保留地的位置。依據2018年的「原住民保留地開發管理辦法」,原住民保留地政策的目的是要「保障原住民生計」。

　　但是,原住民保留地政策是否達成目標?是否有其他的政策更能提升原住民的所得水準?目前都沒有答案。

7
原住民土地流失

"立承賣契人打猫社番婦茅干 ..., 因完餉無處措借,
願將自置水田壹段大小拾貳坵 ... 外托中引就招出
洪宅前來承買, 三面言議, 著下時價銀肆拾兩番錢
足, 將田隨踏付買主前去掌管耕作, 永為己業。"

打猫社契約 (1738)

130

乾隆3年(1738年),打猫社(位於今日嘉義民雄)的原住民兄弟姊妹共5人,把自有的水田12處,賣給漢人洪宅。契約一開始就說,賣地的原因是「完餉無處措借」,亦即,原住民無力繳交社餉。不過,乾隆皇帝在前一年大幅減稅後,原住民的稅負已經變得微不足道,因此,「完餉無處措借」應該只是契約文字的習慣用語。

這一份契約還有另一個問題。上一章已經說明,台灣監察御史白起圖在乾隆2年(1737年)已經奏准「嚴禁民人私買番地」,因此,打猫社與漢人的這一筆土地交易,從法律上來說應該是無效的。不過,也許雙方在簽契約時,清廷的禁令尚未下達到地方;或者,漢人與原住民進行土地交易時並不在意官府的禁令。

清治初期,台灣西部平原的土地,除了台南一帶,大多是原住民的獵場草埔。但大約半世紀之後,大部分的原住民土地已落入漢人手中。原住民的土地是經由什麼管道轉手到漢人手中?這個議題後來受到很多學者的關注,並稱之為「原住民土地流失」問題。

7.1 招佃開墾

原住民土地流失是指原住民的土地變成漢人所有。土地轉手有可能是非法強占,而合法的土地轉手有兩種方法,買賣或贈與。在清朝的制度下,若是尚未開墾的草埔,則原住民的土地轉手到漢人手裡還有另外一個管道,那就是「招佃開墾」。

清朝政府規定,開墾荒地必須先申請墾照,台灣現存最早的墾照申請書是由沈紹宏於康熙24年(1685年)向台灣府所提出的,開墾地點是嘉義的鹿野草荒埔:[1]

"具稟人沈紹宏,為懇恩稟請發給告示開墾事。緣北路鹿
野草荒埔原為鄭時左武驤將軍舊荒營地一所,甚為廣闊,
並無人請耕,伏祈天臺批准宏著李嬰為管事,招佃開墾,

---

[1]臺灣銀行 (1963),頁1–2。

三年後輸納國課;並乞天臺批發明示臺道,開載四至,付
李嬰前往鹿野草草地起蓋房屋,招佃開墾 ...。"

鹿野草荒埔為今日嘉義的鹿草鄉,申請書內寫明,此地原為鄭氏時期的營地。因為地名內有「鹿」,故推斷早期應該鹿多,很可能是原住民的獵場。以地理位置判斷,鹿野草可能是諸羅山社的傳統獵場。

沈紹宏的申請書說,這一塊地是荒埔,意思是無主地,但如果鹿野草地原先是諸羅山社的獵場,那麼,鄭氏時期開闢為營地時是否取得原住民的同意? 鄭氏軍隊離開之後,這一塊地是否應還給諸羅山社原住民? 不過,清朝的官員應該不會考慮那麼多。

招佃開墾會有文字契約,但這一張開墾契約可能沒有流傳下來。如果與沈紹宏簽約開墾土地的人名為張三,則土地墾成之後,沈紹宏成為大租戶,又稱為業主;張三則稱為是小租戶。小租戶每年要繳一份租穀或租金給大租戶,稱為大租穀或大租金;而大租戶則負責交田賦給政府。依照慣例,水田的大租是交稻穀,旱園的大租是交銀錢。此外,在招佃開墾的契約裡通常講明,張三可以永世耕種,換言之,這是一個無窮期的契約。

以上的制度稱為大小租制度,又稱為一田兩主; 意即,大租戶與小租戶都被視為是地主。為何張三也是地主? 因為沈紹宏所申請開墾的地原先只是一片荒埔,實際投入人力與物力開墾的人是張三,他把荒埔開墾成有生產力的田園,未來還可能會繼續投入資源以提升田園的生產力。

大租戶不一定是漢人,也可能是原住民。如果某原住民找張三前來開墾社有草埔,開墾成功之後,原住民就稱為「番大租戶」。為了區別起見,沈紹宏稱為「漢大租戶」。漢人開墾原住民的土地,稱為「民墾番地」;因為小租戶也被視為是地主,因此,民墾番地也被視為是原住民土地流失的現象。

除了民墾番地之外,原住民若直接把土地賣給漢人,當然也是土地流失。清朝官員注意到原住民土地快速流失的問題,進而採取管

制的政策。1737年，台灣監察御史白起圖奏准「嚴禁民人私買番地」。1745年，福建布政使高山進一步奏請「禁止民墾番地」，他的出發點是，漢人開墾平埔族的土地，會造成「爭訟不休」。此外，他也認為，平埔族的土地被開墾完畢之後，漢人會繼續往深山開墾，造成進一步的衝突。[2] 不過，目前仍可看到不少1750年代以後的「民墾番地」的契約，表示違反禁令者大有人在。

原住民的給墾契約

雍正3年(1725年)，大武郡社(今日的彰化社頭鄉)原住民山屯把自己分下的草埔，招漢人劉錢官前來開墾，雙方訂契約如下(圖7.1)：

> "立招墾人大武郡社番山屯，自己分下有青埔乙段 ... 今因不能開墾，願招得劉錢官前來出首開墾。成田之日，三面言議，約定納租粟拾石道付番到庄，自行車運，永為定例。錢願出銀參兩正，其銀即日憑中交訖，與為犁長銀之資。"

契約內說明，墾成後原住民地主山屯每年可以得到10石稻穀，「道」是指「道斗」，是容量的單位。另外，簽約時劉錢官在中間人的見證下交付3兩銀給山屯。青埔開墾成田之後，山屯是大租戶，劉錢官是小租戶。

以上大武郡社的土地是原住民私有地。相對的，雍正11年(1733年)竹塹社原住民與漢人簽約開墾的是社有地：

> "立永賣契人竹塹社土官一均 ... 因本社餉課繁重，捕鹿稀少，... 闔社番眾公議，願將呈墾荒埔貓兒錠草地一所 ... 托通事引就與漢人郭奕榮承買，公議時價銀貳拾兩正 ... 即將契內田至草地踏付與郭奕榮前去出本開築埤圳，... 招佃墾耕陞科報課永為己業，仍歷年貼納本社餉銀貳拾兩 ...。"

---

[2] 高山 (1745)。

133

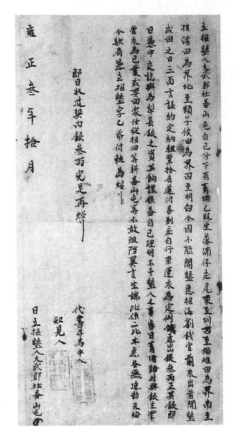

圖 7.1: 大武郡社招墾契約

來源: 國史館臺灣文獻館。

契約一開頭的文字是「立永賣契」，因此契約的性質應該是杜賣 (賣斷) 土地。但是，由契約內容來看，土地墾成之後，每年要貼納番餉 20 兩，因此實際上是「民墾番地」。開墾成功之後，竹塹社原住民是番大租戶，郭奕榮是小租戶。1730 年代，1 石穀的價格大約是 0.36 兩，[3] 故郭奕榮每年須繳交給竹塹社的租金折合稻穀 20/0.36 = 55.6 石。

那麼，大武郡社與竹塹社的大租穀條件，何者較佳？ 這個問題無法回答，因為兩份契約都沒有講到面積大小。正常情況下，地主把土

---

[3] 王世慶 (1994)，頁 85。

地交由他人開墾時,墾成之後要丈量面積,再依甲數納租。亦即,大租穀通常按甲收租,例如,每甲收8石穀。但以上兩份民墾番地的契約僅寫出租穀總額,並未寫明田園的甲數。

漢人的給墾契約

相對於民墾番地的契約,漢人之間的給墾契約的內容完全不同。同樣是在雍正11年,漢人楊秦盛在台中地區買入原住民的一片土地,之後與楊文達簽訂開墾契約,內容如下:

> "立給佃批人業主楊秦盛,有買置草地一所 ... 今有楊文達前來認佃開墾,給出犁份一張,配埔五甲,收過銀十二兩。其埔好歹照配,付佃自備牛犁、種子前去耕作,年照莊例,凡耕種雜籽,一九五分抽,不得少欠。如開水灌溉成田,議定首年每甲納租四石,次年每甲納租六石,三年清丈,每甲納租八石,
> ...
> 如佃等欲回內地或別業,欲將田底頂退下手,務要預先報明業主,查其短欠租穀及新頂之佃果係誠實之人,聽其頂退,收退田底工力之資。"

漢人之間「民墾民地」的契約,與大武郡社及竹塹社的「民墾番地」的契約,主要的差異如下:

- 田園面積
  楊秦盛事先丈量過埔地面積是5甲;而大武郡與竹塹社原住民不知埔地面積多少。

- 租金
  楊秦盛的土地在墾成水田之前,租金是每年收成的15%(常稱為一九五分抽),引水灌溉成水田3年之後,經過清丈,每年每甲納租8石。相對的,竹塹社原住民僅要求「歷年貼納本社餉銀貳拾

兩」，不管埔地後來是否進一步開墾成水田。大武郡社的契約內容也是如此。

- 土地頂讓的條件

  楊秦盛的給墾契約的後半部分書明，墾戶楊文達未來將土地頂讓給他人時之細節：「欲將田底頂退下手，務要預先報明業主」，因此，楊秦盛可以表示意見。相對的，大武郡社的契約內的文字是，墾戶未來「或要回家，任從招佃等」，亦即原住民業主不會加以干涉。

清治時期，漢人之間的給墾契約幾乎沒有例外，一定是按甲收租。例如，雍正7年(1729年)漢人業主簡琳芳跟大肚社原住民買入埔地，招林生亨前來開墾，第3年開始，「每甲納租粟八石」。

相對的，較早期的原住民與漢人簽下的契約幾乎都是定額的大租穀或餉銀，而且通常也沒有講明土地面積。在此情況下，漢人開墾者即使擴大開墾面積，他所繳交的大租穀並不會增加。因此，定額的大租穀契約，對於漢人小租戶有利。

7.2　給墾契約之演進

不過，隨著原住民與漢人之間的土地交易日增，不管是賣斷或者是給墾，有意開墾土地的漢人之間的競爭也日趨激烈，而番大租契約的內容也愈來愈接近漢大租的契約。

竹塹社

上面曾提到，竹塹土目一均於1733年把一片社有地交由郭奕榮開墾，大租金為定額，每年20兩。經過13年，土目一均在乾隆11年(1746年)又出面與漢人藍品周簽約開墾另一塊土地，契約的內容如下：

"立給佃批竹塹土目一均，大里罵等，今有藍品周自備牛
隻工本，認墾犁分一張，每張犁分連厝地菜園禾庭車路

136

圳路以陸甲為準, 即日丈明付佃人前去耕作, 議定首年
每張犁分約納租粟貳拾石滿斗, 次年圳水此田按甲清丈,
每甲約納租粟捌石滿斗永為定例。"

這一份契約裡約定, 首年每張犁分納租粟20石滿斗。相對於前面大
武郡社契約裡的容量單位「道石」, 竹塹社使用的單位是「滿斗」。犁
為面積單位, 一般是指5甲。不過, 本契約把厝地茱園等也計入, 變成
6甲。若以標準的5甲計算, 簽約後的第一年, 大租穀每甲4石。第2
年開始已經引水灌溉, 每年大租穀是每甲8石。

　　以上的給墾契約與前述漢人楊秦盛在1733年的給墾契約, 條件
幾乎完全相同。例如, 契約的後半段規定,「租粟務要乾淨, 車至本社
倉口」。此外, 契約內也規定, 若要開築埤川, 雙方各應出資多少。

　　再經過約30年, 竹塹社於乾隆39年 (1774年) 將另一塊埔地交給
漢人洪名顯前去開墾, 契約條件與漢人之間的給墾契約也幾乎相同
(圖7.2)。對照1733年以來的3份契約可知, 到了1740年代中期, 竹塹
社原住民對於田園的價值已有正確的認知, 而且也已經瞭解如何以
契約來保障自己的利益。

擺接社

擺接社的原住民的活動範圍, 遍及清末的大加蚋堡, 八里坌堡, 與興
直堡等地區。擺接社現存最早的給墾契約是土目茅飽琬於乾隆18年
(1753年) 與漢人張廣福所簽訂的。契約內明白寫下四至界址, 但不清
楚面積有多大, 約定的條件是:

"墾批禮銀肆佰大元正, 親收足炤。每年聽本社配納番口
糧大租粟壹拾石正。"

以上的契約與上述竹塹社於1733年的契約類似, 因為租穀是一筆固
定金額, 而不是以單位面積計算, 契約條件對於原住民不利。

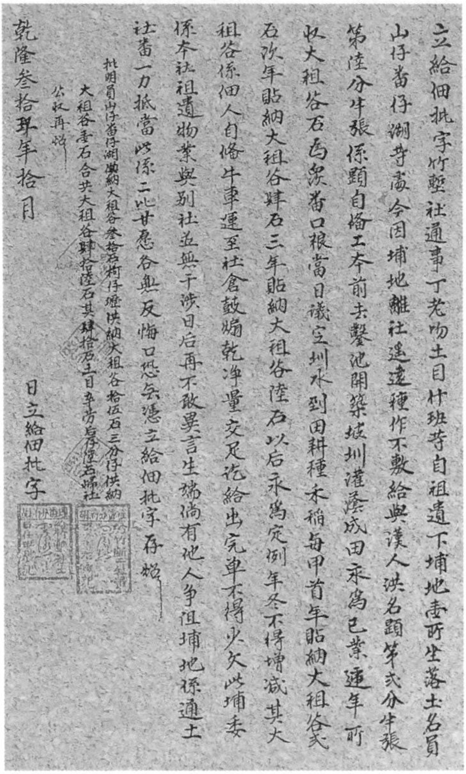

立給佃批字竹塹社通事丁老吻土目什班等自祖遺下埔地壹所坐落土名員
山仔畬仔湖等處今因埔地離社遙遠種作不敷給與漢人洪名題等弍分牛張
第陸分牛張係題自備工本前去鑿池開築坡圳灌蔭成田永為已業逐年所
收大租谷石為衆番口糧當日議定圳水到田耕種禾稻每甲首年貼納大租谷弍
石次年貼納大租谷肆石三年貼納大租谷陸石以后永為定例年冬不得增減其大
租谷係佃人自備牛車運至社倉鼓煽乾淨量交足訖給出完單不得少欠此埔委
係本社祖遺物業與別社並無干涉日后再不敢異言生端倘有他人爭阻埔地係通土
社番一力抵當此係二比甘愿各無反悔口恐無憑立給佃批字存炤
批明員山仔畬仔湖洪納大租谷叁拾石柯仔墘洪納大租谷拾伍石三分仔洪納
大租谷壹石合共大租谷肆拾陸石其肆拾石土目辛勞存陸石歸社
公收再炤
日立給佃批字
乾隆叁拾玖年拾月

圖 7.2: 竹塹社的給墾契約: 1774年

來源: 張炎憲, 王世慶, 與李季樺 (1993), 圖版第1頁。

事隔9年之後 (1762年), 同一位土目與另一位漢人佃戶所簽訂的給墾契約, 內容已相當不同。這一份契約講明, 漢人佃戶「應付本社照例抽的納租」, 這是指墾成水田之前的大租金。清治時期的慣例是, 墾成水田之前佃戶所交的大租金是定例租, 例如年收成的15%; 引水灌溉之後, 則按甲收租, 例如每甲8石。本契約的條件如下:

> "待開成田園之日, 按甲丈量, 完納租課, 以為眾社番口糧之資。"

因為並未寫明大租穀是多少, 因此可能也是「照例」, 但此種寫法未來較容易產生糾紛。

再經過5年，擺接社於1767年又簽了另一件契約，這一份是由另一位土目斗六甲出面所簽訂的。土地位於「大安藔庄等處，劃出界外田園，蒙分憲給准社番管業，以資口糧」，意思是說，這塊土地是地方官員分配給原住民的，位於番界之外，但因為「該番在處守巡隘中，不暇力耕」，因此，

> "願將此田園折共參甲貳分伍厘，招得張玉瑛官前來耕作，
> 永遠納稅，議定每甲田，遞年納番租粟捌石正。"

契約內說明田園甲數是3.25甲，而且寫明大租穀每甲8石。

又經過6年，擺接社土目茅飽琬等人於乾隆38年(1773年)招得漢人方隨觀開墾田園，契約內容幾乎與漢人業戶的給墾契約完全一樣：

> "公招得漢人方隨觀在九芎林內，認墾梨分壹張，自出工
> 本前去砍伐樹木，開墾田園。所種五穀雜籽，首貳參年，
> 照庄例一九五抽的。俟三年後，開成田園，聽業主清丈，
> 每張犁分以五甲為準。當日議明埤圳係佃人自築、修理，
> 每甲水田定租陸石。"

由以上4張給墾契約來看，擺接社的原住民在1753年的契約仍然是定額的大租穀，但大約經過14年之後，已經學會如何以契約來保障自己的利益。

下淡水社

荷治時期的紀錄顯示，下淡水溪以南的鳳山8社大部分已經是以農耕為主。1721年，下淡水社(鳳山8社之一)的原住民與漢人何周王簽約，原住民向何周王借入700石穀，條件是原住民原先出租給漢人的土地每甲減租1.5石。圖7.3為契約影本，為雙語文書。由契約內容看來，雙方在更早(可能是康熙46年(1707年))就簽訂「民墾番地」的開

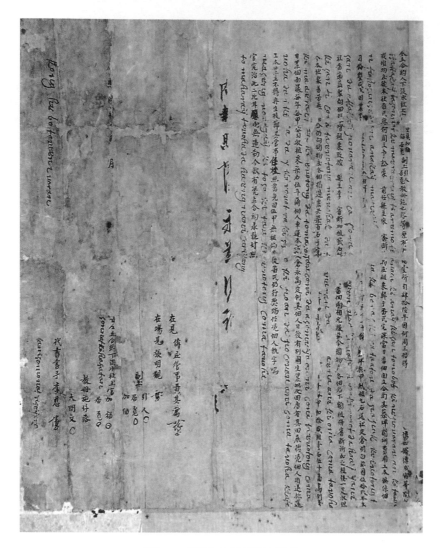

圖 7.3: 下淡水社開墾契約

來源: 李壬癸 (2010), 頁730。

墾契約, 條件是墾成後每甲納租7石。[4] 這是目前所知的民墾番地的契約裡, 按甲收租最早的案例。

　　另外一件早期的契約是在1727年, 茄藤社原住民把草地一所提

---

[4]Shepherd (1993), 頁252–254。

表 7.1: 民墾番地的契約

	日期	大租條件		日期	大租條件
竹塹社	1733	20兩	阿束社	1734	40兩
	1746	每甲8石穀		1738	20石
	1774	每甲6石穀		1764	每甲2石穀
擺接社	1753	10石穀	雷裡社	1740	1.3石
	1762	按甲收租		1742	按甲收租
	1767	每甲8石穀	猫里霧社	1855	銀160圓
	1773	每甲6石穀		1870	每甲2石穀
下淡水社	1707	每甲7石穀			
茄藤社	1727	每甲7石穀			
	1733	50石穀			

說明: 阿束社 1764 年的契約已寫出面積大約 2 甲, 每甲 2 石是由大租穀除以面積算出。猫里霧社 1855 年的大租金, 除了銀 160 圓之外, 尚包括早穀 120 石, 晚穀 20 石。

來源: 吳聰敏 (2013); 李壬癸 (2010); http://thdl.ntu.edu.tw。

供給漢人開墾。契約內明言, 開墾後經丈量, 田每甲納租7石, 園每甲4石。因此, 租穀也是以單位面積計算。不過, 茄藤社另外一件1733年的開墾契約, 則僅寫明「年貼納埔占粟伍拾石道」, 其中,「埔占粟」是稻穀的品種。[5] 茄藤社在1727年已有按甲收租的契約, 為何6年後的契約是定額? 目前不知如何解釋。

表 7.1 整理出一些現存的「民墾番地」的契約, 左半部分為竹塹社, 擺接社, 與鳳山 8 社的原住民, 右半部分為其他地區, 其中, 阿束社位於今天的彰化地區, 雷裡社位於淡水, 猫里霧社位於今天的宜蘭。下淡水社現存最早的契約是1707年, 而且已經是按甲收租。其他各社都是早期先簽過定額大租的契約, 後來才變成按甲收租。

各社按甲收租之契約, 最早出現的時間點也不同。竹塹社是在

[5] 李壬癸 (2010), 頁 361–366。

1746年, 擺接社是在1762年, 而宜蘭的貓里霧社則是到了1870年才出現。各社按甲收租之契約出現的時間點不同, 原因不難猜測。首先, 原住民要從狩獵轉型為農耕之後, 才能較正確地評估農地的價值。其次, 如何避免在契約裡寫下對自己不利的條件也需要時間學習, 而且一開始可能要付出昂貴的「學費」。

反過來說, 當番大租的契約出現「按甲收租」的條件時, 表示原住民對於農耕經濟的運作方式已經相當熟悉。

表7.1的案例雖然不多, 但大體上與以上的猜測一致。例如, 下淡水地區是平埔族轉型為農耕經濟最早的地方, 也是契約裡最早出現按甲收租條件的地方。相對的, 宜蘭地區的開發晚於西部平原, 按甲收租的契約到了1870年才出現。

7.3 原住民土地流失的管道

原住民土地流失的管道包括杜賣土地與民墾番地, 前者如1738年打貓社原住民杜賣水田, 後者如1733年竹塹社的給墾荒埔。雍正朝期間, 在鼓勵移民開墾的政策下, 台灣的開墾活動快速展開。漢人前來開墾對於原住民而言是危機, 因為鹿群紛紛走避之後, 獵場一夕之間變成毫無價值的草埔, 所得也銳減。

但是, 危機也可能是轉機, 如果廣大的獵場能開墾成田園, 其所能創造出來的農耕價值比以往的狩獵價值更高。

台灣鹿產區的原住民, 專業能力主要是在狩獵上, 農耕其次, 因此, 一開始要自行把草埔開墾成田園雖然不無可能, 但效率不會太高。此外, 原住民也可能面對勞動力不足的問題。1774年竹塹社的給墾契約裡有一句話, 「今因土地離社遙遠, 種作不敷」, 因此而把社有的荒埔讓漢人開墾 (圖7.2)。

若以上這句話是描述真實的情況, 則竹塹社這一塊草埔不給墾的話, 可能就是閑置不用, 並不會開墾成田。相對的, 前來台灣開墾的漢人有農耕技術, 但無土地, 因此, 漢人與原住民合作開墾對雙方

都有利。如何合作開墾? 方法之一是民墾番地,另一個方法是直接把土地賣給漢人。以上兩個方法都造成原住民的土地流失。

合作開墾

在原住民土地流失現象的研究裡,「土地流失」這4個字通常隱含負面的意味,但在市場經濟裡,土地資產的買賣轉手是正常的經濟活動,而且,通常會提高土地資源運用的效率。為何能提高效率? 再以竹塹社的荒埔為例,若原住民不把土地交給漢人開墾,則土地將閒置不用,沒有任何產出。反之,若讓漢人開墾成田,每年會有一些稻米生產出來。因此,原住民給墾提升了土地資源運用的效率。

不過,民墾番地雖然提高土地資源運用的效率,但是由表7.1看來,在漢人與原住民合作開墾的初期,漢人獲得的利益遠高於原住民。以上的情形應該也會發生在原住民杜賣土地的案例裡。

根據施添福教授對於竹塹地區的研究,雍正朝期間鼓勵移民開墾的結果是,土牛溝以西的熟番草地,大部分大約在1730年代已落入漢人手中。[6] 由表7.1的結果看來,竹塹社在1730年代的給墾契約仍然是定額的大租,由此推測,在此之前杜賣土地的價格很可能也是偏低的。

1737年,白起圖奏准「嚴禁民人私買番地」,但以竹塹地區而言,管制政策出現時,大部分的土地已賣光了。1745年,福建布政使高山奏請「禁止民墾番地」,這個政策對於原住民有幫助嗎? 其實未必。若管制政策真的有效,而原住民又無法自行開墾埔地,他們的所得並不會提升。

「爭訟不休」

事實上,布政使高山「民墾番地之宜永行禁止也」之提議,目的並不是為原住民爭取福利,而是擔心民墾番地會造成「貪利奸民越界侵

---

[6]施添福 (1989b),頁 40;施添福 (1990a),頁 125。

占，以致爭訟不休」。換言之，他擔心的是「越界侵占」的情況，以及可能造成社會動盪不安。

清朝的地方官員不少人提到，原住民的土地流失是因為被非法侵占。高山認為這是奸民「貪利」所造成。但是，以經濟學的概念來說，貪利是指追求利潤，這是任何企業與經濟個體的目標。貪利者會變成「奸民」，真正的原因是法制不良。

我找不到早期較翔實可靠的案例，因此以下以日治初期的報導來說明。日本統治台灣之初，陸軍大佐福島安正於1895年6月9日被派往淡水組織行政機關。6月21日，負責法務的日本官員巡視滬尾市街後提出的報告中有一段如下：

> "又徵詢土人之言，他們説從前強盜暴行都是因舊制度慣
> 習，使得假令犯盜、四處逞奸者大多都能逃走，並能以
> 口辯、賄賂等逃脱迫捕。若是知悉新政體將以嚴刑峻法
> 依公斷案、依德行事，何人敢違背云云。"

在以上報告的前幾天，福島安正曾派人逮捕滬尾街經營雜貨店的陳易，罪名是掠奪他人財物，並屢次殺人。

但兩天之後，因為證據不足，陳易被釋放。隔一天，在十數村民的訴請下，陳易又被逮捕。後來，福島安正在上報樺山總督並獲許可後，於6月19日將陳易處以斬首之刑。[7]

福島安正在淡水的期間努力建立法治制度，因此，6月21日淡水居民所陳述的意見可能反映居民感受到制度的改變。不過，以上只是日本官方的紀錄，除非有台灣人本身的說法，否則仍只是單方面的說法。

雖然如此，福島安正所記載的淡水居民的陳述，與1884年英國人克魯豐 (A.R. Colquhoun) 的觀察一致。後面第11章會講他造訪台灣的經過。他在翌年發表的文章裡說，因為交通不便，清末台灣的地方

---

[7]張建隆 (2016)，頁10。

衙門變成半獨立的機關,許多地方官吏胡作非為,導致官逼民反的事件層出不窮。

綜合以上所述,布政使高山所說的「貪利奸民」的出現,原因可能是因為地方官吏胡作非為。在此情況下,禁墾番地的政策當然也無法解決原住民土地流失的問題。

8
大小租

"民間賦稅, 較之內地, 未見減輕 ... 察所由來, 皆係紳民包攬。如某處有田可墾, 先由墾首遞稟承包, 然後分給墾戶。墾首但呈一稟, 不費一錢, 成熟後, 墾首每歲抽租一成, 名曰「大租」。"　　劉銘傳 (1886)

光緒12年 (1886年) 5月,劉銘傳在清賦奏議裡提到台灣大小租制度的起源。劉銘傳說,台灣大小租的起源是墾首招佃開墾,墾首是指擁有開墾權利者,招佃開墾是指墾首不自行開墾,而是另外找墾戶來開墾。土地墾成之後,墾首稱為大租戶,墾戶稱為小租戶。劉銘傳又說,「墾首但呈一稟,不費一錢」,意思是說墾首不費吹灰之力,就取得開墾的權利。[1]

上一章提到沈紹宏於1685年申請開墾鹿野草荒埔的案例,他在申請墾照時說要招佃開墾;土地墾成後,沈紹宏即為大租戶。上一章也說明,大小租的關係也可能是民墾番地。例如,1725年大武郡社的原住民山屯,招佃開墾的土地是祖傳地。土地墾成之後,山屯成為番大租戶。

台灣的大小租制度在鄭氏時期就出現。經過200多年的發展,清朝官員大多覺得此一制度需要改革,但每個人的出發點不同。劉銘傳認為,墾首「不費一錢」,就有大租穀收入,不是一個公平的制度。相對的,日治初期的官員認為,在大小租制度下,土地產權不明確,對於經濟發展有不利的影響。

劉銘傳在推動清賦事業時,曾經想要消滅大租權,但因為大租戶群起反對而作罷。日本統治初期,總督府在進行土地調查時,詳細調查了大租戶的身分,持有的土地面積,以及大租權買賣之價格。調查結果發現,台灣的田園大約有十分之六是帶有大租的。[2]總督府後來在1905年3月強制買下全部的大租權,終於把大租權消滅掉。

大租權雖然被消滅,但留下一個問題,大小租制度在中國大陸亦有案例,但並沒有那麼多,為何在台灣特別普遍?[3]要回答以上的問題,我們要從台灣土地產權制度的發展開始講起。

1630年代,東印度公司在台灣建立殖民統治政權時,即承認原住民對其傳統社地的產權。前面第3章提到,1635年東印度公司與麻豆

---

[1]劉銘傳 (1958),頁303–304。
[2]臨時臺灣土地調查局 (1905d),頁99。
[3]戴炎輝 (1963);楊國楨 (2009),頁252–293。

社締結和平協約, 承認原住民對「祖傳地有加以利用與享用之權」, 其中包括土地上的物產, 也就是鹿群。

17世紀的台灣, 地廣人稀, 除了原住民傳統社地之外, 仍有大片的無主地。為了解決糧食不足的問題, 東印度公司引入大量的中國人來台灣耕種。東印度公司的政策是, 中國人僅能開墾原住民社有地以外之地域, 表示公司尊重原住民對社有地的產權。

為了鼓勵開墾, 東印度公司授予開墾者土地權。土地產權分為所有權與使用權兩種, 其中, 取得所有權者, 必須繳交米作什一稅 (稅率10%)。為了確認土地產權, 東印度公司在1640年代中期開始丈量土地。1657年, 開墾的田園面積共計7,086.2甲, 到了1660年已增加為10,757.3甲。[4]

8.1 施侯租

1661年, 鄭成功的軍隊登陸台南之後, 官員楊英隨即對文武各官發布命令, 允許「圈地永為世業, 但不許混圈土民及百姓現耕田地」。換言之, 鄭成功承認原住民與在台灣開墾的漢人之土地產權。命令裡又要求開墾者須注意自然資源保育:「不可斧斤不時, 竭澤而漁, 庶後來永享無疆之利」。[5]

荷蘭人於1662年投降後撤離台灣, 東印度公司所留下的官有地由鄭氏王朝所接收, 後來的文獻裡稱之為「王田」或「官佃田園」。鄭氏王朝也面臨嚴重缺糧的問題, 因此, 也有鼓勵開墾的政策。在官府的鼓勵下, 田園面積快速增加。新增的田園可分為兩類, 第一類稱為「文武官田」, 第二類稱為「營盤田」。

從字面來看,「文武官田」似乎是官有地, 但其實是民有田園。清朝首任巡臺御史黃叔璥的說明如下:[6]

---

[4]韓家寶 (2002a), 頁 86, 103; 中村孝志 (1997b); 中村孝志 (1997d), 頁 303–314。
[5]楊英 (1981), 頁 254。
[6]黃叔璥 (1736), 頁 19–20。

　　"鄭氏宗黨及文武偽官與士庶之有力者, 招佃耕墾, 自收
　　其租而納課於官, 名曰私田, 即偽冊所謂文武官田也。"

由此可知,「文武官田」是「偽冊」上的用語, 而偽冊是指鄭克塽投降時提交給清朝的財產清冊。實際上, 文武官田是「私田」(民有田園), 而且是「鄭氏宗黨及文武偽官與士庶之有力者, 招佃耕墾」出來的。既然是招佃耕墾, 這些田園與清治初期沈紹宏申請開墾鹿野草荒埔的情況相同, 具有大小租的特性。

　　黃叔璥的說明裡也提到, 文武官員「自收其租」, 這是指大租穀或大租金,「納課於官」則指繳交田賦。由此可知, 鄭氏時期台灣的大小租制度已經很普遍。

　　第二類的「營盤田」是「鎮營之兵, 就所駐之地自耕自給」。[7] 鄭成功登陸台灣之後, 為了解決軍糧缺乏的問題, 要求在駐軍所在地開墾土地, 後來稱之為營盤田。換言之, 營盤田是屯田政策下所開墾出來的土地。中國很早就有屯田政策, 簡單來說, 就是要求駐守邊疆的軍隊開墾土地, 以供應自己所需的糧食。

　　1683年, 鄭克塽投降清朝, 清廷任命季麒光為首任的諸羅縣令, 並指派他負責交接的事宜。季麒光抄錄了鄭克塽提交給清廷之財產清冊的內容, 也記錄了清領初期之稅制變革。由鄭克塽移交的財產清冊可知, 鄭氏末年台灣的田園面積合計30,054.73甲, 其中, 王田為9,782.89甲, 文武官田為20,271.84甲。[8] 因此, 清冊裡並無營盤田的紀錄。

　　季麒光原本也要調查營盤田的面積, 但受到施琅部屬的阻撓, 無法進行, 但他的說法是, 施琅的部屬所強占之田園達當時田園面積的一半。[9] 若不計入營盤田, 則從1660到1683年 (鄭氏末年), 台灣田園面積的年增率為4.6%。

---

[7]六十七與范咸 (1747), 上冊, 頁284。
[8]季麒光 (2006), 頁157。
[9]季麒光 (2006), 頁180–188; 石萬壽 (2002); 石弘毅 (2007)。

　　季麒光所清理出來的王田與文武官田,後來的處置是「盡歸民業」,
意思是說,產權全部移轉給人民。盡歸民業反映清朝的政策,清廷對
於「故明皇室勳戚莊田」的處理原則是全部轉為民田,季麒光應該是
遵照以上的原則處理。[10]

　　王田是鄭成功由東印度公司接受的田園,屬於官有財產;清朝接
收後,也是官有財產,因此清廷有權利將之移轉給人民。相對的,文
武官田是在鄭氏王朝時期由人民開墾出來的私有地,清廷如何能將
之盡歸民業?我的猜測是,鄭克塽降清之後,鄭氏王朝的文武官員與
士庶之有力者全部被遣送回大陸,因此,文武官田可能是先由官府
接收,再盡歸民業。

　　在盡歸民業的政策下,田園會移轉給哪些人?季麒光對這一點並
沒有說明,但是,合理的猜測是原先耕種土地的人有優先權。在王田
的部分,耕種土地的人是當初被鄭氏王朝僱用的佃農;而文武官田
的部分,可能當初墾首招佃開墾的小租戶。王田與文武官田盡歸民
業之後,季麒光改稱之為民田,「民田者,今佃丁無主之地」。[11] 因為文
武官田的大租戶已被遣送回大陸,但佃丁仍留在台灣,故季麒光稱這
些土地為無主之地。

　　盡歸民業的政策使佃丁得到土地,但是,季麒光在執行此政策時
碰到一個難題:施琅的部屬強占了許多田園。他在幾份稟文裡報告
了施琅部屬的惡行,底下的這一段講得最完整:[12]

　　"既入版圖,酌議賦額,以各項田園皆歸之于民,照則勻
　　徵。... 正供之外無復有分外之徵矣。乃將軍以下,復
　　取偽文武遺業,或托招佃之名,或藉墾荒之號,另設管
　　事,照舊收租。"

---

[10]張研 (2002),頁 111–112。

[11]季麒光 (2006),頁 189。

[12]季麒光 (2006),頁 182。

以上第1句裡「田園皆歸之于民」是指盡歸民業的政策,而「照則勻徵」則是指盡歸民業之後,田賦依田園等則課徵。

第2句裡的「正供」是指田賦,土地盡歸民業之後,佃丁成為業主,必須繳交田賦。鄭氏時期,文武官田的小租戶要交大租,而大租戶則負責交田賦;相對的,王田是官有地,不須交田賦,但王田的佃農須交佃租。王田與文武官田盡歸民業後,業主除了繳交田賦之外,照道理沒有其他的支出(「無復有分外之徵」)。但是,第3句說,施琅的部屬「復取偽文武遺業 ... 另設管事,照舊收租」,意思是說,有一些文武官田被施琅的部屬強占,另外設了管事來徵收大租。

季麒光在另外一封密陳給皇上的稟文裡說,施琅的管事葉虔等將新化里(包含今日台南新市區等地)的民田貿指為營盤,「橫徵租粟,不論上中下則,每甲收一十八石」。[13] 鄭氏時期,替官府耕種王田的佃農要繳交佃租給官府,如果是上等則水田,佃租每甲18石。由季麒光的說明來看,管事葉虔所霸占的土地可能原先是王田,而管事葉虔搖身一變,以官府自居,並要求佃農繼續繳交佃租。

除了新化里之外,季麒光又指出,大竹排,下加多等處,「皆係墾熟營盤,不下二三千甲,不報冊,不輸糧」,而且「田數多少,不容查核」。營盤田是鄭氏王朝的軍隊開墾出來的,鄭克塽投降之後,軍隊也全部被遣送回大陸,施琅的部屬把這些田園占為己有,不准季麒光前往清查。

由以上的說明可知,不管是文武官田或王田,清朝盡歸民業的政策並未徹底執行。營盤田的面積到底有多少,季麒光也無法清查。

季麒光後來因為父親過世,於1686年就離職返鄉,他密陳皇上的稟文後續是否有結果,不得而知。不過,由日治初期的土地調查可知,施家的後代尚擁有接近3,000甲之土地,主要位於嘉義廳,鹽水港廳,與鳳山廳。另一份調查則指出,鳳山廳小竹上里大部分都是施

---

[13]季麒光 (2006),頁202。

家的給墾地。[14] 可能因為面積龐大,承墾施琅土地之小租戶所繳交之大租特別稱為「施侯租」。

季麒光上陳長官的報告裡說,侵占田園的是施琅的部屬。但是,日治初期的土地調查顯示,收大租穀或大租金的是施家的後代,因此,施琅的部屬侵占田園的行為應該是施琅本人授意的。

就文武官田而言,盡歸民業的政策若徹底執行,則鄭氏時期的大小租,到了清治初期應該已經消滅。不過,因為施琅強占田園,鄭氏時期的大租權至少有一部分延續到清治初期,但是,大租戶變成是施琅。因此,施琅可以說是清治初期的超級大租戶。

不過,清治初期開始,招佃開墾的做法很快又出現,大小租制度也死灰復燃。

8.2 台灣為何盛行大小租?

台灣有多少田園是帶有大租的? 雖然許多清朝官員關心大小租制度之影響,但清治時期並無任何關於大租之調查。日治初期的土地調查時發現,負擔有大租之地域達全島田園的十分之六。那麼,台灣為何有那麼多的大租? 這個問題必須從土地開墾制度來回答。

清治時期,官府對於土地開墾的規定很簡單:(1) 無論何人皆得以報墾;(2) 開墾土地須先取得官府同意。土地墾成後須報請官府丈量田園大小,開始繳交田賦,這稱為陞科。1722 年之前的規定是,開墾三年後陞科;但後來放寬規定,陞科起始年延長為水田 6 年,旱田 10 年。不過,在劉銘傳清賦之前,原住民的土地不需繳交田賦。[15]

前面已經說明,大小租的出現是因為墾首招佃開墾。台灣大小租的案例特別多,原因是招佃開墾的比率很高,而背後的因素則是,「因開墾制度未完備,導致富豪紳紳乘機向官府申請墾照或向番人承給,

---

[14]臨時臺灣土地調查局 (1905c),第一編,頁 80。臨時臺灣舊慣調查會 (1910),頁 253。

[15]臨時臺灣舊慣調查會 (1910),頁 58, 151–160。

取得廣大土地開墾權」。[16] 若官府或原住民給墾的面積廣大, 墾首不可能自行開墾, 則「招佃開墾」是合理的方法。

上一章曾提到1685年沈紹宏請墾鹿野草荒埔, 他的申請書內並未提到面積有多大。不過, 在日治初期的行政區域裡, 嘉義廳的鹿仔草堡對應沈紹宏所開墾的區域, 而全堡的水田面積達1,977甲。[17]

清朝的官員後來也注意到「廣大土地開墾權」的問題。1720年, 台灣知府沈起元即指出:「至漢民開墾, 向來請墾, 混以西至海, 東至山為界, 一紙呈請, 至數百甲而不為限」。[18] 他的意思是, 墾首在申請墾照時, 地域範圍都寫得很模糊, 例如, 東至海邊, 西至山腳。若墾照通過, 面積都非常廣大。

因為面積大, 因而必須招佃開墾, 他稱之為「業戶包墾」。沈起元認為業戶包墾甚多除了產生治安問題之外, 也會影響農業生產力, 因此建議限田之法:「如一人一牛付墾十甲, 不容混呈廣墾。」

大約在同一時期, 淡水同知王汧也提出建議:「止許農民自行領墾, 一夫不得過五甲, 十夫連環互保, 定限三年。」[19] 以上兩項提議的重點是, 限制請墾面積的大小; 但似乎都未獲採納。

除了請墾荒地之外, 漢人開墾的土地也有可能是原住民的社有地, 如果面積廣大, 也可能出現「招佃開墾」。1730年, 台北的武勝灣社原住民將餘剩荒埔一所, 交由墾戶楊道弘前去招佃開墾:[20]

> "同立合約人武勝灣社土官君孝 … 茲因本社 … 尚有
> 餘剩荒埔一所, 坐落土名興直, 東至港, 西至八里坌山
> 腳, 南至海山山尾, 北至干荳山, 東西四至定碑為界。眾
> 等俱各甘願將此荒埔賒與墾戶楊道弘前去招佃開墾。"

[16]臨時臺灣舊慣調查會 (1910), 頁160。

[17]臨時臺灣土地調查局 (1905c, 頁112); 臨時臺灣土地調查局 (1905b), 頁313–314。

[18]沈起元 (1729)。

[19]見施添福 (1989a), 頁45; Shepherd (1993), 頁258–259。

[20]臺灣銀行 (1963), 頁5–6。

表 8.1: 大小租的類型

---

1. 漢大租 (漢人向官府申請墾照) ⟶ 小租 (開墾者)
2. 漢大租 (漢人向原住民購入土地) ⟶ 小租 (開墾者)
3. 番大租 (漢人與原住民合作開墾) ⟶ 漢大租 ⟶ 小租 (開墾者)
4. 番大租 (原住民土地) ⟶ 小租 (開墾者)

「土名興直」如果是對應清代的興直堡,大約是今日的三重與新莊一帶。但由契約內容所描述的界限來看,面積應該更大,在此情況下,楊道弘若非「招佃開墾」,根本無法開闢出來。

事實上,楊道弘在更早之前就向官府請墾,而官府在1727年發下的給墾單裡有一句話,「此地原來荒蕪,既與番民無礙,又無請墾在先」,[21] 其中,「與番民無礙」的意思是,官府認定,開墾活動並不會妨礙在附近的漢人與原住民。但是,楊道弘很可能事先就知道此一地區是武勝灣社的地域。如果他逕行開墾,不可能是「番民無礙」,而是會引發武勝灣社原住民的對抗。楊道弘採取的做法是,與原住民簽約開墾土地。

表 8.1列出大租權的幾種常見的型態,其中,1685 年沈紹宏請墾鹿野草荒埔,再招佃開墾是第1種。楊道弘與武勝灣社簽約開墾興直堡的土地是第3種,土地墾成之後,原住民與漢人都有大租的身分。表 8.1中的第2種到第4種,開墾的土地原先都是原住民所有。

上面提到,台灣知府沈起元對於台灣盛行大小租的解釋,「至漢民開墾,混以西至海,東至山為界,一紙呈請,至數百甲而不為限」,他所講的是漢人請墾荒地,也就是表 8.1中的第1種。但是,早期民墾番地的契約裡,也會看到類似「數百甲而不為限」的情況。例如,楊道弘與武勝灣社的契約裡,「東至港,西至八里坌山腳」幾乎就是「混以西至海,東至山為界」。因為面積廣大,楊道弘非招佃開墾不可。

---

[21]臺灣銀行經濟研究室 (1963),頁 234。

　　那麼,原住民為何願意給出大片的社有地,而不是小面積的給墾?上一章已經講了原住民土地流失的現象。荷蘭時期,原住民是耕種與狩獵並重。一直到鄭氏王朝末年,台灣仍有大量的鹿皮出口。但清治初期,漢人來台開墾之後,鹿群即減少。就狩獵經濟而言,獵場土地的價值來自於其上的獵物。社地上若無鹿群,對原住民而言,社有草埔幾乎是毫無價值。

　　相對的,對於擅長開墾與農耕的漢人而言,他們瞭解草埔開墾成田園後的價值,因此,有意願買入土地來開墾。在以上的情況,漢人與原住民之間的土地交易,不管是杜賣或者合作開墾,很容易出現。更重要的是,因為一開始原住民認為社有草埔的價值不高,因此,很容易以低價出售或出租大片土地。

　　上一章表7.1列出台北地區擺接社的4份契約,其中,1753年的契約仍然是定額的,1762年開始才是按甲收租。定額的契約反映,原住民尚未瞭解土地墾成之後的價值。武勝灣社與擺接社兩社原住民的活動範圍可能有重疊,如果擺接社到了1753年仍無法評估田園的價值,則武勝灣社原住民在1730年把廣大的社地交由漢人開墾,而且只要求每年「貼本社餉銀五十兩」,也就不奇怪了。

8.3　大租權的地區分布

清治初期,「墾首但呈一稟,不費一錢」即取得大面積土地的開墾權,而原住民也願意提供大片的土地,或者出售,或者與漢人簽約開墾。但愈到後來,可供開墾的土地會愈少,而前來台灣開墾的漢人則愈多,在此情況下,大面積給墾的案例會減少。若給墾面積小,墾首可以自行開墾,不需要招佃開墾。

　　由此推論,清治初期大租權的案例會較多,但愈到後來,案例會愈少。換言之,愈晚開墾的地區,田園帶有大租的比率會較低。

　　前面第6章講了土牛溝的故事。大批漢人來台開墾後,漢人與原住民之間的衝突增加,清廷解決漢番衝突的方法是豎立界石與畫界

表 8.2: 竹塹地區田園帶有大租之比率: 1905年

	漢墾區	保留區	隘墾區
水田	31.8% (121庄)	15.1% (85庄)	2.1% (73庄)
旱田	25.5% (120庄)	10.4% (86庄)	1.0% (73庄)

括號內為各區所含之庄數。
來源: 大租比率, 吳聰敏 (2017a); 庄數, 柯志明 (2001), 頁 327。

區隔。大約到了1740年代中期, 台灣西部平原從南到北出現兩條界線, 第一條是隔離熟番與生番的「番界」, 第二條則是隔離漢人與熟番的土牛溝。[22]

前面第6章的圖6.5畫出竹塹地區的土牛溝與番界, 靠近海邊的區域稱為漢墾區, 靠山的區域稱為隘墾區, 夾在兩者之間的稱為保留區。以開墾時間的先後而言, 漢墾區最早, 其次是保留區, 隘墾區最晚。因此, 依據上面的推論, 漢墾區田園帶有大租之比率應高於保留區, 而保留區的比率又高於隘墾區。

由1905年之土地調查, 可以推算出各庄之水田與旱田帶有大租之面積比率。[23] 日治初期最小的行政區域是庄, 若某庄之水田合計是100甲, 其中帶有大租之面積為60甲, 則帶有大租之面積比率為60%。表8.2為竹塹地區漢墾區, 保留區與隘墾區之水田與旱田帶有大租之面積比率, 各區之比率是其下各庄之比率的簡單平均。

以水田而言, 漢墾區帶有大租之比率為31.8%, 保留區為15.1%, 隘墾區只有2.1%。旱田亦有同樣之現象, 比率分別是25.5%, 10.4%, 以及1.0%。表8.2的結果驗證前面的推測: 較早開墾的地區, 帶有大租之面積比率也較高。

圖8.1畫出台灣西部平原各庄之水田帶有大租之面積比率, 白色

---

[22]施添福 (1990b)。
[23]吳聰敏 (2017a)。

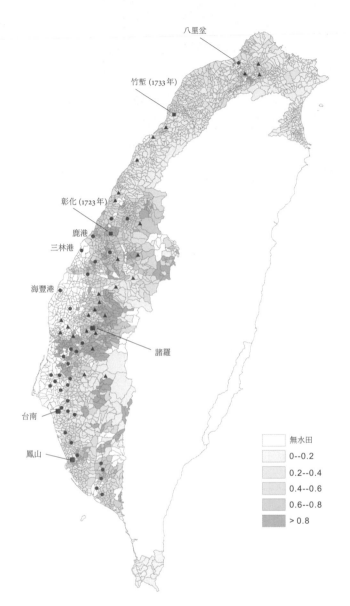

圖 8.1: 水田含大租之面積比率: 1905 年

在西部平原區域, 白色表示無水田。紅色方塊代表縣治所在地; 紅色圓點為大約在 1740 年以前形成之市街; 藍色三角形為大約在 1740–1768 年間形成之市街。來源: 市街依據劉良璧 (1742), 頁 175–179; 余文儀 (1774), 頁 84–90。

區域表示該庄無水田, 主要是在今日的嘉義與台南的沿海一帶。最淺綠色地區為庄之大租面積比率小於或等於20%, 次淺綠色面積為大租面積比率大於20%, 但小於或等於40%; 餘此類推。整體而言, 台中以北的庄, 水田帶有大租之比率相對較低。

　　水田大租比率超過80%的庄主要集中於諸羅 (嘉義) 地區。以日治初期的行政區域來說, 這屬於台南北邊的鹽水港廳與嘉義廳。若與台灣開墾地圖對照, 以上區域主要是在清康熙時期開墾。[24] 因此, 諸羅地區的大租比率比其他地方高, 與竹塹的3個地區的分布型態相符。

　　不過, 台灣開發最早的地區是台南, 但圖8.1卻顯示, 台南地區的大租比率很低, 與上面的預測並不一致。台南地區的開墾始於荷蘭時期, 但當時尚無大小租的制度。鄭氏時期台南地區持續開墾, 而且當時已有大小租制度, 但鄭氏時期的大租權到了清治初期應該已被「盡歸民業」的政策消滅掉。不過, 上面也說明, 施琅所強占的田園維持了大小租制度 (施侯租), 圖8.1之比率反映的是最後的結果。

　　開發較早的地區, 因為人口聚集, 有機會發展成市街, 台灣的地方志裡記載了市街出現的時間點。圖8.1中的紅色圓點, 為大約在1740年以前形成之市街。例如, 鳳山縣有大湖街, 萬丹街, 阿緱街等, 彰化縣有半線街, 鹿仔港街等。藍色三角形為1740年以後至約1768年之前所建立的市街。

　　紅色方塊為縣治所在地, 其中, 彰化縣是1723年所設; 這是1684年以來首度增設之縣。竹塹城則是1733年淡水海防廳從彰化北移至竹塹時才興建的。圖8.1顯示, 紅色圓點大多是在台中以南, 亦即, 台中以北的地區較晚才開始開發, 而整體而言, 大租比率也較低。

---

[24]Shepherd (1993), 頁 175。

9
「社會的一大革命」

"土地調查事業是 ... 日本經濟史, 恐怕也是世界經濟
裡, 稀有的社會的一大革命。"　　　竹越與三郎 (1905)

甲　午戰爭後, 1895年4月17日清廷與日本簽訂馬關條約, 割讓台灣。5月29日, 日軍已經在台灣東北角的三貂角與鼻頭角之間的澳底登陸。清廷的代表李經方與日方代表樺山資紀總督原計劃於6月2日在台灣的陸上簽約, 但因為台北與淡水都動亂不安, 雙方改於上午10點在停泊於東北角外海的橫濱丸上見面。

樺山總督對李經方說, 依據馬關條約, 官有物件移交時, 清廷應提交清冊,「但衡諸臺灣目下情形, 恐難如願」。李經方也無法踏上台灣的陸地, 因此回應說,「小官只是來作形式上之移交。」下午2點, 李經方與日本的水野遵公使在另一艘船上會面, 水野遵提出了移交台灣之文書草案, 其中講明各港口與府縣廳所屬之官有物類皆要列記出來。李經方回答說,「小官一向未曾入臺灣本土, 何處有何種官有財產, 毫無所悉, 所以要詳細加以記載, 實有困難。」後來雙方同意, 只記載各港口及各府縣廳財產概數。[1]

1895年6月18日是日本治台的始政日, 半個月之後, 首任台灣總督樺山資紀諭示蠲免當年度的地租。[2]日文的「地租」是指土地稅, 以田園而言, 則指田賦, 清朝時期也稱為錢糧。在農業經濟裡, 田賦是政府歲入的主要來源, 因此, 蠲免地租使總督府當年度的稅收所剩無幾。

日本人在登陸台灣之前, 雖然並未取得官有財產清冊與記錄稅收的賦租簿冊, 但以為登陸之後不難找到。不過, 後來卻發現, 各地方的賦租簿冊大部分已在戰亂中散佚, 因此, 總督府不知道各地方應收之地租是多少, 也沒有完整的納稅義務人名單。

1896年度 (1896年4月到1897年3月) 是台灣日治時期第一個會計年度, 在年度開始之前, 總督府必須先編列預算。總督府由收集到的零星資料發現, 1894年的地租收入是82.9萬圓。由以上的資料, 總督府把1896年度的地租收入之預算訂為87.9萬圓, 並宣布「按舊慣

---

[1]許佩賢 (1995), 頁 71–81; 洪敏麟 (1978), 頁 91–99。
[2]臺灣總督府財務局 (1918), 頁 29; 洪敏麟 (1978), 頁 137–138。

徵收」。因為地籍資料並未留存下來，若地主不繳稅，總督府事實上也無計可施。出乎意料的是，在人民主動申報的情況下，總督府當年度的地租徵收了75.3萬圓。[3]

雖然地租徵收的成績尚稱良好，但是沒有地籍資料絕非長久之計。1898年9月，總督府成立臨時臺灣土地調查局，正式展開土地調查事業，主要目的是要建立徵收地租之制度。

9.1 清賦事業

在總督府推動土地調查事業的12年前，劉銘傳曾經在台灣推動清賦事業，目的也是要增加稅收。清法戰爭後，劉銘傳被清廷派來台灣推動改革，他很快就發現一個問題：稅收嚴重不足。

1886年4月17日劉銘傳上奏清廷，「臣渡臺以來，細訪民間賦稅，較之內地，未見減輕」，意思是說，台灣的田賦稅率並不比大陸低。但是，「如臺北、淡水，田園三百餘里，僅徵糧一萬三千餘石，私升隱匿，不可勝窮。」[4] 所謂「私升隱匿」，意思是說開墾者事先並未申請墾照，開墾成功後也未向政府申報繳稅。

田園私升隱匿並非台灣所特有。歷史學者何炳棣指出，即使在吏治最上軌道的雍正時期，田地隱匿的現象在中國各地普遍存在。[5] 但是，劉銘傳在台灣推動改革，必須要有經費，因此，歲入不足的問題非解決不可。

劉銘傳首先會同福建總督楊昌俊，上奏「清賦臺灣奏議」，提議「丈量田畝，清查賦稅」。因此，清賦事業包含兩大部分：丈量田畝與清查賦稅。接著在6月8日，劉銘傳出示曉諭，啟動清賦，第一步是清丈田園。清丈時若查出隱田，地主無法再逃稅，因此，隱田的地主可能會阻撓清丈的進行。清賦曉諭裡說，「從前隱匿之咎，寬其既往不追」，但清丈時，如有人阻撓，一定究辦，決不寬貸。

---

[3]中村是公 (1905a)，頁 34–39；臺灣總督府財務局 (1918)，上卷，頁 74。

[4]劉銘傳 (1958)，頁 304。

[5]何炳棣 (1988)，頁 87。

清賦曉諭裡又說,「如有業主賄托委員、紳士以多報少,以上則報中、下則,無論何時查出,該田產充公 ... 若係業主朦混隱匿,一經鄰舍稟控,或經官查出,即將該田產一半充公,以一半賞指控之人,委員照失察例究辦」。[6]

「以多報少」是指,田園的甲數低報;「以上則報中下則」的意思是,高等則的田園申報為低等則。清治時期,台灣的田園等則大致上分為上中下與下下四種等則。上等則田園的稅率較高,因此,地主若把上等則的田園申報為中下等則,可以少繳稅。為了方便說明,以下把田園私升隱匿,以多報少,以及以上則報中下則,因而造成造成官府稅收減少,合稱為隱田。

清丈的第一步是確認地主,劉銘傳使用的方法是把家戶編成保甲,「就戶問糧,再行清丈」。清丈當局要求每一戶在門牌上書明「自己之收穫若干,大小租若干,並納田賦若干」,實際丈量時,業戶須提出歷來的契據作為產權之證物。不過,嘉義縣並未編保甲,而是逕自進行清丈。[7]

大約經過一年半的時間,清丈事業初步完成。1887年12月3日,劉銘傳發布告示「... 臺灣清丈各屬田園,所有各業戶所執契據,或與現丈田甲不符,或有無契,准於清丈後,由藩司一律刊發新單,以資永遠管業。」所謂「刊發新單」,是指官府核發丈單給業主,確認其業主權。[8] 1888年底,全台灣的丈單大部分給清,但是,台東直隸州則一直到1889年才完成。

圖9.1為座落於大加蚋堡牛埔庄的一筆土地的丈單,核發的日期是光緒14年(1888年)4月。丈單上登錄業主的名字,土地的來源,與所在的位置。這一筆土地是下則田,面積大約是2.89甲。

表9.1列出「道光間」,清賦後,與土地調查後(1905年)的田園甲

---

[6]臺灣銀行(1963),頁41–42, 45。

[7]臨時臺灣土地調查局(1900),頁51;江丙坤(1972),頁18;臨時臺灣舊慣調查會(1910),第2卷,頁298。

[8]臺灣銀行(1963),頁49。

圖 9.1: 丈單 (大加蚋堡牛埔庄)

來源: 中村是公 (1905b), 附圖第9號。

數與地租收入。其中,「道光間」的7.1萬甲是指劉銘傳在「量田清賦申明賞罰摺」所提到的面積。[9] 從清治初期開始, 台灣未曾全面丈量土地, 因此, 沒有人知道實際的田園面積有多少。清賦之後田園報陞之甲數由原先的7.1萬甲大約增加為6倍, 變成43.2萬甲; 田賦則由28.2萬圓變成103.7萬圓, 增加為3.7倍。為了方便說明, 本表以日本的習慣用語「地租」代表田賦。從增加稅收的角度來看, 清賦的成就可以說非同小可。

　清丈之後的田園總甲數是43.2萬甲, 表示清丈前夕的隱田面積是 43.2 - 7.1 = 36.1 萬甲。但是, 表9.1的第3列顯示, 總督府的土地調查事業於1905年完成後, 田園甲數為61.1萬甲。從清賦到土地調查大約經過15年, 這期間會有一些新開墾的土地, 但面積不會那麼多。此外, 1905年的土地調查並不包含台東與花蓮兩地, 由此可知, 清賦事業之後還有許多的隱田。

---

[9] 吳聰敏 (2020b), 頁16。

表 9.1: 田園甲數與地租收入

	田園甲數	地租收入
道光間	7.1萬甲	28.2萬圓
劉銘傳清賦後 (1889年)	43.2萬甲	103.7萬圓
新甲數與地租 (1905年)	61.1萬甲	295.0萬圓

來源: 吳聰敏 (2020a)。

9.2　土地調查事業

1898年9月,臨時臺灣土地調查局成立,首任局長是由民政局長後藤新平兼任。大約經過6年,土地調查事業完成,總督府於1905年4月15日開會慶祝。民政長官後藤新平首先發表祝賀詞,他說,[10]

> "雖然人皆言事有始終,但言者容易,行者頗為困難。臨時臺灣土地調查局設立當初,台灣紛擾的情況是現在無法想像的。所幸,當初能照計劃進行,而有今天的成果。當初創始此事業時,不只眾人疑慮,當局也是如此。"

後藤新平所說的「紛擾」,可能是指台灣人對抗日軍的行動仍然持續發生,不過,他也可能是回想起土地調查期間,調查人員所面對的惡劣的環境。

　　從1898到1904年,因為從事土地調查事業而死亡的人數計有57人,其中,因為土匪狙擊致死的有2人,因為染上瘧疾而死亡者高達13人。[11] 日治初期,在台的日本軍人與平民的死亡率非常高,主要原因是衛生環境惡劣。下一章會講日治初期總督府如何改善台灣的公共衛生環境。

---

[10]中村是公 (1905a),頁1–2。
[11]臨時臺灣土地調查局 (1905d),頁191。

　　後藤新平致詞之後, 接下來由1902年11月接任土地調查局長的中村是公報告調查事業之始末。他首先說明, 土地調查包括: 調查土地權利, 土地測量, 與區分土地的種類; 接著又說, 日本本土在明治維新後也進行土地調查事業, 但迄1905年為止, 地形調查尚未完成。換言之, 在日本帝國領域內, 最早完成土地調查的地方是台灣。[12]

　　1905年的土地調查完成後, 台灣建立了現代化的土地產權制度, 也奠定了現代經濟成長的基礎。

臺灣地籍規則

劉銘傳是以出示曉諭來啟動清賦, 相對的, 土地調查事業則是以1898年7月頒布的「臺灣地籍規則」為基礎。「臺灣地籍規則」主要有3條法令, 第1條規定土地的種類 (地目), 包括水田, 旱田, 建築用地, 養魚池等。第2條規定地方廳應準備土地臺帳與地圖, 以便登錄土地。第3條規定, 地方廳應備有土地臺帳以供閱覽, 而民眾得請求謄本。

　　因為法令規定, 地方廳須準備土地臺帳與地圖供人民查閱, 因此, 總督府順裡成章地推動土地調查事業, 以製做出各地方廳所需要的土地臺帳與地圖。

　　土地臺帳即土地的流水帳簿, 圖9.2是1905年土地調查事業完成後土地臺帳謄本的例子, 其中記錄業主的名字, 土地的位置與面積, 與土地地目。本例之地目為「建物敷地」, 也就是建築用地。清朝統治時期, 房屋用地不需繳交土地稅; 在土地調查期間時, 總督府並未改變此項規定, 因此, 本例之地租欄畫了一條斜線, 表示地主無須繳地租。反之, 如果是田園, 則地租一欄會填上地租金額。

　　土地臺帳的右上方記錄「地番號」; 依據地番號, 地主即可在地籍圖上找到這一筆土地的位置。「台灣地籍規則」的第2條規定, 土地調查局須繪製地籍圖, 其上會畫出每筆土地的位置與境界, 並標示面積與地番號。圖9.3是大客庄 (位於嘉義新港鄉) 的地籍圖謄本。

---

[12]臨時臺灣土地調查局 (1905a), 頁 5–6。

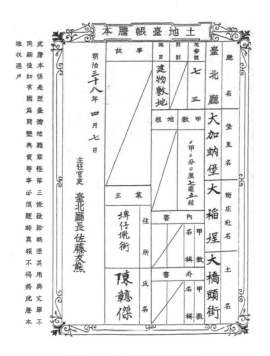

圖 9.2: 土地臺帳謄本

來源: 中村是公 (1905a), 附圖。

　　1905年土地調查事業完成後, 土地臺帳內共有1,647,374筆土地之紀錄, 田園面積合計為777,850甲。這是台灣有史以來, 第一次對於水田, 旱田, 建築用地, 與養魚池的完整而且正確的紀錄, 而且有現代製圖法所繪製的地籍圖可以對照。

　　在土地調查事業期間, 除了地籍圖之外, 土地調查局還繪製了各種地圖, 其中最為人所熟知的可能是「台灣堡圖」。台灣堡圖是地形圖, 比例尺是2萬分之1。中村是公在演講中所提到的, 日本本土的「地形調查尚未完成」, 即是指地形圖尚未完成。圖9.4為台灣堡圖測量進程圖, 顯示大約在1904年時已完成及仍在作業中的地區。

土地申告書

劉銘傳清丈時出示曉諭, 要求每一戶在門牌上書明「自己之收穫若

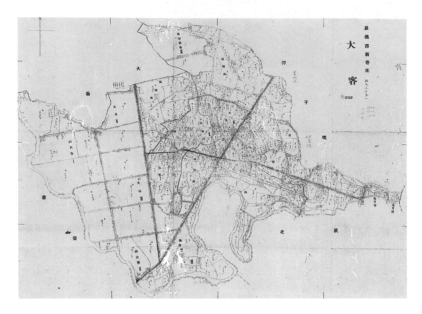

圖 9.3: 地籍圖謄本 (大客庄)

來源: 國立台灣歷史博物館。

干, 大小租若干, 並納田賦若干」。總督府土地調查的起點則是頒布
土地調查規則。1898年7月, 總督府除了頒布「臺灣地籍規則」之外,
還公告「臺灣土地調查規則」, 其中包含10條法令。第1條規定, 為了
製做土地臺帳與地圖, 業主須各自申告其土地; 若不申告, 土地將歸
國家所有。在以上的規定下, 地主非申告其土地不可。

　　圖9.5是土地申告書的例子, 業主是楊阿雲與楊阿富, 由名字判
斷, 兩人可能是兄弟。兩人所申告的土地位於竹北二堡鹿鳴坑庄, 申
告日期是明治34年 (1901年) 3月22日, 土地申告書是業主宣告對土
地的所有權, 但申告時須提出證據。由申告書右上方的紀錄可知, 業
主提出一張丈單與一張典賣契約作為佐證。

　　申告書的右面抄錄劉銘傳清賦時所核發的丈單上的資料, 內容
包括:地目, 甲數, 地租, 筆數, 與大租額等。由丈單上的紀錄來看, 業
主申告3筆上等則水田, 面積合計是0.3426甲; 業主每年除了繳地租
(田賦)1.626圓外, 還繳交番大租6斗稻穀。由「番大租」三個字來判

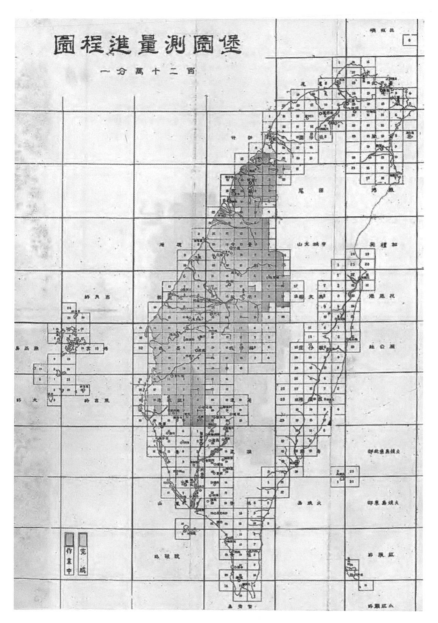

圖 9.4: 堡圖測量進程圖: 大約1904年

來源: 臨時臺灣土地調查局 (1905e)。

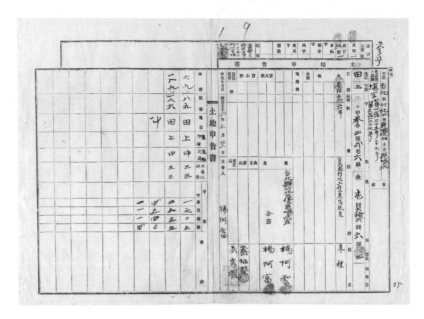

圖 9.5: 土地申告書

來源:國史館臺灣文獻館。

斷,這3筆土地原先是原住民所有,但後來由漢人開墾成田。

　　土地申告書左面記載的是土地調查局初步檢查與重新丈量的結果。土地調查局發現,雖然丈單上的紀錄是3筆土地,但實際上只有兩筆,而且土地調查局重新丈量之後,面積合計是0.4540甲,比丈單上的紀錄多0.1114甲。此外,丈單上的記載是上等則水田,但土地調查局重新認定,兩筆土地都是中等則水田。

　　劉銘傳清賦時對田園等則的認定,是以灌溉條件是否良好來判斷。土地調查局後來調查了每一筆土地的平均收穫金,並以平均每甲收穫金的高低重新訂定土地等則,並且把田園的等則細分為1至10等則。

新舊筆數與甲數

1905年完成的土地調查,範圍是西部平原與宜蘭,不含台東與花蓮,也不含山地。全台灣納入調查的有198個堡里,其下含 2,732 街庄。

表 9.2: 文山堡民有田園之新舊筆數, 甲數, 與地租

	有租田	無租田	有租園	無租園
新筆數 (筆)	20,561	2,406	1,637	3,284
新甲數 (甲)	2,832.9	149.5	242.8	203.2
預估地租 (圓)	10,466.2	453.3	684.5	545.6
舊筆數 (筆)	14,992	22	321	–
舊甲數 (甲)	1,964.0	6.3	99.7	0.9
舊地租 (圓)	6,840.6	–	256.1	
隱田 (甲)	868.9	143.2	143.1	203.2

來源:臨時臺灣土地調查局 (1903), 頁 163–164。

堡與里是淸末的行政區域, 中北部稱為堡, 南部稱為里, 堡里之下有街與庄。在進行全台灣的調查之前, 土地調查局首先選定台北的石碇, 文山與擺接三堡做先行的調查。[13]

表 9.2 列出文山堡的調查結果, 包括筆數, 新舊甲數, 與地租。前面圖 9.5 的申告書裡, 右面所抄錄者的丈單上的甲數, 0.3426甲, 後來稱之為「舊甲數」;而土地調查局重新丈量的甲數, 0.4540甲, 則稱為「新甲數」。表中, 新舊甲數之差異稱為「隱田」。

調查的田園分有租與無租兩類, 有租是指淸賦之後地主有繳交田賦, 無租地則表示地主無繳交。無租地可能是淸賦之後的新開墾地, 也可能是當初並未淸丈。在文山堡裡, 無租園可能全部都是茶園。1860年台灣開港後, 北台灣發展出茶業, 文山堡變成是有名的茶產地, 有大片的茶園。劉銘傳在淸賦時, 茶園的地租是以茶樹的株數計算, 故茶園並未淸丈, 也無筆數。此外, 茶園的地租與一般的旱園是分開計算的, 故舊地租也是 0。土地調查局把茶園的地目改為旱園。經過調查, 茶園新筆數為 3,284 筆, 面積為 203.2 甲。

---

[13]臨時臺灣土地調查局 (1903), 頁 63。

表9.2裡,有租田的舊筆數是14,992筆,新筆數是20,561筆,因此,遺漏的筆數大約占正確筆數的27%。筆數遺漏的原因為何,目前已無法釐清,但我猜測最主要的原因是,某些偏遠的地區,清丈人員並未前往丈量。另外一個可能原因是,清賦完成時某些地區的筆數是正確的,但是,後來土地出現異動時,官府沒有更新紀錄。土地異動的情況非常多,包括買賣,分割,移轉,與繼承等。

前面圖9.2的土地臺帳謄本的例子顯示,土地調查完成後,每一筆土地有一個地番號,在地籍圖上有一個明確的位置。因此,文山堡有租地的筆數少了27%,表示這些田園存在,但是官府並無紀錄。

綜合以上所述,劉銘傳清賦之前,田園筆數之紀錄完全不可靠。清賦完成時,紀錄較為正確一些,但誤差仍然很大。筆數正確是土地產權制度的基本條件,筆數不正確,土地產權的紀錄也不可能正確。

表9.2也列出田園的新舊甲數。文山堡有租田的舊甲數是1,964.0甲,新甲數是2,832.9甲,遺漏的比率為31%。甲數低估的主要原因也可能是未清丈所造成的,另外一個原因則是丈量不精確。

清賦時所使用的清丈方法,是古老的截長補短法。簡單來說,若某一筆土地的形狀接近長方形,則該筆土地即以長方形計算其面積。傳統的截長補短法容易產生誤差,也容易出現產權的糾紛。相對的,土地調查局使用的是三角測量法,這個方法在18世紀就已經成熟,測量的誤差可以減到最少,歐美國家已廣為使用。[14]

諾貝爾經濟學獎得主歐斯壯 (Elinor Ostrom) 教授的研究指出,不管是共有資源或是個人財產,土地產權制度的首要原則是明確的邊界 ("Clearly defined boundaries")。[15] 土地調查局以三角測量法丈量土地,符合「明確的邊界」的要求,相對的,劉銘傳清賦之後連土地筆數都不正確,遑論明確的邊界。

---

[14]Wikipedia (2022)。
[15]Ostrom (2008),頁32。

臺灣土地登記規則

1905年3月底土地調查事業完成後,總督府隨即公布從5月開始實施
「臺灣土地登記規則」,規則的第1條明定,「凡已登記在土地臺帳之
土地,要行業主權,典權,胎權,贌耕權之設定,移轉,變更,... 必須
依此規則進行登記,否則不產生效力。」換言之,土地後續若有任何
異動,必須向地方政府登記才生效。[16]

　1905年開始一直到今天,土地臺帳與地籍圖不斷地修正更新,以
確保土地產權的資料正確無誤。土地臺帳與地籍圖後來也電腦化,
任何人都可以上網查詢。

　前面說明,土地調查事業的目標是要準備土地臺帳與地圖,以便
登錄土地。事實上,劉銘傳清賦時,官府也製做了土地臺帳與地圖。
清賦後所核發的丈單 (圖9.1) 與土地臺帳謄本 (圖9.2) 的性質相同。
清賦也畫出地籍圖,當時稱為庄圖,圖9.6為大加蚋堡牛埔庄的庄圖。

　總督府的土地調查之所以必須從頭開始,原因似乎是因為清賦
事業的賦租簿冊沒有留下來。但是,事實並非如此。劉銘傳清賦時的
土地清丈方法粗糙,而土地權利的調查也有太多的遺漏與錯誤;即使
清賦事業的賦租簿冊留下來,總督府也不得不重新調查與丈量。

9.3　消滅大租權與改訂地租率

上一章已經講了大小租的故事,台灣的大小租起源於鄭氏時期,一
直到清治末期都仍然存在。劉銘傳在清賦時曾想要消滅大租權,但
因為大租戶反對而作罷。不過,他還是對大小租制度作了一項改變:
田賦改成由小租戶繳交,小租戶變成是業主。

　台灣成為日本的殖民地之後,大藏省 (財政部) 主稅官吉井友兄
於1895年11月來台灣考察,翌年出版了一本報告,其中建議廢除大
小租制度,他的理由是,大小租制度下的土地產權複雜,易生紛爭。[17]

---

[16]臺灣總督府財務局 (1918),上卷,頁278–283;周茂春 (2014),第4章。
[17]吉井友兄 (1896),頁299。

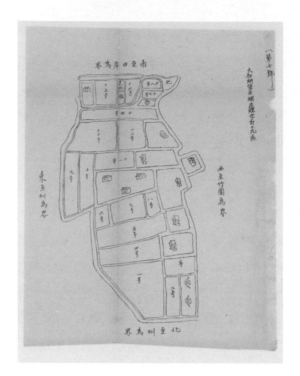

圖 9.6: 清賦時所畫的庄圖 (地籍圖)

來源: 中村是公 (1905b), 附圖第 6 號。

換言之, 他關心的是土地產權是否明確的問題。

消滅大租權

總督府在規劃土地調查事業時, 應該就有消滅大租權的計畫。如何消滅大租的土地權利? 方法是由總督府強制買下所有的大租權, 而且之後不再向小租戶要求繳交大租穀或大租金。換言之, 總督府先強制買下大租權, 再宣告放棄權利。

為了消滅大租權, 土地調查局也調查了大租權相關的資料, 包括大租戶名單, 大租穀 (或大租金), 與大租權的買賣價格等。前面圖 9.5 的土地申告書裡, 業主每年需繳交 6 斗的番大租穀。按慣例, 水田的大租是以稻穀繳交, 旱田則繳交銀錢。但不管是水田或旱田, 大租權的買賣是以現金交易。例如, 某筆水田的大租戶每年收大租穀1石,

174

而這一筆大租權的買賣價格可能是10圓。

為了收購大租權, 土地調查局必須調查出全台灣所有田園的大租權之價格。水田的大租戶是收大租穀, 但各地方的稻穀價格高低不同, 北部較高, 南部較低, 最後算定的大租權價格是分北中南3區。若某筆水田一年的大租穀是1石, 最後推算出來的大租權價格, 在北部地區 (台北到新竹) 是13.143圓, 中部地區 (苗栗到南投) 是8.364圓, 南部地區 (斗六到恆春) 則是5.411圓。[18]

以前面圖9.5的土地申告書為例, 番大租戶廖禮每年收是6斗的大租穀, 因此, 大租權的價格推定為13.143×0.6 = 7.886圓。1905年2月, 總督府依據以上的價格, 強制收購所有的大租權。到了1905年3月底, 總計發放3,779,479.16圓補償金, 其中107,042.66圓為現金, 其餘為公債。1905年台灣農畜業生產額為67.2百萬圓, 故大租權補償金占當年農畜業生產額的5.6%。[19]

台灣的大小租制度首度出現於鄭氏時期, 大約經過240年, 大租權終於在1905年3月底消滅。土地調查局說, 「數百年來的大租權難件自此消滅」, 並認為這是台灣土地制度上的一大革新。[20]「難件」是日文用語, 意指困難的事情。為何是一大革新? 日本大藏省主稅官吉井友兄認為, 「大小租制度下的土地產權複雜, 易生紛爭」, 但是, 在1905年土地調查完成之後, 大小租權都非常明確, 而且, 1905年5月已開始實施土地登記制度, 所有的土地異動都要登記才生效, 因此, 「易生紛爭」的問題應該已不存在。

從土地產權運作的角度來看, 消滅大租權的好處應該是在減少土地交易之成本。在大小租制度下, 大小租權可以分開買賣, 而慣例是, 小租權的買賣原則上不需獲得大租戶同意, 反之, 大租權的買賣也不需獲得小租戶同意。日治初期, 新式糖業開始發展, 糖廠需要大

---

[18]臨時臺灣土地調查局 (1905d), 頁127–135; 江丙坤 (1972), 頁127–131。

[19]吳聰敏 (2001)。

[20]臨時臺灣土地調查局 (1905d), 頁139。

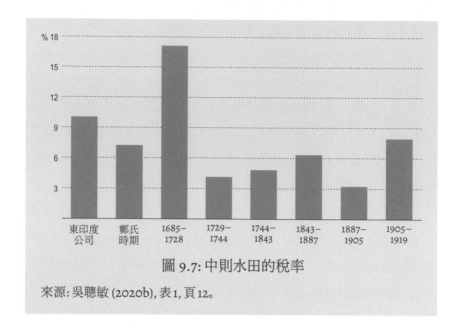

圖 9.7: 中則水田的稅率

來源: 吳聰敏 (2020b), 表1, 頁12。

片的土地。若大租權未消滅, 新式糖廠向業主買入小租權之後, 即可在其上蓋廠房或種甘蔗, 但它每年仍須繳納大租穀。為了減少麻煩, 新式製糖廠很可能會同時買下大租權。

大租權消滅之後, 土地之買賣只需要交易一次, 地主也不需要每年再繳交大租穀或大租金, 因此, 土地交易的成本下降。後面會說明, 土地調查之後, 台灣的土地交易明顯增加。

改訂地租率

後藤新平在1905年的慶祝會上說, 土地調查事業確立台灣的財政基礎, 不再需要仰賴日本的補助。大約到了1904年底, 所有的調查與丈量都已完全, 大租權也消滅, 最後的工作是改訂地租率 (田園的土地稅率)。[21] 1904 年 11 月, 總督府公布「臺灣田賦規則」, 改訂地租率, 徵收的對象為水田, 旱園, 與養魚池。

圖 9.7畫出荷蘭時期到日治初期, 中則水田的稅率之演變, 稅率

---

[21]江丙坤 (1972), 頁 131–142。

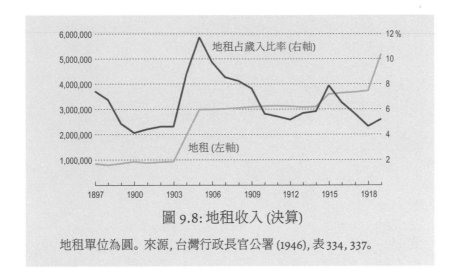

圖 9.8: 地租收入 (決算)

地租單位為圓。來源, 台灣行政長官公署 (1946), 表334, 337。

為每甲土地稅占收穫金之比率。荷蘭時期, 土地不分等則, 稅率都是10%。鄭氏時期開始分等則, 稅率略有下降, 土地稅率在1685年大幅上升。清治初期, 土地稅率的調高是由諸羅縣令季麒光負責, 稅率調高主要是因為福建的長官要求, 田賦收入要維持鄭氏時期的水準。

稅率調高後, 農民的負擔上升, 但第8章已經說明, 鄭氏時期的王田與文武官田後來盡歸民業, 因此, 分到土地的農民, 損失可能沒有那麼大。此外, 清治時期官府對於隱田可以說是睜一隻眼閉一隻眼, 因此, 到最後農民可能還獲利。[22]

乾隆皇帝於1729年減稅之後, 農民的負擔大幅下降。此外, 因為隱田多, 農民的實際負擔比圖9.7所示的比率還要低。劉銘傳清賦時也調整稅率, 圖中的1887–1905年期間為清賦後的稅率, 雖然稅率比以往低, 但因為隱田減少, 地主的負擔可能上升。

1905–1919年期間為土地調查後的稅率, 比清賦後的稅率高出1倍。此外, 土地調查之後, 可以說已經沒有隱田, 因此, 圖中的稅率反映地主真實的負擔。圖9.8為1897–1919年期的地租收入, 從1903到1905年, 地租收入跳升為2倍。圖中也畫出地租占歲入之比率, 1905

---

[22] 吳聰敏 (2020b)。

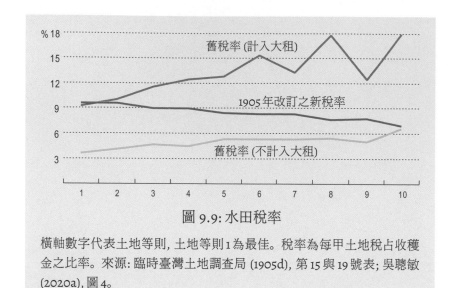

圖 9.9: 水田稅率

橫軸數字代表土地等則, 土地等則1為最佳。稅率為每甲土地稅占收穫
金之比率。來源: 臨時臺灣土地調查局 (1905d), 第 15 與 19 號表; 吳聰敏
(2020a), 圖 4。

年比率超過10%, 但後來下降。

　　總督府在調升地租率時, 也考慮到地主可能會反彈, 但是, 日治
初期日本本國已對台灣提供太多的財政補貼, 台灣的財政非盡快獨
立不可。另一方面, 因為大租權已消滅, 業主不需要再繳交大租穀或
大租金, 因此, 對於帶有大租的土地而言, 綜合以上兩項因素, 地主
的負擔不一定會增加。

　　圖9.9比較水田之新舊稅率,「舊稅率」是指劉銘傳清賦時所訂定
之稅率。土地稅率因土地等則而有不同, 土地等則1為最佳等則, 平
均每甲收穫最高。本圖顯示, 除了最佳等則 (1等則) 之水田外, 舊稅
制下小租戶的總負擔 (含土地稅與大租) 較高, 其他等則下的稅負都
較低。

　　但是, 並不是所有的田園都帶有大租, 土地調查發現, 不帶有大
租的田園大約占40%。對這些地主而言, 1905年改訂稅率後, 他們的
負擔上升。圖9.9顯示, 以1到4等則的水田而言, 新稅率是舊稅率的
2倍以上。此外, 以往「私陞隱匿」不繳稅的地主, 現在必須繳稅。

　　因此, 除了以往土地帶有大租的業主之外, 農家的課稅負擔以往

高。由此看來,日本統治台灣10年之後,台灣農民可能有「今不如昔」的感嘆。

在另一方面,台灣人看到日本殖民統治與清朝統治完全不同的地方,包括,治安改善與死亡率下降,縱貫鐵路除了跨越大安溪的這一段尚未完工之外,其他線段已通車。台灣人的死亡率在1895年大約是4%,到了1906年下降為3.41%,而且快速下降中。死亡率下降的主要原因是公共衛生環境改善,一般人對於衛生環境的改善一定感受深刻。

不過,雖然治安變好,公共衛生環境也改善,但是農民的所得水準跟清治末期比較,改變並不大。台灣農民的所得上升,大約還要再過5年。1900年代晚期,新式糖業快速發展,中南部蔗作區的農家種甘蔗賣給糖廠,所得也隨著糖業的發展而提高。

回到改訂地租率,圖9.9可以看出來,不管是否計入大租,舊稅率具有累退性質,亦即,平均每甲收穫愈高,課稅負擔比率愈低。相對的,1905年改訂之稅率則為累進稅率。

9.4 台灣的資本主義化

歷史學者竹越與三郎於1904年來台灣訪問,他當時是日本眾議院的議員,民政長官後藤新平與土地調查局的人員向他介紹土地調查事業的經過,他在翌年出版的《臺灣統治志》裡說,「土地調查事業是... 日本經濟史,恐怕也是世界經濟裡,稀有的社會的一大革命。」他使用「革命」一詞來描述,台灣的土地產權由清治時期的紛亂狀態脫胎換骨徹底地現代化。[23]

竹越與三郎的著作出版於1905年,當時他只看到土地產權制度是如何建立的,但並未看到它後來的影響。大約25年之後,日本經濟學者矢內原忠雄於1929年出版了《帝國主義下的臺灣》,書的內容

---

[23]竹越與三郎 (1905),頁191–215。

分為兩篇, 第1篇分析台灣在日本殖民統治下的發展, 第2篇則講新
式糖業的發展。

第1篇的第2章, 標題是「臺灣的資本主義化」, 這一章的開頭, 矢
內原忠雄引述了竹越與三郎在《臺灣統治志》所提出的問題: 日本是
否有能力把台灣改頭換面? 矢內原忠雄接下來說, 在兒玉與後藤的
治理下,「治安平定、衛生改良、經濟發達、財政獨立; 日本殖民政策的
成功, 博得內外之驚嘆。」他接著說, 由經濟的角度來看, 這不外乎是
「臺灣資本主義化的進展」。[24] 不過, 他並未定義何謂「資本主義化」,
但由接下來的分析可知, 他指的是台灣建立了市場經濟制度。

矢內原忠雄在第2章裡講了土地調查在經濟上的效果,「確定土
地權利關係, 使土地的交易獲得安全 ... 土地調查成為資本主義化
... 基礎工程。」[25] 矢內原忠雄對於土地產權制度的論點, 與現代經濟
學的論點完全一致。土地產權明確之後, 土地的交易獲得安全, 這有
鼓勵土地交易的效果。

圖9.10為台灣的土地交易件數, 與交易件數占田園總筆數之比
率。1905年以前的土地交易除了田園之外, 尚包括養魚池; 1906年開
始則包括厝地 (房屋用地)。本圖之總筆數僅包括田園之交易, 故比
率會略有高估。土地調查於1905年完成, 因此, 1906年開始的上升
趨勢, 反映現代化土地產權制度建立的效果。1912–1913年的土地交
易數量大幅跳升, 原因是總督府於1910年月開始進行林野調查業務,
致使林野地業主權保存登記案件倍增所造成。[26]

土地產權明確也使土地產權糾紛減少。圖9.11畫出土地訴訟第
一審終結案件與土地爭訟調解終結案件占總案件的比率。除了土地
相關的案件之外, 總案件尚包括金錢, 人事, 糧食等項目。從1899至
1940年之間, 訴訟總案件長期增加, 1900年有2,026件, 1940年增加

[24]矢內原忠雄 (1999), 頁12。
[25]矢內原忠雄 (1929), 頁17–18。
[26]周茂春 (2014), 頁124。

圖 9.10: 土地交易

各年資料為年初數字。來源: 吳聰敏 (2020a), 圖 9; 台灣行政長官公署 (1946), 表 175;《臺灣總督府稅務年報》。

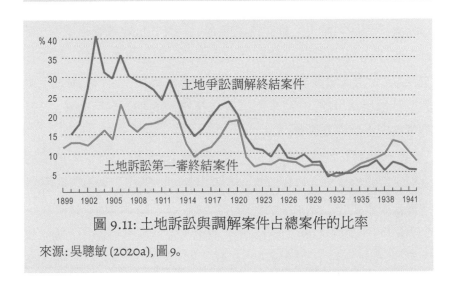

圖 9.11: 土地訴訟與調解案件占總案件的比率

來源: 吳聰敏 (2020a), 圖 9。

為 8,116件。相對的, 土地相關案件所占比率在1905年土地調查事業完成之後, 明顯呈現下降趨勢。

圖 9.11 也顯示, 1918 與 1919 兩年, 土地訴訟與調解案件比率特別高。不過, 由長期趨勢來看, 比較特別的是1914–1916年間的比率特別低。一戰之後, 國際糖市對蔗糖的需求大幅增加, 台灣糖業景氣甚佳, 但也造成農村地區物價指數從1916年的102.9, 上升為1920年的

225.8。[27] 土地爭訟比率是否因為前所未見的糖業景氣與物價飆漲而增加, 目前並不清楚。

1930 年代初期, 兩項比率曾出現上升趨勢, 在 1939 年達到高點, 但主要原因不是土地相關案件增加, 而是總案件大幅減少, 其中以金錢案件減少最多。

矢內原忠雄的《帝國主義下的臺灣》的第 2 篇是「臺灣糖業帝國主義」, 他分析了台灣新式糖業的發展; 他認為, 沒有日治初期的資本主義基礎工程, 也就不會有台灣糖業帝國的出現。後面的第 11 章會講新式糖業發展的故事。

9.5 台灣的農業發展: 1905 年

1905 年是台灣經濟史上具有特別意義的一年。土地調查事業在 3 月底完成, 同年的 10 月 1 日, 總督府實施台灣有史以來第一次的戶口普查, 發現台灣人總數為 297.3 萬人。土地調查期間, 為了消滅大租權與改訂地租率, 總督府也全面調查每筆田園的平均每甲產量, 農產品價格與土地交易價格。

由土地調查與戶口調查的結果, 我們可以算出 1905 年各地區的平均每甲收穫與每人收穫。圖 9.12 畫出各廳的稻作平均每甲收穫量與每人收穫量。

稻作平均每甲收穫主要反映土地肥沃程度與灌溉條件。圖 9.12 顯示, 西部地區每甲收穫的平均是 19.2 石, 其中, 收穫較高的地區是台中與彰化, 此外, 台北, 深坑, 宜蘭也較高; 南部只有阿緱高於平均值。平均每甲收穫最低的是鹽水港與台南, 台南是台灣最早開發的地區, 但是, 稻米生產的條件並不好。

1905 年的稻米總產量裡, 出口大約占 16%, 但進口微不足道。台灣人以米為主食, 各地區平均每人消費的數量應該差異不大。因此, 平均每人收穫相對較少的地方必須由鄰近的地區提供。例如, 基隆,

---

[27]吳聰敏 (2005)。

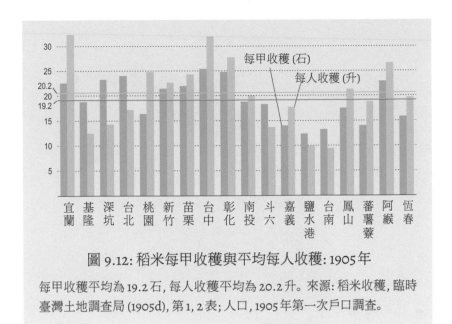

圖 9.12: 稻米每甲收穫與平均每人收穫: 1905年

每甲收穫平均為19.2石, 每人收穫平均為20.2升。來源: 稻米收穫, 臨時
臺灣土地調查局 (1905d), 第1, 2表; 人口, 1905年第一次戶口調查。

深坑, 甚至台北的稻米消費可能有一部分是由宜蘭, 台中與彰化提
供。日治初期的調查裡說, 台北的土地條件好, 大咖蚋堡與興直堡的
產米最多, 但因為人口多, 因此, 必須從宜蘭, 中部台灣, 甚至外國進
口稻米。[28] 台南與鹽水港所消費的稻米則可能是由阿緱與鳳山所提
供。日治初期陸路交通不便, 因此, 台中與彰化的稻米也可能經由沿
岸運往台南出售。

　　1905年, 台灣仍然是一個傳統農業經濟。在水利條件較佳的地
方, 稻米是主要的作物, 反之, 水利條件較差的地方則種植甘蔗, 甘
藷, 與茶葉等。1905年, 土地調查局調查了水田, 旱田與養魚池的收
穫金。由各地區的總收穫金除以從事農業之人口, 可以算出農業部
門平均每人收穫金。

　　圖9.13畫出1905年各庄的平均每人農業收穫金, 計算方法是各
庄的農業收穫除以總人口。但是, 如果要瞭解農家的平均每人所得
水準, 計算的方法應該是以農業所得除以農家人口。不過, 1905年的

---

[28]臨時臺灣舊慣調查會 (1905), 上卷, 頁489。

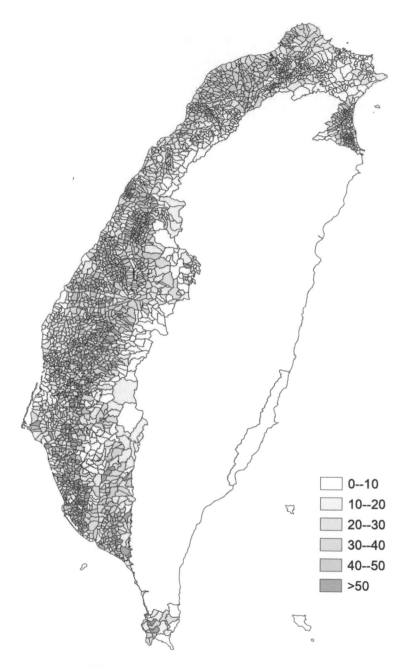

圖 9.13: 平均每人農業收穫 (圓): 1905 年

戶口調查只有總人口數,並無農業人口數的調查。此外,農家的所得除了耕種收穫之外,尚有其他的收入,例如飼家禽與家畜之收入。換言之,農家的所得高於農業收穫金。

1905年,台灣從南到北已經有不少市街,市街是以工業與商業為主,農業的比重相對較低。相對的,市街之外的庄,經濟活動是以農業為主。假設各庄的農業人口占庄總人口的比率大約是固定的,而且,耕種收穫占總所得的比率也大約是固定的,則圖9.13各庄的顏色深淺仍然可以反映各庄所得水準的相對高低。

1905年,台灣的現代經濟成長剛剛啟動,仍然是一個傳統的農業經濟,圖9.13反映從荷蘭時期以來傳統農業發展的成果。

10
鼠疫與瘧疾

"毫無疑問，在公共衛生領域，日本的殖民統治讓台灣人的預期壽命延長了好幾年。"　　Barclay (1954)

1906 年, 台灣男嬰的零歲平均餘命 (life expectancy at birth) 是 27.7歲, 女嬰則是29.0歲。零歲平均餘命是指剛出生的嬰兒預計可以活到幾歲。舉例來說, 若1906年出生的嬰兒共有100人, 其中30人只活了1歲, 其餘70人都活到40歲, 則零歲平均餘命為: 0.3 × 1.0 + 0.7 × 40 = 28.3歲。相對的, 若有20人只活了1歲,其餘80人都活到40歲,則零歲平均餘命為32.2歲。

零歲平均餘命常簡稱為平均壽命 (life expectancy)。1900年, 日本本土的平均壽命是38.4歲, 台灣的平均壽命遠低於日本, 主要原因是嬰兒的死亡率高。到了1938年, 台灣男女生平均壽命分別上升為41.1歲與45.7歲; 到了2018年, 又再上升為77.6歲與84.1歲。

平均壽命的估算是以人口統計為基礎。1895年日本統治台灣之後, 就展開人口調查的工作。但一開始因為社會仍然動盪不安, 調查結果並不可靠。1905年10月1日, 總督府實施台灣有史以來第一次的戶口普查, 從此之後, 台灣就有精確的人口統計。

10.1 死亡率

依據官方的統計, 1906年台灣人的死亡率是3.36%。以上所指的是粗死亡率 (crude death rate), 計算的方法是由當年的死亡人數除以年底的人口數。[1] 不過, 這一年的死亡率統計略有低估, 原因是有一些剛出生, 但未存活下來的嬰兒沒有計算進來。

我們為何知道有低估? 人類社會每一年出生的男女嬰人數的比率大約是1.05, 但是, 總督府的統計資料顯示, 1906年台灣人男女出生比卻是1.09。傳統的漢人社會有重男輕女的習俗, 女嬰相對而言受到的照顧較少, 因此更不容易存活下來。假設1906年出生的男嬰數目的紀錄是正確的, 則由男女出生比是1.05可以推算出來, 這一年出生但未存活下來, 而且未計入戶口統計的女嬰人數是2,175人。把

---

[1] 台灣行政長官公署 (1946)。

以上數字加入死亡人數內, 則1906年死亡率是3.49%。台灣人死亡率低估的情況大約到了1913年之後已不復存在。

日治初期開始, 台灣人的死亡率快速下降, 到了1912年, 已降為2.46%。因此, 從1906到1912年期間, 台灣人死亡率下降幅度的絕對值是1.03%。歐美先進國家從19世紀初開始就有死亡率統計, 例如, 法國在1811–1820年期間的死亡率平均值是2.61%, 1881–1890年期間降為2.21%; 在70年之間, 下降幅度的絕對值是0.60%。[2]

日本本土的死亡率在1901–1910年期間的平均值是2.07%, 不過, 住在台灣的日本平民死亡率遠高於以上數字, 1899年的死亡率高達4.18%, 但之後快速下降。到了1910年, 比率已下降為1.49%。

1874年初, 日本出兵前來台灣南部攻打原住民。5月12日, 日軍於屏東南端的社寮登陸, 與排灣族原住民發生戰爭, 史稱牡丹社事件。這一次的戰爭裡, 日軍戰死者12人, 但病死者高達561人, 其中, 因染瘧疾而死亡者最多。

1895年5月29日, 日軍在東北角的澳底登陸。一個星期之後, 日軍於6月7日進入台北城。接下來的4個半月, 經過一連串的戰役, 日軍才於10月21日進入台南城。這是台灣史上最激烈的一場戰爭, 台灣人死傷很多, 但確實傷亡人數並無可靠的統計。

在1895年的戰役裡, 參與戰爭的日軍總數是76,049人 (含軍伕), 其中, 戰死者的人數是164人, 占日軍總數的0.2%。但是, 日軍生病死亡的人數高達4,642人, 比率為6.1%。生病死亡的原因裡, 最多的是霍亂, 其次是瘧疾, 赤痢, 與傷寒。1895年的戰事結束後, 接下來的幾年駐台日軍的死亡率仍然很高。

圖10.1畫出1897–1937年期間的死亡率之變動, 包括台灣人, 住在台灣的日本平民, 日本本土, 以及駐台的日本陸軍。台灣人的死亡率從1906年迅速下降, 但在1915年又爬升, 原因是這一年瘧疾爆發, 造成許多人死亡。1918與1920兩年的死亡人數高則是因為西班牙流

---

[2]陳紹馨 (1979a), 頁43。

死亡率

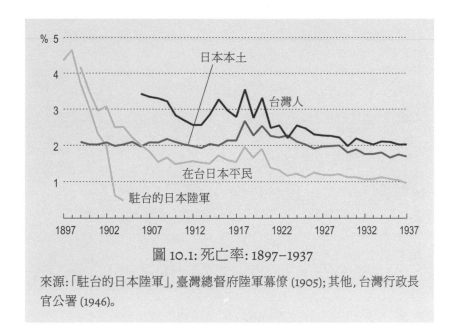

圖 10.1: 死亡率: 1897–1937

來源:「駐台的日本陸軍」,臺灣總督府陸軍幕僚 (1905); 其他, 台灣行政長官公署 (1946)。

感。綜合言之, 日治初期台灣住民 (包括台灣人與日本平民) 的死亡率有兩項特徵, 第一是初期的死亡率異常高, 第二是快速下降。

人口學者綜合各國的研究結果發現, 人類死亡率長期下降是因為傳染病 (infectious disease) 的致死率降低, 而背後的原因可以歸結到以下 5 項因素: 營養增加, 公共衛生環境改善, 都市化, 預防接種, 與醫療資源。[3] 以公元 2020 年初開始擴散到全球各地的新冠肺炎 (COVID-19) 疫情為例, 預防接種是降低死亡率上升的有效方法。

反過來說, 死亡率居高不下, 則是因為營養不良, 環境髒亂, 都市化程度低, 無預防接種, 以及醫療資源不足。清治末期的台灣, 以上 5 項因素都有; 也因此, 台灣人的死亡率相當高。

女皇客棧

清治時期來台灣的外國人, 幾乎都會提到台灣的衛生環境極差。1871 年底, 馬偕牧師 (Rev. George Leslie MacKay, 1844–1901) 在打狗上

---

[3]Cutler, Deaton, and Lleras-Muney (2006), 頁 99–106。

圖 10.2: 女皇客棧

來源: 真理大學。

岸, 展開在台灣傳教的生涯。翌年3月9日, 他搭船北上淡水, 同行者包括李麻牧師 (Rev. Hugh Ritchie, 1840–1879), 兩天之後, 兩人南下訪查, 途經中壢時投宿一家客棧, 惡劣的環境讓他大為驚訝。

　　客棧是一座低矮的磚造平房, 房間小, 只能擺3張床, 連桌、椅或木架也沒有。「房間沒有窗, 也沒有空隙可以通氣。... 豬在門口的污泥中打滾, 令人發昏的鴉片煙味, 以及整個屋裡的奇臭, 好不難受。」不過, 後來馬偕牧師走遍台灣各地, 才發現這是台灣最頂級的旅舍, 因此暱稱它為「女皇客棧」(Queen's Hotel) (圖 10.2)。馬偕最欣賞的是院子裡有泥灶, 自己可以做飯。

　　可能是在同一年, 在台灣南部傳教的甘為霖 (William Campbell) 牧師到淡水找馬偕醫師, 兩人動身前往新港 (今日苗栗的後龍鎮), 中途也住在中壢的客棧。甘為霖的描述是: 「旅社店主讓我們使用的房間, 號稱是最好的, 但其實屋況極差, 因為地板是潮溼的土地, 窗戶

沒有玻璃, 身邊的蚊蟲更是多到嚇人。」[4]

在4年之前, 美國駐廈門領事李仙得 (Charles W. Le Gendre) 於1868年到了雞籠, 發現「此村莊僅有一條狹窄的街道, 既無排水溝, 汙穢物到處積聚」。不過, 他發現淡水的「街道一般都很乾淨。這跟在大陸本土見到的, 尤其是與廈門相較, 是很令人愉快的對比」。[5]

李仙得認為淡水相對乾淨, 但是, 日治初期在淡水的日本人, 感受則相反。1895年6月9日, 日本陸軍步兵大佐福島安正受命前往淡水組織行政機關, 他在淡水只待了2個星期, 但留下一份珍貴的日記, 名為《淡水新政記》。福島安正到了淡水, 發現環境極為髒亂。

兩天前進入台北的日本人, 對於環境惡劣程度也大感驚訝, 「房舍周圍或院子中流出汙水, 到處有沼澤, 或是人與狗豬雜居。」此外, 「雖然到處有公用廁所, 但都積滿了糞便。」台北的公共便所非常少, 即使有, 也是簡陋不潔。民眾不願上公共便所, 寧可在街上隨地大小便, 造成環境更為髒亂。[6]

大清潔法

福島安正在淡水推動好幾件事情, 包括整頓治安與調查戶口等。另外, 他於6月15日公告實施「大清潔法」:

> "查滬山淡水, 翠與水映, 清淨之概固非他比, 倘能善用,
> 人可養壽。乃俗習腌臢, 不避穢陋, 街衢溝洫臭不可近,
> 此實諸病源之所伏也。"

淡水的「大清潔法」應該是日治初期, 日本人在台灣各地實施「大清潔法」的濫觴。福島安正規定, 「無論鋪戶住家, 將其居處之四圍為限, 連街帶溝, 除每天必行洗掃外, 苟有不清穢臭之處, 時常格外加意灑掃」。[7]

---

[4] 賴永祥 (2023); Mackay (2015), 頁 29-30; 甘為霖 (2009), 頁 46。
[5] 李仙得 (2013), 頁 39, 49。
[6] 小田俊郎 (1995), 頁 9; 董宜秋 (2002), 頁 31。
[7] 張建隆 (2016), 頁 98; 臺灣省文獻會 (1994), 頁 872。

　　清治末期, 台灣的環境髒亂, 但民眾習以為常, 原因是民眾並不瞭解, 環境髒亂是傳染病的溫床。這是台灣人死亡率高的主要原因, 另外一個原因是, 台灣人缺乏現代醫學的知識, 不知道如何治病。

　　1874年, 甘為霖牧師前往嘉義的一個小教區, 當時, 該地區出現嚴重的傳染病。因為所有的挽救措施都無效, 居民從中國找來一位「仙人」, 當眾表演赤腳爬上刀梯, 號稱這樣子所積來的功德, 可以拯救當地的居民不受病魔折磨。[8]

　　由福島安正實施「大清潔法」的公告可知, 日本人已經瞭解髒亂會傳染疾病, 但是某些疾病是如何傳染的, 事實上還並不清楚。例如, 日治初期影響台灣最嚴重的鼠疫與瘧疾是如何傳染的, 在這個時候還不瞭解。

10.2　傳染病與風土病

從1906到1912年, 台灣人的死亡率從3.49%下降為2.46%。1912年底, 台灣人的總數是3,435,170人, 如果這一年的死亡率仍然是6年前的3.49%, 則這一年的死亡人數會比實際的人數多出35,382人。本章前端引用學者巴克來 (George W. Barclay) 的說法, 日治時期台灣人的壽命延長是因為總督府的公共衛生政策。[9] 那麼, 哪些政策是關鍵?

　　上面已經說明, 人口學者的研究發現, 死亡率長期下降主要是因為傳染病的致死率降低。對人類而言, 傳染病是指可以從一個人經過各種途徑傳染給另一個人的感染病。如果傳染的機率下降, 致死率也會降低。

　　在傳染病的致死率下降的5項因素中, 營養增加與都市化這兩項是在經濟成長後才會出現。後面第12章會說明, 大約在1900年代晚期新式糖業開始發展之後, 台灣才有較明顯的經濟成長, 人民的營養增加與都市化也才逐漸出現。由此可推論, 1900年代晚期之前台

---

[8] 甘為霖 (2009), 頁 71–72。
[9] Barclay (1954), 頁 133。

灣人死亡率快速下降,主要原因是其他3項因素:公共衛生環境改善,預防接種,與醫療資源。

總督府於1896年10月公布「台灣傳染病預防規則」,指定鼠疫、天花、霍亂、痢疾、傷寒、腸傷寒(又名副傷寒)、白喉與猩紅熱8種為法定傳染病,並明訂防疫規則措施,包括:設立檢疫單位,隔離病患,管制交通,處理患死者,以及醫師報告病例等。[10] 總督府公布傳染病預防規則,可能是因為台灣爆發鼠疫。

鼠疫

鼠疫在1896年經由帆船從廈門傳入台南安平,1896年5月,台南安平的駐軍軍醫村上彌穗首先檢查出鼠疫患者。[11] 日治初期的法定傳染病中,鼠疫的死亡人數不是最高,但一般人民感受到的壓力可能是最大。從1897到1917年,鼠疫患者人數為26,499人,但死亡人數是23,927人,死亡率高達9成。[12]

1896年10月,軍醫崛內次雄在台北也檢查出另一個案例,因為死者的屍體變黑,他猜測是鼠疫,但仍無法斷定。村上彌穗把死者身上取出的細菌送回東京檢驗,確認與鼠疫菌相同。但是,鼠疫菌是如何傳播的,當時並不清楚。

因為傳播的途徑不明,總督府無法採取有效的對策。總督府一開始要求民眾不赤足,不飲生水,室內保持清潔和乾燥,但以上的防疫措施效果有限。1896年11月之後,總督府甚至停止舉行宴會,但鼠疫病患仍不斷出現。

當時,香港發現鼠疫流行時有許多老鼠死亡,因此判斷,鼠疫菌的傳播似乎與老鼠有關。台灣早期有吃鼠肉的習慣,罹患鼠疫的老鼠行動遲緩,容易被捕,而人吃下之後,也染上鼠疫。

---

[10]范燕秋 (2010),頁155。
[11]以下關於台灣鼠疫之描述,主要依據小田俊郎 (1995),頁17–28。
[12]台灣行政長官公署 (1946)。

　　1896年底,日本東京帝國大學教授緒方正規等人來台調查,崛內次雄協助調查。緒方教授根據崛內的說明,把病死的老鼠帶回研究室,發現老鼠上有許多跳蚤。他收集跳蚤,把它們磨碎,接種在動物身上,結果發現動物也致命。緒方教授由此確認,鼠疫病菌是經由老鼠身上的跳蚤傳播。

　　確認鼠疫病菌及其傳染途徑之後,總督府才開始採取有效的預防方法,包括隔離患者,公布海港檢疫規則 (1900年3月) 與捕捉老鼠收購規則 (1901年1月)。1902–1917年期間,民眾捕獲的老鼠計達5千4百萬隻。[13] 1905年,台灣人口約3百萬,因此,以上16年間捕獲的老鼠總數大約是1905年人口的18倍。除了管制外人入境之外,總督府也下令:非關急要之務,台灣各廳之間盡量避免人口移出移入。

　　鼠疫的可怕之處在於死亡率高,因此,總督府的防疫措施相當嚴厲。例如,有些地區患者的衣物被強制焚毀,傳染較嚴重的地區甚至把患者家屋焚毀。[14] 鼠疫最終在1917年杜絕。日本醫療人員有好幾位因病殉職。鼠疫杜絕之後,總督府對於從鼠疫疫區入境者,採取檢疫與禁止入境的措施,以防止疫情再度爆發。

　　鼠疫在1896年爆發,經過21年的時間才完全根絕,台灣付出相當的代價,得來不易。這是台灣史上第一次以科學的方法戰勝嚴重傳染病的攻擊。

瘧疾

總督府並未把瘧疾列入傳染病,而是列為風土病 (又稱為地方性流行病, endemic); 傳染病的特徵是偶而爆發, 風土病則是每年都出現。1899年, 在台日本平民因為瘧疾而死亡者,占總死亡人數 26.8%, 到了1910年, 比率下降為13.0%。瘧疾雖然未列入法定傳染病,但總督府投入很多的人力與物力來防治它。

---

[13]陳紹馨 (1979a),頁 75–76。
[14]范燕秋 (2010),頁 166–174。

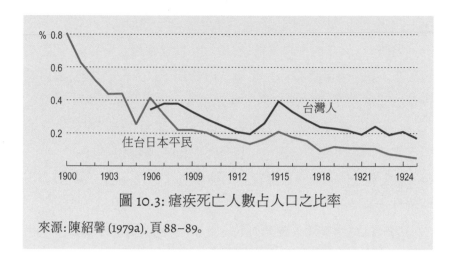

圖 10.3: 瘧疾死亡人數占人口之比率

來源:陳紹馨 (1979a), 頁 88-89。

　　總督府一開始推動預防瘧疾的措施時, 尚不知瘧疾是如何引起的, 當時常把瘧疾歸咎於瘴癘之氣。早期, 瘧疾的症狀被稱為「台灣熱」, 日本人並認為台灣人很少染上, 是因為不生飲生食。[15] 事實上, 台灣人死於瘧疾的人很多。1906年, 台灣人死於瘧疾的人數是10,265人, 占台灣人口的0.34%。相對的, 住台的日本平民死於瘧疾的人數是295人, 占住台日本人數的0.42%。

　　圖10.3比較台灣人與住台日本平民瘧疾死亡人數占人口之比率。原資料來源裡尚有台灣人從1900到1905年之統計, 但這6年的總人數與死亡統計都不完整, 故本圖不畫出來。本圖顯示, 1906年日本人的死亡比率特別高, 甚至超過台灣人。不過, 比較可能的是, 1906年台灣人的死亡通報有遺漏, 因此, 1906年台灣人的死亡率高於圖中所顯示出來的。

　　蚊子的活動力與溫度和溼度都有關, 溫度較高或者積水較多的地方, 蚊子較活躍。統計資料似乎顯示, 若某一年的平均溫度特別高, 當年的瘧疾死亡人數似乎會較多, 相對的, 若某一年的平均溫度特別低, 則下一年的瘧疾死亡人數會較少; 圖10.3中, 1915年的瘧疾死亡人數比率明顯偏高, 這一年的溫度也偏高。相對的, 1905年日本

---

[15]臺灣省文獻會 (1995), 頁721。

平民的瘧疾死亡率特別低,而前一年的溫度也特別低。

我曾以1906年的資料分析,初步發現種植水稻較多的庄,死亡率也較高。不過,因為並無以庄為單位的瘧疾死亡人數之統計,故目前尚無法確定,是否死亡率高是因為瘧疾死亡人數較多。

因為不瞭解瘧疾傳播的途徑,總督府一開始的防疫措施並未能對症下藥。例如,總督府衛生工程顧問技師巴爾頓 (William K. Burton)針對瘧疾的問題曾建議建造二樓住宅,把臥室設在二樓,並盡可能讓房子通風。[16]

1897年,經由英國人羅斯 (Ronald Ross) 的研究才確認瘧疾是由瘧蚊傳播的。1901–1903年期間,羽鳥重郎,木下嘉七郎,與今村保等人陸續發表關於台灣瘧蚊之研究成果,確定了瘧疾是由瘧蚊所傳播之後,總督府於1903年2月公布防治瘧疾的政策,重點是要防止被瘧蚊咬。[17] 但是,台灣的夏天高溫而且溼熱,蚊蟲容易滋生,要防止被瘧蚊咬並不容易。

1913年,總督府公布瘧疾防遏規則,治療與預防並重。對於瘧蚊出現的沼澤與水溝進行清潔,並施放藥劑。接著,並進行全島性抽血,以檢查出帶原者,病患則服用奎寧 (quinine) 治療。台灣因瘧疾而死亡者,1906年為10,267人,1940年減為3,712人,但在戰前並未根絕。從1906年到42年,台灣人因瘧疾死亡者高達240,359人,在台日人死亡者4,830人。

二戰之後,在美援的協助下,台灣成立了瘧疾研究中心。經過進一步的研究才確定,矮小瘧蚊是主要病媒蚊,且喜歡棲息室內。國民政府採取大規模噴灑 DDT (學名為雙對氯苯基三氯乙烷, Dichloro-Diphenyl-Trichloroethane),才終於在1965年根除瘧疾。不過,後來的研究發現, DDT 在自然環境裡很難分解。目前,大部分已開發國家已經禁用。

---

[16] 小田俊郎 (1995),頁30。
[17] 臺灣總督府警務局衛生課 (1932),頁8–9。

　　一直到今天, 瘧疾仍在世界各地肆虐。例如, 瘧疾是撒哈拉以南的非洲地區 (Sub-Saharan Africa) 最致命的疾病, 每一年有超過26萬名5歲以下的兒童喪命。[18]

10.3　現代醫療系統

1895年6月7日, 日軍進入台北城之後, 總督府很快就在大稻埕設立台灣病院, 並由日本本土派來10名醫師, 9名藥劑師, 與20名護士, 開始診療工作。在此之前, 台灣僅有少數幾家由西方傳教士所設立的小診所。

　　1897年, 後藤新平 (當時擔任日本內務省衛生局長) 在台灣開創公醫制度, 從日本召集已受過訓練的醫師前來台灣, 派往指定地區成立診療所, 從事醫療工作。公醫制度是台灣建立現代化醫療系統重要的一步, 派駐各地的醫生在防治傳染病上也扮演重要的角色。[19]

　　1907年底, 台灣的官公私立醫院合計45間; 總督府所設立的醫院稱為官立醫院, 共有10間。官立醫院的看診數中, 日本人為507,448人次, 台灣人為219,186人次。因為住在台灣的日本人遠少於台灣人, 因此, 現代化醫療資源的主要使用者是日本平民。派駐各地的公醫人數合計是75人, 接受看診的日本人合計為377,753人次, 而台灣人為403,767人次, 相對而言, 使用較多的也是日本人。[20]

　　由以上的數字看來, 日治初期台灣人傳染病致死率的快速下降, 主要不是醫療系統的建立, 而是因為總督府的公共衛生政策發揮效果, 有效遏止傳染病菌的傳播。

　　1896年8月, 總督府頒布「市街地共同便所取締規則」, 開始在台北興建公共便所。1898年, 總督府推動「市區改正」計畫, 一開始以台北市為目標, 後來擴展到全台灣。市區改正計畫經由「台灣下水

---

[18] *Economist* (2021b)。

[19] 小田俊郎 (1995), 頁 41–51; 謝明如 (2022); 鈴木哲造 (2007)。

[20]《台灣總督府第11統計書》(1909), 頁 725–734。

規則」,「台灣給水規則」,「大清潔法」,「台灣汙物掃除規則」等規則, 以改善公共衛生環境。[21]

10.4　自來水道

飲用水衛生是健康的基本條件。清治末期,台灣各市街的水源是井水與河水。因為民眾的衛生習慣不佳,河水很難保持乾淨。井水的水質也不一定良好。1895年11月,陸軍軍醫調查淡水街的三口井,發現其中之一的水質不佳,不適合飲用。

1895年6月25日,福島安正調回台北;7月19日,淡水支廳成立, 首任的支廳長是大久保利武。他上任後就指出自來水之重要性,「若自來水不能充足供應,終究不可企望內地人 (指日本國內人民) 移至此地。」[22] 他提出興建淡水上水道工程的計畫,取用大屯山雙峻頭的湧泉,由水管引入淡水市街。

在原先的計畫裡,引水道是使用木管,工程顧問技師巴爾頓最後建議改用鐵管。鐵管較耐用,但台灣當時並無生產,必須從日本進口。淡水水道計畫拍板定案後開始興建,並於1899年3月底竣工,成為台灣第一個自來水系統。[23]

巴爾頓是英國人,原先是東京工科大學講師兼內務省技師。1896年他在當時內務省衛生局長後藤新平的推薦下,由日本前來台灣,走遍各地探勘水源。台北的水道系統,也是由他負責。劉銘傳治台時期,曾鑽井作為水源。巴爾頓一開始也以鑽井作為水源,但接下來他就開始往淡水河上游尋找水源。1899年夏天,他跋涉在新店溪上游探勘水源時,不幸染上急性霍亂,8月5日去世。

1905年,台灣自來水用水人口占總人口的比率僅1.4%,1942年增加為22.0%。[24] 1918年出版的《臺灣水道誌》裡,回顧水道建設的歷

---

[21]董宜秋 (2002),頁 24–50; 范燕秋 (2010),頁 156–161。

[22]張建隆 (2016),頁 15–16。

[23]臺灣省文獻會 (1994),頁 767, 799–800;臺灣總督府民政部土木局 (1918)。

[24]台灣行政長官公署 (1946),頁 1281。

圖 10.4: 淡水雙峻頭水源地

來源: 潘立忻。

史, 序論中說, 台灣的衛生工程, 特別是水道建設, 要特別感謝前民
政長官後藤新平及已故的巴爾頓。

　　淡水雙峻頭的水廠位於今天的水源街2段, 目前仍在使用, 水廠
外牆上有一大理石的「雙峻頭水源地史略」, 是1994年設立 (圖10.4)。
文字末端有自來水公司總經理的署名, 但對於當初設計與興建水廠
及水道的巴爾頓及其他技師, 則隻字未提。

　　台灣現代化公共衛生制度的建立, 後藤新平是最大的功臣。1898
年2月, 後藤新平上任台灣的民政長官, 在此之前, 他是日本內務省
的衛生局長, 他在上任民政長官之前, 就已經關心台灣的衛生狀況。
後藤新平原先是醫師, 曾留學德國, 並獲得醫學博士學位, 他在台灣
所建立的公共衛生制度與現代醫療系統, 顯然是以現代醫學的專業
知識為基礎。

10.5　預期壽命與身高

公共衛生政策讓傳染病的致死率下降, 預期壽命因而延長。圖10.5
為1906年以來台灣人零歲平均餘命之變動。1906年, 台灣男嬰的零

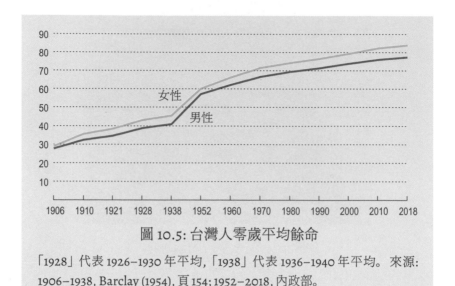

圖 10.5: 台灣人零歲平均餘命

「1928」代表 1926–1930 年平均,「1938」代表 1936–1940 年平均。來源:
1906–1938, Barclay (1954), 頁 154; 1952–2018, 內政部。

歲平均餘命是 27.7 歲, 女嬰則是 29.0 歲。依據人口學者的研究, 人類在狩獵與採集經濟時期, 零歲平均餘命大約是 25 歲。荷治時期, 台灣平地原住民是狩獵與農耕並種, 因此, 從荷治時期到清末大約 250 年的期間內, 台灣住民的零歲平均餘命大約延長了 3 歲。

日治時期, 台灣人的預期壽命增加得非常快速。以男性而言, 1921 年的預期壽命延長為 34.5 歲, 1926–1930 年期間延長為 38.8 歲。圖 10.5 的原始資料來源裡, 每 5 年有一個資料點。若以簡單平均推算, 1924 年男性的預期壽命大約是 37 歲。但到了 1936–1940 年, 預期壽命已延長到 41.1 歲。因此, 台灣男性的預期壽命從 37 歲延長為 41 歲, 大約花了 12 年的時間。

相對的, 1700 年英國人的預期壽命大約是 37 歲, 到了 1820 年則增加為 41 歲, 大約經過 120 年的時間, 預期壽命才延長 4 歲。[25]

到了 1917 年, 鼠疫已經在台灣滅絕, 但瘧疾並未消除。1906 年, 台灣人與住台日本人合計, 瘧疾患者的死亡人數合計是 9,707 人, 占人

---

[25]Cutler, Deaton, and Lleras-Muney (2006), 頁 99–106。

口比率為0.34%; 1917年降為0.27%, 1935年則下降至0.07%。以鼠疫與瘧疾作為傳染病的代表, 台灣的經驗與人口學者研究的結論一致, 傳染病致死率下降是死亡率下降的主要原因。

不過, 人口學者的研究也指出, 傳染病的致死率降低並不是死亡率下降的唯一原因, 其他的因素包括營養增加與都市化等。換言之, 經濟成長也是死亡率下降與預期壽命延長的重要因素。

日治時期, 台灣人除了預期壽命延長之外, 也活得較健康。總督府曾經在1921–1931年期間在台灣做了一系列的衛生調查, 接受調查的有70個庄, 內容包括人口, 生育, 疾病, 身高, 體重等。魏凱立教授使用以上的調查資料, 分析台灣人身高的變化。[26] 正常情況下, 從小開始, 人的身高隨著年齡增加而上升, 成年之後有很長一段時間身高會維持不變, 但變老之後, 身高會略為下降。

魏凱立教授的研究發現, 日治初期出生的人, 成年之後的身高比清末出生者明顯較高。相對於清末1887–1889年間出生者, 1896–1898年出生的男性, 成年之後的身高會高出1.50公分; 1905–1907年出生者, 則高出2.33公分。女性的情況略有不同, 1896–1898年出生者與清末出生者並無差異, 但1905–1907年出生者會高出1.77公分, 1908–1910年出生者則高出2.48公分。

1896年以後出生的小孩, 成年後的身高比清末出生者為高, 應該是衛生環境改善與所得增加兩項因素所造成的。不過, 新式糖業大約要到1900年代晚期才開始快速成長, 台灣蔗作農家的所得水準也才明顯改善。因此, 我的推論是, 1896–1898年出生的男性, 身高的增加主要是因為衛生環境改善。相對的, 1905–1907年期間出生的男女生, 成年後的身高比清末出生者高, 則是衛生環境改善與所得增加兩項因素所造成的。

---

[26]魏凱立 (2000)。

11
縱貫鐵路

"台灣有一條縱貫南北的道路, 從淡水到台南距離約 200英里, 但路況甚差。天氣良好時, 從台南到淡水約需10天; 若天氣差, 道路根本無法通行。"

Colquhoun and Stewart-Lockhart (1885)

克魯豐是英國旅行家兼探險家, 旅遊探險的經驗豐富, 曾探訪過印支半島, 緬甸, 菲律賓, 與日本; 也曾經擔任英國在南羅德西亞 (Southern Rhodesia) 殖民地的第一任長官 (Administrator)。他曾在1884年來台灣, 探訪基隆與淡水。他在翌年與英國派駐香港的官員駱克 (James Stewart Lockhart) 聯名發表的文章裡, 對於清末的台灣有深刻的觀察。[1]

克魯豐說, 19世紀末縱貫南北的道路上的某些路段寬僅1英呎 (約30公分), 甚至更窄。部分路段須穿過水田; 有些路段則與牛車道合而為一。在雨季, 牛車道變為積水渠道。縱貫道路通過幾條大河, 但河川上並無橋梁, 只能靠竹筏渡過。克魯豐的結論是, 對商品貿易而言, 台灣的陸路交通完全派不上用場。他在文章的末段指出, 一個地區的經濟要能發展起來, 前提是要有良好的港灣與陸上交通。

19世紀末期台灣陸路交通的情況, 可與荷蘭時期比較。1650年3月, 荷蘭長官花碧和 (Nicolaes Verburch) 寫了一件備忘錄, 說明由大員走陸路至北部淡水所經過的番社, 以及所費時間。[2]

第1天從大員出發, 經過新港社, 到達麻豆社; 第2天抵達諸羅山社 (嘉義)。接下來經過大突社 (彰化二林一帶), 大肚南社 (台中大肚) 與牛罵社 (台中清水) 等地。後半段的行程經過竹塹社與南崁社 (桃園南崁), 最後一天才抵達淡水。中間從大突社到牛罵社要花一天半, 因此, 全程共10天半。

17世紀晚期, 郁永河從福建來台灣採買硫磺, 他於1697年4月7日從台南府城出發, 12日到達大肚社, 但接下來要橫渡大甲溪時受阻。4月23日他從大肚社再度出發, 到了27日才抵達淡水社, 實際在路上的時間是11天。[3]

荷蘭人從大員到淡水需要10天半, 郁永河所花的時間是11天, 而克魯豐在1884年的紀錄是, 若天氣良好, 從淡水到台南經由陸路約

[1]Colquhoun and Stewart-Lockhart (1885), 頁199–200。
[2]Blussé and Everts (2006), 頁281; 翁佳音 (2007)。
[3]weng3309 (2022)。

需10天。由此看來,清朝統治台灣的212年期間,台灣的陸路交通幾乎沒有改善。

克魯豐認為,因為交通不便,清末台灣的地方衙門變成半獨立的機關,許多地方官吏胡作非為,導致官逼民反的事件層出不窮。到了晚清,因為外力入侵,清廷才較用心地治理台灣。1874年,日本出兵台灣南部的牡丹社事件之後,清廷警覺台灣地位的重要性,陸續任命幾位較能幹的官員治理台灣,其中,影響力最大的應屬劉銘傳。

1885年,台灣建省,劉銘傳被任命為首任的台灣巡撫;他隨即推動幾項重要的措施,包括清賦與興建鐵路。第9章已經講了清賦與日治初期土地調查事業的故事,與土地調查事業比較,劉銘傳的清賦事業品質低落。本章要講台灣鐵路的故事,相對於總督府的鐵路建設,清末所建的鐵路也是品質低落,不堪使用。

11.1 清末的鐵路

牡丹社事件之後,福建巡撫丁日昌就向清廷提議興建一條從基隆至恆春的鐵路。相對於克魯豐所強調的交通對於經濟發展的重要性,清末的官員對於交通建設的主張,幾乎都是著眼於國防,經濟發展並非考量因素。[4]

大約13年之後,劉銘傳於1887年4月奏准在台灣興建鐵路,同年6月開築基隆台北段。1891年10月,鐵路完工,但劉銘傳早於4個月之前就辭職返鄉。劉銘傳去職之後,邵友濂接任台灣巡撫,接續興建台北到新竹路段,並於1893年11月竣工。新竹以南路段之興建計畫,則因為經費拮据而中止。圖11.1是清末的鐵道路線。[5]

基隆至新竹的鐵路雖然通車,但施工品質不良,營運管理也差。1895年,達飛聲以戰地記者的身分來到台灣,兩年之後,他被任命為美國首任駐台領事 (consular agent)。達飛聲前後在台灣住了9年,

[4]Speidel (1976); Chu (1963).
[5]臺灣總督府鐵道部 (1990).

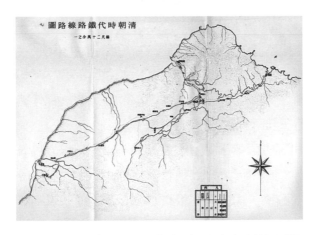

圖 11.1: 清治末期鐵路線路圖 (基隆與新竹之間)

來源: 臺灣總督府鐵道部 (1990)。

他在1903年出版了鉅著,《台灣島的過去與現在》(*The Island of Formosa, Past and Present*), 書中描述他在台北搭乘火車的經驗。

　達飛聲一進到大稻埕車站, 馬上注意到火車頭很骯髒。他買了頭等艙車票, 但車廂內的其他乘客都是買普通艙車票。乘客把雞鴨豬蔬菜與各種貨物都扛上車, 但鐵路局也沒有派人管理。火車開動後不久, 列車長進到車廂內驗票, 其過程讓達飛聲大開眼界。

　很多乘客沒有買票就上了火車。列車長驗票時與乘客大聲爭吵, 討價還價。到了最後, 達飛聲發現幾乎所有乘客實際付出的錢都少於票價。雖然如此, 列車長其實很高興, 因為在討價還價的過程中, 列車長可以把一些錢納入自己口袋。如果乘客事先買好票才上車, 列車長就賺不到外快。[6]

11.2　縱貫鐵路

1895年5月底日本人在澳底登陸, 台灣總督樺山資紀更在8月26日就指出:「南北縱貫鐵路之建設, 及道路之開鑿, 暨基隆港築港為急

---

[6]Davidson (1903), 頁 251–252。

要之務。」[7] 民政局長水野遵於9月提出民政局報告,「本島北部,幾無車馬可通之道路,在軍事上苟勿論,在交通、運輸上不便者不可名狀,所以道路不得不迅速開鑿。」他建議,「先由基隆經台南至打狗,以鐵路幹線貫通之,且以鐵路線為起點開鑿二三車路,橫斷東西兩部,為急務中之最急務。」[8] 打狗是今日的高雄。

日本民間企業的動作很快,隨即有人籌設「台灣鐵道株式會社」,但後來因為募款不足而失敗,總督府隨即決定由政府出資興建鐵路。1899年5月,日本人開築西部縱貫鐵路。清末從基隆到新竹的路線,由於設計不良,再加上戰爭的破壞,無法發揮運輸功能,總督府首先重建此段。南部路段的興建工程也同時啟動,由打狗往台南興築。

縱貫鐵路新築的線段,最先通車的是1901年的打狗與台南間,隔年,台南與灣裡路段也通車。南段的鐵路先通車,應該是為了配合臺灣製糖株式會社在橋仔頭的製糖工廠。製糖廠所生產的砂糖,由鐵路運送到高雄港,再出口到日本。

1904年,縱貫線北段已通車到三叉河 (今日三義),南段已由打狗通到彰化,但是,三叉河到葫蘆墩 (今日豐原) 這一段渡過大安溪與大甲溪,工事特別困難。三年之後,上述路段終於完工;南部的路線也從打狗延伸到九曲堂。1908年4月,縱貫線全線從基隆到九曲堂通車。縱貫線通車之後,乘客早上8點15分在台北搭上火車,下午8點32分可抵達打狗。[9] 比起清末台南到淡水需時10天,西部平原的陸路交通可說是脫胎換骨,完全改變。

再經過100年,台灣高鐵於2007年12月正式通車營運,台北到高雄的直達車僅需一個半小時。高鐵尚未通車之前,旅客可以搭乘飛機來回台北高雄兩地。飛機飛航時間雖短,但若加上由出發地或目的地來回機場的時間,全程所花時間可能反而更長。高鐵通車後,台北人早上9點搭車南下,中午在高雄與客戶洽談,傍晚又回到台北。

---

[7] 臺灣總督府鐵道部 (1990),頁79。
[8] 洪敏麟 (1978),頁142。
[9] 《臺灣日日新報》,1908/11/22。

圖 11.2: 日治初期的牛車

來源: 臺灣總督府總督官房文書課 (1908), 頁 94。

縱貫鐵路與米價的變動

清治末期, 街庄與村落之間的商品運輸是利用苦力、牛車與河川, 圖 11.2是日治初期的牛車景象。縱貫鐵路通車後,商品的運輸路線一夕之間改變。清治末期, 台北的人口快速增加, 稻米無法自給自足, 必須由宜蘭與南洋輸入。相對的, 台中與彰化地區是主要的稻米產地, 除了供當地消費外還可出口。縱貫鐵路尚未興建之前, 稻米收割之後是由苦力或牛車搬運到最近的港口,再以船隻運出。

圖11.3比較1898 1902年與1909–1912年各地的稻米價格, 前一段期間代表鐵路通車前, 後一段期間則代表通車後。1898–1902年間, 台北的米價平均每石為7.90圓, 台中為5.90圓,如果兩地的米價差異那麼大, 台中的米應該會運到台北出售, 米價差異會因此而縮小。問題是, 米穀運輸的成本非常高。

縱貫鐵路尚未興建之前, 台中的米若要運到台北銷售, 必須經過水路。從台中用人力肩挑百斤米到鹿港的費用是0.50圓, 從鹿港到淡水的船運費用是0.35圓, 從淡水到大稻埕的船運費約0.1圓。以上

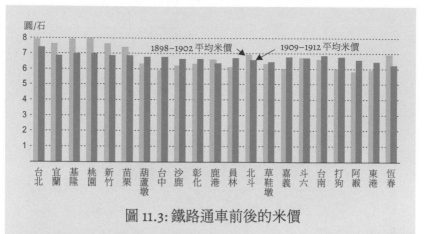

圖 11.3: 鐵路通車前後的米價

單位:圓/石。1898–1902之米價平均為6.71圓,1909–1912平均米價為9.72
圓,為前一期之1.45倍。除了稻米之外,一般物價也上漲,故為物價膨脹
的現象。為便於比較各地米價之相對變動,後一期間之米價以1.45平減,
使其平均值與前一期相同。來源:吳聰敏 (2018),圖 2.2,頁 37。

合計,百斤米的運費是0.95圓,折合每石為2.44圓。[10] 因此,台中的米
運到台北出售,加入運費後每石價格是 5.90+2.44 = 8.34 圓,高於台
北本地的米價。因為陸路交通不便,清治時期台中地區的稻米出口
到福建的多,運往台北銷售的少。

　　鐵路通車之後,1908年火車運送每噸米百英里 (160公里) 以上的
運費為0.34圓,折合0.54圓/石。[11] 台中的稻米運到台北出售,即使加
上運費,成本仍低於台北原來的價格。因此,大量的稻米被運到台北
出售,結果,台中的米價上升,台北的米價則下跌,兩地的米價差異縮
小。1909–1912年期間,台北的米價每石10.70圓,台中的米價是9.80
圓。圖11.3顯示,不只是台中與台北的米價差異縮小,台灣西部平原
的市鎮都有類似的現象。

<hr>

[10] 吳聰敏與盧佳慧 (2008)。
[11] 臺灣總督府鐵道部 (1911),下卷,頁 259。

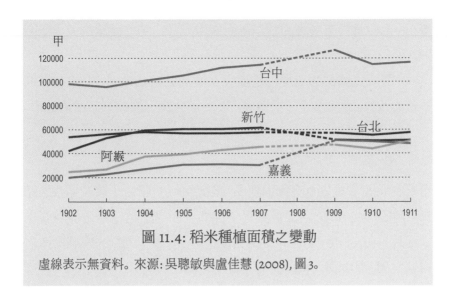

圖 11.4: 稻米種植面積之變動

虛線表示無資料。來源: 吳聰敏與盧佳慧 (2008), 圖 3。

稻作面積的變動

米價影響農民種稻的意願: 米價高的地區, 農民種稻的誘因上升; 米價低的地區, 農民的誘因下降。前面圖 11.3 顯示, 縱貫鐵路通車後台北到苗栗的米價下跌, 因此, 以上地區的稻作面積應該相對會減少。反之, 葫蘆墩到東港的米價上升 (鹿港與北斗除外), 故稻作面積應該會增加。

　　圖 11.4 畫出 1902–1911 年期間, 各地稻作面積之變動。1902 至 1909 年期間, 台北的稻作面積上升為 1.07 倍, 相對的, 台中上升為 1.30 倍, 嘉義則上升為 2.59 倍。日治初期開始, 台灣人的死亡率下降, 人口快速增加, 台北的稻作面積上升可能是反映糧食需求增加的效果。相對的, 台中與嘉義稻作面積增加的倍數遠大於台北, 則表示米價上升後, 農民努力增產。

　　不過, 圖 11.4 顯示, 台中 1910 年的稻作面積明顯少於 1909 年, 嘉義的稻作面積則幾乎不變。主要原因是大約從 1909 年開始, 新式糖廠的生產已經如火如荼地展開。砂糖生產的原料是甘蔗, 新式糖業的發展帶動甘蔗農業的發展, 而蔗作面積增加時, 稻作面積即相對

減少。台中地區有較多的稻作轉為蔗作,因此,稻作面積的減少較明顯。

台灣新式糖業的發展也是建立在交通系統的改良上,沒有交通系統的改良,就不會有新式糖業。下一章會講台灣糖業帝國的故事。

11.3　港口與國際貿易

台灣在16世紀晚期就有國際貿易,但荷蘭時期開始才有較完整的紀錄。例如,1624年11月大員長官宋克寫了一封信給巴達維亞總督卡本提耳 (Pieter de Carpentier),信中提到,台灣有大量的鹿脯與魚出口到中國,而中國人也向荷蘭人買胡椒與丁香。[12]

荷蘭時期,台灣對外貿易的商品主要是由大員進出。清治時期,因為清廷管制國際貿易,台灣的產品出口只能經由中國大陸沿岸的港口,廈門是其中之一。鴉片戰爭後,依1858年之中英天津條約,台灣開放安平,打狗,淡水,與基隆4個港口為國際貿易港,重啟直接的國際貿易。

1863年,高雄海關成立,高雄港的貿易量略有增加,但港口的情況不佳。清末雖然歷任海關稅務司奏請開鑿高雄港,但清廷並無任何作為。基隆港的情況也相同。

劉銘傳在興建鐵路時,也注意到海上運輸的重要性。但他關心的是台灣對外交通是否順暢,港口的疏浚並非主要考量點。一直到日本統治前夕,基隆港之築港仍然只是紙上談兵而已。[13] 前面第3章曾提到,荷治末期東印度公司已經抱怨,「大員海道深度愈來愈淺」。由本章前面克魯豐的報告來看,台灣無良港的問題,到了清治末期都沒有改變。

表11.1為1896,1905,與1915年,各主要港口的出口金額比率。日本統治台灣之後,台灣出口至日本稱為「移出」,出口到外國稱為「輸

---

[12]江樹生 (2007),頁 115, 118。

[13]Jarman (1997),第4冊,頁 253, 404, 472。

表 11.1: 各港出口額比率 (%)

	基隆	淡水	安平	高雄	其他
1896	0.14	67.52	20.63	2.24	9.46
1905	31.68	21.10	18.16	26.08	2.98
1915	38.66	10.38	2.61	46.13	2.23

來源: 臺灣總督府財務局 (1922)。

出」。不過, 為了簡化文字說明, 以下都稱為「出口」。1896年淡水的出口金額大約占出口總額的三分之二。南部的出口主要是經由安平, 高雄港微不足道。以上的比率結構可能與清治末年類似, 換言之, 淡水是清末台灣的第一大港。

大約10年之後, 1905年基隆港的出口值已高於淡水, 而高雄港則超過安平。以上改變的原因是, 在1905年縱貫鐵路的南北兩段已分別通車, 而且, 基隆港與高雄港的築港工程已經有相當的成果。

總督府開築鐵路時, 同時推動築港計畫。基隆港築港工程從1900年起持續至日本戰敗離台為止, 分為4期逐步推行。第1期工程 (1900–1903) 因預算不足, 成效有限。1906年實施第2期工程, 大規模整頓內港。第2期工程完成後基隆港內港海岸碼頭全數建設完畢, 具有先進的運輸及倉儲設備。表11.1顯示, 到了1905年, 以往由淡水進出的貨物, 很多已改由基隆運出。

總督府於1900年著手蒐集高雄港建設計畫的資料。1904年進行海岸線倉庫地基打樁工程, 疏浚港外沙洲, 挖泥填築大港埔一帶鐵路用地四萬餘坪。1906年研議興築高雄港計畫, 此建設計畫一直持續到日本戰敗離台為止。第1期工程於1912年完成後, 高雄港已可進出三千噸之船隻。

前面表11.1顯示, 1915年高雄港後來居上, 出口金額比率高於基隆。高雄港超越基隆港, 原因並不是港口條件較佳, 而是因為台灣主

圖 11.5: 台灣主要的出口品: 1896–1915

單位:百萬圓。「茶葉」為烏龍茶與包種茶合計,「樟腦」為樟腦與樟腦油合計。來源:台灣省政府 (1950)。

要出口品的改變。1900年代晚期,砂糖業快速發展,砂糖產地主要是在中南部,而大部分的砂糖是由高雄港出口。

圖11.5畫出1896到1915年期間,台灣主要的出口品之價值。1896年,茶葉的出口價值最高,占出口總值的29.2%,糖的出口只占7.6%。1909年,因為新式糖廠開始運作,糖的出口值大幅上升。1912與1913兩年的出口值明顯下降,原因是這兩年台灣遭受暴風侵襲。1910年,糖的出口占總出口的比率上升為32.4%,但1915年略降為28.1%。

以下會說明,日治初期新式糖業的發展,除了得利於縱貫鐵路與港口的興建之外,糖廠鐵道系統也是關鍵因素。

圖11.5的4項產品中,1896年米的出口值最低,但到了1905年,米的出口值與糖大約相等。1915年,糖的出口值第一,米為第二,但米的出口值大約只占糖出口值的23%。

日治時期,台中一帶是主要的產米地區,台中的米若經由縱貫線載運到基隆出口,運輸成本較低。但是,上面說過,縱貫線在三叉河到葫蘆墩的這一段,渡過大安溪與大甲溪,工事特別困難。到了1907年,縱貫鐵路南段已通車,但是,渡過大安溪與大甲溪的一段仍在興

表 11.2: 台中廳的米運往基隆港與打狗港 (單位: 袋)

	1904	1905	1906	1907	1908
基隆港	327,911	291,445	200,685	150,454	286,514
打狗港	–	27,751	128,020	137,177	18,969

臺灣總督府鐵道部 (1911), 下卷, 頁 222。

建中。表 11.2 顯示, 1907 年台中廳的稻米大約有一半是由打狗港出口, 這些主要是大甲溪以南的稻米。1908 年鐵路全線通車後, 台中廳稻米的運輸方向改變, 運往打狗港的數量減為 18,969 袋, 運往基隆港的則增加為 286,514 袋。

11.4 現代化的交通系統

圖 11.6 為 1919 年台灣交通系統之狀態, 除了縱貫鐵道之外, 圖中還畫出高雄港及基隆港, 人力輕便鐵道, 與糖廠鐵道系統。換言之, 除了公路系統之外, 本圖呈現 1910 年代晚期台灣的交通系統。

縱貫鐵道連結基隆, 高雄, 與中間的城市, 但是, 距離鐵道較遠的鄉鎮必須有另外一套運輸系統可以連接到縱貫線, 否則光是一條縱貫線, 效能有限。圖 11.6 的地圖裡, 畫出連接到縱貫線的兩套系統, 中南部是糖廠鐵道, 北部則是人力輕便鐵道 (手押輕便車)。

人力輕便鐵道

人力輕便鐵道在 1895 年就出現。日本登陸台灣之後, 發現交通不便, 隨即於 1895 年 12 月開始興建軍用人力輕便鐵道系統。[14] 車輛是以人力推送, 除了供軍用之外, 也提供民眾搭乘。縱貫鐵路通車後, 人力輕便鐵道大多撤除, 但一部分被民間使用於其他地方。

---

[14]臺灣總督府鐵道部 (1990), 頁 205。

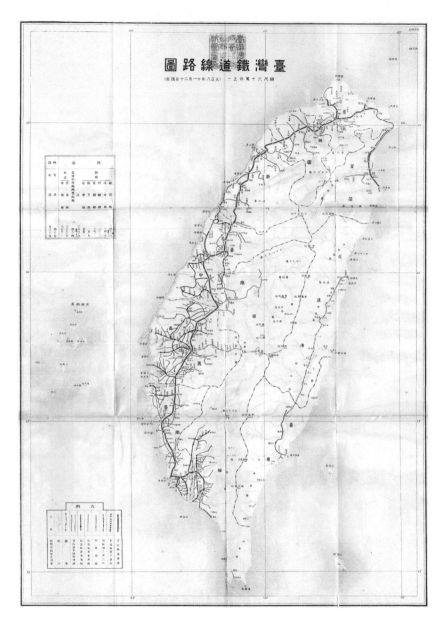

圖 11.6: 台灣的交通系統: 1919年

來源:《大正八年度年報》,臺灣總督府交通局鐵道部。

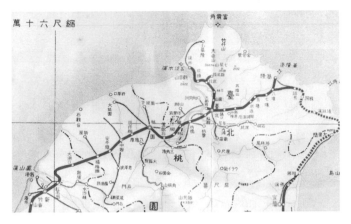

圖 11.7: 桃園地區的人力輕便鐵道系統: 1919年

來源:《大正八年度年報》,臺灣總督府交通局鐵道部。

圖11.7截取1919年台灣鐵道線路圖上方的台北桃園一帶,其中顯示一條人力輕便鐵道是由角板山,經過大料崁 (今日的大溪),抵達桃園;之後分出兩條路線,終點分別是南崁下與大坵園。當時的人力輕便鐵道通常是由民間經營,運載的商品包括米穀,茶葉,石炭等。[15]

就日治初期新式糖業的發展而言,糖廠鐵道系統的重要性不下於縱貫鐵路。糖廠鐵道在地圖中標示為「私設鐵道」,縱貫線則稱為「官設鐵道」。私設鐵道分專用線與營業線,前者用於載甘蔗,後者則載運一般貨物與乘客。第一條私設鐵道由臺灣製糖株式會社的橋仔頭工廠所興建,主要目的是運送甘蔗。阿緱工廠的糖廠鐵道很快接著興建,並在1908年3月開始運轉。下一章會講糖廠鐵道的故事。

1908年是台灣交通史上重要的一年。縱貫線全線通車,基隆與高雄兩港的築港工程已有初步的成果,中南部產糖區的糖廠鐵道開始運轉,台中以北尚無糖廠的地區,則有民間經營的人力輕便鐵道系統。台灣的交通終於從清末極端落後的狀態跨出一大步,邁向現代化。

---

[15]陳家豪與蔡龍保 (2020)。

交通與經濟發展

2018年,經濟學者唐納森 (Dave Donaldson) 發表一篇文章,分析英國在印度殖民地興建的鐵路系統之影響。[16] 從1853到1930年,印度所興建的鐵路長達67,247公里,唐納森的研究發現,鐵路通車使運輸成本下降,區域之間的貿易增加,各地區的商品價格差異縮小。台灣在日治初期也有同樣的情況。前面圖11.3顯示,縱貫鐵路通車後,北部地區與中部地區米價的差異縮小。

此外,依據唐納森的估計,鐵路通車到某村莊之後,該村莊人民的農業所得上升16%。經濟學很早就以比較利益的概念預測,貿易出現會提升雙方的所得水準。唐納森的研究再度驗證以上的預測。由此推論,台灣現代化的交通系統在1900年代晚期出現之後,台灣人的所得水準也會提升。不過,到目前為止尚無學者估算,鐵路通車使台灣人所得提升多少。

前面圖11.3畫出縱貫鐵路通車對於各地區米價之影響。除了米價之外,交通系統的現代化也影響房地產的價格。交通建設影響房地產價格的例子,古今中外都有。例如,從2001年第1季到2022年第3季,台北市與新北市的房價分別上漲為3.5倍與3.9倍。[17] 雙北地區平均房價的飆漲,主要原因是台灣央行長期持續的低利率政策,但是,各地區的漲幅不同,主要影響因素之一則是交通是否便利。眾所周知,愈靠近捷運站,房子的價格愈高。

回到20世紀初期,1900年代晚期現代化交通系統出現後,交通便利的地方,工商業活動較熱絡,房地產價格也會飆漲。圖11.8比較1897與1912年市街地上等則房屋用地的價格,1897年的價格代表清末交通落後下的情況,1912年的價格則代表現代化交通系統出現的情況。原調查資料共有57個市街,但本圖只比較其中8個市街的價格變動。

---

[16] Donaldson (2018)。
[17] 信義房價指數。

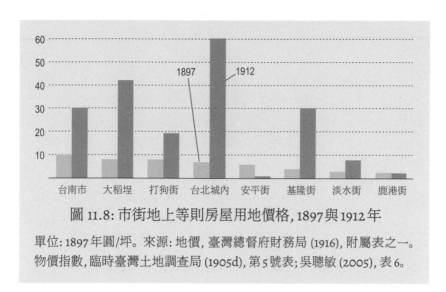

圖 11.8：市街地上等則房屋用地價格，1897 與 1912 年

單位：1897 年圓/坪。來源：地價，臺灣總督府財務局 (1916)，附屬表之一。
物價指數，臨時臺灣土地調查局 (1905d)，第 5 號表；吳聰敏 (2005)，表 6。

　　1897 年，房屋用地價格最高的是台南市，大稻埕與打狗街並列第二，台北城內排名第三。到了 1912 年，台北城內的地價躍居為全台第一，大稻埕第二，台南市與基隆街並列第三。台北城內的地價最高，除了交通便利之外，台北城內後來變成是台灣的行政與商業中心，應該也是重要的原因。

　　相對的，對比打狗街與安平街的地價變動，也可以看出來交通因素的影響。1900 年代晚期，打狗變成是縱貫鐵路南端的大站，也是重要的國際港，而安平街的港口功能已被取代掉，而且沒有鐵路通過。結果，安平街 1912 年的地價下降為 1897 年的 15%。鹿港街也出現類似的情況，1912 年的地價是 1897 年的 96%。

　　就全台灣 57 個市街而言，安平街與鹿港街是唯二兩個地價下跌的市街。地價上升倍數最高的是台中街，上升為 30.2 倍，阿緱街排名第 2，上升為 24.1 倍。全台灣的市街合計，平均上漲倍數是 5.4 倍。日治初期，土地資產是人民最重要的財富，市街的地價上漲表示土地持有人的財富增加。整體而言，這是經濟發展的成果，而交通系統的現代化是經濟發展的基礎。

12

糖業帝國的誕生

"從阿里港的產糖區運8袋糖 (12擔) 到距離15英里
的打狗, 運費高達2.3元 (dollars)。雖然產糖區離河
口不遠, 但因為路況太差, 運輸成本昂貴。蔗糖要
先用牛車載到東港溪河岸渡口, 每車最多只能載8
袋。打狗位於東港溪渡口南邊約13英里。蔗糖到了
渡口暫時存放, 等待適當時機運往打狗。"

Warren (1997)

華倫 (Pelham Warren) 先生於 1886 年 7 月接任英國駐淡水領事，他在隔年的 2 月底寫了一篇報告，一開始就說，1886 年的貿易額比前一年略有增加，但數量卻減少，整體而言是開港以來最糟的年分之一。當年，台灣出口 5,200 噸的糖到日本，4,000 噸到北美。蔗糖出口平均價格每擔 3.50 美元，比上一年的 2.25 美元高。因為台灣的糖價上漲，日本也從爪哇，馬尼拉，與香港進口砂糖。[1]

華倫領事指出，台灣的甘蔗品質不比其他國家差，但榨糖技術落後。因為生產成本與運輸成本高，因此無法與其他國家競爭。他特別記錄島內的運輸成本。一擔蔗糖從阿里港 (今日里港) 運到打狗的運費是 0.19 美元，高達出口價格的 8.5%。他認為，除非蔗糖的品質改善與生產成本下降，台灣的糖業不久之後很可能會消失。

如果糖業消失，則台灣的出口可能變成是茶葉一枝獨秀。神奇的是，1895 年後台灣成為日本的殖民地之後，糖業不僅沒有消失，反而很快超越茶業，成為有史以來第二個高成長的產業，第一個是晚清的茶業。圖 12.1 畫出茶葉與砂糖產量之變動，基期設為 1906 年 (產量等於 100)。再製茶的產量在 1870–1893 年之間，年增率為 12.7%；相對的，從 1906 到 1939 年，砂糖產量年增率為 9.3%。

以生產值而言，1906 年砂糖的生產值大約與茶葉相同，但是，接下來茶業的發展停滯，糖業則突飛猛進。晚清時期，茶葉主要的產地是北部地區，再製茶是由淡水出口，因此，茶業的發展應該會提升茶農的所得，但因為調查統計太少，很難分析其影響有多大。

烏龍茶的發展要歸功於英國蘇格蘭籍商人陶德 (John Dodd)，他在台灣開港之後引進廈門與福州技工前來台灣精製烏龍茶。清政府在茶業的發展中，除了課稅外，並無其他的功能。相對的，日治初期糖業的發展，總督府扮演重要的角色。

蔗糖是以甘蔗為原料，而甘蔗幾乎全部是台灣農民所種植，糖業快速成長，表示甘蔗的產量也快速增加，蔗作農家的所得也提升。

---

[1]Warren (1997)，頁 112。

圖 12.1: 再製茶與砂糖產量指數 (1906 = 100)

再製茶產量是由出口量間接估算。來源: 臨時臺灣舊慣調查會 (1905), 上卷, 頁 53–56; 台灣行政長官公署 (1946)。

12.1　糖業改良意見書

1900年6月, 臺灣製糖株式會社的創業人會議在東京舉行, 總督兒玉源太郎是與會者之一, 會後發表了一份「創立之旨趣」, 其中說:[2]

> "內地精製糖業者不得已, 將其原料求之於遙遠之爪哇及其他等地。… 台灣總督府很早就鑑及於此, 從改良品種、改善製糖之法, 圖謀振興台灣糖業。某某等 [七名發起人] 奉總督府之旨趣, 仰賴其保護政策, 創立本會社於茲。"

由以上的文字可知, 台灣糖業的發展, 目的是為了提供原料糖給日本本土的精製糖業者。糖的製造可分粗糖與精製糖兩階段, 粗糖是精製糖的原料, 因此又稱為原料糖。

　日本本土的精製糖產業從 1880 年代中期開始發展, 到了 1890 年日本有兩家大公司: 位於東京的「日本精製糖會社」與位於大阪的

---

[2] 伊藤重郎 (1939), 頁 76–77。

「日本精糖會社」。[3] 但是，日本本土的原料糖產量有限，必須從爪哇進口。上面的旨趣中說，「將其原料求之於遙遠之爪哇及其他等地」，就是在講這件事。日本政府認為，台灣的原料糖產業若能發展起來，與日本本土的精糖業是一個完美的組合。

上面的旨趣中還提到「總督府 ... 從改良品種、改善製糖之法，圖謀振興台灣糖業」，確實如此。日本治台第2年，台灣仍然兵荒馬亂，總督府即從夏威夷購買玫瑰竹蔗 (Rose bamboo) 與拉海納 (Lahaina) 兩種蔗苗，在台北農事試驗所試種。[4]

為了推動新式糖業，民政局長後藤新平游說農業專家新渡戶稻造博士前來幫忙。新渡戶稻造原為札幌農學校的教授，當時因為健康情況不佳，在美國養病。1901年5月，新渡戶稻造出任台灣總督府的殖產局長，他上任後很快提出「糖業改良意見書」，其中的建議也就成為總督府發展糖業的政策。

糖業改良意見書可以分三大部分，第一是甘蔗農業的改良，第二是製糖方法的改良，第三是保護政策。前兩部分不難理解。在甘蔗農業方面，台灣傳統的蔗作品種，栽培方法，水利灌溉，與肥料使用等，都有待提升。新渡戶稻造建議，總督府以獎勵與補助的方式，提升農民改變的誘因。

甘蔗農業的改良較為單純，主要是品種的改良與耕種方法改變。清治末期，蔗農使用的品種主要是竹蔗，其優點是耐風力強，但缺點是糖汁分量低。總督府引進夏威夷蔗苗，免費提供給蔗農。總督府的獎勵政策發揮效果，1902年期使用夏威夷蔗苗種植的面積比率僅0.2%，到了1910年期，比率已上升至92.4%。此外，為了鼓勵農民施用肥料，總督府發放現物或現金補助。[5]

---

[3]服部一馬 (2007)，上冊，頁186–193。
[4]伊藤重郎 (1939)，頁64–65；服部一馬 (2007)，上冊，頁270。
[5]服部一馬 (2007)，上冊，頁221, 280–281。

圖 12.2: 舊式糖廍外觀

來源: 伊藤重郎 (1939), 頁126。

製糖方法的改良

製糖方法的改良較為曲折。1901年, 台灣有1,117家舊式糖廍 (圖12.2), 平均每家的產量是8萬斤。舊式糖廍並未使用動力, 而是以牛車拉石磨榨甘蔗。因為製糖方法原始, 舊式糖廍的製糖率低, 砂糖的品質差, 而且品質參差不齊。

圖12.3為糖廍內的牛隻拉動石磨的情形, 大約畫於18世紀中葉。舊式糖廍並非永久的建築物, 而是甘蔗收穫時才臨時搭建的。糖廍生產出原料糖之後, 再運往「糖間」製成白糖或冰糖, 後者大部分是永久性的建築物。

日本人的調查發現, 舊式糖廍的經營型態可區分為4種, 牛掛廍, 牛犇廍, 公家廍, 與頭家廍。前兩種是由蔗農自行組合而成。運轉石車壓榨蔗莖是以3頭牛為一組, 稱為一牛掛或牛犇。牛掛廍通常是十幾名蔗農組成, 但也有多至三、四十人的情況。加入牛掛廍的農民提供牛隻與各自種植的甘蔗, 榨出來的糖則依各人的貢獻分給所有成員。

相對的, 牛犇廍所用的牛隻並不是自行提供, 而是以現金租賃進

圖 12.3: 糖廍

來源: 中央研究院歷史語言研究所。

來的。牛犇廍的成員數目較少, 大約是在2–10人之間。因為人數少, 自行耕種的甘蔗量也較少, 因此, 牛犇廍也會接受他人委託製糖。

　　牛掛廍或牛犇廍的成員大部是資金較少的蔗農。相對的, 公家廍則是2–5位資金較雄厚者組成, 甘蔗來源是從附近的蔗農買進來, 但也接受蔗農委託製糖。頭家廍與公家廍的經營型態接近, 但規模更大。如果頭家廍的主人本身就是地主, 則佃農所種的甘蔗理所當然就交由地主的糖廍來製糖。

　　新渡戶稻造在提出糖業改良意見書時, 台灣製糖株式會社已經設立, 橋仔頭的工廠也已經開始運轉, 但他認為大型製糖工廠不可能立即出現, 原因是甘蔗原料運輸的問題。甘蔗收割之後必須盡快運至工廠去製糖, 否則糖汁流失會造成製糖率下降; 但是, 日治初期台灣的交通落後, 仍使用牛車運送甘蔗原料。新渡戶稻造認為, 在現

圖 12.4: 台灣製糖株式會社橋仔頭製糖廠

來源: 伊藤重郎 (1939), 頁 126。

代化的甘蔗原料運輸系統建立之前, 大製糖工廠不切實際。

舊式糖廊的規模較小, 以牛車運送甘蔗原料尚屬可行。新渡戶稻造的建議是, 將現有的糖廊予以擴充, 並安裝使用動力的榨糖機器。[6] 總督府一開始曾從美國進口鐵製的榨蔗莖機器來替代石磨, 租給糖廊使用。但這種機器仍然是以牛隻拉動, 效果並不好。

圖12.4是台灣製糖株式會社在橋仔頭的工廠在1902年所拍的照片, 1901當年首度運轉時, 蔗糖產量是185萬斤。圖12.5是橋仔頭的工廠所使用的甘蔗壓榨機, 機器是從英國進口的。

總督府接下來的努力是引進使用石油發動機的榨蔗莖機器, 而裝置這種設備的製糖廠稱為「改良糖廊」。相對的, 新式製糖廠則是指更進一步能把煎煉過程也機械化, 而且也可以生產分蜜糖的工廠。分蜜糖是指分離糖蜜後之結晶糖。1902 年, 第一家新式製糖廠已經開始生產, 但新式糖廠與改良糖廊是要併存, 或者前者要取代後者, 總督府內部的意見並不一致。

新渡戶稻造只建議, 砂糖生產應機械化並使用動力, 但他並未特別說明規模多大才適當。他甚至建議, 「勸誘蔗作農, 組成團體, 建立

---

[6]服部一馬 (2007), 上冊, 頁 274; 臺灣總督府殖產局 (1927), 頁 18。

圖 12.5: 台灣製糖株式會社橋仔頭工廠甘蔗壓榨機

來源: 伊藤重郎 (1939), 頁 126。

共有糖廍」, 相對的, 後藤新平則認為應發展大型的新式糖廠。除了
日本的大企業之外, 總督府也勸誘台灣的資本家投入新式製糖業。

新式糖廠的勝利

1898年, 日本財政部長井上馨, 偕同剛上任的台灣總督兒玉源太郎,
以及民政長官後藤新平, 在東京勸誘日本大企業家來台灣投資, 設立
大型製糖廠。兩年之後, 臺灣製糖株式會社在東京舉行成立大會, 最
大的股東是三井財閥 (1,500 股), 其次是日本皇室與毛利家 (各 1,000
股), 接下來是打狗出身的糖商陳中和 (750 股)。另一個台灣人股東是
台南糖商王雪農 (250 股)。王雪農另外又與其他台灣人於 1903 年成
立鹽水港製糖會社。[7]

　1901 年 5 月及 12 月, 台灣製糖株式會社在高雄的橋仔頭興建製糖
工廠時, 附近的土匪兩次來襲, 但被警察大隊擊退。之後, 會社的員
工即接受射擊訓練。接下來又有兩次土匪來犯, 但全部被擊退。橋仔
頭的工廠在 1901 年已有少量的生產, 當時, 抗日的勢力仍繼續活動。

_____

[7]服部一馬 (2007), 上冊, 頁 293–296。

表 12.1: 各式糖廠之演進

	新式糖廠		改良糖廍		舊式糖廍	
	家數	平均產量	家數	平均產量	家數	平均產量
1901	1	1,850	–	–	1,117	80
1904	7	1,080	4	160	1,029	72
1905	8	1,596	52	353	1,055	91
1906	7	2,429	60	400	878	75
1911	29	8,656	50	576	212	60

說明: 產量的單位為千斤。來源:《糖業統計年報》。

1902年5月30日, 南部最大的抗日勢力林少貓被日本軍警打敗, 台灣的治安才趨於穩定。[8]

在總督府的獎勵之下, 1902到1904年期間, 由台灣人出資所設立的中小型新式糖廠計有6家, 包括維新製糖, 新興製糖, 鹽水港製糖等。[9] 由表12.1來看, 1906年以前, 新式糖廠的平均產量增加有限, 表示運轉並不順利。

改良糖廍於1904年首度出現, 共有4家設立。當年尚有超過一千家的舊式糖廍與7家的新式製糖會社。在新式製糖會社中, 只有臺灣製糖株式會社擁有大型的糖廠, 其他都是中型。改良糖廍的產能高於舊式糖廍, 但遠低於新式糖廠。有些總督府的官員認為, 傳統糖廍的生產若能機械化, 其效率不見得低於新式糖廠。

1905年, 改良糖廍增加為52家, 但到了這個時候, 總督府的政策已經明確, 未來的發展以大型新式製糖廠為主, 但仍然繼續獎勵改良糖廍。既然大型新式製糖廠是未來發展的方向, 為何還獎勵改良糖廍?[10] 原因是大型新式糖廠的設立需要長期的規畫, 因此, 在暫時

---

[8] 吳密察 (1999), 頁80。

[9] 服部一馬 (2007), 頁288; 黃修文 (2005), 頁96–98。

[10] 森久男 (1980), 頁386–386, 405–409; 服部一馬 (2007), 頁285–287。

圖 12.6: 原料甘蔗運搬用牛車

來源: 伊藤重郎 (1939), 頁 130。

無法設立新式製糖廠的地方, 先由改良糖廍來生產。

1905年6月, 總督府公布「製糖場取締規則」(管理規則), 規定改良糖廍與新式糖廠的設立採許可制。改良糖廍只能設於「山川之間, 廣泛採收原料甘蔗有困難的地方」, 而且, 未來新式製糖工廠設立後, 區域內的改良糖廍即廢除。[11]

台灣第2家大型的新式製糖廠是1906年設立的明治製糖株式會社。到了1910年, 另又有大日本, 鹽水港, 與帝國3家製糖會社成立。台灣人在1902–1904年期間所創設的中小型新式糖廠, 後來全部被併入大型新式糖廠。總督府在1908年以後的三年之間, 付出20.5萬日圓廢除改良糖廍。

上面說明, 殖產局局長新渡戶稻造認為, 大型的製糖工廠不可能立即出現, 原因是缺乏現代化的甘蔗原料運輸系統。清治時期, 蔗田所採收的甘蔗是由牛車運到糖廍。圖12.6是傳統的原料甘蔗運搬用

_____
[11]服部一馬 (2007), 頁 286–289。

227

圖 12.7: 牛隻拉台車搬運甘蔗原料

來源: 伊藤重郎 (1939), 頁 152。

的牛車, 每部牛車大約可以運載1,000斤甘蔗。新渡戶稻造在台灣擔任殖產局長未滿3年, 即於1904年返回到日本, 當時新式糖廠尚未克服甘蔗原料運輸的難題。

12.2 糖廠鐵道

臺灣製糖株式會社的總經理山本悌二郎對於創業初期的回憶裡, 再三提到甘蔗原料運送的難題。因為原料採集區域大, 離工廠較遠的地區, 甘蔗的運費非常高。為了運送甘蔗原料, 橋仔頭工廠向軍方借用手押台車的軌條, 鋪設後再以牛牽引, 運送甘蔗原料。圖12.7是臺灣製糖株式會社的牛隻拉台車搬運甘蔗原料的景象。

　　手押台車原本是軍隊所使用的交通工具。1895年, 日軍登陸台灣後, 發現台灣的交通系統非常落後, 乃於1895年12月底開始鋪設台南到打狗間的輕便鐵道, 以台車搬運軍需品。到了1898年2月, 新竹以南各地已有相當多的台車路線, 全台灣計有1,500輛的台車。[12] 輕便鐵道除了供軍隊使用之外, 也可以載運一般的貨物與乘客。

---

[12]臺灣總督府鐵道部 (1990), 頁 205。

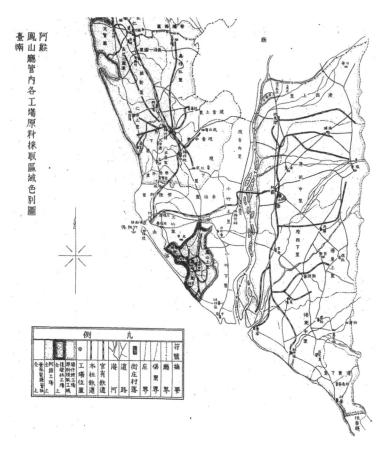

圖 12.8: 阿緱糖廠鐵道圖

來源: 臺灣製糖株式會社 (1908)。

　　以牛隻拉台車運送甘蔗的方法雖然可行, 但效率仍低。臺灣製糖株式會社產量持續增加, 甘蔗原料運輸的問題非設法解決不可。1905年, 會社的技師到夏威夷視察回來, 建議興建運送甘蔗原料的專用鐵道。會社先試驗鋪設 30 吋軌幅的軌道, 仍以水牛牽引, 發現效果良好。因此, 決定興建蒸汽鐵道系統。1907 年 11 月, 橋仔頭工廠開始興建甘蔗原料專用的鐵道, 這是糖廠鐵道系統的濫觴。

　　緊接著, 臺灣製糖株式會社的阿緱工廠的鐵道系統於 1908 年 3 月開始運轉。圖 12.8 是阿緱糖廠設立初期的鐵道路網, 圖中,「官設鐵

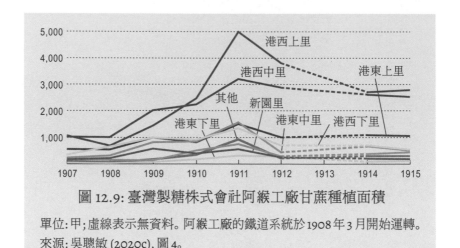

圖 12.9: 臺灣製糖株式會社阿緱工廠甘蔗種植面積

單位:甲;虛線表示無資料。阿緱工廠的鐵道系統於1908年3月開始運轉。
來源:吳聰敏 (2020c),圖4。

道」是指縱貫線。阿緱糖廠的所在地是港西中里 (今日的屏東市),路
網北邊通到港西上里 (今日的里港),南邊到今日的東港與林邊一帶。

臺灣製糖株式會社的總經理山本悌二郎回顧創業初期的建設,認
為糖廠鐵道帶來以下的利益: 運輸成本下降,能運送遠距離蔗作區
的甘蔗,大面積的栽種增加。此外,甘蔗原料運到糖廠時仍然新鮮,
因此,製糖率也提升。[13]

圖 12.9畫出阿緱工廠區域,甘蔗種植面積之變動,其中,港西上
里路網較密集,從1909年開始甘蔗種植面積明顯上升,反映糖廠鐵
道通車之效果。1907–1911年期間,港西上里與其下方的港西中里蔗
作面積增加最多,相對的,港東下里的面積增加很有限,原因是糖廠
鐵道尚未通達。不幸的是,1911與1912兩年台灣連續遭到嚴重的全島
大風暴,這可能是1912年之後,種植面積減少的原因。

解決了甘蔗原料運輸的問題之後,1900年代晚期,臺灣製糖株式
會社即開始快速擴張,新建的工廠除了阿緱工廠之外,尚有後壁林
工廠。1910年底,阿緱製糖廠擴建完成,壓榨能力從1,200噸提升到

---

[13]伊藤重郎 (1939),頁 152–153。

3,000噸, 為當時東洋最大的糖廠。[14] 阿緱工廠的鐵道系統於1908年動工, 到了隔年6月底, 線路長度已超過橋仔頭工廠的鐵道。[15]

其他新成立的製糖會社在興建工廠時, 也同時興建糖廠鐵道。糖廠鐵道分專用線與營業線, 前者僅載運甘蔗, 後者則載運乘客與一般貨物。1909年, 營業線與專用線合計, 長度為571.4公里。到了1925年, 糖廠鐵道的專用線與營業線合計, 長度已增加為2,111.0公里。

糖廠鐵道的主要功能是運送甘蔗原料, 製成的砂糖先由縱貫線運到高雄港或基隆港, 再出口到日本。縱貫線剛完成時, 南端只到位於下淡水溪西側的九曲堂, 但臺灣製糖株式會社的阿緱工廠是位於下淡水溪東側。為了運送砂糖, 1908年5月, 臺灣製糖株式會社完成一條跨越下淡水溪的鐵道, 除了運送砂糖與甘蔗原料之外, 也運送旅客 (圖12.10)。

在夏天豐水期, 下淡水溪的河面有時會超越橋梁, 造成交通斷絕, 總督府因而決定把縱貫線延伸到屏東, 工程於1913年完成。[16] 你今天若搭乘台鐵火車由高雄前往屏東, 火車走的並不是1913年的鐵橋, 而是1987年興建完工的雙線鐵橋。但是, 火車通過下淡水溪時, 乘客仍可看到旁邊的舊鐵橋遺跡。

1905年, 台灣的砂糖產量為49,579噸。到了1927年, 產量劇升為411,140噸, 增加為8.3倍, 平均年增率是10.1%。晚清時期, 台灣茶葉產量的成長率不比日治時期的糖業低, 但是, 新式糖業的產值遠大於茶業, 因此, 影響更為巨大。

新式糖業的發展帶來繁榮。以屏東地區為例, 阿緱街因為阿緱工廠的設立而繁榮起來, 地價也上漲。圖12.11為屏東地區3個市街之房屋用地價格的變動情形。1897年, 新式糖廠尚無踪影, 阿里港街, 阿緱街, 與東港街都是下淡水溪沿岸的市街, 但東港街同時是台灣

[14] 周俊霖與許永河 (2010), 頁98–118。噸為重量的單位, 1噸等於1,000公斤, 1擔等於100斤, 或60公斤。

[15]《臺灣製糖株式會社第九回報告書》, 頁11–15。

[16] 蔡龍保 (2010)。

231

圖 12.10: 下淡水溪輕便鐵橋 (1908年)

來源: 伊藤重郎 (1939), 頁 158。

南部重要港口市街, 因此, 地價 (每坪1.5圓) 也遠高於其他兩個市街 (每坪0.3圓)。

　　1903年, 阿緱有一家中型的新式糖廠 (南昌製糖) 設立, 股東是台灣人。臺灣製糖株式會社的阿緱工廠在1907年設立後, 合併了南昌製糖與另一家本土資本的大東製糖會社。到了這個時候, 阿緱的新式糖業已蓬勃發展, 地價也超越了東港街與阿里港街。1912年, 臺灣製糖株式會社的阿緱工廠已營運2年, 阿緱街的地價再上漲為12.0圓, 與東港街的地價差距拉大, 也超過中部的彰化街 (11圓)。

　　日治時期的新式糖廠主要是由日本人所設立, 雖然其中也有少數的股東是台灣人, 但糖業發展的主要獲利者應該是日本的資本家。不過, 阿緱街的住民大多是台灣人, 他們也因為地價上漲而受益。

12.3　原料採集區域

臺灣製糖株式會社成立時, 除了甘蔗原料運輸的難題之外, 另一個

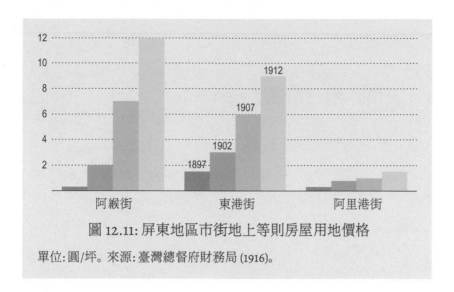

圖 12.11: 屏東地區市街地上等則房屋用地價格

單位:圓/坪。來源:臺灣總督府財務局 (1916)。

頭痛的問題是甘蔗原料的來源。上面說明,清治時期的舊式糖廍,經營型態可分為4種,其中,公家廍與頭家廍所使用的甘蔗大部分是買進來的。那麼,糖廍與蔗農之間是如何交易的? 在製糖期之前,糖廍業主會先到蔗園觀察甘蔗的發育情況,當場訂定收購的條件。依據山本悌二郎的回憶,農民以往的習慣是採「分糖法」,蔗農提供甘蔗,並分得糖廍所生產蔗糖的一定比率。

臺灣製糖株式會社在橋仔頭附近買了一千多甲地,並把其中一部分區域劃為自營農場。但是,自營農場的甘蔗產量與製糖廠所需要的數量相去甚遠,非得向農民購買甘蔗不可。1905年總督府公布「製糖場取締規則」,其中規定,改良糖廍與新式糖廠的設立採許可制,並規定採行「原料採集區域」制度。

總督府在批准設立新式製糖廠時,同時公布製糖廠的原料採集區域。在原料採集區域制度下,每一個區域內只有一家新式糖廠;區域內的農民若種植甘蔗,非經總督府許可,不得運到區域外出售,或供製糖以外之用途。因為區域內的糖廠是原料的獨買者,因此這個制度對於農民較為不利。圖12.12為1919年的原料採集區域圖。

原料採集區域制度後來變成是日治時期糖業發展的一個重要的

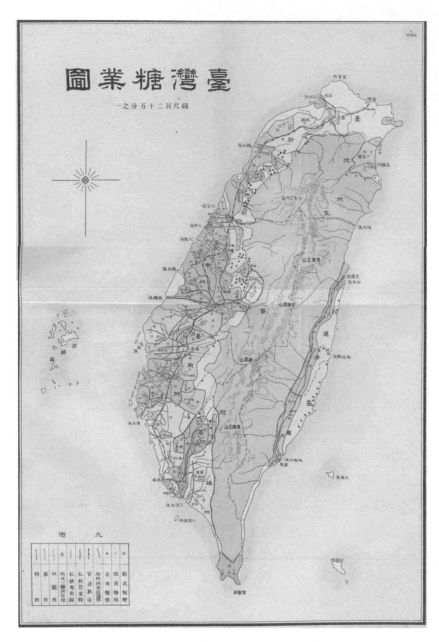

圖 12.12: 原料採集區域: 1919 年

來源:《臺灣糖業統計》。

研究議題, 有些人甚至由此衍生出一個結論, 認為台灣的蔗農是新式糖業發展的受害者。

不過, 甘蔗原料是由糖廠鐵道運送的, 由鐵道是由各家糖廠自行興建的, 不同糖廠的鐵道系統並不相連。因此, 即使沒有以上的管制, 蔗農要把甘蔗賣給區域外的糖廠, 實際上有困難。以清末而言, 蔗農的甘蔗也一定是賣給鄰近的糖廍。因此, 禁止農民把甘蔗賣到區域外的規定, 實際上對農民的影響應該不大。

臺灣製糖株式會社把以往的分糖法改成以現金購買, 但一開始蔗農對於合理的價格為何, 並沒有概念。此外, 以往農民是把甘蔗賣給舊式糖廍, 臺灣製糖株式會社進來競爭, 不免引發利益衝突。為了解決問題, 後藤新平本人甚至親自出面謀求解決。[17]

甘蔗之種植期間長達一年至18個月, 每一年開始植蔗之前 (通常是六七月), 糖廠會宣告蔗價, 並與有意願耕種的蔗農簽訂契約。到了翌年年底甘蔗收割開始製糖之際, 糖廠即以事先約定之蔗價收購農民所種植之全部甘蔗。對於蔗農而言, 真正重要的是, 甘蔗收購價格的高低。原料採集區域內的農民有選擇作物的自由, 如果他們對於價格不滿意, 可以改種其他的作物。

歷史學者黃修文分析阿緱地區的情況, 發現在1909年, 原料採集區域內蔗作面積之增加, 比區域外增加更多。[18] 如果新式糖廠收購甘蔗的價格對農民不利, 區域內的蔗作面積不應該會大幅增加。因此, 他認為, 新式糖廠的甘蔗收購價格, 比起以往對蔗農更有利。

事實上, 前面圖12.9也顯示, 在糖廠鐵道最密集的港西中里, 甘蔗種植面積的增加幅度遠高於糖廠鐵道尚未到達的地區。顯然, 農民是樂意種甘蔗賣給糖廠。

---

[17]伊藤重郎 (1939), 頁 126–130。
[18]黃修文 (2005), 頁 104–105。

13
纏足與失蹤婦女

"凡纏足之法也, 女兒生至四五歲, 先以第二趾以下
強行屈曲於蹠面, 而以尖端之小鞋穿之。次及七八
歲, 再行屈折蹠骨致使舶狀藉以脫臼, 而用白帛縛
包足面, 更使穿小形短鞋。"

臨時臺灣戶口調查部 (1909)

1900–1920

纏 足是傳統中國社會特有的習俗, 台灣的婦女也無法倖免。在
20世紀以前, 因為沒有調查統計, 婦女纏足的比率是多少並
不清楚。1905年10月1日, 台灣總督府實施第一次戶口調查, 除了調
查人口, 性別, 年齡, 與婚姻等項之外, 也調查鴉片吸食與纏足。調查
結果發現, 婦女纏足者共有800,618人, 占女性總人口的56.9%。

清末纏足者的比率會更高, 原因是日本統治台灣之後, 媒體就倡
議「天然足」, 希望父母不要再將女兒纏足。1899年底, 台北大稻埕
中醫師黃玉階等人籌組「台北天然足會」, 這是日治初期, 民間天然
足運動的濫觴。翌年3月, 天然足會舉行成立大會時, 台灣總督兒玉
源太郎與民政長官後藤新平都蒞臨會場, 表現官方對於消滅纏足惡
習運動的支持。

天然足運動也鼓勵「放足」, 也就是解纏足。1911與1912年, 台北
與宜蘭地區又分別成立解纏足會。[1] 霧峰林家的小女孩在1900年以
後出生者, 已不纏足。[2] 富豪之家不再纏足, 對於一般人家應該有示
範作用。在天然足運動與解纏足風潮的影響下, 1905年的纏足者比
率會少於清末之比率。

13.1 天然足與解纏足運動

1905年的戶口調查裡也記錄解纏足的人數, 其定義是, 以往曾經纏
足, 但在調查之際已解除。1905年, 解纏足者8,694人, 對纏足者之比
率僅1.09%。1915年的第2次戶口調查時, 纏足者仍有279,038人, 占
婦女人口的比率為16.7%, 而解纏足者已增加為476,016人。1920年
的調查, 纏足者的比率下降為11.8%。

依據日本人的調查, 女孩纏足可分4至5歲的預備期, 與7–8歲的
實施期, 前一時期是把腳硬塞到小鞋內, 後一時期則是腳骨屈折脫
臼。[3] 不過, 由調查統計數字判斷, 有些女孩可能到了10歲以後才纏

---

[1] 林淑慧 (2004), 頁 80–83。
[2] Meskill (1979), 頁 272, 註 8。
[3] 臨時臺灣戶口調查部 (1909), 頁 232。

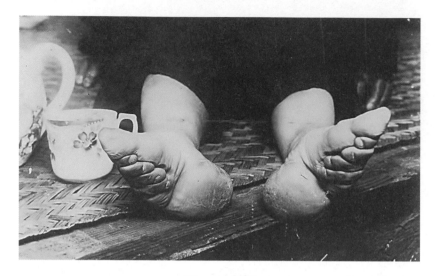

圖 13.1: 纏足

來源:國立台灣歷史博物館。

足。圖13.1為纏足後的結果。纏足過程疼痛,可能使腳指甲脫落,皮肉腐爛,發出惡臭;因為血液停止循環,纏足者也容易罹患各種傳染病。此外,纏足婦女的行動不便,也難以從事體力勞動。纏足使婦女身心受害,日本的戶口調查的記述裡稱之為惡習。

纏足起源於何時? 為何出現? 學者提出種種的說法,但都很難驗證其說法是否正確,原因是無可靠的調查統計。有學者認為纏足習俗在西元前就出現,而廣流傳於民間則在五代隋唐 (約9世紀),但也有人認為纏足起源於宋代。[4]

清朝政府曾經禁止纏足,但成效不彰。[5] 1915年是日本治台始政20週年,總督府的民政長官下令,要求在保甲規約中禁止纏足,並力勸解纏足。因此,台灣從1915年開始,纏足已被禁止,但是,解纏足並非強制。

---

[4]洪敏麟 (1976); Bossen and Gates (2017),頁 4–5。
[5]臨時臺灣戶口調查部 (1909),頁 230。

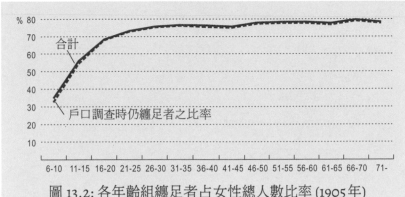

圖 13.2: 各年齡組纏足者占女性總人數比率 (1905年)

「合計」為戶口調查時仍纏足者與已解纏足者合計占女性總人數之比率。原資料裡, 最小之年齡組為0-10歲, 本圖假設纏足最早從6歲才開始, 重新計算比率。來源: 臨時臺灣戶口調查部 (1909)。

小女生纏足最早大約是從5歲開始, 若禁令有效, 則台灣大約在1910年以後出生的女生已經無人纏足。相對的, 中國大陸的纏足習俗到20世紀中葉才終止, 而一直到2015年, 中國大陸仍可看到纏足的老婦。[6]

圖13.2是由1905年的調查資料, 所畫出的各年齡組的纏足者之比率。圖中的虛線為調查之際仍纏足者之比率, 而「合計」為纏足者與已解纏足者之合計, 代表纏足者總數。1905年戶口調查時, 天然足與解纏足運動已啟動5年, 對於減少纏足應該有一定的效果。例如, 1905年是11歲的女生, 她在1900年是6歲, 若她尚未纏足, 而天然足運動改變她父母的想法, 她可能逃過纏足的厄運。

相對的, 1905年是21歲的纏足女生, 她在1900年是16歲, 纏足已經完成, 天然足運動已來不及改變她的厄運。因此, 圖中21-25歲及以上的年齡組, 反映清末纏足風氣影響下的比率。圖中, 21-25歲年齡組的比率為73.2%, 51-55年齡組的比率略高一些, 為78.4%。

---

[6] Farrell (2015)。

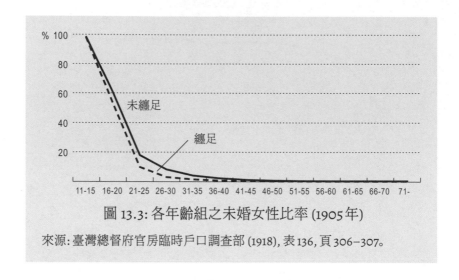

圖 13.3: 各年齡組之未婚女性比率 (1905年)

來源: 臺灣總督府官房臨時戶口調查部 (1918), 表136, 頁 306–307。

13.2　為何纏足?

纏足比率為何那麼高? 學者們有各種猜測。人類學者邵式伯認為, 在中國傳統社會裡, 纏足是一種流行 (fashion)。[7] 相對的, 在1905年第一次戶口調查的報告裡, 日本人對於纏足惡習的解釋是: 「因如纏足至小者, 容易婚嫁, 反之, 其大者世俗稱曰粗鄙不文, 不但為人恥笑, 其婚嫁頗難,」意思是說, 不纏足的婦女較不容易出嫁。[8]

　　1905年的調查資料顯示, 21歲以上的婦女中, 纏足者未結婚之比率為1.5%。相對的, 未纏足者之比率為6.3%。圖13.3為不同年齡組之比較。以21–25歲年齡組而言, 纏足者未婚之比率為6.5%, 未纏足之比率為17.9%。到了31–35歲, 前者之比率為0.5%, 後者為4.2%。但是, 到了41–45歲年齡組, 未纏足者之未婚比率已降至1.3%。在所有的年齡組裡, 未纏足者未婚之比率的確較高, 但另外一個特點是結婚較晚。

　　清治時期, 台灣有買賣查某嫻 (婢女) 的習俗, 貧窮人家的女孩大約在7或8歲到14或15歲被賣到有錢人家, 出嫁 (約21至22歲) 之前

---

[7]Shepherd (2019)。

[8]臨時臺灣戶口調查部 (1909), 頁 232。

從事各種雜役工作。1899年，總督府在台北縣的調查發現，大約20至30年前，查某嫻的價格是三四十圓，但茶業勃興後，價格上升為80圓，乃至百圓。[9]

婢女的命運通常很悲慘，地方官員也注意到這個現象。1760年代出版的《重修鳳山縣志》就提到：「臺俗，女婢多過期不遣，深可憫惻。」[10]「過期不遣」的意思是，過了婚配的年齡，仍被留在主人家工作。1840年，宜蘭通判徐廷倫立碑規定，「嗣後，臺屬凡紳衿庶民之家，如有婢女年至二十三歲即為擇配，至遲亦不得過二十五歲。」[11] 今日的台南也有兩件禁碑，分別是「錮婢積習示禁碑記」(1840年) 與「嚴禁錮婢不嫁碑記」(1889年)。

婢女要工作，因此，應該不會纏足，此外，她們也會較晚結婚。但是，日治初期並無關於婢女的全面性調查，故無法得知這是否是圖13.3中，未纏足者結婚較晚的主要原因。

纏足的另外一種解釋是，纏足對某些生產活動有幫助。加拿大的寶森 (Laurel Bossen) 與美國的蓋茲 (Hill Gates) 兩位教授在中國大陸廣泛地訪談纏足婦女，她們由男耕女織分工的角度推論，認為父母要女兒纏足的原因是手工紡織的需求。[12] 不過，以上的推論值得商榷，因為不纏足的女生也可以做手工紡織，而且效率應該更高。

總督府1905年的戶口調查報告裡說，婦女纏足之後除了「炊爨裁縫」之外，很難從事「普通勞役」。換言之，纏足的女性工作效率會較低。雖然如此，戶口調查顯示，各行各業裡都有纏足女性在工作，例如，農牧林漁業裡的女生，纏足比率為55.3%。不過，整體而言，纏足婦女裡無職業者之比率高達68.6%。

1905年的戶口調查報告裡還說，市街之纏足風氣較盛，而農民較

---

[9] 臨時臺灣舊慣調查會 (1905)，下卷，頁 484–486。
[10] 王瑛曾 (1764)，頁 57。
[11] 耿慧玲 (2008)。
[12] Bossen and Gates (2017)。

眾之村落則相反。[13] 原因不難推測,市街裡服務業與工業是以手工為主,故纏足之影響較少。相對的,農村婦女需要下田勞動,纏足之影響較大。

事實上,纏足是否要綁緊到使腳變形,父母有所選擇。1915年的一篇文章說,「村庄婦女所纏者,不過避世俗,至其足部少變形倭縮」,相對的,「富家或衣食稍足者之婦女反是。」[14] 上述寶森與蓋茲兩位學者在中國的田野調查,也呼應以上的說法。雲南昆明附近的祿豐縣的受訪者說,她們僅纏足短暫的時間,大體上不會使腳變形。因此,纏足婦女仍然能在田裡工作。[15]

在台灣,不同族群之纏足比率不同,客家 (廣東籍) 與原住民相當低,福建籍則很高。但是,各地區之客家人纏足比率差異頗大。1905年,桃園之客家人纏足比率僅0.4%,台中之客家人比率為2.8%,但彰化則高達61.8%。就福建籍而言,桃園之纏足比率較低,僅40.12%,台中與彰化較高,分別為56.3%與68.9%。[16]

綜合以上所述,清治時期台灣的纏足習俗大概情形如下:父母大多會遵照纏足的習俗,但纏足是否綁得很緊,仍有一點彈性,主要的考慮是女生是否有體力勞動上的需求。市街的婦女纏足綁得較緊;相對的,農村的父母會選擇不要綁緊,甚至不纏足。

13.3 糖業與解纏足

1905年解纏足者對纏足者的比率是1.09%,但1915年劇增為170.6%。纏足是把正常形狀的腳扭曲,解纏足則是要把已經變形的腳恢復原形。纏足過程痛苦,解纏足也相當痛苦。[17] 總督府從1915年禁止纏足,但對於解纏足只是鼓勵,並無強制的規定。

---

[13]臨時臺灣戶口調查部 (1909),頁 243–245; 230–233。

[14]廖學枝 (1915),頁 8。

[15]Bossen and Gates (2017),頁 37, 74, 123–125。

[16]臨時臺灣戶口調查部 (1908),頁 358。

[17]洪敏麟 (1976),頁 146, 148; 黃玉階 (1911),頁 65。

表 13.1: 甘蔗收穫面積與產量

砂糖 年期	收穫面積 (甲)	平均每甲產量 (斤/甲)	平均每戶面積 (甲/戶)
1905	24,977	42,928	0.56
1922	142,032	47,544	1.09
1935	121,628	110,807	0.73

來源:《糖業統計年報》, 第26號, 頁73。

日治初期開始, 解纏足者之所以大增, 除了社會風氣的改變之外, 另外一個因素是新式糖業興起。

上一章已講了台灣糖業帝國誕生的故事。從1905至1935砂糖年期, 台灣的砂糖產量從83百萬斤增加為1,609百萬斤, 平均年增率為10.4%。砂糖屬於食品加工業, 產量若要持續大幅增加, 甘蔗原料也會持續增加。從1905到1935年期, 甘蔗收穫量的年增率為8.8%, 略低於砂糖產量的年增率, 反映製糖率 (每單位重量的甘蔗可以榨出砂糖量) 的提升。

甘蔗是在蔗田裡種出來的, 如果產量每年要增加8.8%, 則最簡單的推算是, 蔗田面積與勞動力投入每年也要增加大約8.8%。當然, 如果農業技術進步, 甘蔗平均每甲產量上升, 則蔗田面積與勞動力的年增率可以低一些。

表13.1顯示, 1905–1935年期間的甘蔗農業之發展, 以1922年為中間點劃分為兩段期間。1905–1922年期間, 蔗作收穫面積從24,977甲增加為142,032甲, 年增率為10.8%, 與砂糖產量的年增率幾乎相等。平均每甲產量則由42,928斤略增為47,544斤, 相對而言, 變動並不大。因此, 在1905–1922年期間, 甘蔗收穫量增加主要是蔗作收穫面積增加所致。

　　相對的,在1922–1935年期間,蔗作農業之平均每甲產量由47,544斤增加為110,807斤,成長為2.3倍。換言之,1922年之後甘蔗農業技術有長足的進步。不過,解纏足主要發生在1920年之前,因此,以下的討論重點也放在1920年之前。

　　蔗田面積如何能每年增加8.8%? 方法之一是開墾新土地,另一個方法是把原先種植其他作物的土地,改為種植甘蔗。台灣的土地開墾遠從荷蘭時期就開始,到了日治初期,尚未開墾的土地並不多。因此,日治初期蔗作面積的增加,主要是由稻作與雜作轉換而來。

　　日治初期,新式製糖會社陸續設立,包括臺灣製糖(1900),明治製糖(1906),大日本製糖(1906),鹽水港製糖(1907),林本源製糖(1909),帝國製糖(1910),與臺東製糖(1913)。每一家製糖會社都擁有多家的工廠,設在不同的地方。一開始,會社的工廠大都設在濁水溪以南的地區,這是傳統的產糖地區,甘蔗主要種植於旱地。但隨著糖業的蓬勃發展,甘蔗的需求日增,較晚設立的會社只好到中北部與東部的水田地區設立製糖廠。

　　水田地區的農家傳統上是以種稻為主,原因是利潤較高。製糖會社在水田地區建立糖廠,它所提出的甘蔗收購價格必須夠高,才能吸引稻作農家改種甘蔗。此外,適合水田的甘蔗品種與旱地的品種不同,總督府很早就從夏威夷引進適合種在水田的玫瑰竹蔗種。結果,1910年代初期,台中的水田地區有一部分也轉成種蔗。[18]

勞動力的遷徙

蔗作對於勞動力的需求更高。表13.2比較水稻與甘蔗對勞動力的需求。以台中為例,若農家由水稻改成甘蔗,男生勞動力的需求由每年86.1人增加為162.4人,女生由5.2人增加為154.6人。全台平均也表現類似的情況。因此,由稻作轉成蔗作之後,農家對勞動力的需求增加,特別是女性勞動力。

---

[18] 相良捨男 (1919), 頁 6–8; 莊天賜 (2012); 服部一馬 (2007), 下冊, 頁 125。

表 13.2: 作物一甲當所要勞力 (1914–1916年平均)

| | 水稻 | | 甘蔗 | |
	男	女	男	女
台中	86.1	5.2	162.4	154.6
阿緱	68.7	48.3	119.7	61.5
全台平均	77.0	9.4	91.8	42.1

單位: 人。來源: 臺灣總督府殖產局 (1919), 頁 69–70。

　　男生與女生在農業生產活動裡會分工, 男生負責較粗重的工作。依據1960年代曾經在蔗園工作者所述, 在耕種時期女生的工作包括插蔗及撥蔗葉。插蔗是指把一節一節的蔗種斜插到犁鬆的土裡, 撥蔗葉則是在長得比人高, 密不透風的蔗園裡, 鑽在狹窄的縫隙中徒手撥除多餘的銳利蔗葉。在收成時, 女生的工作則是協助刈蔗。[19]

　　蔗作農家如何解決勞動力不足的問題? 方法之一是勞動力遷徙。1900年代中期, 眾多的新式糖廠設立後, 蔗作區 (離糖廠鐵道較近的地區) 會吸引非蔗作區的勞動力前來工作, 我在一項研究裡驗證以上的推測。首先, 我把西部平原劃分為91個區域, 北部是堡行政區, 南部是支廳行政區。接下來, 我再算出從1905到1920年, 每一區的人口變動與甘蔗收穫量之變動。結果發現, 甘蔗收穫量增加較多的地區, 人口也增加較多, 證實了勞動力遷徙的預期。[20]

　　以上的結果並不令人意外, 勞動力往工作機會多的地方遷徙, 是常見的現象。戰後的高成長時期, 也出現同樣的現象。1960–1970年代, 許多國內外的紡織與電子業者在台北與桃園一帶設廠, 需要許多的勞動力, 大批中南部的人因此離開家, 北上工作。

　　1966年, 行政院在高雄成立加工區, 並以獎勵政策鼓勵國外廠商

[19]陳玉秀通訊訪問, 2020/9/5; 許雪姬 (2020), 頁 302–304。
[20]吳聰敏 (2020c), 甘蔗收穫量並無1920年之統計, 故以1919年替代。

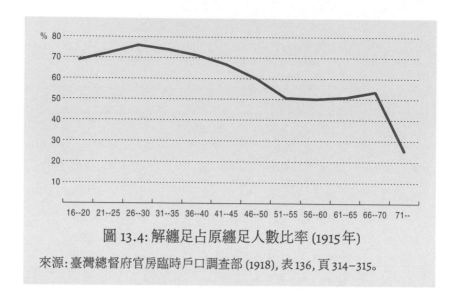

圖 13.4: 解纏足占原纏足人數比率 (1915年)

來源: 臺灣總督府官房臨時戶口調查部 (1918), 表136, 頁 314–315。

前往設廠。加工區的工廠出現之後, 也吸引周遭縣市的勞工前去工作。本書第1章講了蔡宮慧女士的故事, 她老家在屏東縣的內埔鄉, 1967年她從高商畢業後即前往高雄加工區工作。

除了勞動力遷徙之外, 農家還利用其他的方法來解決勞動力不足的問題。可能令人意外的是, 解纏足也被蔗作農家派上用場。

新式糖業與解纏足

圖13.4利用1915年的戶口調查資料, 依年齡組別畫出的解纏足人數占原纏足人數之比率。16–20歲年齡組之比率為68.9%, 接下來比率上升, 26–30歲年齡組達到最高 (76.0%); 之後則持續下降, 51–55歲年齡組為50.6%。不過, 66–70歲年齡組的比率略上升, 原因不明。

圖13.4所呈現的現象可以由經濟的誘因來解釋。一個人若從16歲開始工作, 直到年老退休, 則26–30歲之間, 大約是體力最佳, 生產力最高的時候。換言之, 此一年齡組的人解纏足, 工作上能獲得的報酬最高, 因此, 解纏足的誘因也最強。

同理可推測, 若某地區對勞動力的需求特別高, 該地區的解纏足者人數也會比較多。1900年代晚期開始, 新式糖業的發展造成蔗作

區的勞動力需求增加,解纏足的人數應該也會比較多。我的研究也驗證這項推測。

使用上述91個堡與支廳的資料進行迴歸分析,結果發現在1905–1919年期間,若 A 地區之甘蔗收穫之增加量比 B 地區多1百萬斤,則 A 地區1915年的解纏足比率會高出0.13%。例如,屏東支廳因為糖廠鐵道密集,在1905–1919年期間甘蔗收穫量增加108.97百萬斤;相對的,南邊的枋藔支廳並無糖廠鐵道抵達,甘蔗收穫量僅增加21.73百萬斤。因此,單就甘蔗收穫量增加的影響而言,屏東支廳解纏足之比率會比枋藔支廳高:0.13% × (108.97 − 21.73) = 11.3%。

以上的結果也可以直接用解纏足人數之變動來說明。1915年,屏東支廳的纏足與解纏足女生合計是 4,423 人,而解纏足人數為 2,918 人,比率為66.0%。現假設屏東支廳並無糖廠鐵道通過,而且,假設其甘蔗收穫之增加量與枋藔相同,則解纏足比率將由66.0%減少11.3%,變成54.7%。在此情況下,解纏足人數將是 4,423 × 54.7% = 2,419 人,比原先的2,918人,整整少了509人。

纏足的惡習對於婦女的身心造成重大的影響,日治初期新式糖業的興起,提升蔗作農家對於天然足與解纏足的誘因,讓婦女免於,或減輕,纏足的傷害。

除了解纏足之外,新式糖業的興起對於婦女還有另一個影響。

13.4　失蹤婦女

人類社會裡,女性比男性活得更久。事實上,不僅人類如此,哺乳類動物也大多有此一特徵。[21] 生物學的解釋如下:男生的生活方式比女生危險,原因是他們必須彼此競爭以取悅女性,而競爭的手段具有危險性。生物學的研究又指出,初生的男嬰數目大約是女嬰的1.05–1.06倍。以上兩個因素加在一起,若男生與女生在成長的過程中得

[21] *Economist* (2022)。

到相同的照顧,男女性別比的基準值 (benchmark) 大約是 0.95。但是,在很多的低所得國家裡,男女性別比常大於 1.0。

男女性別比

諾貝爾經濟獎得主沈恩 (Amartya Sen) 教授在 1990 年發表一篇文章,分析男女性別比的現象。他拿一個社會的實際性別比與基準值比較,推算「失蹤婦女」(missing women) 人數,結論是全球大約有 1 億名失蹤婦女。[22] 所謂「失蹤婦女」,意思是說,很多女孩在成長過程中,因為受到的照顧遠不如男孩,未能存活下來。

傳統的中國社會有重男輕女的習俗,故推測男女性別比應該是大於基準值,但是因為沒有調查統計,沒有人知道確實的比值是多少。總督府在 1905 年實施第一次的戶口調查之後,我們首度瞭解漢人傳統農業社會裡失蹤婦女的情況。1905 年,台灣人的男女性別比是 1.12,遠高於基準值。

那麼,台灣的失蹤婦女是如何出現的?日治初期美國駐淡水領事達飛聲 (James W. Davidson, 1872–1933) 轉述他的醫生朋友的觀察說,初生的女嬰如果沒有被立刻殺掉,通常也不會得到妥善的照料,因此存活率較低。[23] 達飛聲又說,在台灣的西班牙教會曾收養被拋棄的女嬰,到了作者寫書的 20 世紀初,教會已拯救了五六千名女嬰。

圖 13.5 畫出 1905–2011 年期間的男女性別比之變動。從日治初期起,台灣的性別比長期下降,1943 年性別比已降至 1.035。但是,1951 年突然上升至 1.189,遠高於 1905 年,原因是 1950 年前後,台灣移入大約 1 百萬人,其中軍人與平民大約各半,而軍人絕大多數是男性,故造成性別比大幅上升。2021 年 4 月,台灣的性別比為 0.98,比 2021 年全球的平均更接近正常的水準。[24]

---

[22] Sen (1990)。

[23] Davidson (1903),頁 613。

[24] Wikipedia (2022a)。

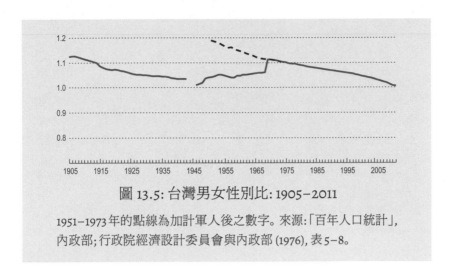

圖 13.5: 台灣男女性別比: 1905–2011

1951–1973年的點線為加計軍人後之數字。來源:「百年人口統計」,
內政部; 行政院經濟設計委員會與內政部 (1976), 表5–8。

新式糖業與失蹤婦女

失蹤婦女的現象不只出現在台灣, 很多國家都有。失蹤婦女的現象
為何會發生? 最常見的解釋是, 傳統農業社會的所得低, 赤貧的農家
擔心無法養活所有的小孩, 只好捨棄在農業上生產力較低的女嬰。不
過, 沈恩教授認為, 所得低是重要的因素, 但還有其他的原因。

　　表13.3為1905與1915兩年台灣不同族群的性別比。不管是1905
年或1915年, 性別比最高的是福建籍 (1.12), 其次是廣東籍 (1.08)。平
地原住民 (熟番) 與高山原住民 (生番) 的比例都是0.96, 幾乎等於基
準值。換言之, 失蹤婦女的現象在福建籍的漢人族群裡最為普遍, 原
住民幾乎無此現象。日治初期, 原住民的所得水準平均而言可能低
於台灣人, 由此可見, 如沈恩教授所說, 失蹤婦女的現象除了所得的
因素之外, 還有其他的原因。

　　不過, 在大部分的國家或地區, 所得低仍然是失蹤婦女現象的主
要因素。換言之, 所得上升之後, 情況會改善。沈恩教授說, 如果女
性有其他來源的所得 (outside income), 失蹤婦女現象會減少。他的
意思是, 如果父母預期女孩長大之後能夠為家庭創造所得, 女孩在
成長過程中會得到較妥善的照顧。

表 13.3: 種族與性別比: 1905 與 1915 年

	1905年	1915年
福建	1.12	1.08
廣東	1.08	1.05
平地原住民	0.96	0.97
高山原住民	0.96	0.96

平地原住民, 原表為「熟番」, 高山原住民, 原表為「生番」。
來源: 臺灣總督府官房臨時戶口調查部 (1918), 表13, 頁24-25。

把以上的推論應用到日治初期的台灣, 新式糖業興起之後, 蔗作農家對於勞動力的需求上升, 表示女性有新的所得來源, 因此, 蔗作區相對於非蔗作區, 失蹤婦女的現象應該會減少。我的研究也驗證了以上的預測。

失蹤婦女減少, 表示男女性別比下降。新式糖廠在1900年後半快速增加, 如果蔗作農家的嬰兒是在1910年出生, 到了第2次戶口普查 (1915年) 時是5歲。我計算出各堡與支廳從1905到1915年的性別比之變動, 發現蔗作區性別比下降的幅度確實較大。若以人數來說, 在1905-1915年期間, 若A地的甘蔗收穫增加量比B地多1百萬斤, 則A地0-5歲的女童失蹤人數會少0.998人。[25]

再以屏東支廳與枋藔支廳為例, 在樣本期間, 屏東支廳的甘蔗收穫量增加108.97百萬斤, 而枋藔支廳增加21.73百萬斤。現假設屏東支廳並無糖廠鐵道通過, 而甘蔗收穫之增加量僅與枋藔支廳相同, 則1915年屏東支廳失蹤的0-5歲的女童, 會比戶口調查紀錄所推算出來的人數多出: 0.998 × (108.97 − 21.73) = 87人。換言之, 新式糖業的興起在屏東支廳拯救了87位原本會「失蹤」的女孩。

日本統治初期, 新式糖業的興起對於台灣社會產生重大的影響。

[25]吳聰敏 (2020c)。

失蹤婦女

1910年代生活在中南部蔗作區的台灣人，會發現蔗作面積持續大幅增加。他可能也會注意到，纏足者持續減少。不過，另外一個更重要影響可能無法直接看出來，那就是失蹤婦女也減少了。

14

糖業帝國的沒落

"我們不能忽視一件事實，台灣糖業的成功是因為政府大力補貼與獎勵，並對進口糖課徵高關稅的結果。"

Geerligs (1912)

前面第12章曾提到1887年英國駐淡水的華倫領事對於台灣糖業發展的預測。他認為, 除非砂糖的品質改善與生產成本下降, 台灣的糖業不久之後很可能會消失。華倫領事於1893年離開台灣, 前往武漢任新職。1901年, 他升任英國駐上海的總領事。[1] 當時, 台灣已經是日本的殖民地。如果他還記得14年前所寫的報告, 他應該會注意到臺灣製糖株式會社已經在前一年成立, 他對於台灣糖業的發展或許會由悲觀轉為樂觀。

日治時期, 台灣的糖業脫胎換骨。從1905年到1927年, 台灣的蔗糖產量增加為8.3倍, 平均年增率為10.1%。台灣糖業的發展是總督府與民間企業共同努力的結果。總督府為何要發展糖業? 第一個原因是要解決台灣的財政赤字問題。台灣成為日本的殖民地之後, 日本政府對於殖民地提供巨額的財政補貼, 這對於日本本國的財政產生莫大的壓力。台灣的產業如果能夠盡快發展起來, 日本本國就可以減少對台灣的財政補貼。

第二個原因是日本本土的砂糖貿易逆差。19世紀末, 日本每年進口大量的砂糖。例如, 1894年日本的砂糖消費量是318.2百萬斤, 其中進口占71.9%。台灣的糖業若能發展起來, 日本的砂糖消費可以改由台灣提供, 砂糖貿易逆差即可減少, 甚至變成順差。

14.1 補貼與獎勵

19世紀末期, 日本進口的砂糖主要來自香港與中國, 也有一小部分來自台灣; 香港的糖主要是由爪哇的原料糖加工精製而成。圖14.1畫出1894–1917年期間日本的砂糖進口 (1895年之後含自台灣移入), 其中, 「自爪哇」為爪哇進口與香港進口合計。因為台灣的糖業快速發展, 1909年自台灣進口的砂糖首度超越爪哇。但是, 1913與1914兩年, 從台灣進口的數量銳減, 原因是1911與1912兩年台灣受風災影響, 甘蔗產量劇減。1915年天候正常, 台灣進口的砂糖又遠超過爪哇。

---

[1]Takao Club (2022).

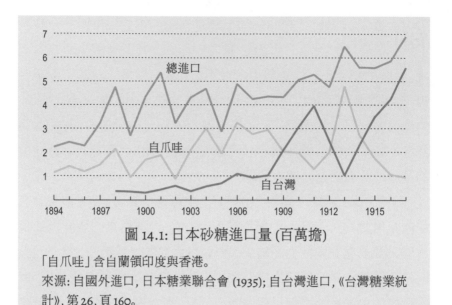

圖 14.1: 日本砂糖進口量 (百萬擔)

「自爪哇」含自蘭領印度與香港。

來源: 自國外進口, 日本糖業聯合會 (1935); 自台灣進口,《台灣糖業統計》, 第 26, 頁 160。

　　1898年, 日本本土是單純的砂糖進口國, 無任何砂糖出口。台灣糖業帝國建立後, 台灣生產的原料糖出口到日本本土, 加工成為精製糖, 一方面供國內消費, 但也有一部分出口。1910年, 日本出口 0.69百萬擔的精糖, 1930年增加為 3.6百萬擔。日本製造精糖所需之原料糖主要來自台灣, 但也有一部分來自爪哇。

　　前面第12章說明台灣糖業帝國的誕生, 總督府的角色包括改善公共衛生, 土地調查, 戶口普查, 與興建縱貫鐵路。除了基礎建設之外, 總督府為了發展糖業進行許多的獎勵措施。以1905年度為例, 總督府發放的糖業補助及獎勵金合計是 269,169圓。當年台灣的砂糖出口金額是5.87百萬圓, 因此, 補助及獎勵金合計占出口金額的4.6%。此外, 總督府免費提供農民24.9百萬支的蔗苗。

　　矢內原忠雄的「台灣糖業帝國主義」的第2章, 標題就是「台灣糖業之獎勵」。糖業獎勵政策是依循新渡戶稻造的「糖業改良意見書」, 但後藤新平顯然也支持糖業獎勵政策。1901年, 後藤新平在日本帝國議會報告獎勵台灣糖業的目的:「由於糖業的獎勵, 全國可免三千

萬日圓的砂糖輸入, 因此, 將盡力來獎勵糖業以達到自給自足的目的。」[2]

在總督府的補貼與獎勵下, 台灣的糖業快速發展, 每年有大量的蔗糖出口到日本。雖然沒有達成自給自足的目標, 但至少從爪哇進口已大量減少。

台灣的糖業從荷蘭時期就開始發展, 到了清治末期, 砂糖與茶葉及樟腦並列為三大出口品。經濟學以比較利益的概念解釋一個國家進出口之型態: 每個國家會出口具有比較利益的產品, 進口不具比較利益的產品。因為各國的比較利益不同, 結果就是我們看到的各國相互貿易的現象。

依據比較利益的理論, 清末台灣能出口相當數量的砂糖, 表示台灣在糖業上具有比較利益。具有比較利益是指生產某產品的機會成本低, 因此在國際市場上具有競爭力。殖產局長新渡戶稻造確實有這樣的想法, 他在「糖業改良意見書」裡說:

"歐洲各國的甜菜糖之所以獲得隆盛是全賴政府保護, 獎
　勵之下方奏其功, … 因端賴政府之保護下, 方能贏得
　蔗糖, 如果甜菜糖獨力為之, 非蔗糖之競爭對手。"

新渡戶稻造的意思是, 蔗糖的生產成本低於甜菜糖的生產成本, 因此, 如果生產甜菜糖的國家沒有保護政策, 它們無法與產蔗糖的國家競爭。新渡戶稻造認為, 台灣的蔗糖生產成本低的原因是工資低, 因此, 一旦蔗作農業與製糖方法改良, 競爭力應該更為提升。

那麼, 歐洲甜菜糖國家如何保護其糖業? 主要的措施是對於進口糖課徵高額關稅。事實上, 在19世紀末, 大部分的產糖國家, 不管甜菜糖或甘蔗糖, 都對進口糖課徵高額關稅。[3]

---

[2] 日本糖業聯合會 (1935); 森久男 (1980), 頁 373。
[3] 矢內原忠雄 (1999), 頁 229–240。

14.2　「拉抬外國輸入關稅」

雖然新渡戶稻造認為台灣的糖業具有比較利益, 但是, 他也建議日本政府要「拉抬外國輸入關稅。」[4] 換言之, 日本政府對於台灣的糖業也要有保護政策。既然他認為台灣的產糖成本較低, 為何還建議政府提供保護? 可能是因為, 他擔心其他產糖國家會採用傾銷 (dumping) 的手段來打擊台灣的糖業。

　　所謂傾銷, 是指以低於成本的價格出售產品到其他國家去。例如, 在台灣的新式糖業發展時, 爪哇可能把出口的糖價壓低, 以打擊台灣的糖業。不管新渡戶稻造保護政策的理由是什麼, 台灣的糖業是否具有比較利益, 值得深入瞭解一下。

砂糖的生產成本

砂糖生產的成本可以分成兩部分, 第一是種植甘蔗的成本, 第二是砂糖製造的成本。台灣的糖業若能勝過爪哇, 不外乎蔗作生產力高 (單位面積之甘蔗產量), 或者產糖率高 (每公斤甘蔗可以生產多少砂糖)。甘蔗農業需要較多的勞動力, 相較之下, 砂糖製造則是資本與技術密集產業。

　　新渡戶稻造認為台灣的優勢是工資低廉, 也就是說, 勞動力相對充沛。但是, 蔗園的平均每甲產量除了受勞動投入數量的影響之外, 也受土地品質之影響。若土地品質不佳, 農家即使投入較多的勞動力, 產量也不會太高。

　　圖14.2比較台灣, 爪哇, 與夏威夷3個地方每單位蔗園面積之粗糖產量。圖中的橫軸是指蔗糖年期。新式糖廠製糖期間是從11月至翌年5月,「1919–1920年期」是指1919年11月至翌年10月, 但實際之製糖大約在5月底就結束。以上年期所使用之甘蔗原料, 生長期間是從1918下半年到1919年底。[5] 為了簡化文字, 以下「1919–1920年蔗糖

---

[4]服部一馬 (2007), 頁 272–275。

[5]吳聰敏 (2020c), 附錄。

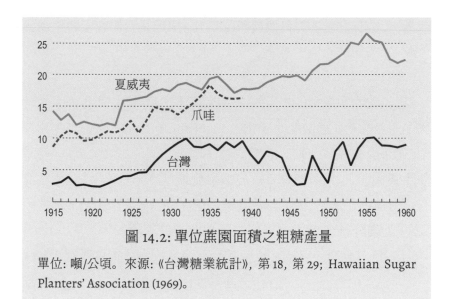

圖 14.2: 單位蔗園面積之粗糖產量

單位: 噸/公頃。來源:《台灣糖業統計》, 第 18, 第 29; Hawaiian Sugar Planters' Association (1969)。

年期」將簡稱為「1920年期」。圖14.2顯示, 1920年期, 台灣每單位蔗園面積的產糖量只有爪哇的四分之一, 而夏威夷的產糖量比爪哇還要高。顯然, 以1920年期而言, 台灣在糖業上並無比較利益。

台灣的單位蔗園面積之產糖量在1920年代快速上升, 但爪哇的成長率也不低。1925年期, 台灣是爪哇的32%; 1932年期, 台灣的單位蔗園面積之產糖量已達頂點, 爪哇則仍持續上升。1939年期, 台灣是爪哇的58%。[6]夏威夷的單位蔗園面積之產糖量比爪哇還要高, 不過, 爪哇的糖業對於台灣的影響較大, 因為在台灣的新式糖業尚未出現之前, 日本主要是從爪哇進口砂糖。

單位蔗園面積之產糖量決定於兩項因素: 第一是單位蔗園面積的甘蔗產量, 第二是產糖率。1920年期, 臺灣的產糖率遠落後於爪哇, 但到了1930年代初期產糖率已不相上下。由此可知, 台灣的單位蔗園面積之產糖量一直落後於爪哇, 原因是蔗作的生產力低落。

為了提升蔗園的生產力, 總督府一開始就獎勵施用肥料與品種

[6]《台灣糖業統計》, 第16, 1928, 頁168;《台灣糖業統計》, 第2號, 1948, 頁184。

改良,但蔗作的生產力仍然趕不上爪哇,原因是台灣蔗園的土壤條件較差。臺灣的水田主要用於種稻,甘蔗則種於旱田,或者灌溉較不足的地方。[7] 若水利條件許可,農民種稻比種蔗更有利。

台灣蔗作生產力低的另外一個因素是蔗園制度。某些國家的甘蔗生產是採用莊園制度 (plantation system),糖廠本身擁有大片蔗田,僱用農夫耕種;而且,蔗園環繞在糖廠四周,甘蔗原料運輸的時間降到最低,也使蔗糖生產的成本降到最低。[8] 1937年,爪哇的甘蔗有99%是在莊園內生產。夏威夷是全世界每甲蔗園糖產量最高的地區,以面積計算,糖廠的甘蔗原料90%來自莊園。

相對的,台灣新式糖廠的甘蔗大部分是向契約蔗農購買,例如,1937年期比率為77.8%。戰後,1952年期比率降至18.4%,但1956年期回升為33.4%。[9]

台灣單位蔗園面積之粗糖產量低,表示砂糖的生產成本較高。[10]圖14.3比較台灣與爪哇的砂糖生產費。爪哇主要生產中雙等級之砂糖,台灣主要生產等級略低一點之黃雙砂糖。砂糖品質標準的分級方法是荷蘭標本色相 (Dutch standard),「黃雙」包含第15號未滿與第18號未滿,「中雙」則指第21號未滿。圖14.3顯示,除了1910–1911年期與1924年期之外,台灣的生產費都高於爪哇。以1926年期為例,爪哇砂糖每百斤之生產費是6.97圓,而台灣是10.71圓。

如果台灣的生產費高於爪哇,則台灣的砂糖出口到日本的價格應該高於爪哇糖。不過,爪哇距離日本較遠,運輸成本會高一些,因此,兩項合計之後何者較高,要看實際資料才能知道。圖14.4畫出日本從台灣與爪哇進口砂糖之價格 (不含關稅)。本圖選取日本進口數量最多的等級,1926年以前是「第15號未滿」,1927年開始為等級較

---

[7]Ebi (1947);頁 46; Timoshenko and Swerling (1957),頁 57。

[8]Timoshenko and Swerling (1957),頁 71–74。

[9]爪哇與夏威夷, Timoshenko and Swerling (1957), 頁 72; 台灣, 張季熙 (1958),頁 67。

[10]Woodin, Jacob, and Stroup (1952),頁 III-8。

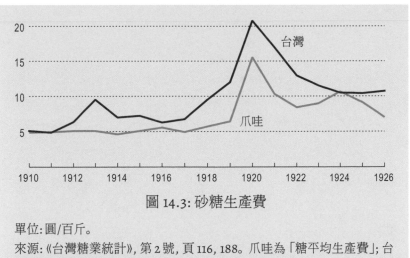

圖 14.3: 砂糖生產費

單位: 圓/百斤。

來源:《台灣糖業統計》, 第 2 號, 頁 116, 188。爪哇為「糖平均生產費」; 台灣為「新式糖廠平均砂糖生產費」。單位換算, 1 磅 (pound) 等於 0.756 斤。匯率, 溝口敏行 (2008), 表 9.1 參考表, 頁 369。

高的「第 22 號未滿」。從 1919 到 1938 年期, 台灣砂糖的價格顯著高於爪哇, 平均為 1.52 倍。

如果台灣砂糖的價格是爪哇的 1.52 倍, 為何日本還要從台灣進口? 答案: 日本實施砂糖產業的保護政策, 對爪哇進口糖課徵高稅率的關稅。換言之, 日本政府的確採行新渡戶稻造「拉抬外國輸入關稅」的建議。

日治時期, 台灣是日本的殖民地, 台灣的砂糖出口到日本並未徵收關稅, 爪哇的砂糖則須繳交關稅。如果關稅稅率不高, 爪哇糖仍有競爭力, 但稅率提高到某一水準, 爪哇糖即無法與台灣糖競爭。

1926 年, 日本對於第 18 號未滿等級 (黃雙) 之砂糖每百斤課徵關稅 3.35 圓, 第 21 號未滿等級 (中雙) 則課徵 4.25 圓。爪哇的中雙砂糖加上關稅後, 價格上升為 11.21 圓, 難以和台灣的砂糖競爭。因為黃雙砂糖之關稅稅率較低, 爪哇糖廠乃把中雙砂糖特別加上色素, 偽裝成黃雙砂糖出口到日本。但是, 日本政府很快就發現爪哇的做法, 因此在 1927 年更改稅率, 黃雙與中雙進口稅率都調整為 3.95 圓。結果, 爪

圖14.4: 日本進口砂糖價格 (不含關稅)

單位: 圓/百斤。1919–1926為「第15號未滿」, 1927年開始為「第22號未滿」。1935年開始, 無爪哇進口之單獨統計, 改以國外進口總額計算。
來源: 台灣進口,《台灣糖業統計》, 第28, 頁188。爪哇進口, 1909–1934, 日本糖業聯合會 (1935), 1935年開始,《台灣糖業統計》, 第28, 頁158。

哇的中雙砂糖即使偽裝為黃雙, 仍然無法競爭。[11]

進口替代之工業化政策

如果沒有關稅保護政策, 台灣的砂糖無法與爪哇競爭, 因此, 台灣糖業帝國是建立在「拉抬外國輸入關稅」的保護政策上。以課徵高關稅來發展本國產業之政策稱為「進口替代工業化」(Import-substituting Industrialization, 簡稱為 ISI) 政策, 又稱為「產業政策」(Industrial Policy)。除了高關稅之外, 政府也可能直接禁止進口。產業政策並不是日本政府所發明, 西方國家早在工業革命初期, 就有很多的國家採取各種產業政策。[12]

如果沒有保護政策, 台灣仍有糖業, 但成長率不會那麼高, 規模也不會那麼大。我們現在可以瞭解本章開頭引文的意思,「台灣糖業的成功是因為政府大力補貼與獎勵, 並對進口糖課徵高關稅的結果。」

---

[11] 矢內原忠雄 (1929), 頁305。
[12] *Economist* (2023); *Economist* (2020)。

這句話是荷蘭糖業專家吉爾利格斯 (H.C. Prinsen Geerligs) 在1912年所說的, 他當時是荷蘭在爪哇糖業試驗廠的主任。[13]

1910年代初期, 台灣的新式糖業才剛啟動, 可以說仍在急起直追的階段。日治時期台灣的糖業不管是在甘蔗農業或製糖技術上, 都有長足的進步。因此, 或許到了日治末期, 台灣的糖業有機會在國際上具有競爭力。但由圖14.4來看, 事實並非如此。1947年, 一位日本專家比較台灣與爪哇之糖業, 發現台灣糖業在日本統治下, 製糖技術已接近爪哇水準, 但是,「蔗作每公頃的產量不到爪哇的一半。」[14]

日本的保護政策創造出台灣糖業帝國, 誰是政策的受益者? 日本新式糖廠與台灣的蔗農是直接的受益者。誰是受害者? 日本本土與台灣的砂糖消費者是受害者。

14.3　台灣糖業的沒落

到了二戰末期, 台灣的製糖會社合併成4家: 日糖興業 (原大日本製糖), 臺灣製糖, 鹽水港製糖, 與明治製糖。1945年戰爭結束後, 台灣糖業的市場結構改變, 原本的4家日本民營製糖會社, 由新成立的台灣糖業公司 (以下簡稱為台糖公司) 接收。日治時期, 台灣的糖業是寡占市場, 戰後的台糖公司是公營企業, 而且是獨占。

戰後開始一直到1948年底, 台灣的砂糖大部分運往上海銷售, 但也有少量外銷。台糖公司的糖賣到上海, 價格受到中央政府的管制, 因此, 直接外銷對於公司應該較有利。但是, 外銷也有難以克服的困難: 台灣的糖業並無比較利益。1950年之後, 砂糖以外銷為主, 其中, 日本是主要市場。例如, 1955年砂糖外銷67.9萬噸, 其中輸往日本為31.3萬噸, 占46.1%。[15]

二戰後, 台灣砂糖銷往日本的條件與戰前不同。日治時期, 台灣的糖免徵關稅, 戰後日本對台灣進口的糖課徵關稅。台灣在糖業並

---

[13]Geerligs (1912), 頁90。

[14]Ebi (1947), 頁29, 102–103。

[15]張季熙 (1958), 頁101–102。

無比較利益,再加上戰後的台糖公司是公營企業,經營效率低,這使得台灣的糖更難在國際市場上競爭。

事實上,即使台灣的糖業具有比較利益,它也不見得能在國際市場上競爭,原因是許多國家對於砂糖採取保護與管制政策。日治時期,台灣是日本保護政策的受益者,1950年之後,台灣變成各國保護與管制政策的受害者。

但事實上,台灣在糖業上並無比較利益,因此,即使各國對於砂糖並無保護與管制政策,台灣的糖在國際市場上也無競爭力。

國際砂糖貿易

美國是全世界最主要的砂糖進口國。19世紀末,美國本土有少量的甘蔗糖與甜菜糖產出,但大部分的消費是靠進口。例如,1898到1901的3年之間,美國國內的產量僅占總供給量的14.3%,從夏威夷,波多黎各,與菲律賓的進口合計占14.8%,從古巴進口則占16.6%。1898年美國國會通過把夏威夷納入領土,考慮因素之一是夏威夷的糖業。美國對於波多黎各與菲律賓的政策,也有類似的考慮。[16]

在1930年代,美國從夏威夷,波多黎各,與菲律賓進口的砂糖免徵關稅,其他地區的進口糖則課徵高關稅,因此,以上3個地區的糖業快速發展。例如,1915年菲律賓出口至美國的砂糖是13.5萬短噸(short tons),1933年劇增為116萬噸。美國早期主要從古巴進口砂糖,以上的政策讓古巴的糖業大受打擊。1915年,美國從古巴進口2.39百萬噸砂糖,1929年更高達4.15百萬噸,但1933年減為1.57百萬噸。[17]

上面已指出,保護政策的受害者是國內的消費者。1930年代初期,國際自由市場上的砂糖價格是每磅1美分,但美國的砂糖進口關稅是每磅2美分,因此,零售價格是3美分。[18] 1920年代中期,日本市場上也有類似的情況,矢內原忠雄說:「即使精糖的市場為24圓,其

---

[16]Dalton (1937),頁12, 188–205。

[17]Timoshenko and Swerling (1957),頁157; Dalton (1937),頁199。

[18]Dalton (1937),頁29, 198。

半數亦被當作租稅徵收。一杯咖啡,如用二個方糖,等於其中一個納作租稅徵收。」[19]

1960年代,全球的砂糖交易可以分為三個集團,第一個是以美國的市場為主,包含夏威夷,波多黎各,菲律賓等地區在內。另外兩個是大英國協與共產主義國家集團。集團內的交易稱為優惠市場(pref-erential market),集團外的稱為自由市場 (free market)。自由市場的規模不大,在1960年代中期大約占全球總產出的15%。同一時期,台灣每年的砂糖出口大約70–80萬噸,大約占自由市場的10%。[20]

自由市場的糖價常因為供需變動而大幅波動,參與自由市場的國家於1953年組成國際糖業協會 (International Sugar Council),希望藉由控制供需來穩定自由市場的糖價。在1953年國際糖業協會的會議裡,臺灣獲得輸出配額60萬噸。這一年,台灣合計出口砂糖92.4萬噸,其中,32.8萬噸是出口到日本。[21]

雖然出口將近60萬噸的砂糖,但不幸的是,台糖公司的砂糖出口幾乎都是賠錢。

以1965年為例,國際自由市場的糖價是每磅2.12美分,而台糖的甘蔗若是從契約蔗農購入,砂糖生產成本大約是4.8美分。[22] 換言之,售價收入僅是生產成本的44.2%。圖14.5畫出1951–1966年期間,台糖公司的生產成本與國際自由市場的價格。1952與1953兩年,台糖的生產成本大幅上升,原因是台糖公司收購甘蔗的制度改變。[23] 1954年開始,台糖公司改採保證價格,生產成本趨於穩定。

國際糖價也常有波動,1963與1964兩年國際糖價大幅上漲,原因是1962年發生古巴危機,美國禁止古巴砂糖進口。美國的政策使古

---

[19]矢內原忠雄 (1999),頁307。

[20]張德粹 (1967),頁14–18。

[21]Timoshenko and Swerling (1957),頁332–354; Hannah and Spence (1997),頁40–41; 孫鐵齋 (1959),頁89–93; 張季熙 (1958),頁101–102。

[22]張德粹 (1967),頁23。

[23]吳聰敏與葉彥珣 (1996); 吳聰敏 (2017b)。

圖 14.5: 砂糖生產成本與國際自由市場糖價

單位, 美分/磅。來源: 吳聰敏 (2017b), 圖 10。

巴的糖須另尋出路, 也導致國際砂糖市場的供需波動與糖價上漲。圖 14.5顯示, 除了1963與1964兩年之外, 台糖的成本都高於國際糖價。

1973–1974年第一次石油危機時, 國際糖價上漲幅度驚人, 但1978年回到石油危機前的水準。第二次石油危機時, 糖價再度上漲, 但也很快就回跌。在糖價大幅度上漲時, 台灣砂糖出口仍有獲利機會, 但糖價正常時則毫無希望。

以內銷貼補外銷

既然砂糖出口賠錢, 為何台糖公司還要出口? 原因是戰後初期台灣外匯極度短缺; 砂糖出口雖然賠錢, 但可以賺取外匯。第18章會解釋台灣外匯不足的原因, 以及國民政府為了購取外匯所做的種種努力。

台糖公司是公營企業, 受經濟部的管轄, 經濟部要求台糖公司繼續生產並出口, 台糖公司僅能從命。台糖公司出口會賠錢, 但它也不擔心, 因為經濟部會提供補貼。經濟部補貼台糖公司的錢來自納稅人, 因此, 台糖公司等於是在全體納稅人的補貼之下, 維持沒落的糖業帝國。

台糖公司如果出口會賠錢, 內銷市場應該也會賠錢。以1956年為例, 國際糖價大約每磅3.5美分。如果台灣開放砂糖進口, 內銷市場

的價格大約也是每磅3.5美分, 但是, 台糖公司的生產成本大約5.8美分, 顯然台糖公司在內銷市場上也會賠錢。不過, 台糖公司是公營企業, 經濟部一聲令下, 1949年起台灣禁止砂糖進口。[24] 既然國外的糖不能賣到台灣來, 在內銷市場上台糖公司是獨占, 可以任意訂定糖價。

1962–1966年期間, 台糖公司出口粗糖的平均價格每噸是3,936元。第一級白糖與粗糖的轉換率是1:1.087, 若折算為白糖, 台糖公司出口白糖的平均價格為4,279元。相對的, 台糖公司內銷第一級白糖的價格是每噸10,881元, 因此, 砂糖內銷價格是外銷價的2.54倍。[25]

以上面圖14.5的資料計算, 1962–1966年期間台糖公司的生產成本平均每噸為4,443元, 出口價格是生產成本的88.6%。綜合以上的數字可知, 戰後開始台灣糖業的政策是「以內銷貼補外銷」。以白糖計算, 台糖公司每出口1噸糖虧損 4,443 – 4,279 = 164 元, 但在內銷市場上, 每出售1噸糖的利潤是 10,881 – 4,443 = 6,438 元。以上的期間包括國際糖價較高的1963與1964兩年在內, 在糖價較穩定的期間, 出口的虧損會更大。

有些開發中國家會採取「以內銷貼補外銷」的政策, 亦即, 出口價格低於生產成本, 但內銷價格則遠高於成本。以上政策的目的通常是想要讓某項產業在國際市場上占有一席之地, 以求產業的發展。不過, 戰後台灣糖業採取「以內銷貼補外銷」的政策, 並不是要繼續發展糖業, 而是只求台糖公司能苟延殘喘, 賺取一些外匯回來。

---

[24] 李文環 (2004), 頁 351–352。
[25] 吳聰敏 (2017b)。

15
殖民統治與經濟成長

"不管你怎麼看日本統治台灣的方式, 以及它為了追求其目標, 所採取的嚴厲的帝國主義的政策與措施, 你不得不承認, 日本50多年的統治對台灣帶來莫大的利益。"

Berman (1997)

第 2次世界大戰結束後，英國海軍伯曼 (Max Berman) 少校於 1946年1月12日來台灣訪察3個禮拜，之後寫了一篇87頁的報告送交英國駐重慶的領事館，左邊這一段文字是他的結論。

從1895到1945年，台灣是日本的殖民地。在國高中的課本與各種媒體裡，「殖民統治」通常含有負面的意涵，亦即，殖民政府的所作所為，對於被殖民者應該都是有害無益，或者，至少是害多利少。因此，伯曼少校說，日本的殖民統治對台灣帶來莫大的利益，很多人可能不以為然。

伯曼少校提出報告時，大英帝國仍有許多殖民地，因此，他的結論或許是對照著20世紀上半大英帝國的殖民地。不過，他也可能是拿清朝與日治時期對照。英國對於台灣情況的領事報告，最早的一篇是1861年1月從廈門發出的，最後的一篇是1960年7月。在以上期間，每年都有報告，清治末期也不例外。

1895年1月底，英國駐淡水的帕金斯 (Nevill Perkins) 助理領事寫了一篇的報告，其中說：「台灣的土地與氣候的條件可以生產任何東西，……，但因為缺乏明智與持續的鼓勵措施，國際貿易不振，進步也無望，當今政府的作為也令人覺得毫無改善的可能性。」[1] 以上這段話裡，「當今政府」是指清朝政府。帕金斯在寫這段話的時候，可能沒有預料到台灣接下來在日本統治下的轉變。

15.1 殖民統治

1895年6月，總督府開始統治台灣，台灣人立即感受到的可能是公共衛生明顯改善。前面第10章說明了台灣的公共衛生環境，從清治末期到日治初期的轉變。公共衛生改善之後，台灣人的死亡率下降，預期壽命延長，單就這一點而言，伯曼少校「日本的統治帶來莫大利益」的說法並不誇大。

---

[1]Perkins (1997)，頁207。

但是,社會學者陳紹馨研究日治時期的公共衛生政策,他的結論卻略有不同。陳紹馨說「肅清鼠疫 ... 日本人的努力,確實不可忽略」,但是,「冷靜觀察,日據五十年間的臺灣的確有一些進步 ... 但再進一步觀察就可知道此種進步是殖民政策下之有限性進步」。

為何是「有限性」? 陳紹馨認為總督府推動的建設只是為了服務殖民母國;台灣的進步,「只是在此範圍內的事情而已。」他並舉例說明:「台灣人的死亡率雖有改善,但其速度很慢;在臺日人的死亡率則改進極快。」[2] 換言之,陳紹馨認為台灣人受到不平等的對待。

第10章講了台灣第一條自來水道的故事。日本人在設計由淡水雙峻頭水廠通往淡水市街的水道時,一定會優先考量行政中心的位置與日本人居住的地區。遠離水道的台灣人不會受益,但靠近水道的住家若願意付費的話,即可享用。

經濟學的基本概念是: 資源是有限的,因此,資源要用於何處一定會有先後順序。「殖民政策下之有限性進步」以及「為殖民母國服務」的說法,其中隱含的意義是,在殖民統治下,總督府的公共政策會以日本人為優先。

日本統治初期,台灣總督府同時推動多項公共建設,除了改善公共衛生之外,還有土地調查事業,興築縱貫鐵路,疏浚高雄港與基隆港,與戶口普查等。日治初期,台灣的經濟尚未發展起來,稅收有限,總督府的公共建設是由日本本國提供補貼,才得以進行。在此情況下,總督府的公共建設不可能不以日本人為優先。

人類歷史上,曾經有過許多的殖民統治政權。根據字典的定義,殖民是指「一個國家或地區被其他國家移入定居的人民所控制或統治」。依以上的定義,對台灣的漢人而言,滿清政府也是殖民統治政權。不過,到了清治末期,台灣人的腦海裡,「殖民統治」的概念可能已經淡薄。1895年開始,台灣人又面對另一個殖民統治政權。

---

[2]陳紹馨 (1979a), 頁 74–76; 陳紹馨 (1979b), 頁 105。

　　滿清政府與日本都是殖民統治,那麼,在哪一個殖民政權下,人民的生活更好一些? 由以上各章可知,相較於清治末期,日治初期台灣人的生活水準明顯提升。因此,雖然都是殖民統治,但是,台灣人在日本殖民統治下的生活較好。

　　到了1945年,台灣人終於脫殖民統治。如果由「殖民政策下之有限性進步」的角度來思考,則有些台灣人可能預期,在國民政府的統治下,人民的生活水準應該會進一步提升。不幸的是,結果剛好相反。戰後初期,台灣的經濟是20世紀最黑暗的一段,原因不是戰爭的破壞,而是國民政府的政策所造成的。

　　1945年,國民政府接收台灣,接下來的4年之間,因為國共內戰,中央政府的財政赤字嚴重。國民政府在中國大陸無法取得足夠的稅收,直接壓迫台灣省政府提供資源。換言之,對於當時仍在大陸的中央政府而言,它並不會把台灣人的利益放在前面。

　　國民政府的政策導致台灣發生惡性物價膨脹,第17章會講惡性物價膨脹的來龍去脈。英國駐淡水的代理領事丁果(G.M. Tingle)在1947年的報告裡說,國民政府為了解決中央政府的財政赤字,「台灣被中央政府榨乾」(the central government is a heavy drain on the island)。[3]

　　1949年底,國民政府撤退到台灣,中央政府的財政赤字有增無減。國民政府擔心糧食不足,實施肥料換穀政策。後面的第18章會講這個政策。在肥料換穀政策裡,國民政府優先考慮軍公教部門的利益,農民的利益被放在後面。因為軍公教部門主要是外省籍,因此,肥料換穀政策也等於是,外省籍人民的利益放在台灣農民之前。

　　由清朝統治,到日本統治,再到二戰後的國民政府,殖民統治政權不會把被殖民者的利益放在前面,但是,非殖民統治政權的政策也有其優先順序。因此,對於統治政權的評估,最終還是要由人民的生活水準是否提升來判斷,以殖民統治與否作為評估的前提,並不

---

[3]Tingle (1997),頁235。

是客觀的方法。

美國人口學者巴克來也同意, 日本的殖民政策大部分是為殖民母國服務, 但他認為公共衛生政策是一個例外。他的看法是, 考量總督府掌握的資源與醫學知識都有限, 日治初期台灣人死亡率大幅下降是了不起的成就。[4]

巴克來推測, 1895年台灣人的死亡率大約是 4.0%,[5] 到了 1912年死亡率下降為 2.58%。因此, 如果1895年之後清朝仍然統治台灣, 則1912年的死亡率應該還是 4%。當年年底, 台灣的人口是329.4萬人, 故總督府的公共衛生政策使這一年台灣人的死亡人數減少: 329.4 × (4.0% − 2.58%) = 4.7萬人。

公共衛生環境改善使死亡人數減少, 應該是從1896年就開始。由此推算, 台灣人因為公共衛生環境改善而減少的死亡人數, 一開始每年可能是數千人, 後來則是數以萬計。公共衛生政策除了使死亡率下降之外, 也提升了民眾的健康。台灣歷史上, 甚至可能是人類歷史上, 不曾有另一項公共政策, 在短期內產生如此巨大的正面影響。

15.2 制度與經濟成長

20世紀初開始, 在日本殖民統治下, 台灣從一個停滯的傳統農業經濟, 轉型為持續成長的現代經濟。台灣經濟成長的經驗是殖民統治的特例嗎? 並不是。

1970年代以來, 經濟學者開始關注制度 (institutions) 對於經濟成長的影響。由實際的現象可知, 制度較好的國家, 所得水準也較高。例如, 財產權保障較完整的國家, 所得水準會比較高。

一般而言, 制度是長時期由社會的內部發展出來的, 但是, 制度也可能因為殖民統治而快速轉變。2009年, 美國兩位學者費爾 (James Feyrer) 與薩克多特 (Bruce Sacerdote) 教授, 發表一篇文章, 分析全

---

[4]Barclay (1954), 頁 133, 145–146。
[5]Barclay (1954), 頁 145。

世界曾經接受過殖民統治的 80 個島國的經濟成長。[6] 他們發現接受殖民統治時間愈長的島國, 到了 21 世紀初, 其人均 GDP 水準愈高。他們指出, 以上的結果有兩個可能的解釋。

第 1 個解釋是, 殖民母國一開始在選擇殖民地點時, 會挑選自然條件較佳的島國。在此情況下, 自然條件愈佳的地方, 經濟較容易發展, 但愈早成為殖民地的機率也愈高。這解釋了殖民時間長短與人均 GDP 水準之間的正向關係。

相對的, 第 2 個解釋是, 接受殖民統治較久的國家, 殖民者更早就引入較好的制度與較先進的技術。因為制度對於經濟發展有正面的影響, 因此, 愈早接受殖民統治的國家, 今日的所得水準也愈高。

以上兩個解釋都言之成理, 那麼, 哪一個解釋是對的? 兩位學者指出, 在西方國家開始尋找殖民地的初期, 人類航海技術的水準尚低, 無法挑選殖民地的位置。因此, 他們的結論是, 以上第 2 個解釋才是對的: 接受殖民統治較久的地方, 殖民者更早引入制度與技術, 也造成其今天的所得水準較高。

台灣並不在兩位學者研究的樣本內, 不過, 日治初期的發展印證「好的制度有助於經濟成長」的說法。1896 年開始, 總督府著手建立各種現代化的制度, 包括公共衛生, 法律與治安, 土地產權, 與戶口普查; 硬體建設則包括興建縱貫鐵路與疏浚港口。以上的制度與硬體建設奠定了現代經濟成長的基礎。

經濟學使用人均 GDP 之統計來衡量經濟發展的水準。人均 GDP 基本上就是人均所得, 因此, 人均 GDP 成長率高, 表示生活水準提升的速度較快。清治時期, 台灣是一個停滯的傳統農業經濟, 人均 GDP 成長率幾乎等於 0。日治初期, 現代經濟成長出現, 1903 到 1940 年期間, 台灣的人均 GDP 年增率大約 2.0%。[7]

不過, 雖然經濟成長率提升, 但有人懷疑, 經濟成長的果實可能

---

[6] Feyrer and Sacerdote (2009)。

[7] 吳聰敏 (2004), 表 1。

都被日本人拿走,台灣人並未獲益。

經濟學家也研究了這個問題,結果發現,日治時期台灣人族群的人均所得,與台灣整體的人均 GDP 大約相同。亦即,台灣人人均所得之年增率大約也是2.0%。[8] 因此,即使總督府的經濟政策是「為殖民母國服務」,台灣人也受益。

以上是由統計數字來呈現總督府經濟政策的效果,這對一般人來說可能略嫌抽象,以下用實際的產業發展來說明。

第一個例子是蓬萊米。1920年代中期,蓬萊米成功開發出來之後,米作農家紛紛由在來米改種蓬萊米,原因是蓬萊米適合日本人的胃口,因此大量外銷日本。重要的是,蓬萊米的價格高於原來的在來米。因此,蓬萊米開發成功,對於台灣農民帶來顯著的利益。

第二個例子是新式糖業。前面第13章分析新式糖業的發展對於台灣蔗作農家之利益,重點是放在蔗作農家的勞動需求上面。但毫無疑問,新式糖業的發展使蔗作農家的所得上升。

雖然如此,目前的歷史課本裡仍然有一些故事,講到蔗農對新式糖廠的抗爭,其中之一是「二林蔗農事件」。

二林蔗農事件

歷史課本是由各家出版社編寫,但必須依據教育部的課綱。在課綱裡,二林事件是放在「殖民統治下的社會與文化變遷 — 台灣農民運動」的主題下。農民運動是蔗農對抗日本糖業會社的運動,但是此一反抗運動的原因為何,每本教科書的寫法不盡相同。有些提到原料採集區制度,另有一些則提到「因甘蔗收購問題爆發衝突」。[9]

甘蔗收購為何會爆發衝突? 有一個講法如下:「1923年,林本源製糖會社對於所屬二林、大城、沙山、竹塘四庄的甘蔗收購價格,低於鄰近的明治製糖會社對其蔗農的購買價格,每千斤低八角圓,不當獲利

8顏怡真 (1997); 木村光彥 (1997)。
9李根培 (2017)。

二十萬圓。」[10] 林本源製糖會社成立於1909年,而「林本源」是板橋林家的商號名稱。

　　每一個群眾運動的背後可能有多種原因,因此,我們很難確定甘蔗收購價格是否是最重要的因素。但是,如果甘蔗收購價格是農民運動的主要訴求,這項訴求事實上是站不住腳的。

　　日治時期各家糖廠收購甘蔗的價格都不一樣,甚至同一間會社位於不同地方的工廠,收購甘蔗的價格也不相同。例如,若工廠是位於台中的水田區,因為灌溉條件較佳,糖廠提出的甘蔗收購價格會較高。相對的,位於嘉義灌溉條件較差的地方,收購價格會較低。原因很簡單,台中地區的收購價格若不提高,農夫會選擇種稻而不種甘蔗。

　　農民運動當然可以提出調漲甘蔗收購價格的要求,但糖廠不回應也是合理的。

「第一次的黃金時代」

有些討論則把原料採集區制度視為「二林蔗農事件」的遠因。第12章已經說明,原料採集區域制度消除了製糖廠之間對於甘蔗原料的競爭,蔗農較為不利。在原料採集區制度下,因為糖廠是獨買者,故糖廠收購甘蔗的價格會較低,但這並不表示農民在新式糖業的發展中是受害者,或者「受到剝削」。關鍵的因素是,總督府並未限制農民只能種甘蔗,而是可以自由選種利潤最高的作物。

　　若土地條件許可,農民可以選種的作物包括稻米,甘蔗,與雜作(例如甘薯與花生)。1907年,港西中里(大約是今日的屏東市)的甘蔗種植面積是1,034甲,這是臺灣製糖株式會社的阿緱工廠開始營運之前的面積。到了1911年,甘蔗種植面積增加為3,209甲。光由以上的數字我們就能推論,阿緱工廠設立後,農民的利益提升。

　　為什麼?如果阿緱工廠的收購價格比以往低,甘蔗種植面積應該

---

[10]Huang (2022)。

會等於或低於以往的1,034甲。實際上,甘蔗種植面積大約增加為以往的3倍,表示種甘蔗賣給新式糖廠的利益,比傳統糖廍時期更高。

以上的推論可以對照戰後的電子業。在1960–1970年代,當外資電子業者在台北與桃園設立工廠之後,大量中南部的勞工北上到電子工廠工作。中南部的勞工為何要離鄉背井? 原因很簡單,北上工作的收入高於待在家鄉。同理,日治時期台灣的農家會選擇種甘蔗賣給新式糖廠,原因是改種甘蔗之後,利潤提高。

閩南語有一句諺語,「第一憨,種甘蔗給會社磅」,其中,「磅」是秤重的意思。但是,這句諺語是講日治時期或者是戰後,目前無法確定。此外,「種甘蔗給會社磅」為何是第一憨,也是眾說紛紜。說法之一是,蔗農出售甘蔗後,幾天之後糖廠送來收據,上面寫出甘蔗重量多少,但蔗農無法驗證糖廠是否故意減少斤兩。[11]

相對於「第一憨,種甘蔗給會社磅」的諺語,1930年代出生於嘉義的葉煌實先生則有完全不同的說法。葉煌實先生回憶他年輕時的情景,「甘蔗是特用作物,價格很好,大家都很認真種,都賺很多」,他還生動地描述蔗農前往糖廠領錢的過程。他的結論是,「日本人來設糖廠,有獎勵種甘蔗,用優惠條件獎勵,那可說是臺灣農業的第一次的黃金時代。」[12]

清末的蔗農

如果日治時期是台灣農業的黃金時代,清治末期蔗農的狀況是另一個極端。1890年,駐打狗海關的英國醫生邁爾斯(William Wykeham Myers),寫了一篇關於清末台灣南部糖業的報告。他把台灣南部的砂糖產區分為台灣府與打狗兩區(圖15.1),並說台灣府地區的蔗農的經濟情況比打狗地區好一些,後者幾乎可以說是處於赤貧水準(bare subsistence level)。

---

[11]訪問潘文道先生 (2020/05/02),他指的是戰後的台糖公司。
[12]黃仁姿 (2020),頁 267–268。

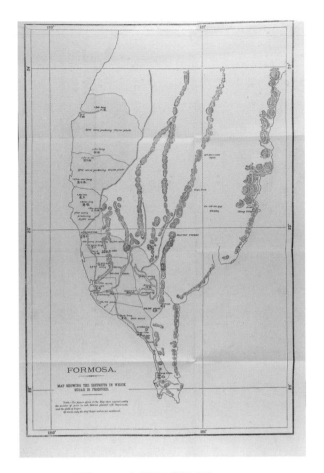

圖 15.1: 台灣糖業地圖 (1880)

來源: Reed Digital Collection: Taiwan。

　　甘蔗的種植時間長達1年到1年半,農家若沒有其他收入來源,必須從糖廍借入前貸金。甘蔗收成後,蔗農首先就是要償還前貸金。邁爾斯說,因為利率高達18-36%,蔗農很容易陷入以債養債的惡性循環。1896年,日本拓殖省技師原熙在台灣進行糖業調查,發現邁爾斯「所陳述事實,其中雖有疑問,但是非常的少。」因此,蔗農「辛苦工作的所得幾乎無法留存,完全流入他人的口袋」。[13] 換言之,蔗農的收

---

[13] Myers (1997),頁 410;臺灣總督府 (2000),頁 55–56。

入,幾乎全部用於償還前貸金。

　相對的,到了日治初期,製糖會社提供給農民的利率較以往為低,結果,前貸金大約只占蔗農收入的15%或更低,因此,蔗農的所得應該會上升。[14] 雖然統計資料很少,但我們仍可以用零星的資料驗證以上的猜測。

　日治初期,新式糖業出現後,除了甘蔗需求量增加之外,蔗價也上升。1896年,舊式糖廍收購甘蔗,每千斤大約是1.0圓。1903年期,臺灣製糖株式會社收購甘蔗,每千斤為2.16圓,上升為2.16倍。相對的,1896年的米價每石是5.424圓,1903年上升為7.708圓,漲幅為1.42倍。[15] 因此,蔗價上漲幅度高於米價。

　日治初期新式糖業的發展,對於台灣農民而言是前所未見,而農民也不放過此一機會,努力種蔗。葉煌實先生所說的「臺灣農業的第一次的黃金時代」,反映了蔗作農家所得的提升。

15.3　後藤新平的歷史遺產

1898年2月,日本首相伊藤博文任命兒玉源太郎為台灣第4任總督,兒玉源太郎找來後藤新平擔任民政長官,任期從1898年6月到1906年11月(圖15.2)。日治初期,台灣的硬體建設與制度之建立,可以說都是由他所推動的。事實上,後藤新平對於台灣的貢獻,在他上任民政長官之前就開始。前面第10章說明,1896年開始的公共衛生政策與醫療制度,也是他推動建立的。

　日治初期最重大的硬體建設是基隆到高雄的縱貫鐵路,從1899年開始施工。從1899到1906年,後藤新平是台灣鐵道部部長。1908年,縱貫鐵路全線通車,不過,在鐵路通車的前兩年,後藤新平已經被日本政府派往滿洲,擔任南滿洲鐵道株式會社的總裁。

---

[14]黃修文 (2005),頁134–135。

[15]1896年蔗價,臺灣總督府 (2000),頁20;1903年期蔗價,《臨時臺灣糖務局第二年報》,頁263。米價,臺灣銀行調查課 (1919),頁38–39。

圖 15.2: 後藤新平

來源: Wiki Commons。

縱貫鐵路通車是台灣交通系統現代化的第一步,它的影響是運輸成本下降,島內外各地區的貿易往來增加。不過,從經濟成長的角度來看,後藤新平所推動建立的公共衛生與醫療系統,土地產權,與戶口普查等制度,影響更為深遠。

土地調查與戶口調查

1898年8月,臨時土地調查局成立,進行土地調查事業。前面第9章講了土地調查的故事。1898–1905年期間,台灣的西部平原與宜蘭地區,每一塊土地都經過產權調查與丈量,確定其財產權。1905年3月底,大租權補償金發放後,土地調查事業終告完成。總督府接著實施土地登記制度,台灣建立了現代化的土地產權制度。

1902年,日本國會通過「國勢調查法案」,規定國勢調查每十年舉

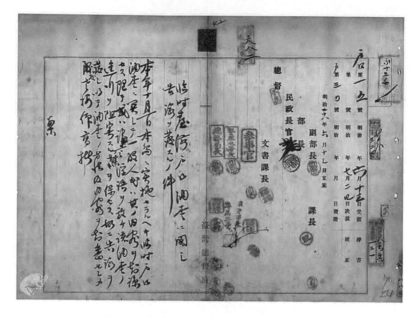

圖 15.3: 臨時戶口調查諭告第二號

來源: 總督府公文類纂 (1905)。

行一次, 目的是「分析人口、職業等之結構, ... 推斷全體之安寧幸福, 此即是國勢調查之大主眼」, 其中,「主眼」的意思是「主要焦點」。然而, 1904年發生日俄戰爭, 日本本土的調查計畫延後, 但台灣則如期於1905年10月1日舉行, 但調查名稱改為一般台灣人所較熟悉的「戶口調查」。[16]

台灣的戶口調查於1905年6月10日公告, 預定於10月1日舉行。不過, 後來因為民間出現謠言, 以為是要徵兵或徵稅, 兒玉源太郎總督乃於8月2日出示諭告 (圖15.3), 以求破除謠言。

1905年10月1日這一天, 調查員以警察機關的戶口調查簿為底冊, 前往各戶對照調查, 之後再整理上報。[17] 調查內容包括: 家戶、人口、居住、性別、年齡、婚姻、語言、教育、種族、盲啞等疾病以及就業者

---

[16] 王學新 (2014), 頁 67–74。
[17] 郭詠華 (2010), 頁 32–42。

的本業與副業等。此外,總督府也調查鴉片吸食與纏足。日本的國勢調查後來延至1920年10月。日治時期,台灣共舉行7次的戶口調查。但第3次(1920年)開始,戶口調查改稱為國勢調查,與日本本土的名稱一致。

1905年的戶口調查發現,台灣總人口為304.0萬人,其中,台灣人總數為297.3萬人。戶口調查又稱為靜態調查,記錄的是某一個時間點的人口總數。戶口普查之後,接下來每年都有人口動態調查,包含當年的出生與死亡人數,以及移入與移出的人數。由1905年10月1日的戶口調查人數,加上10月到12月以及1906年的人口動態調查結果,即可推估1906年底的人口。接下來,每年都可以用同樣的方法推算人口數。

國際知名的人口學者弗里德曼(Ronald Freedman)教授說,日治時期台灣人口統計完整而且相對正確,人口統計史上罕見。[18] 另一位對於台灣人口資料有深入研究的學者是巴克來,他說:「自民國前七年至民國三十二年,臺灣曾有一套異常完備之人口紀錄。此種資料,如與其他一切農業國家之人口紀錄互相比較,堪稱優異。即與工業先進國家相較,亦無遜色。」

不幸的是,二戰之後,台灣的統計制度倒退,統計資料的品質下降。巴克來在1950年代初期曾來台灣協助人口調查,他指出戰後的情況:「吾人可知今日之政府當局,並不如當年日據時代之重視人口統計。品質之標準業已鬆弛,專家之技術督導亦已中輟,數字之編製,復淪于副產品地位。」[19]

「歷史的一個環節」

除了土地調查與戶口調查之外,台灣現代化的統計制度也是由後藤新平所建立的。1899年5月《臺灣總督府第一統計書》出版,全書內

---

[18] Freedman (1961)。
[19] 巴克來 (1955),頁1–4。

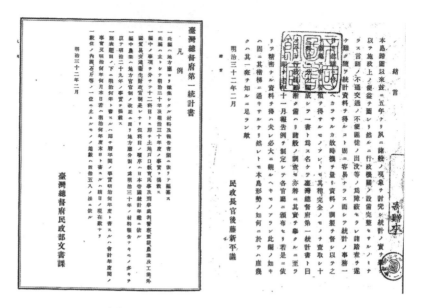

圖 15.4:《臺灣總督府第一統計書》

來源:臺灣總督府。

容都是統計數字,長達300頁,主要記錄1897年的調查結果。清朝統治台灣長達212年,但全部的調查統計加在一起,內容不及《總督府第一統計書》。總督府統計書逐年出版,最後一本是《總督府第四十六統計書》,出版於1944年3月。

　　上面介紹巴克來對台灣人口問題的研究,事實上,他對於總督府為何如此重視人口統計,「其真正理由,迄未能明瞭。」巴克來的「未能明瞭」,或許可以用後藤新平自己的話來回答。圖15.4右頁為後藤新平為《臺灣總督府第一統計書》所寫的序言,左邊為統計書的凡例,右邊為序言。他在序言裡說,統計資料有助於施政決策,這是他要建立統計制度的原因。

　　日治時期,台灣累積龐大的調查統計,分別刊載於各種統計書裡。日本在台灣的最後一任的主計課長是塩見俊二。戰爭結束時,他人在日本,但9月9日又回到台灣。1946年5月,他與同仁商量,得到長官公署財政處長張延哲的同意,決定編製日本統治臺灣五十年的綜

合統計書。[20] 這本書後來於1946年12月出版,取名為《臺灣省五十一年來統計提要》。這本書長達1,384頁,內容全部是統計數字,是瞭解日治時期台灣經濟發展不可或缺的參考資料。

雖然書是由塩見俊二所建議並動員編製,但臺灣長官公署祕書長葛敬恩在序裡僅說,行政長官公署祕書處統計室「利用暫時留用之日人」編成,書內的「參加工作人員表」裡也沒有塩見俊二的名字。書出版時,塩見俊二已離開台灣。後來,他以日本國會議員身分訪台,才知道這本書已出版。他在回憶錄裡說,「這本統計書對我而言,是永遠忘不了的歷史的一個環節。」

除了以上所述之外,後藤新平還推動「舊慣調查」,此項調查讓我們瞭解清治時期台灣社會運作的制度。[21] 最後,台灣殖民地法律制度的基本原則,也是他在擔任民政長官時確定下來的。[22] 台灣現代化制度之建立,沒有人比後藤新平的貢獻更大。

15.4 「月亮有病」

1870年代中期,甘為霖牧師有一次到嘉義去,親眼目睹發生月蝕時,嘉義居民的反應。甘為霖牧師說,當時老百姓的觀念裡認為,月蝕出現是因為有巨龍或天狗要進行大規模的破壞,所以一定要用各種方法把怪物趕走。

那一次的月蝕是在晚上,知縣大人和他的屬下來到廣場的看台上,點了幾炷香,開始對月亮進行冗長的行禮祭拜,底下的民眾則努力敲鑼打鼓、放鞭炮。過了不久,月亮又露臉,民眾完成任務後也就安心地回家去了。[23]

---

[20]塩見俊二 (2001),頁93–94。

[21]鄭政誠 (2005)。

[22]王泰升 (1999), 92–93。

[23]甘為霖 (2009),頁72–73。

　　台灣人對於月蝕現象的解釋, 到了日治初期也未改變。1899 年, 總督府派駐宜蘭的廳長西鄉菊次郎有如下的報告:[24]

　　"新發現的地方上特殊風俗習慣為本年 6 月 23 日月蝕之
　　際, 由於迷信月亮有病, 故至月亮復圓為止, 一直敲鑼
　　打鼓, 於廟宇等地庭園亦有奇異裝飾, 並進行祈禱, 一
　　時之間極盡喧騰熱鬧。"

西鄉菊次郎的報告裡說, 宜蘭人認為月蝕是月亮生病了, 甘為霖則說, 嘉義人認為是天狗要進行破壞。不過, 兩地居民所採取的措施類似, 而且, 事後看來, 方法似乎「有效」。

　　可能是因為行禮祭拜與敲鑼打鼓的方法「有效」, 因此, 民眾相信傳統的解釋。換言之, 如果西鄉菊次郎要向宜蘭人解釋月蝕的真正原因, 宜蘭人最多是半信半疑。

　　由以上的紀錄來看, 日治初期的台灣人大多尚無科學的概念。日本治台期間, 科學的概念逐漸在台灣生根, 這個演變對於台灣的長期發展很重要, 但到底是如何出現的, 則很難確定。1903 年, 後藤新平在台灣醫學會成立時演說:[25]

　　"如眾所周知, 我自到任以來便決意將新領土經營建立在
　　生物學的基礎上。"

生物學是科學, 因此, 他所說的「生物學的基礎」, 也可以說是「科學的基礎」。後藤新平所推動的政策與建立制度是以科學為基礎, 台灣人因為這些政策而受益, 但不一定從中學到科學的概念。

　　我的猜測是, 台灣人開始理解科學的概念與方法, 起點可能是總督府的糖業獎勵政策。

---

[24]臺灣省文獻委員會 (2001), 頁 176。
[25]張隆志 (2002), 頁 1246。

前面第12章講了「糖業改良意見書」的故事。1901年5月,新渡戶稻造上任殖產局長後,很快就提出「糖業改良意見書」。意見書分為三大部分,第一部分就是甘蔗農業的改良。清治末期,蔗農使用的蔗苗品種主要是竹蔗,其優點是耐風力強,但缺點是糖汁分量低。總督府在1896年就引進夏威夷蔗苗,品質較佳,但栽培上需要集約,亦即需要較多的勞動投入。

一開始,糖廠要說服蔗農改用新品種並不容易,原因也不難瞭解:蔗農看不到新品種會帶來較高利潤的證據。新渡戶稻造建議,先向農民宣導新品種的優點,並由總督府提供補助與獎勵。他甚至說,如有「頑民固執,不聽勸導者,加諸強制處置亦所不辭」。所幸,總督府採取的獎勵政策已能達成目標,因此並未使用強制的手段。

總督府的獎勵政策是免費提供蔗苗給蔗農。以上的政策發揮效果,1902年期使用夏威夷蔗苗種植的面積比率僅0.2%,到了1910年期,比率已上升至92.4%。1914年度起,總督府已不再免費提供蔗苗。換言之,到了這個時候,蔗農應該已經瞭解,自己花錢買蔗苗也划得來。除了蔗苗品種之外,總督府也發放現金鼓勵農民施用肥料。[26]

改良蔗苗與施用肥料可以提升甘蔗的生產力,都是科學研究的成果。在總督府的獎勵政策下,台灣的農民逐漸採用科學的耕種方法,除了提升產量之外,更重要的是,台灣人也可能開始理解科學的概念與方法。

---

[26]服部一馬 (2007),上冊,頁221, 272, 280–281。

16

米荒

"為米荒問題, 艋舺民眾約千名于十三日午前十時許
在龍山寺庭集合, ... 游市長 ... 對民眾演講, 略謂:
「...余願意代民意趕快到糧局傳達諸位意見, 台北
市現在不是無米的, 請安心, 余亦希望今後諸位協
力政府檢舉奸商。」"　　　　　　《民報》(1947.2.14)

1945–1950

1945 年 8 月 15 日，日本戰敗投降，緊接著，台灣出現兩個前所未見的經濟現象，首先是稻米供給不足，其次是惡性物價膨脹。9 月 8 日，幾位美國軍事情報人員來到台灣，接下來的半年，他們每日拍發電報到中國戰區的美國軍事總部。美國駐台的情報人員不一定能取得總督府與國民政府的內部資訊，但他們實地觀察到經濟與社會情勢的變動。電報內容裡，「稻米不足」、「配給」與「物價膨脹」是最常出現的字眼。[1]

當時的新聞媒體上也常出現「米荒」一詞，這通常是指消費者在市場上買不到米，也可能是指米價飆漲。戰後初期，一般商品的物價指數也上漲 (即物價膨脹)，因此，米價飆漲也常被視為是物價膨脹的現象。一些研究者以稻米供給減少來解釋米荒的現象，並認為物價膨脹也是同樣的原因所造成。

實際上，戰後初期的惡性物價膨脹，原因是台灣銀行無法控制貨幣發行所引起，與稻米的供給減少無關。到了 1948 年，市場上買不到米的報導已很少看到，但物價膨脹則變本加厲。

從 1946 到 1950 年，是 20 世紀的一百年裡，台灣經濟最黑暗的 5 年，而 1947 年的二二八事件更使社會的動盪不安達到頂點。二二八事件的導火線是專賣局查緝私菸，但遠因包括省籍，政治與經濟等問題。在經濟方面，國民政府接收台灣之後，採取全面性的經濟管制，米荒與惡性物價膨脹都是管制政策的後果。本章講米荒的來龍去脈，下一章則說明惡性物價膨脹之始末。

16.1　米穀徵購與配給

《民報》是戰後初期，由民間人士所創辦的報紙。社長林茂生是台灣第一位留美博士，他於 1887 年出生於台南，父親是晚清的秀才。林茂生於 1916 年從東京帝國大學畢業，1929 年從美國哥倫比亞大學取得

---

[1]Fleming (2009)。

圖 16.1:《民報》(1947/2/28)

來源:國立公共資訊圖書館。

博士學位, 博士論文研究日本統治下的台灣公學校教育。[2]

　　《民報》創刊於 1945 年 10 月 10 日, 選擇這個日期創刊, 反映創辦人對於台灣脫離日本殖民統治後, 未來發展的期待。林茂生於 1945 年 12 月受聘為台大教授。二二八事件後,《民報》最後一期出刊可能是在 3 月 9 日。兩天之後, 林茂生從自宅被 6 位便衣人員帶走, 從此下落不明。[3]

　　1947 年 2 月 28 日出刊的《民報》, 頭條新聞報導前一天晚上發生在台北市延平北路的查緝私菸事件 (圖 16.1), 這也就是二二八事件的導火線。頭條新聞的左邊就是「米荒」的報導, 標題的文字是「抑平物價措施」, 副標題是「柯遠芬談米荒即可解決」, 柯遠芬當時是警備總部參謀長。警備總部參謀長出面談米荒問題, 似乎表示行政長官公署認為這並不是單純的經濟問題。

　　《民報》創刊時, 糧食供應不足的問題已經出現。最早出現「米荒」兩字的報導是在 1945 年 11 月 24 日出刊的這一期, 標題是「由農

---

[2] 駒込武 (2020)。

[3] 賴澤涵等 (1994), 頁 276。

民組織調委會,米穀繳出冀得公平」。米穀為何要繳出? 為何農民的
目標是求得公平? 要回答以上兩個問題,我們要從戰爭末期的經濟
管制講起。

1939年,總督府公布「米穀配給統制規則」,實施總收購與總配給
制度。[4] 管制政策分兩部分,第一部分是生產面的管制,農家生產的
稻米除了自用者之外,其餘全部由總督府以指定的價格徵購。第二
部分是配給,總督府將徵購而來的稻米,一部分出口到日本,其餘則
依基準消費量,以指定的價格由人民購買。基準消費量區分成人與
小孩,是總督府經由調查一般人民的稻米消費量所訂定的。一直到
戰爭末期,以上的制度並無改變。

1945年10月25日,總督府開始移交各項業務給行政長官公署。
在糧食部分,總督府的農商局食糧部提供移交清冊,其中包括1942–
1944年的供需實績,1945年上半期與下半期的供需計畫,以及1946年
的上半期的供需計畫推算。

11月1日,長官公署設立糧食局,正式接管糧政事務,但在前一天
就公布「管理糧食臨時辦法」。臨時辦法的第1條規定,原總督府規
定米穀生產者及有米穀租收者,應供出本年第1期作米穀,若尚未繳
者,限在11月底前照原規定數量以及價格繳齊。第2條規定,第二期
作之米穀,除自用以外之餘穀,也要全部交出。因此,生產面的管制
維持與日治末期相同。

臨時辦法的第3條則規定,「全省糧食之供應,准由人民設置零售
糧店、辦理零售業務,由需用者向零售糧店自行購買。」依據前兩條
的規定,農家生產的稻米,除自用外要全部繳出,那麼民間自由買賣
的米從那麼來? 臨時辦法的第4條說,經營零售糧店須政府核准,而
在未核准之前,長官公署「按照原配額及配給辦法代辦食米零售」。[5]
由此可知,長官公署延續戰爭末期的徵購與配給辦法,唯一不同的

---

[4]曾獻緯 (2015),頁59;華松年 (1984),第8章。
[5]華松年 (1984),頁320–321。

是,配給改為「食米零售」。

《民報》在 1945 年 11 月 24 日這一期的標題中所說的,「米穀繳出冀得公平」,指的是徵購的部分。按照第 1 與第 2 條,農民生產的米穀,除了自用外,要全部繳出。日治末期,總督府為了徵購稻米,動員無數的人力與物力,以確認各農家的產量。[6] 但是,長官公署成立之初,根本無能力進行農業調查。既然長官公署無法確認產量,農民擔心自己被徵購的數量比別人高。

農家繳出稻穀是由政府收購的。如果長官公署以市場行情徵購稻穀,農民不應該會擔心徵購數量比別人高。由此可知,徵購米穀的問題是在價格上。

長官公署訂定的徵購糙米的價格是每百公斤 132.8 元。1945 年 11 月,台北市零售白米的市場價格每日升 7.6 元,折算糙米每百公斤是 468.5 元。[7] 前述美國情報人員在 11 月 2 日的紀錄說,農民在市場上「可以賣到每百公斤 533 元的價格」。[8] 由此可知,長官公署徵購稻米的價格不到市價的三分之一,農民當然不願意接受徵購,也因此要求,「米穀繳出冀得公平」。

稻米徵購辦法引發農民的不滿,連長官公署都承認農民「觀望滯納,競趨黑市」。駐台的美國情報人員在 1945 年 12 月 9 日說,「有 30% 的新竹農民無法繳交 9 月 30 日截止的第一期稻作的徵收配額。他們的理由是:固定價格與黑市價格的差距太大。... 農民向新竹政府陳情,要求降低他們 60% 的稻米配額。」[9]

因為徵購的情況不順利,行政長官公署不得已,乃於 1946 年 1 月 11 日改變政策,停止徵購及配給。農戶應繳納 1945 年第 2 期徵購米穀而尚未繳納者免予追繳,已經繳納者按其繳納數量日期,「給予獎金

---

[6] 蘇瑤崇 (2014),頁 113–115。

[7] 1 日升白米等於 1.46 公斤,而每公斤糙米大約可碾出 0.9 公斤白米。

[8] 《金融統計月報》;Fleming (2009),頁 96。

[9] 臺灣省行政長官公署 (1946),頁 153;Fleming (2009),頁 117。

外, 並配給獎勵布疋」。此外, 配給政策也取消, 糧食准人民自由買賣流通, 並准許人民自由設店零售, 消費者自行向零售商店購買。[10]

在政策改變之前, 行政長官公署徵購了多少稻米? 依據1946年3月的一封電報內文, 糧食局封存與徵購的稻米合計約11萬公噸。[11] 下文將說明, 糧食局在停止徵購政策後, 立即封存各地的倉庫, 數量大約1.5萬噸。因此, 徵購的稻米數量大約是9.5萬噸。

糧食局封存與徵購的稻米合計, 占1945年第2期稻米總產量的37.5%。1945年第2期的稻米產量特別少, 僅29.3萬噸, 大約等於1910年代初期的水準。糧食局封存與低價徵購大量的米穀, 使市場上流通的米穀更加減少。

長官公署的政策引起人民反感。監察委員楊亮功於1946年1月21日到台灣視察, 他在回報監察院長于右任的電文中說,「台省人民對地方政府近有不滿表示, ... 摘其原因: (1) 米糧統制配給致釀成米荒, 現已取消配給辦法, (2) 貿易統制剝奪民營事業。」[12] 本章後面會講貿易統制的故事。

16.2　稻米不足

圖16.2畫出1925–1952年期間的稻米生產與出口。稻米產量在1938年達到最高點, 為140.2萬噸, 之後即出現減少趨勢。1941年, 產量降為120.0萬噸, 1945年更減少為63.9萬噸, 僅為1938年的45.6%。稻米產量減為不到一半, 而且人口又增加, 稻米不足的問題似乎極為嚴重。不過, 以上的計算沒有考慮稻米出口之變動。

日治時期台灣出口大量的稻米到日本, 特別是在1920年代中期蓬萊米開發成功之後。以1938年為例, 蓬萊米產量為75.4萬噸, 出口為58.8萬噸, 出口占生產之比率高達78.0%。日治時期, 台灣也進口

---

[10]華松年 (1984), 上冊, 頁321; 蘇瑤崇 (2014), 頁119; 吳長濤 (2007), 頁360–367。

[11]臺灣省糧食局 (2007), 頁347。

[12]陳興唐 (1992), 上冊, 頁47。

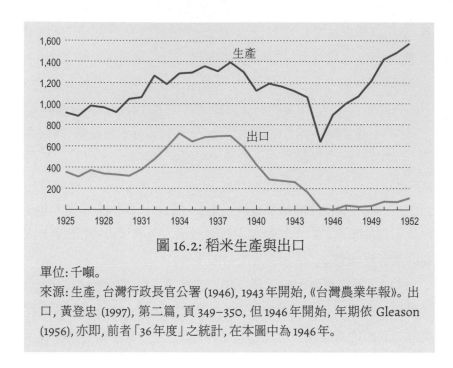

圖 16.2: 稻米生產與出口

單位: 千噸。

來源: 生產, 台灣行政長官公署 (1946), 1943 年開始,《台灣農業年報》。出口, 黃登忠 (1997), 第二篇, 頁 349–350, 但 1946 年開始, 年期依 Gleason (1956), 亦即, 前者「36 年度」之統計, 在本圖中為 1946 年。

稻米, 但數量不多。因此, 簡單來說, 產量減去出口即代表可供人民消費的數量。圖16.2也畫出稻米出口數量。1939年開始, 出口也明顯減少, 因此, 可供消費的稻米數量需要進一步計算才能明瞭。

　　圖16.3畫出1935–1954年期間稻米的人均供給量, 這是「中國農村復興聯合委員會」(以下簡稱為農復會) 的專家格里森 (Ralph Gleason) 所估算的。人均稻米供給量是指平均每人飯米用的糙米消費量, 這是由稻米產量加上進口量, 減去出口量, 再減去存量增加, 最後再減去非飯米用途 (如種籽) 之數量。格里森所出版的資料裡, 1935–1939年及1940–1944年只提供平均值, 圖16.3是依據他的估算方法補上1935–1944年期間各年的數字。

　　日治末期, 台灣的人口一直到1944年之前是穩定增加, 但是1945與46兩年則有大幅度的波動。1945年是因為戰爭影響, 1946年則是日本人遷返。此外, 1949–1951年期間大約有一百萬的外省人移入。以上的人口變動可能使各年的人均供給量之估算出現誤差, 但是大

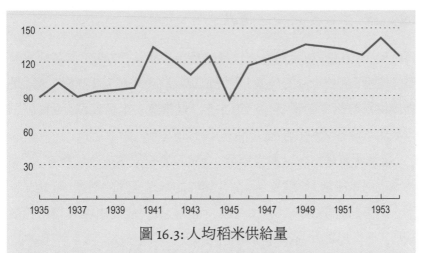

圖 16.3: 人均稻米供給量

單位:公斤。人均稻米供給量為平均每人飯米用的糙米消費量。飯米用消費量是由稻米產出加進口,減出口,再減去存量增加,再減去非飯米用途之數量。來源:1935-1943年,臺灣總督府 (2007),頁 310-311;非飯米用途數量之比率,Gleason (1956)。1944年,華松年 (1984),頁 212。1945年開始,Gleason (1956)。

趨勢應該是正確的。

圖16.3顯示,日治末期人均稻米供給量以1941年為最高 (133.2公斤), 1945年則下降至86.7公斤,僅為1944年69.2%。相對的, 1946年回升至1944年的93.3%。因此,1945年人均稻米供給量的是1940-1944年平均的79.6%,而1946年的比率回升為107.3%。換言之,稻米短缺嚴重的一年是在1945年,而1946年已經好轉。

不過, 1946年的第1期作要到6月才收成,而上面說明, 1945年的第2期作大約有37.5%是落入長官公署手中,因此,稻米供給不足最嚴重的時候,是從戰爭結束起到1946年中大約一年的期間。

1946年初,徵購與配給制度取消後,稻米的供給與需求照道理應該由市場所決定。不幸的是,長官公署緊接著採取幾項措施,使米荒問題揮之不去。

16.3 封存倉庫與積欠糧款

1946年1月11日,糧食局在停止糧食配給政策後,立刻封存各地方農業倉庫裡的稻米,目的是要「把握軍糧及防患未然」。「把握軍糧」是指提供軍隊所需的糧食,「防患未然」是指萬一米價高漲,糧食局可以取出倉庫的米到市場上出售,以平抑米價。

農業倉庫是由各地農會所建,倉庫內的米是農家收成後存入,等待碾成白米後進行交易。因此,倉庫內的米是農民的財產,糧食局封存倉庫等於是限制農民自由交易,而到最後可能是由糧食局以低價購買。糧食局總計封存15,324噸稻米。[13]

戰爭結束後,各地的日軍存糧是由中央政府的軍政部接收,並負責分配。但從1946年1月起,軍糧調撥事項改由糧食局辦理,每月預估需要1,500噸。[14] 從制度上來說,軍隊的支出應由中央政府負責,與長官公署無關。不過,因為中央政府的財政困難,軍隊所需糧食大多先由糧食局提供,購米之費用中央政府後來才慢慢償還。

糧食局封存農業倉庫的措施引發民眾的抗議,其中留下較完整紀錄的是霧峰鄉。1946年1月14日,霧峰鄉民數百人到公所與農業會抗議。[15] 1月22日,林獻堂等人拜訪臺中縣長劉存忠,表達抗議。劉縣長承諾僅留一部分作為軍糧,其餘的將出售作為民食。但是,到了2月26日,劉縣長推翻原先的承諾,僅同意糶出1,300包作為民食。

3月11日,霧峰鄉公所不顧劉縣長之命令,繼續辦理平糶。所謂「平糶」,意思是由政府提供稻米,並以略低於市場的價位出售給民眾。兩天之後,林獻堂與地方代表出面,與縣長及警備總司令部少將蔡繼琨見面商討。林獻堂建議,霧峰農倉現存米1,800包,分600包與國軍,其餘繼續配給於庄民。蔡繼琨則表示,受當局之命令,非全

---

[13]吳長濤 (2007),頁343–344。

[14]吳長濤 (2007),頁343;臺灣省糧食局 (2017),頁211。

[15]本節關於霧峰鄉民眾對於封存倉庫的抗議行動,主要依據曾獻緯 (2015),頁70–80。

取去不可; 並聲明臺中縣下要徵集4千公噸, 不僅供給國軍而已, 更要供給基隆、臺北、高雄等處。

再兩天之後, 蔡繼琨命軍隊30餘名, 各持短槍包圍霧峰農倉, 運走米穀:[16]

> "3月14日, 警備司令部的蔡少將, 率軍隊三十餘名, 並帶機槍數架, 分乘卡車數台, 如臨大敵, 包圍敝鄉農會, 拔刀擬搶, 滿口惡聲, 強迫該會副會長林士英, 將存米二千餘包運走一空。"

在長官的帶領下, 軍隊持槍搶奪糧食, 這並非唯一的一次。1946年臺中縣參議會致省參議會請求救濟米荒之呈文中說, 台中縣下糧米「被蔡少將以恐怖手段強迫運去二萬五千餘包」。[17]

另外一次有較詳細記載的是糧食局長吳長濤自己說的, 時間大約是在1946上半年:[18]

> "本局供應軍警糧食, ... 先以和平方式向民眾解釋, 政府提用封存米之必需。惟民眾仍陽奉陰違。如距台北市十餘公里之三芝庄地方, 民眾拒提倉糧, 不已, 乃派武裝警察大隊協助提運, 而村民竟率眾數百人, 持械反抗, 且反宣傳政府壓迫, 幾演成慘劇。嗣後經警務處將為首者四人拘送法院懲辦。"

被拘送到法院的4位鄉民, 後來的下落如何, 我未能找到紀錄。吳長濤的報告裡還說, 三芝庄並非唯一的事件,「各地亦時有類似情事發生」。

駐台的美國情報人員也有類似的紀錄。1946年2月9日的紀錄裡說,「元月22日, 有數百人到新竹市政府要求稻米, ... 一直到警察局

---

[16]吳濁流 (1995), 頁181。
[17]葉榮鐘 (1995), 頁426–429; 蘇瑤崇 (2014), 頁123–124。
[18]吳長濤 (2007), 頁367。

長毆打帶頭者並將他逮捕。」另外，元月26及27日，竹東有數百名民眾攻擊農業協會的倉庫，並拿走10萬斤的稻米。竹東事件的起點應該是政府封鎖糧倉在先。

此外，也有民眾搶奪其他民眾的稻米。報導中還說，類似的衝突發生在桃園，關西，中壢，及通霄等地。「台中也有稻米暴亂，...中部與南部的情形，比台北更加嚴重。」[19]

「最高米價」

1946年第1期的稻米產量為38萬噸，產量雖然不多，但新米於6月起陸續上市之後，缺米的情況有所改善，新聞媒體也較少提及米荒。但是，1947年初米荒的報導再度出現。

1947年2月13日的《民報》報導，米價再告飆漲，甚至有喊到32元的。同一報導中說，12日早上萬華地區有民眾打鑼糾集民眾到各米鋪取出庫存糧米，運到龍山區公所平糶。面對米價狂升，長官公署於2月13日公布「指定最高米價辦法」，台北縣與台北市的蓬萊米管制價格是23元，在來米是22.9元。

長官公署限制米價後，米價不能再上漲，但出現一個問題。2月14日出刊的《民報》的頭條新聞是「白米呈無行無市」，報導內說，「雖聞有暗市有售一斤40元，市面竟出無行無市之怪現象。」意思是說，只聽說有黑市價格，但市場上無稻米可供交易，因此也沒有正常的交易價格。

這位記者似乎不懂經濟學原理，因此稱之為「怪現象」。如果黑市價格是40元，但官方管制價格是23元，米商即使有米，也不會拿出來賣。本章開頭的引文，所講的正是米價管制後的情況。市長游彌堅說，「台北市現在不是無米的」，這句話是對的。但是，他把買不到米歸咎於「奸商」，則是錯的。民眾買不到米是價格管制的結果。

無行無市的現象不只發生在台北。《民報》在2月25日報導新竹

---

[19] Fleming (2009)，頁140–141。

的情況,「省署公表最高米價以來,東市場的米攤已經銷聲匿影,市內的米店全部關門大吉。業戶糧商固無影響,累煞了糴米食的無產者。握著鈔票,東奔西走,總找不出一粒白米來。」報導中又說,「暗市唱至四十元左右」,意思是說,如果願意付40元,仍可買到。一直到二二八事件前夕,米價管制並未解除。

1947年1月,米價比一個月前上漲了21.3%,2月分的上漲率更高達93.9%。米價為何會暴漲?稻米價格上漲可能是因為供給少,但也可能是隨著一般物價上漲而上漲。台北市零售物價指數在1月分上漲了22.7%,2月分上漲了61.3%;1月分的米價上漲率與零售物價指數上漲率(即物價膨脹率)相當,但2月分米價的上漲率則高於物價膨脹率。

為何2月分的米價上漲率較高?1946年第2期的稻米於1947年初上市,這一期的稻米產量是48.3萬噸,比上一期增加了10.3萬噸。因為稻米的供給相對充裕,由此推測,米價上漲率較高的原因可能是米價受到管制,運到台北市的稻米減少所致。

《民報》的報導說,米價受到管制時,新竹市的「米店全部關門大吉」,報導中也說,不管是台北市或新竹市,稻米黑市交易是存在的。如果願意付黑市價格,消費者仍可買到米。

米價受到管制時,農家生產的米賣到哪裡去了?當時住在大稻埕的陳德隆先生後來在接受訪問時說,「家裡有田佃,並不缺米。」[20]「田佃」是指地主有農地,由佃農耕種。稻米收成時,佃農直接把米交給地主,因此,不受米價管制的影響。

積欠糧款

戰後初期首兩任的糧食局長都公開講,糧食政策首要任務是充裕軍公糧的供應,其次才是維持民食的安定。為了達成以上目標,糧食局的做法是,對每一期收穫的稻穀要掌握一定的數量。

[20]訪問陳德隆先生,2021/12/19。

在1946-1950年期間,糧食局掌握稻米的主要方法是「田賦徵實」與「隨賦徵購」。前者是要求農民以稻穀繳交田賦,後者則是農民在繳交田賦時,政府進一步徵購額外的稻穀。此外,1947年糧食局曾採取「收購大戶餘糧」的政策,當年收購了37.8萬公噸的稻穀。但後來因為反對力量大,收購大戶餘糧的政策在1952年之後停止。[21]

1947年的第1期,大戶餘糧收購價格稻穀每公斤27.5元,而1947年6月,台北蓬萊白米零售價格每公斤77.88元。依照標準的折算率,1公斤稻穀可碾出0.69公斤白米。[22] 由零售價格回推,稻穀每公斤的合理價格是53.4元。因此,糧食局收購的價格大約是市價的一半。隨賦徵購政策也同樣有價格嚴重偏低的問題。

除了價格偏低之外,糧食局的收購政策還有另一個問題,那就是積欠糧款。1946年5月,台灣省參議會開會時,吳鴻森等4位議員提案:「請政府火速清償全省徵米價款約一億數千萬元」,這指的是上一年被政府徵購的稻米。[23] 糧食局徵購的價格一開始就偏低,加上付款拖延,在物價膨脹時,農民最後收到的錢已遠低於成本。農民等於是被剝了兩層皮,他們的憤怒也可想而知。

事實上,糧食局付款給農民會拖延,主要原因是它本身也被拖欠。以供應軍糧而言,付款應該是中央政府。不過,從長官公署時期開始,中央政府積欠糧款是常態。省政府向中央要不到錢,糧食局也就沒有辦法付錢給農民。

1949年7月13日,蔣中正要求省政府主席陳誠,在三日內送3,000噸糧食前往福州。陳誠於7月16日覆電,表示已盡最大努力,但無法辦到,他說,「本省供應軍糧 … 計4、5、6三個月,除15萬人外,加墊撥超額米9,473噸,計自職接省政迄今,中央對於糧款,並未發分文。」[24] 陳誠是在1949年1月出任台灣省政府主席。以上電文中的「糧款」是

---

[21]華松年 (1984),頁611-649;黃登忠 (1997),第一編,頁7-13。
[22]黃登忠 (1997),第一編,頁附3-3。
[23]曾獻緯 (2015),頁79。
[24]何智霖 (2007),頁736-737。

指糧食局徵購稻米的支出。因為稻米的配給對象是中央的軍公教人員,因此應該是由中央政府埋單,但中央政府要求省政府先墊付。

除了糧款之外,陳誠又說,「以墊發中央軍公經費及事業費而論,照指數推論,已達新臺幣1億7千6百餘萬元,合新臺幣發行總額百分之九十。」以上電文中的「中央軍公經費」的意義不難理解。到了1949年7月,許多中央政府的機關已撤退到台灣,這些機關的經費支出都是由省政府墊付。「事業費」則是指公營企業的支出。但是,省政府本身的財政收入也有限,無能力墊付龐大的費用,到最後只好要求台灣銀行印鈔票融通。

墊發中央軍公經費及事業費,是戰後台灣發生惡性物價膨脹的主要原因,我們在下一章會講這一段故事。

16.4　二二八事件

1947年的二二八事件是台灣近代史上最不幸的事件,導火線是專賣局查緝員取締私菸,意外開槍擊斃旁觀市民。戰後初期,台灣有幾家報紙,其中對於查緝私菸事件說明最清楚的,可能是《民報》。另外,英國駐淡水代理領事丁果當時人在台北,對於二二八事件也有完整的紀錄。

前面圖16.1是1947年2月28日出刊的《民報》,標題是「延平路昨晚查緝私烟隊,開槍擊斃老百姓」,內容如下 (為求易讀,標點符號與分段略有調整):

> "昨省垣忽又發生查緝私煙警員開槍擊斃人命: 事緣二十七日晚八時許,專賣局緝私隊及警察大隊約有二十餘名,馳卡車到天馬茶房附近,開始緝私煙小販。其時查緝情況:據傍邊目擊人稱,聲勢洶湧如虎似狼咄咄迫人,將在場所有香煙甚至小販手中現款悉數強奪。
>
> 　　時有一婦人名林江邁哀哀求饒泣訴, ... 詎知一私服 ... 反將槍口擊傷她頭額 (現在林外科留醫),致登時

血流滿面, ... 眾一致代她要求賠償醫療費用, 惟該隊員罔然不理, 群情因此為昂奮時, 全隊員見勢不佳企圖逃脫, 突皆抽出手槍, 厲聲恐嚇, 喝令民眾迅即散開。由此民眾怒號起, 個個拿石塊投擲。為此該隊人等一面以槍恐嚇, 一面謀開路逃走。

其中一人逃到大光明附近, 竟向迫近之民眾開槍, 幸未傷及人。但另一人逃到永樂市場附近, 對所迫之民眾開槍, 彈子遂擊中一老百姓, 名陳文溪, 當場斃命。民眾聞此, 憤怒沖天。"

開槍殺死陳文溪的查緝員名為傅學通。

2月28日上午9時, 大批的民眾上街遊行, 要求長官公署懲罰前一晚攻擊民眾的查緝員, 專賣局局長下台, 並補償死亡與受傷的民眾。[25] 抗議的民眾分兩個隊伍, 第一隊大約有2千人, 前往專賣局台北分局抗議 (圖16.4)。到了現場, 民眾發現局內有查緝員, 以為他就是前一晚的兇手, 將他與另一名警員圍毆致死。

另外一隊民眾前往專賣總局 (今日南昌路一段4號) 抗議, 但發現門已上鎖, 因此轉向行政長官公署 (今日的行政院)。依據英國領事館的報告, 隊伍到長官公署門口, 群眾並無挑釁行為, 但長官公署的衛兵以機關槍掃射, 至少有4名民眾死亡。到了此時, 省籍衝突爆發, 一些外省籍民眾被打, 有些人甚至死亡。[26]

當天下午3點, 警備總司令部宣布戒嚴, 但動亂持續。賴澤涵等學者的研究詳細記錄各地方的情況。[27] 3月1日, 在台北市參議會的推動之下, 一群民意代表成立「緝煙血案調查委員會」, 與長官公署交涉。委員會提出數項要求, 第一項是解除戒嚴。陳儀接受委員會的要求, 並建議委員會改名為「二二八事件處理委員會」(以下簡稱

---

[25]Jarman (1997), 第8冊, 頁235。

[26]Jarman (1997), 第8冊, 頁245。

[27]賴澤涵等 (1994)。

圖 16.4: 二二八事件導火線地圖

來源: historygis.udd.gov.taipei/urban。

為「二二八處委會」)。除了台北市之外,其他各縣市的二二八處委會也先後成立。

台北市的二二八處委會底下設有糧食,治安及宣傳3組,其中,糧食組派員前往中南部採購米穀。其他各縣市的二二八處委會在成立之後也都設法解決米荒問題。[28]

「以武力消滅」

台北市的二二八處委會與長官公署進行多次的協商,但不管是處委會或是政府部門,對於事件應如何解決,內部都有許多不同的意見。到了3月6日,陳儀向蔣中正提出報告,指出「奸黨亂徒,須以武力消滅」。隔天,蔣中正電告陳儀,已派21師直屬部隊與第一個團由上海

---

[28]歐素瑛 (2018), 頁54。

出發, 預計10日清晨可抵基隆。[29]

　不過, 另一批武力更早就抵達。3月8日, 憲兵第4團第3營與21團之一營乘海平輪從福州出發, 載著2,000名憲兵, 於下午5點抵達基隆。隔日清晨, 除了200名留在基隆之外, 其餘坐著十輪大卡車前進台北, 國民政府展開整肅與報復行動。[30]

專賣局與貿易局

在陳儀向蔣中正提出「以武力消滅」的報告的同一天, 台北市二二八處委會向長官公署提出32條要求, 其中分成「對於目前的處理」與「根本處理」兩大部分, 後者進一步分軍事方面與政治方面。

　在政治方面, 二二八處委會要求撤銷專賣局 (第18條) 與貿易局 (第19條), 第18條的全文是「撤銷專賣局, 生活必須品實施配給制度」。二二八處委會要求撤銷專賣局, 可能是因為查緝私煙事件, 而要求實施配給制度的動機可能是米荒。日治中期之後, 菸與酒的生產與銷售是由總督府獨占。為何總督府要獨占菸與酒的銷售? 目的是要增加稅收。1945年長官公署接收專賣局之後, 菸酒專賣政策延續下來, 目的也是稅收的考慮。

　二二八處委會要求「實施配給制度」, 似乎是想要回到日治末期的稻米徵購與配給制度。處委會為何不要求解除稻米管制, 回到市場機制, 目前已無法瞭解。

　那麼, 為何二二八處委會要求撤銷貿易局 (第19條)? 貿易局是長官公署將日治時期的民營貿易公司, 接收之後改組而成。一開始取名為「臺灣貿易公司」, 1946年2月改稱「臺灣貿易局」(以下簡稱為貿易局)。

　戰後初期, 貿易局掌控台灣的進出口, 以煤礦出口為例, 貿易局以每噸200元的價格向煤礦工廠買煤, 運到上海出售, 每噸可賺取

---

[29] 賴澤涵等 (1994), 頁205。

[30] Jarman (1997), 第8冊, 頁259; 賴澤涵等 (1994), 頁207。

4,000元的利潤。另外一個例子是砂糖。貿易局以每百斤130元的價格買進砂糖,在上海出售的價格是3,900元。[31] 1946年,貿易局經辦之進出口金額超過台灣總進出口的三分之一,而貿易局在1946年度的盈餘繳庫額高達台幣5.47億元,占當年省支出決算額的21%。[32]

1947年2月12日,英國駐淡水的代理領事丁果向南京的領事館提出一份報告,其中說長官公署設立許多機構與民爭利,這些機構具有獨占地位,利潤極高。雖然有這些機構的盈餘挹注,但長官公署仍然缺錢 (the Government is short of money),原因是「台灣被中央政府榨乾」。[33] 這句話一針見血地講出,台灣被國民政府接收之後經濟上的處境。

從經濟上來說,二二八事件的原因是國民政府對台灣的經濟管制。除了二二八事件外,台灣戰後發生惡性物價膨脹,主要原因也是國民政府的經濟管制,這是下一章所要講的故事。

---

[31]Jarman (1997), 第8冊, 頁194-195, 234-235。
[32]張澤南 (1948), 頁171; 台灣省政府 (1947), 頁49。
[33]Tingle (1997), 頁235。

17
惡性物價膨脹

"民國37年, 台灣物價一日數變, 甚至可以在市場上見到一顆30萬元的水果。請問, 當時政府施行哪一項政策以解決這項問題? (1) 發行新臺幣, (2) 制定專賣制度, (3) 停止出口貿易, (4) 禁止美元流通。"

國小6年級考題

1945—1950

我 在讀小學與中學時, 歷史課本的內容主要是中國史。大約在解嚴前後, 歷史課本內台灣史的比重增加。學生們多瞭解自己的歷史, 是理所當然的。但是, 我翻閱今天國中與高中的課本, 偶爾會看到一些令人嘖嘖稱奇的內容, 特別是經濟發展的議題。

今天的國小課本裡會介紹戰後初期的惡性物價膨脹。上面引用的考題, 是一個國小學生的家長傳給我的經濟系同事。學校老師給的答案是:「(1) 發行新臺幣」。小朋友雖然懷疑老師的答案, 但也不知正確答案為何。家長也不曉得答案, 因此求助於我的同事。

時至今日, 世界上仍有一些國家遭受惡性物價膨脹之苦。如果廢舊鈔改發新鈔就可以解決物價膨脹問題, 那就太好了。這些國家只要改發新鈔, 惡性物價膨脹就會停下來。但事情當然不是如此。

新臺幣是在1949年6月15日發行的, 在前一年的8月19日, 國民政府在大陸也因為惡性物價膨脹而進行幣制改革, 廢止法幣, 改用金圓券。但是, 物價膨脹不僅沒有停下來, 反而是變本加厲。隔一年的7月3日, 國民政府又有另一次的幣制改革, 發行銀圓券以取代金圓券, 但物價膨脹的問題也沒有解決。

17.1 財政赤字與物價膨脹

圖17.1畫出1945到1952年的零售物價指數, 米價, 與台銀的貨幣發行量。「台北市零售物價指數」從1946年起才有月資料, 故圖中另外畫出「台銀零售物價指數」, 這是台灣銀行 (簡稱為台銀) 所調查。在1946年的前4個月, 兩項指數相當接近。上一章說明, 戰爭末期總督府實施物價管制, 1945年8月戰爭結束後, 物價管制無法再維持, 物價大幅跳升。根據台銀的指數, 從1944年12月到45年的12月, 台北市零售物價指數上漲為1.9倍。

惡性物價膨脹 (hyperinflation) 是指一般物價水準持續大幅上漲, 但是, 經濟學對於物價上漲到什麼程度才稱為惡性物價膨脹, 並無標準的定義。有些研究者把月物價膨脹率超過50%的情況, 才稱為

是惡性物價膨脹。若依此定義，台灣只在少數幾個月分，例如1949年4-6月，才能稱為惡性物價膨脹。不過，本章所講的「惡性物價膨脹」，是指1945下半年到1950年期間的物價膨脹現象。

台灣歷史上僅出現過一次惡性物價膨脹，但有些國家曾出現多次。例如，德國在兩次大戰之後都發生惡性物價膨脹。經濟學家研究古今中外的案例，發現惡性物價膨脹都是因為中央銀行（簡稱為央行）超額發行貨幣所引起。由圖17.1可以看出來，在1945-1952年期間，物價指數與貨幣發行幾乎是亦步亦趨，同步大幅上升，因此，台灣的惡性物價膨脹也是同樣原因。

現代國家的貨幣發行都是由央行負責，因此只要央行控制其貨幣發行數量，惡性物價膨脹就不會出現。如此看來，要解決惡性物價膨脹的問題似乎不難，那為何台灣的惡性物價膨脹會拖上5年？要回答這個問題，我們須先瞭解央行如何發行貨幣，以下用美國的聯邦準備體系（The Federal Reserve System）的貨幣政策來說明。

美國的聯邦準備體系也就是美國的中央銀行，其貨幣政策的決策機構常簡稱為聯準會。2020-2022年期間，因為新冠肺炎疫情的影響，美國的景氣衰退，聯準會採取寬鬆貨幣政策讓利率下降，又稱為降息。聯準會如何降息？利率有長期，也有短期。以長期利率而言，美國財政部發行的公債通常是長期的，只要聯準會大量買進美國財政部的公債，長期利率就會下降。

各國的財政部因應財政調度的需求，一定會發行大量的公債。這些公債在發行時大部分是由民間企業與金融業買走，但聯準會也可以進場購買。聯準會購買債券，使用的是新印出來的鈔票，因此，聯準會若買入5千萬美元的債券，貨幣發行量即增加5千萬美元。除了聯準會之外，歐元區，日本，與英國之央行，也都是經由購買債券的方式發行貨幣。

不過，目前台灣央行發行貨幣的方法與以上國家不同，它不是買債券，而是買外匯。後面第27章會講台灣央行貨幣政策之操作方式。

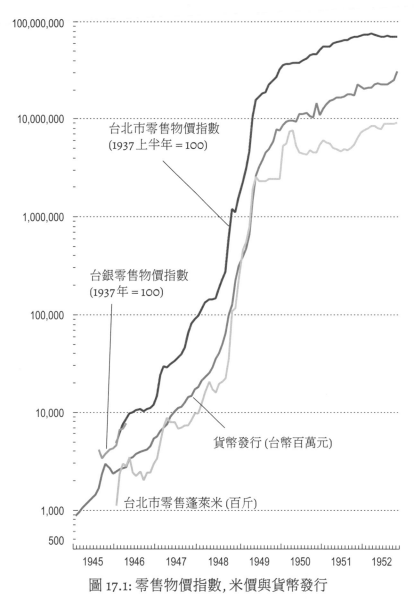

圖 17.1: 零售物價指數, 米價與貨幣發行

貨幣發行的單位為舊台幣, 1949 年 6 月之後之米價與物價仍以舊台幣計價。
來源: 台北市零售物價指數, 《臺灣物價統計月報》; 台銀零售物價指數, 《臺灣金融經濟月報》, 第 188 號, 1946 年 6 月; 米價, 《臺灣糧食統計要覽》; 貨幣發行, 吳聰敏與高櫻芬 (1991)。

　　鏡頭拉回到二戰之後的台灣, 當時的貨幣政策是由台灣銀行負責。台灣銀行成立於1899年, 戰後由國民政府接收。戰後的台銀與今天的聯準會一樣, 也是以購買公債的方法來發行台幣。台銀購買公債, 也就是放款給財政部。以下會說明, 戰後的台銀除了放款給財政部之外, 也放款給公營企業, 這也使貨幣發行增加。

　　國民政府於1949年底撤退到台灣, 1950年台灣首次有中央政府的財政收支統計。中央政府的歲入主要是課稅收入, 而稅收的主要項目是關稅與貨物稅。另外, 公營企業的盈餘繳庫也是重要的歲入來源。政府支出的項目包括政務, 國防(軍費), 經濟發展, 教育等。一般而言, 政府每年的收入與支出不會剛好相等, 收入大於支出, 稱為財政盈餘; 反之, 則稱為財政赤字。

　　依據《財政統計年報》, 1950年各級政府財政支出合計是1,954百萬元, 收入是1,743.3百萬元, 因此, 財政赤字是210.7百萬元, 占支出的比率是10.8%。為何財政赤字如此龐大?

　　1950年初, 毛澤東準備攻打台灣, 國民政府全力備戰, 軍費占中央政府支出的比率高達89.4%, 這是財政赤字飆升的主要原因。事實上, 1950年真正的財政赤字比率高於10.8%。1950年6月25日韓戰爆發後, 美國對台灣提供軍事與經濟援助, 一開始的援助款項裡, 有一部分直接用於補助中央政府的財政歲入, 但並未記錄在財政收入裡。

　　財政出現赤字時, 財政部要向外借錢, 也就是發行公債。那麼, 公債要賣給誰? 1950年的台灣, 兵荒馬亂, 有財力也有意願購買公債的人, 少之又少。到最後, 大部分的公債是由台灣銀行印鈔票購買。發行公債是政府向民間借錢的正式管道, 但是, 公債若由台銀買走, 表示借錢給政府的是台銀, 而不是民間部門。

　　故事講到這裡, 你可能已猜到為何台銀會發行那麼多貨幣了。中央政府稅收不足時, 可以發行公債。但如果民間部門無意願買公債, 只好由台銀印鈔票購買。台銀可以拒絕嗎? 不可能, 因為中央政府是頂頭上司。因此, 若財政赤字無法縮減, 台銀也就無法控制貨幣發

行, 這是戰後台灣惡性物價膨脹的原因。

事實上, 1949年中央政府的財政赤字更驚人, 高達支出的85%![1]
1949年是國民政府在大陸的最後一年, 因為國共內戰, 財政支出龐
大, 但又收不到稅, 可以說財政已完全崩潰; 當時中國大陸的物價膨
脹也遠比台灣嚴重。

17.2 「被中央政府榨乾」

以上所講的是1950年的情況, 但前面圖17.1顯示, 惡性物價膨脹在戰
爭結束後就出現。在1946–1949年期間, 台灣只有省政府與縣市及鄉
鎮公所, 而由財政統計可知, 省政府的財政並無嚴重赤字, 那麼為何
台灣銀行無法控制貨幣發行?

英國駐淡水的代理領事丁果在1947年2月的報告裡說:「長官公
署仍然缺錢, 原因是台灣被中央政府榨乾。」[2] 這句話只講了結論, 但
沒有講過程。二戰結束時, 國民政府在大陸的財政已經惡化。因此,
1945年台灣被國民政府接收之後, 即被用來分擔中央政府的支出。這
是丁果所說的「榨乾」。

中央政府如何榨乾台灣?講得最直接的是省主席陳誠。上一章提
到陳誠在1949年7月回覆蔣中正的電文, 其中講到中央政府要求省
政府墊撥國軍糧款。但是, 省政府本身的財政狀況也沒有好到哪裡
去, 因此, 到最後墊撥國軍糧款的錢還是來自台銀的印鈔機。陳誠在
電文裡說,「長此以往, 而臺省勢必非至崩潰不可。」[3]

事業費

台銀對政府部門的墊付款, 在資產負債表上記錄為放款。圖17.2畫
出1945年到1951年4月期間, 台銀的放款與貨幣發行量, 兩者的變動

---

[1] 立法院 (1951), 頁18。
[2] Tingle (1997), 頁235。
[3] 何智霖 (2007), 頁736–737。

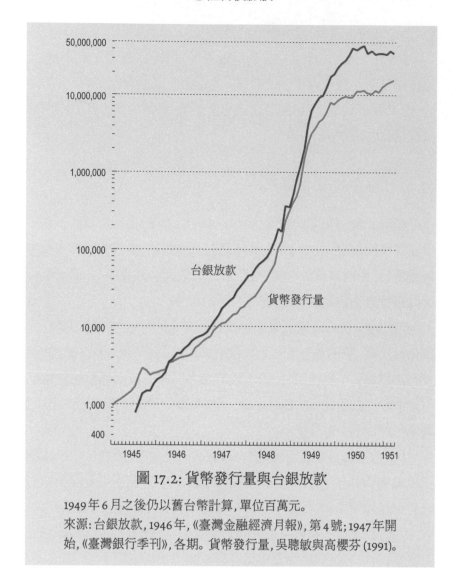

圖 17.2: 貨幣發行量與台銀放款

1949年6月之後仍以舊台幣計算,單位百萬元。

來源: 台銀放款, 1946年,《臺灣金融經濟月報》, 第4號; 1947年開始,《臺灣銀行季刊》, 各期。貨幣發行量, 吳聰敏與高櫻芬 (1991)。

亦步亦趨, 同步大幅上升。除了放款給政府機構外, 台銀也放款給公營企業與中央銀行。圖17.3畫出台銀放款中, 公庫墊借, 公營企業, 與貸放同業所占比率, 其中,「貸放同業」是指貸放給中央銀行, 以下會進一步說明。

依據台銀的資產負債表, 1949年7月底公庫墊借為56.6百萬元, 公營企業放款是56.4百萬元, 貸放同業是43.5百萬元, 合計是156.4

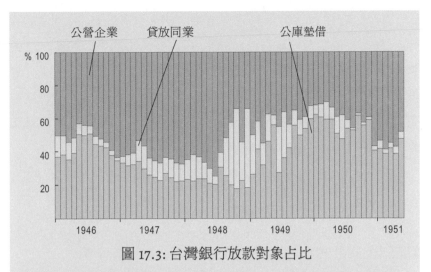

圖17.3：台灣銀行放款對象占比

來源：1946年，《臺灣金融經濟月報》，各期；1947年開始，《臺灣銀行季刊》。
1946年，「貸放同業」的統計有部分的月分找不到，若缺資料，1與2月假設
等於3月；6月假設等於5月；8與9月假設等於7月；11月假設等於10月。
「公營企業」為其他兩項之餘額。

百萬元。陳誠在7月13日的電文裡說，「以墊發中央軍公經費及事業
費而論 ... 已達新臺幣1億7千6百餘萬元」，其中，「事業費」是指對
公營企業的貸款。陳誠所提出的是7月中的數字，比台銀在7月底的
數字還要高一些，但兩項數字大體吻合。

　　圖17.3顯示，從1946年到1948年8月，台銀的放款以公營企業的
比重最高。1949下半年，中央機構陸續撤退到台灣時，公庫墊借的比
重提高。接下來到了1951年的前4個月，公庫墊借的比率略有下降，
原因是美援進來之後對中央政府的財政提供補助。相對的，公營企
業的比重又上升。公營企業為何要借那麼多錢？以下說明台糖公司
的情況。

　　第14章講了台灣糖業沒落的故事。戰爭末期，四大會社的產糖量
比之前少，出口也減少。1944年期，砂糖產量是89.2萬噸。戰爭結束
時，四大會社的存糖合計是34.7萬噸。

　　國民政府從1945年10月底開始接收四大會社的資產,到了1946年3月底,發現存糖已減為17.3萬噸。再經過所謂的「疏開糖」與「改裝溢數」之損失,1946年5月台糖公司實際接收之砂糖約15萬噸。「疏開糖」是指戰爭期間,各會社因為擔心糖廠被炸,把製成的砂糖疏散寄存於民間,戰爭結束後分批收回,但存糖從34.7萬噸減為約15萬噸,大部分可能是被偷走,再走私出口。[4]

　　對台糖公司而言,出售存糖之所得,是接下來營運資金的來源。但出乎意料的是,台糖公司的報告裡說,「所有接收日人存糖,奉令撥歸中央,集運上海代為銷售。」換言之,存糖被中央政府占為己有。存糖既然歸中央所有,台糖公司的營運資金就沒有著落。

　　二二八事件發生後,3月7日台北市二二八處委會向行政長官公署提出32條要求,其中與經濟有關的包括:撤銷專賣局(第18條),撤銷貿易局(第19條);隔日,又增列10條要求。原先的32條的最後一條是,「送與中央食糖一十五萬噸,要求中央依時估價撥歸台灣省。」到了5月,蔣中正才批准將存糖出售收入之一半劃歸台糖公司。但當時物價膨脹嚴重,台糖公司後來拿到的貨款應該遠低於當初的價值。[5] 不僅如此,這一筆錢很可能還是由省政府代墊。

　　日治時期,台灣的砂糖幾乎全部出口到日本,1945年之後則改銷往上海。1946年5月台糖公司成立之前,砂糖出口是由省貿易局掌管。依據英國領事館的報告,貿易局以每百斤130元的價格從台糖公司買進砂糖,在上海出售的價格是3,900元。[6] 台糖公司的出售價格被壓低,它即面臨營運資金不足的問題。

　　台糖公司於1946年5月成立後,一開始砂糖出口是自行辦理,但後來政策改變。行政長官陳儀於1946年6月8日向行政院電函:「糖之輸出,奉院長規定交由上海敵偽產業處理局統籌銷配,不由本省

[4]張季熙(1958),表(六),頁17–18;頁22。
[5]鄭友揆,程麟蓀,與張傳洪(1991),頁223;程玉鳳(2009),頁87–89。
[6]Berman(1997),頁194–195;Tingle(1997),234–235;薛月順(2001)。

自賣 ...。」[7] 同一電文中又說, 台灣外銷上海之煤「售價均由經濟部上海區燃料管理委員會 ... 統制核給」。換言之, 台灣的重要物資之出口都是由中央政府經手, 問題是, 廠商出售產品的價格被壓低。

以上的情況與上一章所講的, 糧食局低價徵購農民稻穀的政策, 如出一轍。不過, 農民會出面反抗, 但台糖公司是公營企業, 上面的長官叫它做什麼, 它只能照辦。

銷售到上海的砂糖受到中央政府管制, 造成台糖公司入不敷出的情況愈來愈嚴重。[8] 出口到國外的砂糖, 也因為匯率管制而遭受損失。依台糖公司的報告, 因為政府管制, 台糖公司出口砂糖之匯率遠低於正常水準, 使台糖公司在 1947–1949 年間,「損失達新臺幣一億四千餘萬元」。[9]

國民政府撤退到台灣之後, 以上的政策持續。例如, 1950 與 1951 兩年國民政府要求台糖公司「捐獻」砂糖, 其中, 1951 年捐獻之價值折合新臺幣 4,800 萬元。[10]

台糖公司是公營企業, 缺乏資金時, 就向台銀借錢; 因為是公營企業來借錢, 台銀無法拒絕。1946 年底, 台銀對公營企業的放款為台幣 38.3 億元, 其中台糖占約 20 億元。1949 年 10 月底, 台銀對公營企業的放款為新臺幣 5,642.6 萬元, 其中, 台糖公司占 59.8%。[11] 台糖公司如此, 其他公營企業也是如此。結果是台銀無法控制放款, 貨幣發行也持續增加。

熱錢

以上說明了台銀的「公庫墊借」與「公營企業」之放款, 圖 17.3 中的另外一項是「貸放同業」。1948 年 8 月到隔年 1 月之間,「貸放同業」之

---

[7]陳興唐 (1992), 頁 66; 台灣糖業公司 (1946), 頁 70。

[8]程玉鳳 (2009), 頁 68–69, 85–87。

[9]張季熙 (1958), 頁 99–100。

[10]張季熙 (1958), 頁 100; 立法院 (1951), 頁 13–14。

[11]1949 年 10 月底的數字為台銀, 土地銀行與合作金庫放款合計。張季熙 (1958), 頁 100; 臺灣省政府 (1949), 頁 16。

比率突然大增,這是台銀對中央銀行的放款。

1948年8月19日,國民政府有鑑於大陸各地的物價膨脹嚴重,宣布財政緊急處分令,實施幣制改革。措施之一是發行金圓券以取代原先流通的法幣,此即所謂的「八一九幣制改革」。

日治時期,台灣流通的貨幣稱為「臺灣銀行券」。行政長官公署接收之後,改發行「台幣」,以取代臺灣銀行券,兩者的兌換率是1比1,因此,可以說幣制並未改變。1948年的「八一九幣制改革」是國民政府在大陸的幣制改革,台灣的幣制並無改變。但到了隔年的6月15日,台灣因為物價膨脹嚴重,也實施幣制改革,發行「新臺幣」以取代台幣;原先流通的台幣,後來稱為「舊台幣」。

回到1948年的「八一九幣制改革」,在幣制改革之前,台幣對法幣的匯率是按市場供需由省政府機動調整的。幣制改革前夕,台幣對法幣的兌換率為1比1,635。幣制改革時,金圓券對法幣的兌換率為1比3百萬,因此,台幣對金圓券的兌換率變成 3,000,000/1,635 = 1,835 比1。對台灣產生重大影響的政策是,國民政府實施匯率管制,台幣對金圓券的匯率固定為1,835比1。

此外,國民政府在上海實施物價管制政策。在管制之下,上海的物價從8月23日到8月底幾乎維持不變,10月底的物價指數也不過是8月底的1.3倍。但到了11月,物價管制完全崩潰,物價指數劇升為11倍之多。[12] 相對的,台北的物價相對穩定,10月底的批發物價指數是8月底的2.72倍,11月底是10月底的1.96倍。

八一九幣制改革在不到兩個半月後就宣告失敗。11月1日,行政院解除上海的物價管制,並把台幣對金圓券的匯率調整成1比1,000,而且恢復機動調整。

想像某甲在8月19日幣制改革的那一天,從上海匯了金圓券1元到台灣來,可以交換出1,835元台幣。到了11月1日,匯率已調整成1比1,000,他把這些台幣匯回來,可以換回 1,835 × 1,000 = 1,835,000

---

[12] 吳岡 (1958);《中央銀行月報》,新4券2期,1949年2月號,頁20。

元金圓券。因為匯率的變動反映物價膨脹率的變動, 某甲並不會獲利, 但也不會損失。

反之, 某乙把金圓券1元一直放在口袋裡, 到了11月1日仍然是1元, 他蒙受重大損失。八一九幣制改革的目的是希望能穩定物價, 但是, 預期幣制改革會失敗的人顯然很多。為了避免損失, 許多人採取某甲的做法, 把錢匯到台灣來。1948年9與10月, 匯入額高達台幣112,523百萬元, 匯出額則只有16,542百萬元。[13] 在短期內匯進與匯出的資金, 經濟學稱之為熱錢 (hot money)。

11月1日, 隨著上海的物價管制解除與匯率調整, 原先匯入台灣的熱錢應該要匯回去。不過, 到了這個時候, 很多人預期大陸會落入共產黨手中, 因此, 另一波熱錢又匯進台灣, 文獻上稱之為逃難資金。1949年初, 省政府開始管制資金流入台灣。

圖17.3的「貸放同業」, 記錄的是熱錢與逃難資金。為何熱錢與逃難資金會變成台銀帳目上的「貸放同業」? 此一時期, 台灣與中國大陸之間的匯兌業務係由中央銀行委託台銀辦理。由上海匯入金圓券到台灣來, 匯款人在台灣可以提領台幣出來, 因此, 熱錢使台灣的貨幣供給增加, 但是這些金圓券並沒有進入台灣, 而是存放在大陸的中央銀行裡, 也因此, 台銀的資產負債表上記錄為「貸放同業」(貸放給中央銀行)。

八一九幣制改革期間, 台銀貸放同業使貨幣發行大幅增加, 這是行政院的匯率管制政策所造成的。如果沒有匯率管制, 台幣兌金圓券的匯率會隨著台灣與上海的物價膨脹率而調整, 也不會有大量的熱錢流入。

17.3 幣制改革

1949年初, 熱錢流入已減少, 但是, 台灣的物價膨脹並未停下來, 原因是中央軍政機構已開始大批地撤退到台灣來, 因此, 台銀對中央

---

[13]吳聰敏 (1994)。

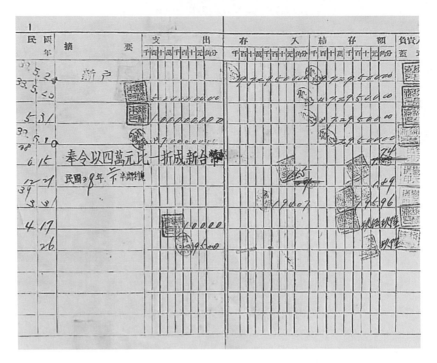

圖 17.4: 四萬元換一元

來源: 林福裕 (2020)。

軍政機關的墊借款也控制不下來。1949年6月15日,省政府宣布幣制改革,發行新臺幣以取代原先流通的台幣,原先流通的台幣後來通稱為「舊台幣」。舊台幣4萬元兌換新臺幣1元,這是「四萬元換一元」的由來。

　　圖17.4是一本彰化銀行的存摺,時間跨越幣制改革。在改革之前,存款餘額是舊台幣29,500元,幣制改革時,「奉令以四萬元比一折成新臺幣」,變成新臺幣0.74元。大約半年之後,存款人再存入新臺幣1.15元,餘額增加為1.89元。

　　省政府幣制改革的目的是要穩定物價,要達到這個目標,一方面要抗拒墊付軍公費與事業費的要求,另一方面則要改變民眾對於物價上漲的預期。陳誠回給蔣中正的電文是前者,但效果應該不大。同樣的,省政府要改變民眾對於物價膨脹的預期,也不容易。「四萬元

換一元」的政策是發行新臺幣取代舊台幣,這就可以改變民眾的預期嗎? 當然不可能。

　　省政府也瞭解其中的困難,因此,在幣制改革時同時推出幾項措施,希望建立民眾對於新臺幣的幣值能維持穩定的信心,其中的兩項是新臺幣發行設定上限,與黃金儲蓄存款辦法。

新臺幣發行上限

新臺幣的發行是依據省政府公布的「新臺幣發行辦法」,內容共有17條。第1條說,新臺幣由台灣銀行發行。緊接著第2條說,「新臺幣發行總額以二億元為度」。省政府瞭解,惡性物價膨脹是台銀貨幣發行失控所造成,因此特別訂定發行上限,不得超過2億元。

　　訂定貨幣發行上限的動機清楚,但做不到。貨幣是交易的媒介,經濟成長時,市場交易的金額會增加,貨幣的發行量也必須隨之而調整增加。因此,除非經濟停滯,否則貨幣發行量有一天會突破上限。不過,如果把上限訂得非常高,則突破上限的時間是在遙遠的未來,這樣的話,訂定上限在短期內或許有效果。

　　1949年7月底,新臺幣發行量是0.78億元,但到了12月底已增加為1.98億元,瀕臨上限。新臺幣發行量持續增加的原因為何? 由前面圖17.3來看,1949下半年起,公庫墊借的比重持續上升,變成是貨幣發行無法抑制的主要原因。

　　新臺幣發行還不到半年,就即將突破上限,顯然,訂定發行上限的辦法無法建立民眾的信心。那麼,當時的財經官員的想法是什麼? 尹仲容在1952年的一篇文章裡說,訂定上限「在當時是必要的措置,而且的確是有功的」。[14] 事實上,訂定上限並非必要,而且也不是「有功的」。尹仲容發表文章時是生管會的主任委員,是國民政府最重要的財經官員,他當時推動紡織業進口替代政策。後面第20章會講紡織業的故事。

---

[14] 尹仲容 (1952a),頁22。

　　既然台銀無法掌控墊借的數量, 則另一個方法是盡量把發行出去的新臺幣收回來。幣制改革時, 台銀推出的另一項措施是黃金儲蓄存款辦法。

黃金儲蓄存款

1949年的「新臺幣發行辦法」的第5條, 規定新臺幣兌美元的匯率; 第10條的後半部分規定, 「凡持有新臺幣者, ... 得照黃金儲蓄存款辦法之規定, 折存黃金儲蓄存款。」黃金儲蓄存款辦法事實上在1949年5月17日就已推出, 當時的規定是, 「本省之官兵商民, 均得以黃金繳存, 或照黃金公定價格, 以新臺幣折合繳存之。」

　　黃金儲蓄存款辦法的重點是其支取存款之規定: 存款者支取時, 「臺灣銀行儲蓄部得付給黃金條塊, 或照黃金公定價格, 折付新臺幣, 悉聽存戶選擇。」換言之, 民眾可以存入新臺幣, 之後再提領黃金出來。黃金儲蓄存款分活期與定期, 後者又分1個月, 2個月, 與3個月期, 若繳存未滿一個月, 支取時僅能領台幣。幣制改革時, 辦法略作修改, 「以新臺幣折合繳存者, 須存滿十天後始得支取黃金條塊。」[15]換言之, 支取黃金條塊的期限放寬。

　　為什麼省政府要訂這個辦法? 這要從金本位制度說起。

　　簡單來說, 金本位等於是以黃金作為貨幣之制度。以黃金作為貨幣, 有好處也有壞處。好處是因為黃金數量有限, 因此, 不會出現貨幣發行量過多, 造成惡性物價膨脹問題。不過, 若某國開採出大量金礦, 這將使金幣的數量增加, 此時會出現物價膨脹現象。例如, 19世紀中期, 美國西部出現淘金熱潮時, 黃金產量增加曾導致物價上升。不過, 以上的情況很少見。

　　以黃金作為貨幣的問題是成本高。黃金本身還有其他的用途, 把黃金鑄成金幣後, 就無法用在其他用途上。因為成本高, 因而促成紙幣的出現。最早使用紙幣的是11世紀初期的中國宋朝, 當時稱為「交

---

[15]陳榮富 (1953), 頁 213–217。

子」。西方世界使用紙幣則始於1661年的瑞典。紙幣的材料是紙張，紙材本身價值甚低，因此，紙幣開始發行時，發行銀行必須以金幣或銀幣支持，否則無法建立民眾的信心。

1933年以前，美國人若持有政府發行的金庫券 (gold certificates)，可隨時向美國政府要求兌換成金幣。在1971年以前，任何擁有美元紙鈔者，可以向美國財政部兌換等值的黃金，兌換率是35美元交換1盎司 (ounce, 等於31.103克) 黃金。可以兌換黃金之紙幣制度，也稱為是金本位制度。

上面說明，日治時期流通的貨幣是臺灣銀行券 (簡稱為台幣)，由台灣銀行 (1899年成立) 負責發行。台幣的發行一開始是採銀本位，後來在1903年起改成金本位。銀本位與金本位的機制相同，唯一不同的是，民眾可以向台灣銀行要求兌換的不是黃金，而是白銀。

在金本位制度下，中央銀行必須備有黃金，以供民眾兌換，這些黃金稱為準備 (reserve)。到了今天，各國央行持有的外幣與黃金仍稱為準備。

金本位制度建立後，若民眾對於中央銀行已建立信心，就很少會向央行要求將紙幣兌換成黃金，而央行也無持有準備之必要。到最後，中央銀行乾脆停止紙幣與金銀間之兌換，使紙幣發行脫離黃金準備之限制，終而進入「法定貨幣」(fiat money) 的階段。在法定貨幣制度下，中央銀行並無義務與民眾交換黃金。台灣在1931年底脫離金本位制度，進入法定貨幣制度。

回到黃金儲蓄存款辦法。戰後的惡性物價膨脹發生後，民眾對於台幣已失去信心，1949年的幣制改革時，省政府的問題是，如何才能讓民眾相信，新臺幣的幣值會維持穩定？要建立民眾的信心，最有效的方法是採行金本位。黃金儲蓄存款辦法推出後，民眾存入新臺幣後10天即可提領黃金出來，因此，新臺幣具有金本位的精神。

黃金儲蓄存款開辦時，台銀公告的黃金價格是1兩新臺幣280元，

折合每台兩為330元。[16] 相對的，1949年6月底台北市民間黃金交易的價格是每台兩368元。因此，民眾前往台銀開設黃金儲蓄存款帳戶，存入新臺幣330元，10天後即可提領黃金1台兩，此一黃金在市場出售可得368元。換言之，即使不計利息，10天期間的報酬率是11.5%。知情的民眾爭先恐後地存入新臺幣，再提領黃金出來。

從1949年7月到隔年5月之間，台北市黃金市場價格一直高於官價，大約介於348到366元之間，因此，台銀的黃金也不斷地流失。面對以上的情況，省政府於1950年6月調整規定，黃金儲蓄存款須搭配購買「節約救國儲蓄券」；7月16日開始，改搭配「愛國獎券」。以上措施的目的是要降低提領者的報酬率，但都無法遏止台銀的黃金流失。1950年12月7日，台銀終於宣布暫停收受黃金儲蓄存款。

黃金儲蓄存款是否建立民眾對新臺幣的信心？並沒有。信心是建立在物價是否穩定上，而1950年全年的膨脹率仍高達71.8%，台銀的黃金也不斷地流失。

台銀的黃金流失引發出另一個議題，國民政府到底有多少黃金可供提領？

17.4　運台黃金

國民政府撤退到台灣時，把上海中央銀行的庫存黃金運送到台灣來，交由台灣銀行管理。這一批黃金一般稱之為「運台黃金」。學者吳興鏞依據國家檔案局的資料，對於運台黃金的來龍去脈作了仔細的分析，發現運台黃金的總量是297.3萬市兩。[17]

1950年初，台北市黃金1市兩的官方價格是新臺幣280元，故運台黃金的價值等於新臺幣832.4百萬元。1951年，台灣稻米生產總額為1,507.7百萬元，故運台黃金約為稻米生產額的55.2%，價值不低。那麼，黃金儲蓄存款用掉多少黃金？在1947–1957年期間，台銀先後

---

[16]陳榮富 (1953)，頁94–95。
[17]吳興鏞 (2013)，頁184–187, 191。

撥付儲蓄部黃金共152.7萬市兩,假設這些就是黃金儲蓄存款流失的黃金,則占運台黃金總量的比率是48.7%。

國際貨幣基金組織的紀錄顯示,從1949年6月至1950年底,台銀流失143萬英兩 (ounce) 的黃金,折算等於144.9萬市兩,與上述的紀錄很接近。[18]

吳興鏞說,「在那韓戰爆發前,風雨飄搖的台灣,雖然中共整日地叫喊著血洗台灣,但社會民心相對地穩定,沒有惶惶不可終日,那是因為新臺幣可以直接換黃金。」[19] 黃金儲蓄存款如果能建立民眾對新臺幣的信心,則民眾就不會花時間存入新臺幣,再提領黃金出來。反過來說,台銀的黃金持續流失,表示信心並未建立,因此,「社會民心相對地穩定」的說法也不正確。

不過,1950年下半,台灣的社會民心可能已相對穩定,但原因不是運台黃金,而是因為美援已進來。

運台黃金除了支付黃金儲蓄存款之外,國民政府在1950年1月還曾動用16萬兩黃金支付軍費。財政部長嚴家淦在1951年底說,「以...國庫黃金應付軍費,這種事實,在短期間是可以做的,但如長期下去,沒有不垮的道理。... 如果每月要花十幾萬兩黃金,請問我們有多少黃金?」[20] 嚴家淦講這句話時是1951年11月,當時美援已經進來,協助支付軍費。如果沒有美援,運台黃金到了這時候應該已經用光,台灣也已經垮了。

除了黃金之外,幣制改革時中央政府尚撥借1,000萬美元給台銀,但到了1950年底,台銀的美元外匯用到只剩下2百萬元。圖17.5顯示,台灣銀行的黃金與美元外匯在1950年都已見底。美國駐華大使藍欽 (Karl Lott Rankin) 說,1950年台灣銀行流失的外匯與黃金合計是9,000萬美元。[21]

---

[18] 吳興鏞 (2013),圖12.6,頁187; Lin (1973),頁35。

[19] 吳興鏞 (2013),頁190。

[20] 立法院 (1951),頁20。

[21] Rankin (1964),頁261。

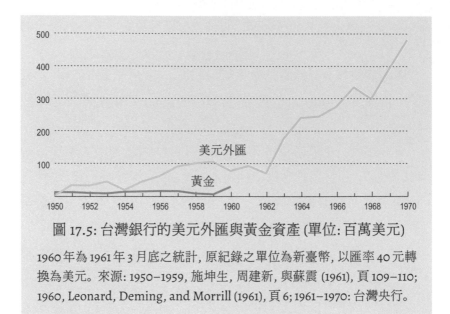

圖 17.5: 台灣銀行的美元外匯與黃金資產 (單位: 百萬美元)

1960 年為 1961 年 3 月底之統計, 原紀錄之單位為新臺幣, 以匯率 40 元轉換為美元。來源: 1950–1959, 施坤生, 周建新, 與蘇震 (1961), 頁 109–110; 1960, Leonard, Deming, and Morrill (1961), 頁 6; 1961–1970: 台灣央行。

　　1951 年初,「外匯儲存不但告罄, 且積欠國外銀行的外匯達 1,050 萬美元, 台灣銀行開發的信用狀已被外國銀行拒絕接受。」[22] 1959 年底, 黃金存量再減為 7 百萬美元, 但美元外匯增為 106 百萬美元。1963 年之後, 美元外匯才緩慢增加, 原因是出口擴張啟動, 台銀開始累積外匯。

17.5　物價膨脹是怎麼結束的?

1950 年 3 月, 英國駐淡水領事畢格斯 (E.T. Biggs) 評估台灣的物價膨脹問題, 認為解決之道是政府支出與軍事支出必須「更徹底地刪減」(must be more drastically cut)。[23] 國民政府也瞭解惡性物價膨脹是因為財政赤字, 但面對毛澤東即將攻台, 軍費無法縮減。幸運的是, 1950 年 6 月 25 日韓戰爆發, 戲劇性地改變了台灣的命運。6 月 28 日, 美國杜魯門總統宣布第七艦隊巡航台灣海峽, 保護台灣免於遭受中

---

[22] 外匯貿易委員會 (1969), 頁 3。
[23] Biggs (1997a), 頁 200。

國的攻擊, 並且提供軍事與經濟援助。

1950年6月底, 新臺幣的發行額是1.96億元。美國宣布援助之後, 畢格斯在8月的報告裡說, 省政府「巧妙地(cleverly)掌握此一機會」, 貨幣發行額在7月底一舉增加21.1%, 變成2.385億元, 超越2億元的上限。[24] 為何是「巧妙」? 美援進來之後, 財政赤字終於有望縮減, 物價膨脹也可望解決。在此情況下, 貨幣發行超越2億元的上限並不會影響民眾的信心。

1951年6月底, 新臺幣發行額再增加至3.441億元, 但物價水準相較於以往仍然算是穩定。

我們現在終於能夠回答國小6年級的考題了。惡性物價膨脹的問題能夠解決, 並不是因為「發行新臺幣」, 而是因為美援。但是, 以上的故事要解釋給國小6年級的小朋友明白, 可能不容易。我的猜測是, 連國小的老師都不明白惡性物價膨脹的來龍去脈。若是如此, 為何要出這個題目給小朋友答?

除了答案錯誤之外, 這一道考題的題目本身還有兩個錯誤。第一, 新臺幣的發行是在民國38年, 而非37年。第二,「一顆30萬元水果」也不可能。由《物價統計月報》, 1948年12月台北市木工每日工資台幣6千元。若一個月工作25天, 則每月工資收入是台幣15萬元。30萬元是木匠兩個月的收入, 這種價格的水果在當時並不存在。

---

[24]Biggs (1997b), 頁261。

18
肥料換穀

"我們現在的經濟在基本上有下列的三種困難: 一因
經濟獨立所造成的困難 ... 二人口增加迅速 ... 三
生活水準提高。"　　　　　　　　　尹仲容 (1954)

1949–1976

尹仲容上面這一句話,是他在立法院的經濟委員會報告台灣的經濟情勢時所講的,當時他剛上任經濟部長。尹仲容是在1949年4月26日來到台灣,一開始擔任「台灣區生產事業管理委員會」(以下簡稱為「生管會」)的常務委員,但很快就升任副主任委員。生管會的主任委員是由省主席陳誠兼任,實際的決策者是尹仲容。

生管會是在1949年5月底設立的,主要的任務是管理公營企業。日本投降後,台灣的日資企業全部由國民政府接收,這些企業在日治時期大多是民營,被接收之後即改制為公營。生管會負責管理公營企業,也等於是管理日治時期全部的日資企業,由此可知其權力之大。

生管會在國民政府撤退到台灣來之前就成立,屬於省政府底下的機構。1953年,行政院成立「經濟安定委員會」(簡稱為「經安會」),其下的「工業委員會」接管生管會的工作,生管會即遭裁撤。生管會轉型為工業委員會後,主要的決策者仍然是尹仲容。他是經安會的召集人,同時也是工業委員會的召集人。

1950年代,尹仲容身兼多項職務,除了生管會與經安會之外,他還是中央信託局局長 (1950–1955) 與經濟部長 (1954–1955)。尹仲容勇於任事,戰後初期台灣的經濟政策大部分是由他制訂推動的。他有一項其他財經官員少有的特質,除了對外宣布政策之內容外,他常發表文章闡述政策背後的理由。尹仲容於1963年去世後,他生前所發表的文章被收集起來,出版為《我對臺灣經濟的看法全集》,由這本書可以看出來他對於如何發展經濟的想法。

回到1954年尹仲容在立法院的報告,他指出台灣的經濟面臨三種困難:經濟獨立,人口增加迅速,與生活水準提高。[1] 以上的第三點其實是在講人民消費支出增加時,而儲蓄並未增加,他認為這對於經濟發展有不利的影響。第二點人口增加的影響也容易理解。1950年前後,大約有1百萬人從中國大陸隨著國民政府撤退到台灣來,因

---

[1] 尹仲容 (1954),頁 36。

為人口驟增,食衣住行的需求也隨之而增加。

比較不容易理解的是第一點,「經濟獨立」是什麼意思?

18.1 經濟獨立

1895年台灣成為日本的殖民地之後,即納入日本帝國的經濟圈。日本政府的策略是,台灣與日本本土的產業發展以比較利益為原則。台灣位於亞熱帶,種植甘蔗與稻米的機會成本低於日本本土,因此,台灣的產業以農業為主,日本則以工業為主。蔗糖業是食品加工業,以甘蔗為原料,適合在台灣發展。台灣生產的砂糖與稻米出口到日本,並從日本進口紡織品與工業產品。

前面第14章已經說明,台灣糖業的比較利益僅限於日本帝國經濟圈內,在國際市場上並無競爭力。1945年日本戰敗投降,台灣脫離日本帝國經濟圈,但隨即被納入中國的經濟圈。1945到1949年,台灣的政治與經濟出現大動亂,不幸的後果之一是1947年發生二二八事件。在以上的5年當中,國民政府對台灣的政策是以管制為主軸,目標是要分擔一部分中央政府的財政支出。

1949年底,國民政府撤退到台灣來,尹仲容所說的「經濟獨立」,是指台灣也脫離了中國的經濟圈。那麼,經濟獨立為何是問題? 尹仲容在兩年前的一篇文章裡給了答案,「臺灣經濟問題的核心 ... 仍在爭取外匯」,意思是說,外匯嚴重不足。[2] 事實上,如果尹仲容是在1950年初談經濟問題,則除了外匯不足的問題之外,他應該還要提到另外兩個問題:財政赤字與惡性物價膨脹。

上一章已經說明,台灣惡性物價膨脹的根源是中央政府的財政赤字。1950年之後,所有的中央機構已經移入台灣。因為預期毛澤東即將攻打台灣,中央政府的支出幾乎全部用在國防上; 財政赤字有增無減,物價膨脹的壓力也是如此。幸運的是,1950年6月25日韓戰爆發之後,美國的政策改變,對台灣提供軍事與經濟援助。

---

[2] 尹仲容 (1952a),頁 25。

美援進到台灣之後, 台灣自行負擔的國防支出大幅下降, 財政赤字也減少。經濟學者雅各比 (Neil Jacoby) 對於美國的經濟援助有深入的分析, 他認為到了 1953 年, 台灣的財政赤字減少, 物價膨脹的壓力大體上已經消除。[3] 美援解決了三個問題中的兩個, 剩下來的是尹仲容所關心的「爭取外匯」, 換言之, 台灣的外匯不足。

外匯短缺

1950 年代為什麼會出現外匯短缺的問題? 回答這個問題之前, 我們先說明「外匯」的意義。外匯即外國的貨幣與金融資產, 包括債券與股票。今天的新聞媒體上常見的名詞是「外匯存底」, 例如, 「台外匯存底世界排名第 5」, 其中, 「外匯存底」指的是台灣央行所持有的外匯。除了央行之外, 家庭與企業也會持有外匯。

以高所得國家而言, 民間部門持有的外匯通常遠多於央行。不過, 台灣在 1950 年代初期管制民間持有外匯, 因此大部分的外匯都在央行手裡。當時中央銀行尚未在台灣復業, 外匯業務是交由台灣銀行負責。

台灣銀行的外匯是哪裡來的? 我們先以今天的情況來說明。以半導體產業為例, 台積公司出售晶片給美國的蘋果 (Apple) 公司, 對方通常是以美元支付, 因此台積公司持有的外匯即增加。台積公司的員工薪資與部分原物料是以新臺幣支付, 故台積公司會把賺進來的美元至少一部分在外匯市場出售, 以換取新臺幣。

哪些人會買外匯? 台灣中油公司從中東國家進口原油時, 對方通常是要求以美元支付, 因此, 中油公司會在外匯市場上以新臺幣買入美元。由此可知, 出口廠商 (如台積公司) 的出口使本國的外匯增加, 反之, 進口廠商 (如中油公司) 的進口則使外匯減少。換言之, 出口大於進口 (又稱為貿易順差), 台灣的外匯即增加, 反之, 進口大於出口 (又稱為貿易逆差), 外匯即減少。

---

[3] Jacoby (1966), 頁 32。

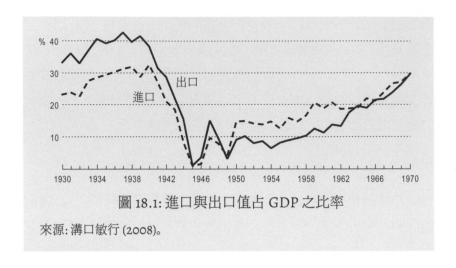

圖 18.1: 進口與出口值占 GDP 之比率

來源: 溝口敏行 (2008)。

1950年代的故事與以上所講的差不多, 唯一不同的是, 因為台銀管制外匯交易, 出口商所賺進來的外匯必須全數賣給台灣銀行。相對的, 進口商所需之外匯, 則是向台灣銀行購買。因此, 尹仲容所擔心的外匯不足的問題, 其實也就是對外貿易出現逆差。

外匯不足有何影響? 以稻米為例, 農民種植蓬萊米需要肥料, 而台灣的肥料大部分都是進口而來。外匯若出現短缺, 台灣即無法進口足夠的肥料, 稻米的產出會減少, 影響糧食的供給。

貿易逆差

台灣在1950年代為何會出現貿易逆差? 我們先來看看日治時期的情況。圖18.1畫出進口與出口占 GDP 之比率。日治時期, 台灣對日本本土的貿易是國內貿易, 而非國際貿易, 統計書裡記為「移出」與「移入」。為了簡化文字說明, 以下的「進口」與「出口」是指包含對日本貿易在內的總額。

圖18.1顯示, 日治末期以前, 台灣一直有龐大的貿易順差。1930年代, 貿易順差占 GDP 的比率之平均高達10.2%, 主要是因為台灣出口大量的砂糖與稻米到日本本土。事實上, 台灣的貿易順差從1910年代初期新式糖業發展起來之後就出現。1920年代中期蓬萊米開發

出來後, 也是大量出口到日本, 貿易順差更為擴大。以1937年為例,
台灣出口總額為440.2百萬元, 進口為322.1百萬元, 貿易順差為108.1
百萬元。出口商品中, 稻米為126.2百萬元, 砂糖為189.0百萬元, 兩
者合計315.2百萬元, 占出口總額的71.6%。

　相對於日治時期的順差,1950年開始則是持續的逆差,1950年代,
貿易逆差占 GDP 的比率之平均為 6.2%。

　日治時期的順差主要是因為稻米與砂糖大量出口, 為何戰後一
夕之間變成逆差? 原因如果不是進口額突然大增, 就是稻米與砂糖
出口大減。實際上,進口並未增加,發生逆差的原因是出口減少。

18.2　充裕軍公糧的供應

前面第14章已經說明砂糖出口減少的原因。日治時期, 台灣糖業帝
國是建立在保護政策上, 1950 年台灣經濟獨立之後, 台糖公司必須
在國際市場上競爭。但是, 台灣的糖業並無比較利益,生產成本高於
其他產糖的國家; 除了少數年分, 砂糖出口都是賠錢。然而, 1950 年
代台灣嚴重欠缺外匯, 而砂糖是少數可以出口賺取外匯的產品之一。
雖然賠錢, 台糖公司只好繼續出口。

　砂糖之外, 另一項可以賺取外匯的產品是蓬萊米。1937年, 稻米
出口金額是砂糖出口的66.8%, 金額也相當龐大。不過, 二戰結束後,
稻米出口就受到管制,1950年起出口大幅減少。1930年代, 蓬萊米出
口占產量的74.2%,1950年代, 出口比率劇減為11.2%。

　國民政府為何要管制台灣的稻米出口? 1950 年, 大約有1百萬的
人口隨著國民政府撤退到台灣來, 人口大約增加13%。國民政府擔心
缺糧會造成社會動亂, 管制糧食出口是為了避免缺糧。不過, 台灣在
經濟獨立之後, 面臨外匯不足的困境,因此, 國民政府必須在糧食供
給與賺取外匯之間取得平衡: 出口多一點可多賺一些外匯, 但可供
國內消費的稻米就會少一點。

　　糧食局是負責糧食政策的單位, 成立於1945年11月。李連春從1946年4月起擔任糧食局副局長, 當時的局長是吳長濤; 但同年8月, 他就接任局長職位。1946年底, 糧食局的報告裡說, 糧食政策是要「促進糧食增產, ... 運用有效的調劑辦法, 防止奸商的操縱居奇, 使本省民食安定, 這就是接收後, 我們應該握住的中心原則。」

　　1945與1946兩年, 台灣發生米荒, 糧食局歸咎於「奸商操縱居奇」, 但前面第16章已經說明, 1946年以後的米荒, 主要是管制政策所造成的。國民政府撤退到台灣之後, 人口增加, 米荒可能再度出現。那麼, 國民政府是否從1945與1946兩年的管制政策中學到教訓? 並沒有, 糧食管制政策持續。

　　不過, 因為稻米的供給相對充裕, 因此, 1950年以後的管制政策並未造成災難性的後果。

　　糧食局長李連春在1955年的一本關於糧食政策的書裡, 開宗明義就說, 糧食政策有三項任務: 第一是充裕軍公糧的供應, 其次是維持民食的安定, 第三是增加餘糧的外銷。[4] 充裕軍公糧的供應在此時已變成是糧食局的首要任務。

　　圖18.2畫出人均稻米供給量與人均豬肉供給量。1935年, 台灣的人口為531.6萬人, 1954年變成935.0萬人, 增加為1.8倍。豬肉是台灣人的主要肉類來源, 人口在短期內增加時, 豬肉的供給若無法跟上, 平均每人供給量會減少。1954年的人均豬肉的實際消費量是1935年的91.8%, 顯然, 豬肉的產量跟不上人口的增加。

　　那麼, 稻米會短缺嗎? 由圖18.2來看, 相較於日治末期, 稻米並無短缺問題。1940-1944年期間, 人均稻米供給量是117.2公斤, 1950-1954年期間則增加為131.4公斤。在人口大增的情況下, 人均稻米供給量為何仍然上升? 原因是國民政府管制稻米出口。

　　在稻米供給相對充裕的情況下, 軍公糧如何供應? 最簡單的方法應該是如同豬肉一樣, 讓軍公教人員自行前往市場購買。如果一般

---

　　[4]臺灣行政長官公署 (1946), 頁5; 李連春 (1955), 頁5。

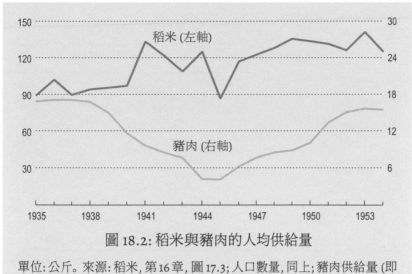

圖 18.2: 稻米與豬肉的人均供給量

單位: 公斤。來源: 稻米, 第16章, 圖17.3; 人口數量, 同上; 豬肉供給量 (即屠宰量), 1935–1944年, 台灣行政長官公署 (1946), 1945年開始, Gleason (1956), 頁14, 54–77。

民眾可以在市場上買米, 軍公教部門應該也可以。圖18.2顯示, 與稻米比較, 豬肉的供給相對較少, 但糧食局並無「充裕軍公豬肉供應」的政策, 由市場運作並不會有問題。唯一的「問題」是, 豬肉的價格會高一些。

　　不幸的是, 糧食局延續1946–1949年期間的政策, 掌握大量的稻米, 再配撥給軍公教人員。表18.1是1956年度糧食局稻穀收支之預算數字, 當年度糧食局掌握稻穀的數量合計是524,637噸, 而稻穀實際配撥的數量是558,943噸。

　　由表的左欄可知, 政府掌握稻穀的管道中, 以肥料換穀最為重要。該政策是要求農家以稻穀交換肥料, 政府由此管道取得的稻穀占總掌握量的64.6%。此外, 其他的管道包括田賦徵實與隨賦收購。前者是要求農家以稻穀繳交田賦, 後者是指農家在繳交田賦時, 糧食局依比例再向農民強制多買一些稻穀。

　　在配撥部分, 中央軍糧, 公教員工食米與軍眷食米合計是309,260

表 18.1: 政府掌握稻穀與用途: 1956年

稻穀掌握		稻穀配撥	
肥料換穀	339,010	中央軍糧	171,152
田賦征實	62,768	公教員工食米	104,168
隨賦收購	53,193	外銷食米	166,000
公地佃租	3,915	外島民食	3,900
公地地價穀	12,040	調節民食	50,000
貸款收回稻穀	38,500	軍眷食米	33,940
棉布交換稻穀	15,211	專案糧	29,783
合計	524,637	合計	558,943

單位: 噸。來源: 黃登忠 (1997), 第一編, 頁 8.18–8.19。

噸, 占稻穀掌握總量的58.9%。此外, 稻米外銷的數量也是由糧食局管控, 1956年的出口量大約與中央軍糧的數量相等。

　　圖18.3畫出政府掌握數量與肥料換穀占稻穀總產量的比率。從1950到1970年, 政府掌握數量占稻穀產量的比率之平均為29.9%, 而肥料換穀占稻穀產量的比率為17.3%。因此, 肥料換穀占政府掌握數量的57.7%。

18.3　政策檢討

對農民而言, 化學肥料的重要性在於它能提高稻作的產量, 特別是蓬萊米品種。日治時期, 農民可以自由購買化學肥料, 1945年起, 肥料進口由糧食局獨占。[5] 為何要由糧食局獨占進口? 你或許已經猜到答案, 糧食局的目的是要買低賣高, 從中獲利。

　　糧食局並不是直接規定肥料的售價, 而是要求農民拿稻穀來交換肥料。1948年9月, 省政府公布「化學肥料配銷辦法」, 其中規定,

---

[5]陳榮富 (1954), 頁 166–168。

圖 18.3: 政府掌握稻穀總量與肥料換穀占總產量之比率

比率為本年度數字對上一年度產量之比率。「肥料換穀」含其他物資換穀量在內, 但以肥料換穀的比重為最高。來源: 黃登忠 (1997), 第一編, 頁 10.5。

農民所需之化學肥料必須以稻穀交換, 交換的條件由政府決定, 這是肥料換穀政策的起點。肥料換穀是以物易物。因為化學肥料在稻作上不可或缺, 因此, 糧食局每年可以掌握相當數量的稻穀。

　　1949年, 糧食局規定之交換比率為1比1.5, 亦即, 1公斤肥料交換1.5公斤稻穀。之後, 交換比率有所調整。1950年第1期, 比率為1比1.2, 第2期之後為1比1.0。台灣的稻作分兩期, 第1期大約是從2月到6月, 第2期則是從7月到11月。1960年第2期開始, 交換比率為1比0.9。[6]以上之交換比率與進口價格相差多少? 以1960年為例, 農村穀價每公噸約4,000元, 而糧食局進口硫酸錏肥料的成本每公噸約2,300元。若比率是1比1.0, 農民所付的肥料價格大約是正常價格的1.7倍。[7]

　　肥料換穀政策等於是政府對肥料進口課徵高額的進口稅, 課稅後, 肥料的價格上升, 需求量會減少。經濟學使用需求彈性的概念來分析課稅的影響, 需求彈性是指價格上升1% 時, 需求量會減少多少

[6]黃登忠 (1997), 第2篇, 頁944。
[7]葉新明 (1997), 頁8.69。

百分比。經濟學的研究也發現,肥料的需求彈性低。以一個極端的情況來說,若需求彈性為0,則課稅之後雖然價格上升,但農家的肥料需求量維持不變。

以圖形來看,需求彈性為0,表示需求線近乎垂直線,在此情況下,若實施肥料換穀政策後肥料的價格上升50%,則農家的肥料支出也會上漲50%。

肥料換穀的受害者是農民,農家對此政策不滿,民意代表與學術界對此問題也有一些討論。1959年8月7日開始的3天,台灣發生「八七水災」,糧食局預期米價會上漲,通知各地糧商「應暫時維持受災前一日的米價,不得任意抬高」。此外,糧食局也貸放缺糧農戶食米,因此米價並無太大波動。但是,隔年的春季發生乾旱,而且8月分共來了3次颱風,接連的天災造成米價上漲。

米價因為天災而上漲,原因是供給驟減,這是正常的供需現象,但這次的米價上漲意外地引發政府官員對於糧食政策之檢討,討論的議題包括稻米出口管制政策與肥料換穀政策。[8]

預算不平衡

1960年7月,經濟部長楊繼曾發表〈最近米價問題檢討報告〉,接著,剛上任台灣銀行董事長的尹仲容也在10月發表〈對當前糧食政策之意見〉。尹仲容的文章一開始就說,「政府對糧食的基本政策,均為掌握糧食,抑低糧價,以抵銷因通貨膨脹所產生之不良影響。」[9]

尹仲容接著檢討肥料換穀政策。他指出肥料換穀是進口稅,但他又說,「現行肥料換穀比率並未阻礙米之生產」,理由是「農業技術方面已有說明」。這句話完全不通。肥料換穀是進口稅,它是否影響生產,應該是要看進口稅是否影響生產。經濟學的分析很清楚,進口稅使肥料價格上升,對稻作生產一定有負面的影響。

---

[8]以下兩節之討論所引用之資料,主要來自黃登忠 (1997),第一編,頁8.35-8.89。

[9]尹仲容 (1997),頁8.56-8.75。

但是,尹仲容接下來的說法更為驚人,他說,「如須變更換穀比率,應是提高穀額,而非減低。」換言之,他認為進口稅率若要改變,應該是要提高,而不是降低,理由是,「如予減低, ... 則政府收入減少,預算更不平衡。除非能對農民另行加稅,或向他方加稅,以資補充,不宜輕言改換比率。」[10] 如果農民的課稅負擔原本很低,則尹仲容提高比率的說法勉強說得過去。但是,肥料換穀政策對於農民已經是沉重的負擔,提高比率則是加重負擔。

尹仲容擔心預算不平衡,但他並沒有把台灣財政赤字的真正原因講出來。在1950–1960年代,財政赤字的原因是軍費支出太高,如果軍費能縮減,就不需要對農民課那麼重的稅。

農復會的葉新明技正在1959年所寫的一篇報告裡,對於肥料換穀政策與財政赤字的關係,解釋得更清楚。糧食局撥配給軍公教部門的稻米,事實上是由財政部出錢購買的,但收購價格卻是出財政部單方面決定的。問題是,財政部所訂的價格,遠低於正常價格。因此,糧食局從肥料換穀所賺的錢,只是用於彌補出售稻米給財政部時所產生的虧損。

上面曾列出1960年的統計,糧食局以1噸肥料 (價值2,300元) 交換1噸稻穀,大約可賺新臺幣1,700元。如果財政部支付給糧食局的穀價也是2,300元,則後者在肥料換穀政策中並無利潤。葉新明說,若只是降低穀額,但是「不能相對提高軍糧單價,則糧食局勢將賠累不堪矣」。[11]

此外,糧食局撥配軍糧之價格,是由肥料換穀及實際費用計算出來的,但中央政府撥付糧食局的價款,則按政府編列預算之數字,兩者之間有巨額價差。糧食局的紀錄顯示,自1954到1967年,差額累計為新臺幣14.02億元,平均每年為1.0億元。軍方到了1970年,終於改按實際成本計價,但是否補償早期的差額,紀錄中未見說明。[12]

[10] 黃登忠 (1997),第一編,頁8.73。
[11] 葉新明 (1997),頁8.70。
[12] 華松年 (1984),頁277。

圖 18.4: 肥料換穀隱稅占政府支出比率

隱稅包含肥料換穀阻隱稅與徵購隱稅。政府支出為財政年度, 以簡單平均換算為曆年數字。來源: 政府支出,《中華民國財政統計年報》;隱稅, 古慧雯 (1996)。

由此可知, 肥料換穀追根究底是中央政府減輕財政負擔的手段。另一項掌握稻穀之政策是隨賦收購 (表 18.1), 也有同樣的特性。隨賦收購的政策是, 農民在繳交田賦時, 被強制要求再賣一些稻穀給政府, 而糧食局所訂的收購價格遠低於市價。以1960年第一期為例, 公定收購價格大約是農村穀價的60%, 而往年各期的比率大約介於60%–80% 之間。[13]

古慧雯教授曾估計肥料換穀制度下之進口稅的大小, 並稱之為「肥料換穀隱稅」。她同時也估算出隨賦收購之隱稅。圖 18.4 畫出兩項隱稅合計占政府支出之比率, 1950–1968年期間, 比率之平均為 6.4%, 其中, 1953年最高, 比率為13.8%。

1960年的政策辯論並未改變肥料換穀政策。負責美國對台經濟援助的開發分署也建議撤銷肥料換穀政策, 但沒有效果。[14] 肥料換穀政策一直持續到1972年才終止, 到了這個時候, 台灣的財政收支已

---

[13]葉新明 (1997), 頁 8.71。

[14]Jacoby (1966), 頁 147。

大為好轉。

管制進口

1960年的政策討論裡, 稻米出口管制也是一個重要的議題。比起肥料換穀政策, 楊繼曾與尹仲容兩人可能更關心這個問題, 背後的原因則是外匯不足。糧食局不僅管制稻米出口, 也管制進口。在1960年的政策討論裡, 楊繼曾建議糧食局應立即自泰國與越南進口稻米「以應急需」, 尹仲容則建議, 「米之進口宜無限制開放」。

1950–1960年代, 台灣外匯嚴重短缺, 楊繼曾與尹仲容兩人建議多進口一些稻米的理由是, 日本消費者偏好蓬萊米, 因此, 台灣若從泰國與越南多進口稻米, 蓬萊米即可多賣一些到日本去。蓬萊米的價格高於泰國與越南米, 因此, 以上的政策可以讓台灣多賺一些外匯進來。

糧食局對於楊繼曾的提議, 「原則上自表贊同」, 但對於尹仲容建議的回應是, 「在反攻復國的神聖戰爭中, 糧食是否足以供應軍糈民食, 尤為戰爭成敗關鍵所繫, 故倡議變更本省糧食之基本政策者, 似應從詳加以考慮。」糧食局又說, 「為促進本省糧食增產及長期而有效之穩定糧價起見, 關於糧食之進口與出口均應由政府統籌辦理。」[15]

糧食局是省政府的單位, 對於曾經擔任經濟部長的尹仲容的意見毫不客氣地反駁, 表示管制進出口是更高層人士的意見。[16] 糧食局關心的是米價是否穩定, 但多進口泰國與越南的米供國內消費, 與物價穩定並不衝突。從糧食局的回應裡, 我也看不出來管制進口的目的為何。

18.4 「如果吃不完, 就拿去賣」

肥料換穀政策是政府以低於市價取得稻米, 再提供給軍公教部門。但在1960年的政策討論裡, 都沒有人指出, 糧食局對軍公教部門的

---

[15] 黃登忠 (1997), 第一編, 頁8.76。

[16] 黃登忠 (1997), 第一編, 頁8.56, 8.61, 8.78。

供應量, 事實上遠超過正常消費水準。蔡永松先生於1957年從台東師範畢業時, 被分發到雲林的元長國校的五塊分校擔任老師, 起薪是385元。當時一部腳踏車 (富士霸王牌) 的售價是1,200元, 因此, 大約3個月的薪水才能買一部腳踏車。他在受訪時說,

> "當老師有配米, 但沒有配宿舍。配米, 一個月, 本人有26公斤糙米, 眷屬的話一大口14公斤, 中口10公斤, 小口5公斤, 大口中口小口, 是看年紀區分。還有一項煤炭代金, 記得有一陣子是直接發炭; 也曾發鹽, 鹽巴用秤的; 也會發油, 印象中是黃豆油。如果吃不完, 就拿去賣。"

蔡先生接受訪問時已經80歲, 但他的記憶力極佳, 大中小口之配米數量絲毫無誤。[17]

軍公教人員每一大口每月配發26公斤糙米, 即等於每年312公斤。依據糧食局本身的調查, 1961年台灣平均每人每年的白米消費是140.05公斤, 折算為糙米等於155.61公斤。[18] 因此, 軍公教人員配給之稻米數量, 大約是標準需求量的2倍。

因為配給數量遠高於正常消費量, 軍公教人員每個月都要設法處理吃不完的稻米。常見的方法是出售給負責配銷的米商, 或與親友共享; 軍隊則把稻米作為養豬飼料。1950年代中期, 糧食局甚至成立正式的管道收購節餘的軍公教米。例如, 1955年收購之節餘軍米為12,223公噸。[19]

1950年開始的糧食政策是管制稻米出口, 並由糧食局掌握稻米, 再配撥給軍公教部門。肥料換穀政策是糧食局掌握稻米最重要的管道。稻米管制政策真正的目的是要減輕財政赤字, 但結果等於是對農民課重稅, 因此, 管制政策最大的受害者是使用肥料的農民。

---

[17]黃仁姿 (2020), 頁114–115。

[18]白米消費統計見黃登忠 (1997), 第2編, 頁365。蓬萊糙米1公斤折算白米0.90公斤, 在來糙米折算0.91公斤 (華松年, 1984, 頁1091)。

[19]華松年 (1984), 頁651–654, 647。

19

美援

"1949年晚期到1950年代初期，美國已準備放手讓中華人民共和國的軍隊渡海擊敗蔣中正。但是，1950年6月韓戰爆發後，美國派遣第七艦隊進入台灣海峽，以防止南北韓的衝突延伸到台灣。"

U.S. Department of State Archive (2009)

1949 年 12 月 8 日, 國民政府撤退到台灣之後, 台灣成為一個獨立的經濟體。台灣的局勢與287年前 (1662年) 鄭成功打敗荷蘭人, 占領台灣後的情況類似。鄭氏王朝期間, 清朝政府處心積慮想要拿下台灣。1949年底國民政府撤退到台灣之後, 中國共產黨也是決心要拿下台灣。

1950年1月5日, 美國杜魯門 (Harry S. Truman) 總統公開聲明, 美國無意介入中國的內戰, 也不會對國民政府提供軍事援助。6月15日, 英國駐淡水的領事館報告說, 自大陸逃難來台的有錢人家已設法離台, 而美國駐台北的領事館在前一個月已開始規劃疏散計畫, 並要求在台灣的美國婦女與小孩先行撤離。[1] 報告裡又說, 若美國不提供援助, 國民政府命在旦夕。

意外的是, 1950年6月25日天外飛來救星, 北韓的軍隊越過北緯38度線, 攻打南韓。韓戰爆發後, 美國對台政策180度轉變; 6月27日, 杜魯門總統派遣第七艦隊巡航台灣海峽, 以防止中共侵略台灣。說起來弔詭的是, 當時的北韓領導人金日成是改變台灣命運的人。

二戰結束之後, 美國於1948年推出馬歇爾計畫 (Marshall Plan), 主要目的是協助西歐國家戰後的重建工作。但是, 中國也是接受援助的國家之一。1948年7月, 美國與中華民國政府簽訂「中美經濟援助協定」, 是為美國對中國經濟援助的起點。但是, 大陸旋即淪陷, 美國經援計畫也暫停。1950年6月韓戰爆發後, 美援迅即恢復; 而且, 除了經濟援助之外, 美國還提供軍援。

表19.1為1949–1966年度台灣所接受的經濟與軍事援助, 其中分為三段期間: 馬歇爾計畫 (1949–1952), 共同安全法案 (Mutual Security Act, 1953–1961), 與國外援助法案 (Foreign Assistance Act, 1962–1966)。1951年美國國內通過的共同安全法案, 目的是要協助貧窮國家, 並圍堵共產主義的擴張。1962年開始, 共同安全法案為國外援助法案所取代。

---

[1]Jarman (1997), 第9卷, 頁 117, 124。

表 19.1: 美國對台經援與軍援: 1949–1966年度

	馬歇爾計畫 1949–1952	共同安全法案 1953–1961	國外援助法案 1962–1966	總計
經援合計	467.8	959.1	299.1	1,726.0
贈與	467.8	776.6	129.8	1,374.2
貸款	–	182.5	169.3	351.8
軍援	47.9	1,814.9	459.0	2,321.8

單位:百萬美元。會計年度為上一年7月至本年6月。
來源:U.S. Agency for International Development (1971),頁67。

　　美國負責對外援助的機構在1948年稱為「經濟合作總署」,之後名稱曾多次改變:

- 經濟合作總署 (Economic Cooperation Administration, 簡稱為 ECA), 1948–1951;

- 共同安全總署 (Mutual Security Agency, 簡稱為 MSA), 1951–1953;

- 國外作業總署 (Foreign Operations Administration, 簡稱為 FOA), 1953–1955;

- 國際合作總署 (International Cooperation Administration, 簡稱為 ICA), 1955–1961;

- 美國國際開發總署 (United States Agency for International Development, 簡稱為 USAID), 1961年迄今。

在共同安全總署期間, 負責中華民國援助事務的機構稱為「共同安全總署中國分署」(Mutual Security Mission to China), 簡稱為安全分署。以下, 美國國際開發總署將簡稱為「開發總署」, 負責中華民國援助的機構則簡稱為「開發分署」。不過, 為了簡化文字起見, 在

圖 19.1: 美國對台灣的經濟與軍事援助的標誌

不會產生誤導的情況下, 美援期間, 美方負責台灣援助的機構都直接稱為「開發分署」。

　　圖19.1為美國對台灣經濟與軍事援助的標誌, 中間的這一個是蓋在台大圖書館所收藏的一本英文書上的印章, 顯然當初的購書經費是由美援提供的。

　　台灣負責處理美援事務的機構是行政院底下的「美援運用委員會」(簡稱為「美援會」), 其他相關的機構還包括「經濟安定委員會」(簡稱為經安會) 與「中國農村復興聯合委員會」(簡稱為農復會) 等。1963年9月, 美援會改組為「國際經濟合作發展委員會」(簡稱為經合會), 後來又改組為「經濟建設委員會」(簡稱為經建會), 即今日的「國家發展委員會」(簡稱為國發會) 之前身。

　　美國經援計畫分為贈與及貸款兩大類, 軍援則都是贈與。軍援計畫主要是由美國提供大炮, 飛機, 船舶, 軍械, 及其他軍用設備。此外, 美國協助建立機場, 道路, 通訊設備, 以及訓練計畫等, 也屬於軍援。[2] 在 1949–1966 年度期間, 軍援與經援贈與合計是36.96億美元, 平均每年2.17億美元。1960年, 台灣的 GDP 是17.43億美元, 以這一年的數字為代表, 台灣每年收到的贈與性美援占 GDP 的12.5%。

　　美援的規模龐大, 因此所有的研究者都同意, 美援對台灣政治、

---

[2]Jacoby (1966), 頁 120。

經濟與文化各層面的影響深遠。從經濟發展的角度來看,美援計畫可以分成兩個階段,第1個階段大約是1950–1953年度期間,第2個階段是1954年度之後。在第1個階段,美援的目標是穩定台灣的經濟,第2個階段的目標則是促進經濟發展。

19.1 經濟穩定

1953年春季,美國共同安全總署在對國會報告時,說明台灣的經援計畫有3個目標:(a) 經濟穩定,(b) 協助美方的軍事行動,(c) 提升台灣自立 (self-support) 的能力。經濟穩定是首要目標,經濟若不穩定,其他兩個目標都很難達成。

　　安全總署的報告強調經濟穩定,原因是1950年6月韓戰爆發後,美國負責軍援與經援的人員來到台灣,發現台灣的財政與經濟已經是病入膏肓 (in a critical financial and economic position),最嚴重的兩個問題是惡性物價膨脹,以及外匯存底幾乎已經告罄。[3] 因此,美援一開始的目標就是要解決以上兩個問題。

惡性物價膨脹

戰後初期的物價膨脹率在1949年6月達到最高,為13,205%;換言之,物價上漲為一年前的132.05倍。1949年底,物價指數年增率仍高達2,631%;1950年5月,物價指數的年增率為516%,但比起年初已明顯下降。

　　前面第17章已經說明戰後惡性物價膨脹的原因。二戰結束後,台灣立即出現惡性物價膨脹,原因不是台灣本身的財政赤字,而是中央政府在大陸的財政入不敷出。惡性物價膨脹造成社會動盪不安,但經濟學家很早就知道如何使物價穩定下來。歷史上所有的惡性物價膨脹都是因為政府財政崩潰所造成的。如果財政赤字能夠縮減,

---

[3]Jacoby (1966),頁29–31。

甚至財政收支能平衡,物價膨脹問題很快就能解決。但是,在1950年上半,各方都預測,中共即將攻打台灣,沒有人認為物價能穩定下來。

1951年11月,財政部長嚴家淦在立法院報告下一個年度 (1952) 的中央政府預算。[4] 這時候,美援進到台灣已經快一年半,雖然財政赤字仍然龐大,但財政收支的前景已經不悲觀。嚴家淦說,「前年 (1949) 我們中央政府在大陸上整個收入的差額在85%以上,去年差額已退到35%,今年更少。」他所說的「差額」是指財政赤字,亦即,如果1949年的歲出是100萬元,歲入只有15萬元。

嚴家淦接著報告1950年財政赤字的細節,「但百分之三十幾已包括美援收入,假定美援收入作為收入,差額只有二十幾,否則差額就有百分之三十幾。」以上的紀錄文字意義模糊,但不難判斷嚴家淦想要說的是,1950年的美援,使台灣的財政赤字由原先的大約30%,變成大約是20%。

1951年度,台灣的國防預算是新臺幣1,151百萬元。因為美國對外援助計畫的原則是不能直接補助受援國的國防支出,因此,以上的預算數字並不含美援。不過,美國的軍事援助免費提供大量的武器與軍事設備給台灣,因此國防部不需要再編列買武器的預算。他的意思是,如果沒有美援,1951年度的國防預算一定遠高於上述的1,151百萬元,財政赤字也必然大幅增加,而物價也不可能穩定下來。

國際收支逆差

嚴家淦接著說明國際收支的窘境,1950年1月國民政府動用中央銀行的16萬兩黃金來支付中央政府的支出。嚴家淦說,「這種事實,在短期間是可以做的,但如果長期下去,沒有不垮的道理。... 如果每月要花十幾萬兩黃金,請問我們有多少黃金?」1951年1月,台北市場上黃金1台兩的價格為新臺幣350元,[5] 因此16萬兩黃金的價值是56.0百萬元,占1951年度國防預算的4.9%。

---

[4] 立法院 (1951)。
[5] 陳榮富 (1956),頁103。

為何國民政府要出售黃金? 這批黃金是在美國市場上出售以換得美元。中央政府的支出有一部分是用於支付國外商品的進口, 包括武器, 化學肥料, 與紡紗用的棉花。正常情況下, 購買國外商品是以美元外匯支付, 但因為中央銀行保有的美元外匯已經見底, 只好以出售黃金來應付。

美援恢復後, 由美援計畫進口的物資是美方出錢購買, 國民政府不需再動用美元外匯。1950–1953年期間, 美援計畫下實際進口的物資合計是250.2百萬美元。但即使有龐大的美援挹注, 1951年初, 外匯存底仍告罄, 且積欠國外銀行1,050萬美元, 故中央銀行在1951年又運出90萬銀元到美國出售。[6] 1950年代上半, 國際收支逆差的問題一直揮之不去, 1954年底外匯存底又再度變成負數。[7]

美援與政府預算

美國對外國的援助計畫須編入政府預算, 援助計畫與金額必須經過國會審核通過。美國的財政年度是由上一年的7月到本年的6月, 以1953年度 (1952年7月至1953年6月) 的經援為例, 開發分署大約在1951年9月就與國民政府協商, 並編列各項計畫的金額, 最後在1952上半年由美國國會通過預算後, 7月起才能撥款使用。[8]

1950年代初期, 台灣的財政年度與曆年相同。1952年度的中央政府預算, 照規定必須在1951年9月底由行政院提交立法院審查, 但卻延到11月15日才送達。11月27日, 立法院開祕密會議, 行政院長陳誠一開始就說明預算案延遲送達的原因是:「下年度總預算要配合下年度的美援運用計畫來編製, ... 下年度軍費預算的編造, 就是酌量採納了美國軍援顧問團的建議。」

陳誠的說明解釋了中央政府預算的編製與美援計畫的關係, 中央政府在編製預算時必須考慮美方能提供多少援助。

---

[6] 審計部 (1951), 頁136。
[7] 外匯貿易委員會 (1969), 頁3–5。
[8] 尹仲容 (1959b)。

1953年10月6日,台北美國大使館的瓊斯 (Howard Jones) 臨時代辦 (counselor and chargé d'affaires),與美國軍事顧問團蔡斯將軍 (William C. Chase) 及開發分署卜蘭德 (Joseph L. Brent) 副署長拜訪蔣中正總統,主要目的是請求中央政府的預算在送交立法院審查之前,先經由美國軍事顧問團 (Military Assistance Advisory Group,簡稱為 MAAG) 評估 (review)。美方提出這項請求的原因是,行政院的預算若能與軍援計畫充分協調,才能避免浪費,美援也才能夠發揮最大的效用。蔣中正毫不遲疑地就答應。[9]

1953年之前,台灣的會計年度與曆年相同。1953年起,行政院把政府會計年度改成從當年的7月到翌年的6月,主要原因應該是為了配合美援計畫之預算編列。

19.2 相對基金

美國國會所通過的對外援助分列在不同的法定政策工具 (statutory instrument) 下, 包括: 防衛支助 (Defense Support), 軍協援助 (Direct Forces Support), 剩餘農產品 (Surplus Agricultural Commodities), 與開發貸款基金 (Development Loan Fund)。[10] 圖19.2把以上4項稱為「原始性美援」,其中,防衛支助的金額最大;軍協援助雖然列入經援,但其目的是「協助受援國家保持適當之軍力」,因此,性質上也可以說是軍援。

「剩餘農產品」的起源是美國政府對於其國內農產品的價格支撐政策 (price support policy),造成農產品的供過於求,因此,美國政府把這些農產品出口到其他國家,接受的國家可以用本國貨幣購買這些農產品。剩餘農產品納入美國的對外援助,其法源是公法480 (Public Law 480),另一個法源是防衛支助下的第402節,以上兩個來源分別稱為「公法480剩餘農產品」與「402節剩餘農產品」。

---

[9]Jones (1953)。
[10]Jacoby (1966),頁 33–35。

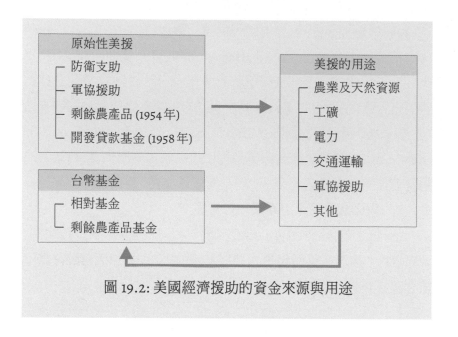

圖 19.2: 美國經濟援助的資金來源與用途

　　美國對台灣經濟援助的原始設計是, 美援物資進口到台灣之後, 國民政府須提繳等額的新臺幣存入特別成立的相對基金 (counterpart funds) 帳戶內, 這筆基金未來再用於經濟發展的用途上。不過, 因為國民政府的財政拮据, 以上的規定後來改成, 美援物資出售後所產生的收入存入相對基金內。

　　例如, 由防衛支助政策工具所進口的原棉, 出售給紡紗廠所得到的現金即存入相對基金。同樣的, 美援進口的化學肥料出售給農民所得到的現金也存入相對基金內。不過, 有些美援進口物資是分配給政府機構與軍隊使用, 這部分並未產生現金可存入相對基金帳戶內。相對基金的運用是由中美雙方會商決定。

　　相對的, 由剩餘農產品政策工具所進口的農產品, 出售後所得到現金並不是存入相對基金內, 而是存入「480號公法基金」或「402節基金」。這兩項基金為美國政府所有, 資金如何使用由美國政府自行決定, 不需與國民政府協商。圖19.2中, 相對基金與剩餘農產品基金合稱為「台幣基金」。

　　開發貸款基金政策工具是美國國會於1957年所通過, 目的是要提供貸款給其他國家從事經建計畫; 獲得貸款的機構, 未來可以用當地的貨幣還款。開發貸款基金設立後, 開發分署於1958年即成立了民營企業局 (Office of Private Enterprise), 開始在台灣推動開發貸款基金的放款, 主要的對象是民營企業。

　　1950年, 經援實際進口的物資價值為20.5百萬美元, 最主要的是肥料, 占經援進口總額的53.4%, 黃豆與原棉分占第2與第3。[11] 1951年, 美援進口總額為56.6百萬美元, 肥料仍占第1 (21.8%), 原棉占第2 (17.3%)。

　　1951年, 台灣一共消耗了36.945萬噸肥料, 主要施用於稻米與甘蔗上, 其中國內自行生產者約11萬噸, 其餘進口。進口肥料中, 由政府自行輸入者約8.3萬噸, 經由美援進口的約16.9萬噸。因此, 美援進口占總消耗量的45.7%。1952年, 肥料消耗量增加為58.8萬噸, 美援進口量也增加, 占總消耗量的比率上升為59.2%。[12]

　　1950年代, 台灣嚴重缺乏外匯。因為大部分的化學肥料是國外進口, 因此, 外匯短缺也限制了進口肥料的數量。美援進口肥料的管道出現後, 除了提升稻米的生產力之外, 也使國際收支逆差免於惡化。同樣的情況也發生在原棉上面; 1950年, 尹仲容推動紡織品進口替代政策, 但台灣幾乎不生產棉花, 紡紗業者所需要的原棉必須從國外進口。如果沒有美援提供原棉, 紡織業的發展也一定受到限制。

　　圖19.3畫出美援分配於各部門之金額, 其中,「美金支援計畫」是指圖19.2之「原始性美援」, 相對基金支援計畫則進一步區分贈與及貸款兩大類。美金支援計畫之單位原為美元, 為方便比較, 以匯率40元轉換成新臺幣。

　　在贈與部分, 軍協援助 (前面圖19.2右欄倒數第2項) 高達新臺幣10,954百萬元, 占相對基金總支出的36.4%。[13] 顧名思義, 軍協援助是

---

[11] 尹仲容 (1961a), 頁 73-74。
[12] 行政院美援運用委員會 (1952), 頁 5-8。
[13] 尹仲容 (1959b), 頁 52; 趙既昌 (1985), 表 3.2, 頁 44。

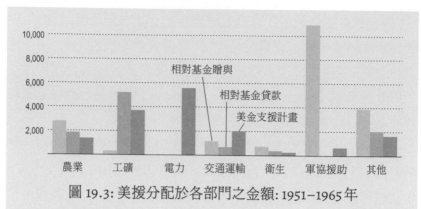

圖 19.3: 美援分配於各部門之金額: 1951–1965年

美金支援計畫之單位原為美元, 為方便比較, 以匯率40元轉換成新臺幣, 單位: 新臺幣百萬元。「電力」無來自相對基金的贈與和貸款;「軍協援助」皆為贈與, 無相對基金貸款。「農業」包括天然資源;「衛生」包括自來水在內。來源: 趙既昌 (1985), 頁44–55。

配合軍援計畫, 主要的內容包括汽油、機械配件、金屬與部隊服裝等, 軍協援助基本上是補助台灣的國防支出, 美援期間平均每年的補助金額是新臺幣7.82億元。各年的國防支出高低不同, 若以1955年作為代表, 當年的國防支出是新臺幣31.73億元, 因此, 軍協援助之補助, 平均而言占國防支出的24.7%。

　　相對基金是由開發分署與美援會共同管理, 主要用於經濟發展, 特別是在1950年代中期以後。美援計畫在1965年6月底終止後,「相對基金」於7月改名為「中美發展基金」, 並改由台灣的中央銀行管理。到了1984年底時, 基金存款尚餘新臺幣49.6億元。

基礎建設

大約到了1953年, 物價已經穩定下來, 美援第一階段穩定經濟的任務已完成。1954年9月, 中共對金門發動「九三砲戰」, 但無功而返。同年12月, 美國與台灣簽訂「中美共同防禦條約」, 台灣的情勢更加穩定, 開發分署把美援的目標轉向經濟發展上。到了這個時候, 不管是美金支援或是相對基金支援, 重點都轉向經濟發展。

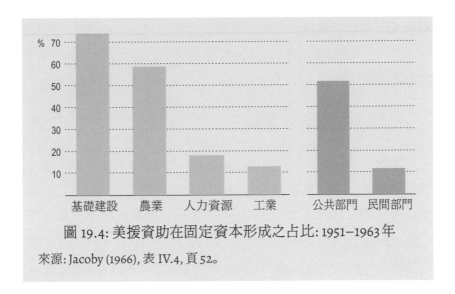

圖 19.4: 美援資助在固定資本形成之占比: 1951–1963年

來源: Jacoby (1966), 表 IV.4, 頁 52。

由前面圖19.3可以看出, 以相對基金的贈與而言, 除了軍協援助之外, 農業部門所占的比率最高。在貸款方面, 工礦業 (51.0%) 的比率最高, 其次是農業 (18.2%)。相對的, 就美金支援計畫而言, 獲得最多資助的是電力 (36.5%), 其次是工礦業 (24.3%), 再其次是交通運輸 (13.2%)。電力與交通運輸獲得相當多的美援資助, 反映開發分署對於基礎建設的重視。

圖19.4從固定資本形成的角度計算各部門所得到的美援。本圖把經濟體系劃分為4個部門: 基礎建設 (含鐵公路交通、通信設備、電力等建設)、農業、人力資源與工業4個部門。在以上4個部門中, 基礎建設所獲得的美援最多, 高達74.0%。例如, 石門水庫、中部橫貫公路、基隆港與高雄港的擴建、台電各主要發電廠的興建、電信局電信設備的修護與擴充等, 都曾得到美援的協助。

美援對基礎建設援助的356百萬美元中, 有244百萬美元是對台電公司的援助, 占68.5%。從台電公司的角度來看, 在1951–1964年期間, 公司的投資支出為392百萬美元, 其中美援的資助占62.2%。

在1951–1963年期間, 台灣民間部門的資本形成略高於公共部門, 而圖19.4的右邊顯示, 公共部門的美援資助比率大約是民間部門的

4倍。公私部門的美援分配如此懸殊,原因之一是台灣主要的公用事業、如電力、交通、通信等,都是由公營企業獨占經營,而美援對基礎建設的補助特別多,因此乃形成公共部門獲得比較多援助的情形。

19.3 「經濟政策更重要」

尹仲容在1961年發表一篇文章,題目是「十年來美國經濟援助與台灣經濟發展」。他認為美援對經濟發展的影響可以分兩個階段,第1個階段是1950–1952年期間,美援進口的物資使經濟穩定下來;其後是第2階段,台灣的經濟開始發展。由統計資料可知,1960年台灣的人均所得比前一年大約增加3.8%,尹仲容認為「台灣經濟成長率能夠到達這麼一個高水準, ... 其原因自然很多,但是最主要的一點顯然是美援的協助。」

為何美援的協助很重要? 尹仲容說,在經濟穩定之後,「政府立即自1953年起連續實施了兩期經濟建設四年計劃 ... 美援乃轉而負起配合經濟建設及促進經濟發展的基本任務。」[14] 此外,「因為經濟發展首需資金」,而美援提供了充裕的資金。

依據尹仲容的說法,經濟發展政策是由國民政府主導,美援的功能是配合提供資金。尹仲容的觀點,也是許多研究者對於美援貢獻的觀點,認為美援提供了投資所需的資金,因此經濟就發展起來。但是,以下3章將說明,美援除了提供資金外,也主導經濟體制與政策的轉型,對於經濟發展而言,後者遠比前者重要。

在美援即將終止的前半年,國際開發總署邀請雅各比 (Neil Jacoby) 教授前來台灣,評估美援的成效,他當時是美國加州大學洛杉磯分校 (UCLA) 管理學院的院長。他於1965年1月前來台灣,待了3個月;一年之後,他出版了 U.S. Aid to Taiwan (《美國對台灣的援助》)。一直到今天,這仍然是分析美國經援台灣最深入的著作。[15]

---

[14] 尹仲容 (1961a)。
[15] Jacoby (1966)。

　　雅各比的著作共18章，其中第10章的標題是「美國對中華民國經濟政策的影響」，這一章的第一句話，他開宗明義就說：「經濟政策比援助金額的多寡更重要。」以上的說法言之成理，但需要證據才有說服力。

　　前面兩章說明，戰後初期台灣面臨物價膨脹與外匯短缺兩大問題。1950年美援進來之後，財政赤字縮減，物價很快就穩定下來，但是，外匯短缺的陰影一直揮之不去。國民政府從1950年開始就推動紡織品進口替代政策，以及匯率與貿易管制政策。國民政府財經官員認為，管制才能解決外匯短缺的問題。不過，1951年初與1954年底，台銀的外匯存底兩度出現負數，必須靠美國特別撥款提供援助，才渡過難關。

　　安全分署早在1954年，就開始關注外匯短缺的問題，並提出改革建議，重點是解除匯率管制，並把新臺幣的匯率調整為接近市場價位的水準。在安全分署持續的努力與施壓下，國民政府終於在1958年跨出改革的第一步。

　　事後看來，安全分署與國民政府財經官員，分別代表市場機制與管制兩種不同的思維。幸運的是，安全分署勝出，而台灣也在1960年初期走上出口擴張之路。以下3章要講這一段歷史。

20

「進口紗不如進口棉花」

"政府為什麼要發展紡織工業? 這其中重要原因之
一,就是節省外匯,如何變入超為出超。... 肥料、紗
布, 是進口物資中支用政府外匯最多的兩項物資,
因之政府決心發展自身的紡織工業。"

尹仲容 (1952b)

日治時期, 台灣紡織業的規模小, 紡織品主要從日本進口。例如, 1938年台灣之棉布產量占島內總供應量的5%, 日本輸入占95%。[1] 日本戰敗離開後, 1946–1949年期間紡織品改由中國大陸進口。1950年前後台灣大約移入一百萬人, 紡織品的需求有增無減。

為了解決衣服需求的問題, 省政府在1949年8月就把棉布的進口關稅由65%降為20%。關稅下降鼓勵了進口, 1949年的棉布進口為2.5百萬公尺, 翌年劇增為58.6百萬公尺, 主要來自日本。[2] 此外, 為了鼓勵織布業與紡紗業的發展, 棉紗進口關稅由50%降為5%。棉花進口則免稅1年。

紡織品大量進口造成價格下跌, 紡織業者遭受很大的壓力。1950年5月, 紡織業者向生管會陳情, 希望政府提供救濟措施。生管會邀請業界代表成立紡織小組, 這是由紡織業者聯合組成的卡特爾 (cartel), 與日治時期新式製糖業者所設立的「糖業連合會」的功能相同, 主要目的是要提升業者的利益。紡織小組事實上是由生管會推動成立的。

紡織小組在6月2日的第一次會議裡, 即建議政府把紗與布的進口稅率調回原先的水準, 並暫停棉布與棉織品進口。以上的提議後來獲得生管會的支持。[3] 政府提高關稅與管制進口以發展特定產業之政策,稱為「進口替代之工業化」政策, 簡稱為進口替代政策。日治時期, 總督府以進口替代政策發展糖業, 1950年代, 國民政府也是以進口替代政策發展紡織業。

20.1 「進口布不如進口紗」

1950年6月到9月之間, 尹仲容大部分時間都待在日本, 與日方協商以物易物的貿易協定 (後來稱為「台日貿易協定」)。同年11月, 他又

---

[1] 李怡萱 (2004), 頁21。

[2] 黃東之 (1956), 表45, 頁28。

[3] 本章對於1950年代初期紡織業政策演變之說,除非另有文獻來源,主要依據許惠姍 (2003) 與李怡萱 (2004)。為節省篇幅,不另行標示頁碼。

去了日本一趟,回來之後即上任中央信託局局長,仍兼生管會副主任委員;中央信託局以下簡稱為中信局。他上任後,為了發展紡織業,提出「進口布不如進口紗,進口紗不如進口棉花」的口號,積極推動紡織業的發展。

尹仲容的政策是管制紗與布的進口,但允許棉花進口。[4] 1951年1月9日,生管會決議,民間申請棉織品進口一律暫停供給外匯。進口商從國外輸入產品需要外匯,但到了這個時候,民間的外匯交易已被禁止,故進口商所需之外匯只能向台灣銀行購買。因此,以上的政策等於是禁止棉織品進口。到了9月,申請棉紗進口結匯也暫停。

生管會仍准許棉花進口,原因是紡紗以棉花為原料,但是台灣並不生產棉花,除了進口之外,沒有其他選擇。進口棉花也要耗費外匯,但進口棉花比直接進口棉紗,多少能夠減少一點外匯的支出。

1950年6月起,美援進口的原料棉花,變成是紡紗業的主要原料來源。1950年,美援進口的原棉數量占總棉花進口的85.4%,隔年上升為99.9%。1952–1958年期間,美援原棉進口的比率平均為92.6%。[5]

到了這個時候,紡織業的發展似乎水到渠成。對紡織業者而言,一方面原料棉花有來源,另一方面,紗與布都禁止進口,在保護政策下,業者不需擔心進口品的競爭。剩下來唯一要處理的是,美援進口的棉花如何分配給紡紗業者?這也不難,美援的棉花可以在市場上出售,讓紡紗業者購買。

不過,生管會一開始並沒有採取這個簡單又有效率的方法,而是採取所謂的「代紡與代織」政策。

1950年6月美援進來之後,經由美援管道,台灣除了進口棉花之外,也進口一些棉紗與布。美方負責中華民國援助的機構,這時候稱為「經濟合作總署中國分署」(簡稱為合作分署)。不過,1951年起,「經濟合作總署」改名為「共同安全總署」,合作分署則改名為安全分

---

[4] 尹仲容 (1953),頁69。
[5] 趙既昌 (1985),頁141。

署。合作分署與行政院底下的美援會共同成立了「花紗布分配小組」(Taiwan Joint Textile Allocation committee), 負責統籌分配美援的棉花、棉紗與棉布。這個機構有時候又簡稱為「美援會紡織小組」,而生管會在5月分所推動成立的小組則稱為「生管會紡織小組」。

美援會紡織小組是發展紡織業的決策機構, 中信局則是執行機構。尹仲容從1950年11月起就上任中信局的局長,因此, 他一開始只是負責政策的執行, 但很快就變成政策制訂者。1951年4月起, 尹仲容兼任美援會紡織小組的召集人。他上任後, 把生管會紡織小組與美援會紡織小組合併, 從此開始, 他是紡織業政策的決策者, 同時也是執行者。

美援所進口的花紗布之分配, 都是由美援會紡織小組負責。進口的棉紗大都委由棉紡織同業公會配售給各織布廠, 棉布則直接在市場上出售。棉花的分配方法如下: 紡織小組將棉花分配給各紡紗廠代紡, 紡成的棉紗後收回, 再分配給棉織業者織成布。以上就是所謂的「代紡與代織」政策。紡紗廠每代紡100磅的棉花, 大約可獲得28磅的棉花作為報酬, 這一部分的棉花紡成紗之後, 業者可自行出售。

美援會紡織小組為何不直接出售棉花給業者, 而要採取「代紡與代織」的辦法? 說法之一是, 若不採取代紡, 紡紗廠為了購買棉花原料必須籌措資金, 而有些紡紗廠可能沒有辦法從銀行借錢。但是, 這個說法講不通。如果紗廠有棉花原料來源, 紡成的紗也有去路, 銀行沒有理由不貸款。

1950年代初期, 物價膨脹的壓力仍然很高, 政府官員擔心物價上漲。美援棉花若在市場上公開標售, 價格是由供需決定, 萬一上漲幅度太大, 可能影響一般物價。因此, 決策官員之所以採取「代紡與代織」政策, 或許是認為這有平抑物價之效果。

但是, 代紡與代織政策還產生一個問題, 棉紗廠交回去的紗, 以及織布廠交回去的布, 品質都不好。[6] 原因並不難理解。以代紡為例,

---

[6] 趙既昌 (1985), 頁12。

圖 20.1: 台北市薯售物價指數與棉紗價格

棉紗價格 1951 年 6–7 月無資料, 本圖假設與 5 月相同。1951 年 5 月至 1952 年 8 月為管制價格。薯售價格指數的基期是 1949 年 6 月, 等於 100。來源:《臺灣物價統計月報》; 李怡萱 (2004), 頁 105–106, 131–132; 許惠姍 (2003), 頁 51–64。

中信局只講要交回多少紗, 並不要求品質。但此情況下, 紗廠對於品質當然也不在意。

20.2　價格管制

1950 年 7 月起, 台北市的棉紗價格開始飆漲。以國產 20 支棉紗為例, 7 月分的售價為百公斤 1,113.0 元, 到了 11 月變成 2,546.3 元, 1951 年 6 月再上漲為 3,685.2 元。棉紗的單位「支」代表紗的粗細, 數字愈大, 紗線愈細。從 1950 年 7 月到隔年 6 月, 棉紗價格上漲為 3.3 倍, 相對的, 台北市的薯售物價指數上漲為 1.81 倍。

　　圖 20.1 畫出 1950–1954 年台北市的棉紗價格, 與薯售價格指數 (基期是 1949 年 6 月)。1950 年代初期, 台灣仍在惡性物價膨脹的陰影下, 棉紗價格上漲部分反映物價膨脹的影響, 但是, 棉紗價格上漲的倍數大於物價膨脹的倍數, 表示棉紗的供給與需求有異常的變動。

　　在代紡政策下, 中信局委託紡紗廠把棉花紡成紗, 之後交回中信局, 其中並不涉及棉紗價格, 那為何會出現棉紗價格上漲的問題? 原

因如下。

首先,紡紗廠每代紡出100磅棉紗,可以獲得到28磅的棉花作為代紡工資。紡紗廠把這些棉花紡成紗後,可以自行在市場上出售。因此,市場上仍有棉紗之交易。其次,在1950年代初期,美援所提供的棉花所紡出來棉紗,並不能完全滿足市場的需求。因此,部分紡紗廠自行從國外進口棉花,紡成棉紗後出售。

最後,中信局收回的棉紗分配給織布廠織成布,但只有大織布廠分配得到,小織布廠必須自行從市場購入棉紗。大織布廠雖然可以獲得棉紗配額,但數量大約只有產能的40%,也必須從市場上購入棉紗。因此,棉紗市場的交易仍然存在。

面對棉紗價格上漲,省政府祭出限價政策。1950年10月19日,省政府公布20支棉紗價格每件 (400磅) 最高為新臺幣3,000元。1951年1月,限價調高為5,300元。此外,生管會也從國外進口棉紗,增加棉紗的供給。

棉紗價格上漲後,棉布的價格也上漲,因此,布價也受管制。1951年2月,中信局宣布實施平抑細布價格辦法,每碼細布價格為新臺幣4.25元,消費者向零售商購布時須出示戶口名簿。

尹仲容「進口紗不如進口棉花」的政策,目的是要發展紡織業,方法是管制紗與布的進口。但是,因為棉紗價格的飆漲,讓價格管制意外變成是紡織小組的重要任務。

1951年3月起,代紡政策改變,各紗廠可以直接購買美援進口的棉花,但是,價格受安全分署與美援會管制。紡紗廠所紡成之棉紗可以自行出售,但價格也受管制。此外,安全分署與美援會得以管制之價格,收購各紗廠所紡成的棉紗的70%。反之,紡紗廠也可以將紡成之棉紗,按管制價格的95%出售給安全分署與美援會。圖20.1中,棉紗價格為水平線的期間即為價格管制之上限。不過,雖然有重重的價格管制,但棉紗交易的黑市仍然存在。

1951年5月25日,原來的兩個紡織小組合併,英文名稱改為 Textile Sub-committee, CUSA-MSA Joint Committee, Taiwan, 但中文名稱仍為「紡織小組」。從6月開始,棉紡廠代紡的報酬從棉花變成現金,代紡一件棉紗的報酬是1,600元。在此之前,廠商把代紡所得到的棉花紡成紗之後,可以自行拿到市場出售。現在政策改變,美援進口的棉花紡成紗之後,全部由中信局掌控,廠商不能自行拿到市場出售。

換言之,代紡的管道已經完全沒有棉紗的市場交易,但如上所述,其他管道的棉紗仍有交易。不過,紡織小組持續管制價格。

1951年8月14日,台灣省政府公布「台灣省紗布管理暫行實施辦法」,其中第4條規定,進口與省產之紗布之「最高售價」由省政府核定公布。到了這個時候,紡織業從棉花分配,生產過程到市場銷售,已全部納入管制。到了11月,台北市布商業公會出售的白細布等,每戶每年憑戶口名簿限購5碼,台北市以外的地區也有類似的規定。

從1949年下半至1950年1月上旬,台灣的紡織品市場是自由市場。棉花可自由進口,而且免稅;棉紗與布匹也可自由進口。到了1951年底,從棉花到布的生產與消費全部納入管制。

生管會管制措施的動機是棉紗價格上漲,那麼,棉紗價格為何會上漲? 在1951年4月的檢討會議裡,生管會認為「棉紗價格並無上漲的理由,應有不法人士操縱所致」。[7] 管制措施因而啟動。但是,每一波的價格管制不見效果時,管制的範圍即擴大。

「分配工作沒有做好」

尹仲容本人在檢討1951年底的布價變動時說,「... 在去年紗布分配上,都發生了問題。... 所以政府對紗布要加以管制。」[8] 代紡與代織政策是由中信局分配棉花與棉紗,尹仲容是中信局局長,他認為,因為分配工作沒有做好,以致造成價格上漲。不過,為什麼分配沒做好,價格就會上漲? 他並未說明。

---

[7]李怡萱 (2004),頁74。
[8]尹仲容 (1952b),頁64。

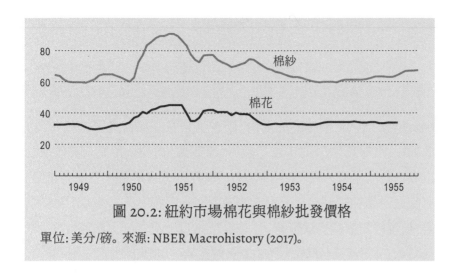

圖 20.2: 紐約市場棉花與棉紗批發價格

單位: 美分/磅。來源: NBER Macrohistory (2017)。

經濟學的基本原理是, 價格是供需決定的, 價格上漲可能是供給減少, 或者需求增加, 與分配做得好不好並無關係。事實上, 1950 與 1951 年的棉紗價格上漲, 與中信局的分配無關, 而是因為供給減少。以 1950 年為例, 國內生產的棉紗無法完全滿足市場的需求, 進口棉紗的數量占國內總供給量的 30.7%。[9] 在此情況下, 國際棉紗的價格若上漲, 台灣的棉紗價格也會上漲。

圖 20.2 畫出紐約市場上的棉花與棉紗之批發價格, 從 1950 年中開始, 兩項產品的價格都上揚, 棉紗價格之變動尤其顯著。紐約市場上的棉花價格為何上漲? 原因是 1950 年的棉花受天候的影響而欠收。1949 年, 美國的棉花產量是 16.1 百萬包 (500 磅), 1950 年減為 10.0 百萬包, 不過, 1951 年又回到 15.1 百萬包。[10]

前面已說明實質價格的概念, 計算方法是以棉紗價格除以物價指數。以下的計算假設躉售價格指數在 1949 年 6 月等於 1.0。1950 年 8 月, 棉紗每百公斤之實質價格為 535.9 元, 1951 年 6 月上升至 828.1 元, 而 1952 年 4 月已下跌至 513.0 元。價格回跌似乎顯示生管會的管制奏效, 但事實上, 國際棉紗價格早在 1951 年中已下跌。此外, 國內

---

[9] 黃東之 (1956), 頁 27–28。

[10] United States Department of Agriculture (1961), 頁 30。

棉紗市場之供給到了1952年已趨飽和。[11] 因此, 即使沒有價格管制, 國內的紗價也會下跌。

「管制的正確性」

1952年7月, 代紡制度終於取消, 紡紗廠自行從美援會購入棉花, 紡成棉紗後自行出售。同年12月起, 代織制度也取消, 各棉織廠皆採取自織自售的生產方式。1954年9月, 政府通過撤銷棉紗限價之建議。原因之一是棉紗價格早已穩定下來, 另一個原因是, 雖然有限價規定, 但棉紗市價超過限價時, 主管單位事實上也無能力處理。

　　1952年5月, 尹仲容在紡織工業座談會上演講時說:[12]

> "我們應承認管制工作, 未達到理想的地步。... 紗布問
> 題, 牽涉既廣, 管制工作, 本來極為繁難。有缺點, 我們
> 願意虛心研討, 隨時糾正, 但不礙於管制本身原則上的
> 正確性。"

紡織品的價格管制從1950年7月啟動, 到了尹仲容演講時大約已經過兩年。他說「管制本身原則上的正確性」, 表示他可能也認為, 棉紗價格上漲是「不法人士操縱」所致; 而棉紗價格回跌時, 他可能視之為是價格管制政策奏效。

　　價格是經濟學最重要的概念。個別商品的價格變動反映供給與需求的變動, 而一般物價的上漲 (物價膨脹) 則是因為央行無法控制貨幣發行。台灣市場上的棉紗價格上漲, 以上兩項因素都有。

　　上面已經說明, 棉紗價格上漲是因為國際市場上棉紗價格上漲, 而背後的原因是當年的棉花受天候的影響而欠收。這種情況與台灣在夏天颱風來襲時, 蔬菜價格會上漲, 道理完全相同。蔬菜價格上漲的原因是供給減少。

---

[11]黃東之 (1956), 頁28。
[12]尹仲容 (1952b), 頁64。

蔬菜價格上漲時,有些消費者願意付較高的價格,他們可以買到蔬菜。相對的,不願意或無能力負擔高價的消費者,只好選擇替代品或者減少消費。可能有人認為這對後者「不公平」,認為政府必須管制價格。但是,價格上漲是供給不足造成的,政府管制價格並無法解決供給不足的問題。

同樣的道理,棉花供給減少時價格上漲,願意付高價的紡紗廠可以獲得棉花原料。生管會管制棉紗價格後,棉花的供給會增加?當然不會。不僅如此,價格管制創造出另一個問題:哪些廠商可以獲得棉紗?這有種種的可能性,其中之一是,與生管會關係比較好的廠商會得到棉花。問題是,關係好的紡紗廠不一定是生產效率比較高的。

反之,如果棉紗價格不受管制,則願意付高價的廠商可以獲得棉花。那麼,哪些廠商願意付高價?很簡單,生產效率較高的廠商付得起較高的原料價格。因此,若生管會不管制棉紗價格,則棉花會流向生產效率較高的廠商。這是「市場運作比較有效率」的原理。

1950年代初期,尹仲容是台灣最有權力的財經官員,但由紡織品價格管制政策來看,他對於經濟學的概念一知半解,似懂非懂。如果他瞭解市場供需的原理,當有人提出棉紗價格上漲是「不法人士操縱」或「人為哄抬」的說法時,他應該馬上會想到,另一個可能是供給與需求的變動的結果。

20.3 細紗外銷計畫

回到紡織業的發展,尹仲容推動「進口紗不如進口棉花」的政策,有達成「變入超為出超」的目標嗎?事實上也沒有。出超是指出口大於進口。在整個1950年代,台灣都面臨紡織品無法出口的困境,當然也無法把入超變成出超。

大約到了1953年下半年,國內紡織品市場已趨飽和,棉紗與織布都出現生產過剩而滯銷的情形。紡紗廠與織布廠曾聯合起來,企圖經由減產協議以解決問題,但沒有談成。

1953年6月,尹仲容提出一個細紗外銷的計畫,方法如下:先由台糖出口砂糖與埃及交換棉花,紡成細紗後,再與巴基斯坦交易紡製粗紗的棉花。以上的計畫並不是真正的外銷,只是以砂糖交換棉花而已。國內的廠商也興趣缺缺,原因是廠商出口細紗事實上會賠錢,因此除非政府提供補貼,否則沒有廠商要加入。[13]

到了這時候,尹仲容所推動的進口替代政策,似乎重蹈日治時期新式糖業的覆轍:紡織業發展起來,但只能供應內銷,因此,紡織業看起來似乎也沒有比較利益。

韓戰爆發3年之後,1953年7月27日交戰國簽訂停戰協定;南韓政府獲得超過5億美元的國際援助,並計劃把援款的一部分用於進口紡織品。1954年初,台灣派一個經濟訪問團前往韓國,以瞭解棉紗是否可能出口到韓國去。結果發現,棉紗國際價格每件(400磅)210美元,而台灣外銷成本每件276.4美元。因此,除非政府提供補貼,否則沒有廠商願意出口。[14]

同年4月,棉紡織工業同業公會舉行外銷座談會,各紡織廠一致希望政府以最低的成本價格收購產品,由中信局辦理出口,以減輕廠商之虧損。[15]紡織業者等於是建議,以納稅人的錢補貼紡織品出口。

前往韓國的訪問團留下仔細的紀錄,其中包含棉紗生產成本的細項。下一章會說明,台灣從1950年開始就不准民間進行外匯交易。紡紗廠若從國外進口棉花,只能向台銀申購外匯;反之,棉紗出口所賺入的外匯,必須出售給台銀,匯率是由台銀決定的。此一時期的匯率經常變動,表20.1的第2欄是以匯率15.6元計算成本,這大約是1953年中民營企業出口的匯率。

紡紗廠紡成1件棉紗(400磅)需要用掉470磅原棉,每磅進口棉花之成本是新臺幣5.7元,故每件棉紗之原棉成本是2,545元(假設進

---

[13]許惠姍 (2003),頁97-100。
[14]劉文騰 (1954)。
[15]許惠姍 (2003),頁100-101。

表 20.1: 棉紗外銷價格估算

匯率	15.6	26.5	40.0
原棉價格	2,545.1	4,309.5	6,504.9
工繳費	1,350.0	1,350.0	1,350.0
出口打包	80.0	80.0	80.0
水上運費	54.8	54.8	54.8
陸上運雜費	20.0	20.0	20.0
保險	21.0	21.0	21.0
利息	76.4	129.3	195.1
利潤 (售價5.3%)	219.8	316.1	436.0
合計	4,367.0	6,280.7	8,661.8
棉紗售價 (美元/磅)	0.700	0.593	0.541

單位: 新臺幣元。1953 年 6 月紐約市場上棉紗批發價格每磅為 0.639 美元。
來源: 盧樂山 (1953); 吳聰敏 (2019), 表 1; NBER Macrohistory (2017)。

口原料退稅 5%)。工繳費 (含工資, 職員薪資, 與業務費等) 合計 1,350 元, 加上運費, 保險費, 以及預估利潤 5.3%, 合計每件成本為新臺幣 4,367 元。以官訂匯率 15.6 元計算, 每磅成本是 0.700 美元。

訪問報告裡說, 當時棉紗的國際價格是每件 210 美元, 但未說明資料來源。若依美國國家經濟研究所 (National Bureau of Economic Research, 縮寫為 NBER) 蒐集的統計資料, 1953 年 6 月美國紐約市場上棉紗批發價格是每磅 0.639 美元。因此, 廠商若出口棉紗到美國, 每磅會虧損 0.700 − 0.639 = 0.061 美元。另外, 表 20.1 的運費與保險費是以出口到韓國計算, 若出口到美國, 運費與保險費會高一些, 虧損也更大。

表 20.1 的數字印證業者的說法, 棉紗出口會賠錢。不過, 本表也顯示, 若匯率調整, 棉紗出口可能轉虧為盈。表中第 3 欄的數字, 是假設匯率等於 26.5 元算出的, 棉紗每磅的成本是 0.593 美元。最右一欄是假設匯率等於 40 元, 棉紗出口每磅的成本是 0.541 美元。由此可

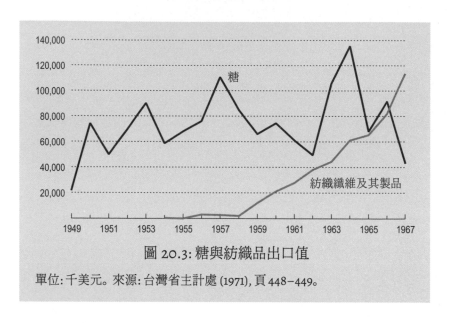

圖 20.3: 糖與紡織品出口值

單位: 千美元。來源: 台灣省主計處 (1971), 頁 448–449。

知, 如果新臺幣貶值, 廠商出口棉紗是有利潤的。

新臺幣匯率調整

表 20.1 所顯示的重要訊息是, 新臺幣若貶值到某一個水準, 紡織品的出口將變成有利可圖。以上的結果應該不會太令人驚訝。從1960年代起, 台灣央行貨幣政策的重點就是阻止新臺幣升值, 而目的是要促進出口。

　　圖 20.3為 1949–1967年期間, 砂糖與紡織品出口值的變動。1958年之前, 紡織品的出口微不足道, 1959年起則直線上升。到了1967年, 紡織品的出口已經超過砂糖。為何紡織品會大量出口? 原因是出口變成有利有圖, 因此廠商不斷擴廠增產。那麼, 為何出口會由虧損變成有利潤? 原因是新臺幣匯率已調整為接近市場價位。

　　1949年6月的幣制改革時, 新臺幣兌美元的匯率訂為5, 亦即, 新臺幣5元兌換1美元。接下來的幾年, 台灣的物價膨脹率仍然很高, 因此, 新臺幣應該要貶值。但是, 第21章將說明, 1950年起國民政府也管制匯率, 新臺幣的幣值雖然調整, 但幅度並未完全反映台灣的物

價膨脹,結果造成新臺幣的幣值高估。

此外,匯率管制還演化出一個多元匯率制度。簡單來說,進出口適用的匯率不同,公營與民營企業的匯率也不同,甚至不同產品的匯率也不同。1958年4月,國民政府啟動匯率制度改革,多元匯率制度改回單一匯率制度,更重要的是,新臺幣兌美元的匯率從24.78元貶值到接近市場價位的40元。

由前面表20.1可知,若新臺幣匯率調整為40元,紡織品外銷會有利潤,圖20.3的紡織品出口值的變動驗證以上的預測。不過,砂糖的情況完全不同。從1959到1961年,砂糖出口呈現下降趨勢,但接下來兩年反而大增。這兩年砂糖出口金額特別高,不是因為出口量增加,而是因為「古巴飛彈危機」事件發生,國際糖價飆漲,造成出口金額上升。

古巴飛彈危機落幕後,糖價下跌,出口額也回歸正常。如果沒有發生「古巴飛彈危機」事件,紡織業的出口額可能從1963年起就超越砂糖。因此,新臺幣匯率調整使台灣的出口品在國際上的價格下降,但並不是所有的產品都會變成有比較利益。紡織品變成有比較利益,但砂糖仍然沒有。

事後看來,紡織品的出口擴張是理所當然。1950年代,台灣人口增加一百萬人,勞動供給增加,工資下跌。蔗糖煉製是資本密集產業,紡織業則是勞力密集產業。因此,台灣的紡織業應該有比較利益。1950年代紡織品無法外銷,事實上是新臺幣幣值高估所造成的。

外銷品原料退稅

除了匯率之外,英國經濟學者斯科特(Maurice Scott)指出,外銷原料沖退稅制度對於出口擴張的重要性。[16] 在1958年之前,廠商進口棉花除了繳交進口稅與貨物稅之外,還要繳交防衛捐與港工捐,使得棉紗的成本上升。如果進口原料可以退稅,棉紗出口的成本會下降。

---

[16]Scott (1979),頁321–325。

　　戰後初期,國民政府採取退稅政策的起點是1951年,對象是紙帽出口。1954年3月,行政院經安會通過「省產紡織品外銷辦法」,主要內容包括:出口廠商可保留一部分外匯,進口原料之關稅與貨物稅可退還,台銀提供低利貸款。但廠商興趣缺缺,原因是進口原料之關稅與貨物稅仍須先繳交,出口之後再申請退還。此外,低利貸款也是在出口之後才能請求貸款。

　　出口品原料之退稅辦法經過多次調整,到了1958年12月的修訂之後,退稅內容涵蓋進口稅,防衛捐,貨物稅與港工捐,而且退稅可採記帳方式。[17]以全部產業合計,1956年的退稅僅占出口總額的1.1%,1960年上升為6.1%,1965年再上升為10.1%。[18]若以棉製品而言,1965年退稅比率為14.3%。換言之,退稅辦法使棉製品出口廠商的成本減少大約14.3%。

日本商社

1958年4月,台灣逐步推動幾項重大改革:多元匯率改為單一匯率,新臺幣匯率調整為接近市場價位,以及出口品原料退稅。前兩項在1961年完成,台灣在勞力密集產業上的比較利益也終於展現,出口擴張的高成長也啟動。

　　台灣廠商在紡織品的外銷上,與日本商社密切合作。日本的紡織品出口有悠久的歷史。1937年,主要工業國家在紡織品與成衣的出口上,日本所占比重為22%。1955年降為15%,低於英國的21%,但高於法國的11%。英法以外的其他西歐國家合計為30%。[19]

　　紡織品是勞力密集產業,所得高的國家,工資也較高,很難與開發中國家競爭。二戰之後,日本的工資大約只有美國的5分之1,因此,日本的紡織品大量出口到美國。1957年,美國政府在國內紡織業

---

[17]李文環 (2004),頁237–238。
[18]吳聰敏 (2019)。
[19]Park and Anderson (1991),頁540。

者的壓力下,對於日本的棉紡織品及成衣進口設限。1958年,美國進口的紡織品中,日本所占的比率高達62.7%,但1961年減為33.7%。

美國對日本設限後,進口商轉從其他開發中國家進口。在1958–1961年期間,美國從香港進口的棉紡織品及成衣,比率從13.8%上升為25.4%。台灣的紡織品才剛開始外銷,但也受益於以上的轉變。1960年代,台灣的工資大約只有日本的1/3,因此,美國從台灣進口紡織品,成本更低。

1958年,台灣對美國的紡織品出口僅0.2百萬平方碼,1960年上升為23.0百萬平方碼。[20] 不過,美國政府很快採取行動,1961年起即對台灣的棉製品進口設限。美國設限之後,台灣的紡織品出口不得不分散到其他國家。以1970年為例,台灣棉紡織品外銷的國家中,美國占13%,日本與香港各占11%,奈及利亞占9%,澳洲占8%。

台灣在紡織品的生產上具有比較利益,但是在開拓外銷市場上,則是與日本商社合作。[21] 此外,在台灣的紡織品開始出口之後,日本的大型紡織業者也前來合資設廠。[22] 台日合資設廠一方面解決資金來源問題,台灣紡織業的生產技術也得以提升。

20.4　幼稚產業理論

1960年起的出口擴張是戰後經濟發展的轉捩點,其中,紡織與消費性電子是最具有代表性的兩項產業。有人認為,1950年代初期進口替代政策是後來出口擴張的基礎。例如,經濟學者王作榮說:「尹仲容先生 ... 斷然管制價廉物美的日本布進口, ... 請看二十年後之今日,我們的紡織工業 ... 占出口的第一位。」[23] 這是把相關性誤為因果關係的典型例子。進口替代管制政策在前,出口擴張在後,不表示前者是因,後者是果。

---

[20] United States International Trade Commission (1978),頁3–4。
[21] 周文 (1973a),頁117;周文 (1973b),頁139。
[22] 洪紹洋 (2021),頁114–119。
[23] 沈雲龍 (1972),頁120–121。

　　不過, 有以上想法的人很多, 他們的觀點又稱為「幼稚產業理論」
(infant industry argument)。這個理論是說, 產業的發展一開始要
加以保護, 否則無法與已開發國家競爭。尹仲容也抱持同樣的看法,
他說,「政府如不採取保護措施, 則新興工業永無建立之日」, 紡織品
進口管制即反映他的想法。

　　1960年代初期, 台灣的紡織品已大量出口, 本色棉布進口關稅仍
維持42.5%, 染色棉布的關稅則維持45%。[24] 事實上, 不只是他, 一直
到今天許多財經官員都有類似的思想。

　　表面上看來, 幼稚產業理論言之成理, 但對於勞力密集產業而言,
完全講不通。勞力密集產業是指產品的製造成本裡, 勞力成本占總
成本的比例較高。1960年代, 台灣製造業的工資大約是美國的15分
之1。因此, 就勞力密集產品而言, 台灣的生產成本遠低於美國。換
言之, 台灣在勞力密集的產品上有比較利益。

　　每一種產品都有高低品質之區分。1960年代, 日本在高級紡織品
上可能比台灣有比較利益, 但台灣在較低品質的紡織品上有比較利
益。開發中國家的產業發展, 不可能一開始就生產高品質產品, 一定
是從低品質產品開始。1950年代, 台灣生產的是較低品質的紡織品,
此時對日本紡織品的進口課徵高關稅, 對於紡織業的發展毫無幫助,
付出代價的是消費者。

　　不過, 仍有人主張對日本高品質紡織品課徵高關稅, 認為這對於
紡織產業的升級有幫助。推論上似乎有理, 但事實並非如此。在高關
稅的保護下, 國內廠商反而喪失提升品質的誘因。

　　到了21世紀的今天, 台灣所有的頂尖企業, 沒有一家不是在國際
激烈競爭的環境下嶄露頭角的。保護政策只會降低廠商努力的誘因,
不可能提升其競爭力。

---

[24]李文環 (2004), 211–212。

21
外匯管制

"吾人茲作建議如次: 實施幣值貶值政策, 將新臺幣對
美金之匯率調整為美金1元等於新臺幣　元至　元之
間。所有出口物資均照此匯率結匯, 並將所得之外匯,
全部繳交政府。"　　　　　　　　　美國經濟顧問團 (1954)

1950 年, 台灣的失業率高, 物價膨脹壓力大, 貿易逆差嚴重。生管
會在尹仲容的領導之下, 祭出種種政策, 接下來幾年, 物價膨脹
壓力減輕, 但貿易逆差與高失業率兩個問題並未解決。事實上, 物價
膨脹壓力減輕是因為美援資助財政收入的結果, 並非生管會的政策
奏效。

從1951到1970年, 除了1964與1966兩年略有出超, 其餘各年都是
入超。不僅如此, 在1961年之前入超幾乎是一路增加。圖 21.1畫出
1951年以來, 進出口占 GDP 之比率。1960 年代初期, 出口比率才上
升, 這是戰後出口擴張的起點。台灣從貿易逆差變成順差, 進而由出
口擴張帶動高成長, 1958 年啟動制度改革是關鍵。要瞭解制度改革
的來龍去脈, 我們必須從1950 年的管制開始講起。

持續的貿易逆差造成外匯存底枯竭, 為了解決外匯不足的問題,
除了紡織品進口替代政策之外, 生管會也推動外匯管制政策。1951
年4月, 省政府規定民間不得自由買賣外匯, 出口商所賺進來的外匯,
必須全數賣給台銀; 進口商要進口時, 只能向台銀買外匯, 而匯率是
由台銀規定。

為何管制匯率能夠減少貿易逆差? 生管會的想法如下。假設匯率
是15元, 則進口商要進口1美元的商品時, 他必須先花新臺幣15元向
台銀購買美元外匯, 再由國外進口商品。如果匯率調高為25元 (新臺
幣貶值), 則進口商要付新臺幣25元, 在此情況下, 進口商品在國內的
價格上升, 消費者購買意願降低, 進口數量會減少。由此可知, 新臺
幣貶值可以使進口減少, 達成減少貿易逆差的目標。

不過, 台灣除了進口消費商品之外, 也進口原物料與肥料。匯率
調高, 進口原物料與肥料在國內市場上的價格會上漲。生管會擔心
這會引發物價膨脹。如何解決這個問題? 生管會的做法是, 對不同
的商品規定不同的匯率。例如, 消費品進口的匯率調高為25元, 但
肥料與棉花進口匯率維持15元, 這就是所謂的複式匯率制度, 又稱
為多元匯率制度。

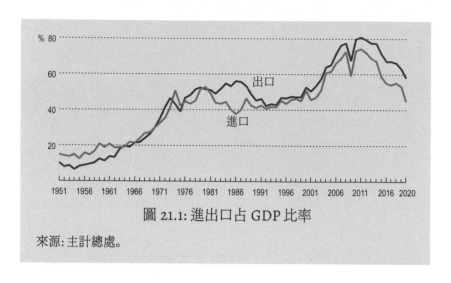

圖 21.1: 進出口占 GDP 比率

來源: 主計總處。

解決貿易逆差還有另外一個方法, 那就是增加出口。如果匯率是20元, 廠商賺入1美元的外匯, 即可從台銀換得新臺幣20元。相對的, 如果匯率是30元, 廠商可以換得新臺幣30元, 因此, 廠商努力生產的誘因上升。

匯率訂為30元還有一個好處, 就是台灣的產品在國際市場上的價位會比較低一點。例如, 某產品在國內市場上的價格是新臺幣30元, 若匯率是20元, 這項產品在國外市場上的價格是 $30 \times \frac{1}{20} = 1.5$ 美元。反之, 若匯率是30元, 國外市場上的價格變成 $30 \times \frac{1}{30} = 1$ 美元, 較有競爭力。

由此可知, 要減少貿易逆差, 匯率管制的方向是, 出口的匯率訂得高一點 (新臺幣貶值), 進口的匯率則視不同的產品而決定。

21.1 到管制之路

1949年6月15日幣制改革時, 省政府規定新臺幣兌美元的匯率是5元, 這是新臺幣誕生以來最高的價位。而且, 不管是進出口, 都適用相同的匯率。此外, 台銀並未管制民間的外匯交易, 出口商賺入的外匯, 可以自行賣給進口商。但進口商如果買不到外匯, 可以向台銀購

買,匯率是5元。

由中央銀行直接規定外匯交易價格之制度,稱為固定匯率制度。反之,若匯率是由外匯交易市場決定,稱為浮動匯率制度。1949年6月幣制改革時,新臺幣兌美元採固定匯率制度,省政府的目的是希望建立民眾對於新臺幣幣值能維持穩定的信心。不幸的是,物價膨脹的趨勢並未停下來。

物價膨脹表示新臺幣的價值下降。如果是浮動匯率制度,在外匯交易市場上,新臺幣會貶值。但是,當時是採行固定匯率制度,匯率是由台銀直接訂定,而台銀擔心新臺幣一旦貶值,進口品的價格會上漲,進一步引發物價膨脹,故官訂匯率的調整一直落後於物價膨脹的速度。

除了官訂匯率外,民間仍存在外匯交易市場,它所決定的匯率與官訂匯率不同。1949年6月底,官訂匯率是5.0元,但民間外匯市場的匯率是5.73元。[1] 任何人如果花新臺幣5元向台銀以官訂匯率買到1美元,在市場上出售可得新臺幣5.73元,報酬率是: $((5.73/5.0) - 1) \times 100 = 14.6\%$。因此,知情者千方百計向台銀申購美元外匯,而台銀的外匯也快速流失。

結匯證

出口商賺入的外匯,可以自行賣給進口商,但是,公營企業出口所賺入的美元,則被要求以官價賣給台銀。因為官價低於市價,這制度對公營企業不利。為了解決以上的問題,省政府在幣制改革時推出「結匯證」:出口商所賺入的美元外匯之20% 須以官訂匯率結售給台銀,其餘80% 可向台銀換取結匯證,自行在市場上出售。[2]

在結匯證制度下,出口商若賺入100美元外匯,其中的20美元按官價賣給台銀,換得新臺幣 20 × 5 = 100 元。其餘的80美元從台銀

---

[1]陳榮富 (1956),頁103。
[2]陳榮富 (1956),頁 62–66, 152–171。

換得面額為80美元結匯證。1949年底,結匯證的價格大約是8.0元,故出口商在市場出售結匯證可得新臺幣 8.0 × 80 = 640 元, 合計收入為740元。因此,出口商的實際匯率為 740/100 = 7.4。[3]

相對的,進口商花640元買入面額為80美元的結匯證,即可從台銀換取80美元的外匯,故他的實際匯率是8.0。誰會買結匯證? 若進口商需要外匯但無法從台銀申購,只好向出口商買入結匯證。結匯證制度讓市場出現一個反映外匯供需的價格。

結匯證制度使出口商的匯率從5.0變成7.4,對於出口有幫助。為什麼呢? 假設某產品在國內的價格是新臺幣5元。當匯率是5的時候,出口商的報價為1美元,亦即,美國的進口商須支付1美元才能從台灣進口此產品。相對的,若匯率是7.4,出口商就會願意報價5/7.4 = 0.68 美元,則美國進口商只須支付 0.68 美元。在此情況下,美國進口商更願意進口台灣的產品,台灣的出口也會增加。

1950年1月,生管會成立「產業金融小組」(以下簡稱為「產金小組」)。因為台銀的外匯不足,產金小組在2月下令,公營事業出口所賺取的外匯,不得換取結匯證,須全數賣給台銀。原先台銀僅能取得公營事業出口所賺取的外匯的20%,現在可以取得百分之百,台銀所掌握的外匯大幅增加。

在結匯證制度下,市場上有三種匯率。首先,能夠向台銀直接買外匯的,匯率是5元; 出口商的匯率是7.4元,進口商的匯率是8元。後兩項匯率並非固定不變,而是隨著外匯市場供需的變動而波動。這可以說是台灣多元匯率制度的起點。

1950年3月,管制辦法又調整。上面已經說明,在原先的辦法下,如果有人能以5元的匯率從台銀買外匯,在市場上以5.73元的價格出售,報酬率是14.6%,因此,「進口申請,擁擠如故」。為了解決以上問題,產金小組規定,進口商「得按照政府議定的結匯證價格,向台銀申請代購結匯證」,價格訂為7.5元。因此,此項調整等於是新臺幣

---

[3]陳榮富 (1956),頁103。

的官方匯率由5元貶值為7.5元。

不過,「凡係生產建設所需之機器, 原料」, 經審核通過者, 仍適用5元之匯率。由於在新辦法下, 台銀是以7.5元的價格出售結匯證, 因此, 匯率又增加一種, 變成4種: 5元, 7.4元, 8元, 以及7.5元。

因為物價膨脹的壓力未減, 到了1950年底, 外匯市場交易之美元匯率已升至12元, 台銀的官訂結匯證價格也調整為10.3元。但是, 多元匯率制度並未能減少貿易逆差, 外匯存底仍然持續減少, 怎麼辦?

「不准自由買賣」

1950年代初期, 匯率管制只是國民政府全面性管制的一環, 例如, 生管會也是透過管制政策來發展紡織業。1952年5月, 尹仲容在檢討紡織品的管制政策時說,「管制工作, 本來極為繁難。有缺點, 我們願意虛心研討, 隨時糾正, 但不礙於管制本身原則上的正確性」,[4] 由此推論, 他應該也認為匯率管制原則上是正確的。

既然「管制的原則是正確的」, 而現有的管制辦法未能達成目標, 那就再加上另一層管制。進口會用掉外匯, 故減少進口即可節省外匯, 因此, 生管會開始管制進口。1950年12月9日, 省政府採取進口外匯審核辦法; 隔年元月起, 所有進口都必須事先申請。

1951年4月9日, 行政院公布金融新措施, 全面管制外匯交易:「黃金 (條塊) 外匯, 今後只許人民持有, 不准自由買賣。」換言之, 民間的外匯交易禁止, 所有的外匯交易只能透過台銀。兩天之後, 台銀又公布買賣結匯證修正辦法, 結匯證分為甲乙兩種, 甲種為記名式, 不得轉讓, 乙種為原先的不記名式, 可以轉讓。

乙種結匯證的價格仍然是由市場所決定, 但甲種結匯證無市場交易, 價格是官訂的。省政府設置一個審議委員會, 每日審定甲種結匯證的價格, 最初的價格是15.95元。此外, 官價匯率調整為10.3元。

---

[4]尹仲容 (1952b), 頁62。

表 21.1: 匯率: 1951年4月11日								
買進匯率				賣出匯率				
出口結匯匯率		匯入匯款匯率		進口結匯匯率			匯出匯款匯率	
公營事業出口	民營事業出口	政府機關	民間	政府及公營事業進口	美援進口	民營事業進口	政府機關	民間匯款
10.25	14.73	10.25	15.85	10.30	10.30	15.95	10.30	15.95

美金1元交換新臺幣數。

來源: 施坤生, 周建新, 與蘇震 (1961), 表21, 頁121。

　　表21.1是1951年4月11日的匯率, 買進為4種, 賣出分為5種。在出口結匯的部分, 公營事業出口所賺取的外匯, 出售給台銀的價格是10.25元, 民營出口則是14.73元。為什麼公營事業的出口的匯價較低? 省政府的考慮是, 如果公營企業的出口也是14.73元的話, 台銀必須釋出比較多的新臺幣, 對於物價膨脹有不良的影響。

　　公營事業出口的匯價較低, 可以減少貨幣發行量, 因此減輕物價膨脹的壓力, 看起來是一個聰明的決策。公營事業出口的產品最重要的是砂糖, 前面第14章已經說明, 台灣在產糖上並無比較利益, 出口都是賠錢。如果匯率是14.73元, 台糖公司或許可以少賠一些, 甚至有少許利潤。匯率壓低為10.25元, 台糖公司註定虧損。

　　台糖是公營企業, 虧損的時候就向台銀借錢, 因為台糖非得出口賺取外匯不可, 故台銀無法拒絕台糖來借錢。因此, 到最後貨幣發行並不會減少。當尹仲容在講「管制本身原則上的正確性」時, 對以上的結果不知如何自圓其說?

　　雖然規定民間「不准自由買賣」, 但黑市外匯市場仍然存在。1951年4月底, 黑市匯率的價格是16.0元, 乙種結匯證的價格也接近此一價位。[5] 到了5月底, 黑市匯率變成20.4元, 但甲種結匯證的價格不變, 仍然維持15.95元的價位。

---

[5]陳榮富 (1956), 頁101–103。

圖 21.2: 陳誠副總統與美國經濟顧問團

左三為團長史蒂芬先生。來源: 國史館, 008-030800-00010-033。

匯率管制持續調整, 除了貶值之外, 複式匯率略有簡化。1953年底, 所有公民營事業之出口均適用15.55元之結匯證價, 進口商品則另外須繳納防衛捐3.13元, 故進口實際匯率為18.78元。到了這時候, 多元匯率簡化成雙元匯率。[6] 不過, 黑市匯率為26.57元, 顯然新臺幣仍然嚴重高估。

21.2　美國經濟顧問團

1954年8月10日, 美國經濟顧問團 (Economic Advisory Group) 來到台灣, 目的是要對於台灣的財政與金融制度及政策提出建言。美國經濟顧問團來台灣訪問, 是由安全分署所安排。台灣曾在1950–1965年期間獲得數額龐大的經濟援助, 美國經濟顧問團來訪是美方嘗試改變台灣管制政策的一項努力。

---

[6]陳榮富 (1956), 頁65; 施坤生, 周建新, 與蘇震 (1961), 表21, 頁121。

美國經濟顧問團的團長為史蒂芬 (S. Rezar Stefan) 先生, 其他成員包括: 諾克, 裴登, 林諾真, 施美若, 及范士柯等5位先生 (圖 21.2)。兩個月之後, 顧問團提出一份報告, 中文譯名為《美國經濟顧問團報告書》, 這份報告對於台灣經濟政策的轉型有重大的影響。

匯率制度

1945年國民政府接收台灣之後, 把台灣變成一個以管制與公營為主的經濟體制。經濟顧問團認為, 台灣的經濟要發展, 必須轉型為以民營企業為主的市場經濟。《經濟顧問團報告書》的內容分為5章, 第1章是引言, 第2章是外匯, 第3章是財政收入制度, 第4章是財務行政及預算, 最後, 第5章是經濟發展。

在第1章的引言裡, 經濟顧問團開宗明義地提出問題:「阻礙農工增產, 產業發展, 及繁榮經濟更廣泛之因素, 救贖何在?」緊接著, 報告臚列9項阻礙因素, 第1項是「缺乏資本」, 最後一項則是管制太多, 「因而形成過高的原料價格與成品價格。」

第2章的題目是「外匯」, 顧問團一共提出4項建議, 第一是貶值。本章開頭所引述的文字, 是關於貶值政策之建議。目前找得到的《經濟顧問團報告書》是中譯本, 其中在建議貶值時, 並沒有寫下建議的匯率水準, 而是留下空格, 表示中譯本並非根據最終定稿的版本。不過, 由後來的資料可知, 當初的建議是把匯率調整到18–20元。

除了調整匯率之外, 其他的建議是, 保留現行的外匯審核辦法與取消出口貼補; 最後一項建議則是維持複式匯率。上面已說明, 在1953年底所有出口均適用15.55元之結匯證價, 而進口商品另須繳納防衛捐3.13元, 故進口實際匯率為18.78元。因此, 顧問團對於匯率改革的建議是, 出口匯率貶值至18–20元, 進口匯率則再加上防衛捐3.13元。[7]

---

[7]美國經濟顧問團 (1954), 頁 16–19。

顧問團為何建議貶值? 理由是,「在現行匯率下, 罐頭鳳梨, 鋁, 紙, 水泥, 紡織品, 媒, 及若干其他貨品之輸出, 均屬無利可圖。」如果無利可圖, 廠商不會出口, 而無出口即無外匯收入, 外匯不足的問題也無法解決。顧問團認為,「吾人希望照本建議調整匯率之後, 出口事業將獲得鼓勵。經濟情形亦可步入健全發展之途徑, 而外匯準備金, 于後此各年內, 得以逐漸累積。」[8]

經濟顧問團提出建議之後, 行政院立即要求各部會評估其建議是否可行, 若可行的話應如何進行。在匯率制度方面, 1955年2月24日財政部長徐柏園回覆行政院, 說明他與合作分署布蘭特 (Joseph Brent) 署長見面商談的經過。從1955到1961年, 美國負責國外援助的機構名稱是國際合作總署, 負責台灣援助的機構稱為國際合作總署中國分署, 簡稱為「合作分署」。

雙方見面時, 財政部提出甲乙兩個改革方案, 但合作分署對於這兩案均不甚贊成。徐柏園說, 合作分署自己並提出兩項建議, 第1, 匯率管制應有全盤澈底之改正, 目前過渡辦法, 最好避免局部變動。第2, 政府於此時應採取各項有效辦法, 以吸收應得之外匯資源。[9] 徐柏園最後說, 解決外匯問題必須雙管齊下: 第1, 加強外匯貿易之管理, 第2, 洽請美方增撥經援, 他並列出一系列外匯貿易管理辦法之清單。

針對美國經濟顧問團之建議, 行政院經安會於1955年6月7日提出一份匯整各部會之綜合研究意見, 其中說, 關於匯率及外匯管理辦法, 正由財政部徐柏園部長檢討中。大約一個星期之後, 合作分署署長布蘭特寫了一封信給美援會祕書長王蓬, 詢問行政院對於美國經濟顧問團所提的建議會如何執行。王蓬祕書長把這封信轉給經安會祕書長錢昌祚, 並請後者提出說明。

7月27日, 錢昌祚回了一封信給王蓬, 提出綜合的說明。在匯率的部分, 錢昌祚首先條列顧問團的建議, 其中說顧問團的建議是新

---

[8] 美國經濟顧問團 (1954), 頁 15, 19–20。
[9] 徐柏園 (1955a)。

臺幣採用單一匯率,並把匯率調整到18–20元的水準。接下來又說,財政部已按照建議,保留進口防衛捐,取消出口補貼,嚴懲違規的進口商,以及降低利率。再接下來的一句話是,因為在後續的政策討論裡,防衛捐被認定為是匯率的一部分,因此,未來的匯率目標 (the eventual evolution) 是24.78元的單一匯率。[10]

由以上一系列的檔案可知,從1954年10月到1955年7月,合作分署對於匯率制度如何改革,想法略有改變。最早是認為,雙元匯率可以保留,但合作分署後來建議,應該改為單一匯率制度,但是,對於新臺幣匯率應調整到接近市場價位的看法,則是始終如一。

1954年5月,徐柏園上任財政部長,匯率政策即改由他負責。在錢昌祚的綜合說明之前,徐柏園於1955年7月8日就致函行政院,「關於外匯部份,已酌採該團建議,於3月1日起改訂外匯管理辦法,惟若干問題,仍待繼續商討改進。」[11] 所謂的「改訂外匯管理辦法」,是指行政院於1955年3月初公布了「外匯貿易管理新辦法」。由此看來,徐柏園似乎接受合作分署的建議。但實際上,以下會說明,在行政院所公布的新辦法裡,複式匯率制度不僅復活,而且複雜程度前所未見。

合作分署主動與財經官員討論匯率制度,顯示他們積極地想要改變台灣的管制政策。合作分署認為對經濟發展最有利的制度是自由選擇的市場制度,而不是管制經濟。不過,國民政府的官員不一定同意美方的看法,而實際的政策可能與美方的建議背道而馳。

外匯貿易管理新辦法

1955年3月,行政院在公布實施「外匯貿易管理新辦法」時,同時設立「外匯貿易審議委員會」(簡稱為外貿會),主任委員由財政部長徐柏園兼任。自此開始,外匯貿易管理的業務由省政府移至中央。

本來在1954年初,多元匯率制度已經簡化為雙元匯率,台銀買進之匯率為15.55元,賣出為15.65元。不過,民營事業一般進口另加徵

---

[10]Chien (1955)。

[11]經濟安定委員會 (1955);徐柏園 (1955b)。

銀行買進匯率				銀行賣出匯率		
1950 10.25①				10.30①		

出口結匯			匯入匯款	政府及公營事業進口・美援進口・政府匯出匯款	民營事業進口・民間匯出匯款
公營事業出口		民營事業出口			
鹽以外	鹽				
①	②	③	④	①	④
1951 10.25	12.37	14.49	15.55	10.30	15.65

出口結匯匯率				匯入匯款匯率				政府及公營事業進口・美援進口・民營事業工業原料及直接用戶進口・匯出匯款	民營事業其他進口
公營事業出口		民營事業出口		政府機關	民間				
鹽	其他	香蕉	其他		全部憑臺幣結付	臺幣及結匯證結付	優惠率		
⑥	⑦	⑧	⑨	⑩	⑪	⑫		⑬	⑭
1955 18.55	20.35	22.00	25.87	21.55	24.68	28.45	36.00	24.78	31.68

圖 21.3: 新臺幣兌美元匯率之演變

美金 1 元交換新臺幣數 (年底)。圖中的 ① 至 ⑭ 為原資料說明匯率計算的方法。原資料期間為 1950–1959 年，本圖僅顯示 1950, 1951, 與 1955 等三年的數字。來源: 施坤生, 周建新, 與蘇震 (1961), 表 22, 頁 122。

防衛捐 3.13 元, 故進口匯率實際上是 18.78 元。當時的改變可能是尹仲容的主張。1955 年 3 月起, 有些商品的匯率上升 (貶值), 有些則維持原匯率。例如, 公營事業的糖米、石油、鋁及鹽, 出口匯率不變, 仍為 15.55 元, 但其他產品為 20.35 元。民營的香蕉出口為 18.6 元, 其他為 20.43 元。台銀的研究人員說, 匯率種類達 16 種之多, 有史以來「最為複雜」。[12] 接下來, 匯率又經常調整, 例如, 1955 年 9 月 10 日, 公營的糖米出口匯率變成 20.35 元。圖 21.3 為 1950, 1951, 與 1955 年底之匯率。

那麼, 徐柏園為何要把複式匯率制度變成複雜程度前所未見? 依照台銀董事長張茲闓的說法, 徐柏園擔心的是物價膨脹。[13] 但另一個原因可能是, 在此之前的政策並未解決外匯缺乏的問題。若依照徐柏園本人的說法, 外貿會成立之後, 採用複式匯率的目的是要減少外匯消耗, 並穩定重要物品的價格。[14] 1951 年初, 台銀的外匯存底告罄, 並積欠國外銀行 1,050 萬美元。1954 年底, 外匯存底再次出現負

---

[12] 施坤生, 周建新, 與蘇震 (1961), 頁 120。

[13] 張茲闓 (1959)。

[14] 外匯貿易委員會 (1969), 頁 3–7。

數, 積欠國外銀行330餘萬美元, 這兩次都是由美國特別撥款提供援助, 才度過難關。

21.3　外匯貿易研究小組

徐柏園於1954年4月上任財政部長, 尹仲容則是上任經濟部長。尹仲容的個性剛烈, 在生管會的年代, 他獨攬財經政策的大權, 很多官員對他不滿, 其中之一就是徐柏園。

上面說明, 1955年2月財政部長徐柏園曾與合作分署署長布蘭特會面, 討論匯率改革事宜, 尹仲容當時也在場。後來, 徐柏園把複式匯率制度改變到前所未見的複雜程度時, 尹仲容是否支持徐柏園的做法, 目前並不清楚。不過, 即使尹仲容持反對意見, 匯率政策是財政部主管的業務, 他以經濟部長的身分可能也使不上力。

1955年3月15日, 立法委員郭紫峻在立法院會中向行政院長俞鴻鈞質詢「揚子木材公司貸款案」, 指控揚子木材公司負責人胡光麃向中信局等單位騙取貸款與外匯。尹仲容當時是經濟部長兼中信局局長。最高法院的檢察長奉行政院之令, 將尹仲容偵查起訴, 輿論的指責也接踵而至。[15]

7月26日, 尹仲容辭去政務委員與經濟部長兩職。大約一年半之後, 高等法院才在1956年2月29日宣判尹仲容無罪。但是, 大約又過了一年半, 尹仲容才於1957年8月8日被任命為經安會的委員兼祕書長, 重出政壇。

尹仲容辭職期間, 複式匯率制度愈趨複雜, 而外匯不足的問題也未解決, 而且繁複的管制政策引發民間的負面反應。[16] 合作分署也不滿意, 並經由各種管道向國民政府要求改變。1958年, 蔣中正邀請以往曾經擔任財政顧問的楊格 (Authur N. Young) 先生提供建言, 楊格的建議也是回到單一匯率制度。

---

[15]沈雲龍 (1972), 頁264–266。
[16]陳榮富 (1956), 頁166–168。

1957年12月,國民政府成立一個內部的「外匯貿易研究小組」,由副總統陳誠擔任召集人,成員包括行政院長俞鴻鈞,財政部長徐柏園,經濟部長江杓,以及經安會祕書長尹仲容。另外一位成員是甫於8月底上任美援會主委的嚴家淦,他當時正在美國訪問,尚未回到台灣。小組內部的討論非常激烈,但成員間的意見衝突。遺憾的是,我尚未能找到會議的紀錄,以下所述是根據學者郭岱君對王昭明的訪談紀錄。[17]

嚴家淦尚未回到台灣之前,小組內僅尹仲容主張外匯改革,但其他人都反對,雙方僵持不下。陳誠是召集人,但他不懂經濟學,不知如何是好。嚴家淦回來後,立刻加入討論,他支持尹仲容的主張,「並且成功說服陳誠支持外匯貿易改革,再加上美方的壓力,最後改革派獲勝」。

嚴家淦當時是美援會主委,而意見對立的是行政院長俞鴻鈞,財政部長徐柏園,與經濟部長江杓。雙方很早就瞭解彼此的立場,光是嚴家淦支持尹仲容,不可能突破僵局。而且,陳誠副總統不懂經濟學,他應該不是被經濟分析的推論所說服,因此,「美方的壓力」可能才是關鍵。

「美方的壓力」是什麼? 上面已經說明,從1954年美國經濟顧問團提出建議開始,合作分署持續關注匯率的問題。此外,國際局勢的變化也造成壓力。1955年中共對外貿易政策改變,意圖擴大對東南亞市場的貿易以增強其影響力。台美雙方曾針對這項局勢進行討論,雙方都認為台灣必須拓展對外貿易。1956年12月1日,外交部長葉公超送交一份提案給美國駐華大使藍欽,其中說,中華民國政府擬進一步簡化複式匯率制度,以使台灣的出口品在國際市場上有競爭力。[18]

---

[17]嚴家淦在外匯改革之後,曾對王昭明與李國鼎講述小組討論的過程,見郭岱君 (2015),頁 156–59; 李國鼎 (1999),頁 91–92。

[18]Yeh (1956),頁 8; Cullather (1996),頁 20–21; Haggard and Pang (1993),頁 73–74。

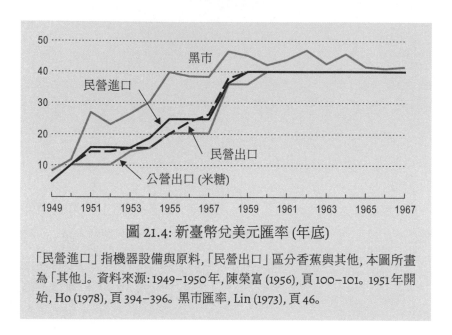

圖 21.4: 新臺幣兌美元匯率 (年底)

「民營進口」指機器設備與原料,「民營出口」區分香蕉與其他, 本圖所畫為「其他」。資料來源: 1949-1950年, 陳榮富 (1956), 頁 100-101。1951年開始, Ho (1978), 頁 394-396。黑市匯率, Lin (1973), 頁 46。

1958年3月, 外匯貿易研究小組通過改革的決議後, 徐柏園立刻表明要辭去財政部部長與外貿會主任委員兩職。3月19日, 行政院改組, 嚴家淦接任財政部長, 而尹仲容則擔任外貿會主任委員。4月12日, 行政院公布「改進外匯貿易方案」及「外匯貿易管理辦法」, 這是外匯改革方案的第一步。

圖21.4為1949到1967年間的匯率, 其中, 1950到1960年間的匯率比圖中所畫出的還要複雜, 但為了簡化圖形, 沒有全部畫出來。1958年4月的改革把複式匯率簡化為雙元匯率: 基本匯率 (24.78元) 與結匯證匯價兩者, 後者的價位依市場交易的結果而定。同年10月與翌年8月, 匯率又經過兩次調整, 基本匯率變成36.38元, 結匯證匯價仍由市場決定, 價位大約是40元。到了1961年6月, 台灣才建立單一匯率制度, 匯率為40元。[19]

黑市匯率在1957年底為38.40元, 但隔年年底上升為46.58元, 原因是受到1958年8月23日「八二三砲戰」爆發的影響。到了1960年

---

[19]尹仲容 (1959a), 頁 133; 尹仲容 (1961b), 頁 61。

代中期, 黑市匯率才與官方匯率接近。

匯率制度改革在1958年4月踏出第一步之後, 合作分署仍持續關心改革的進展。卜蘭德署長在1958年1月卸任, 接任的是郝樂遜署長, 他在1959年12月提出影響深遠的「八點財經措施」, 其中的第4點是「單一而且符合現實的匯率」。下一章會講「八點財經措施」的故事。經濟顧問團在建議匯率改革時, 通常使用「貶值」的字眼, 事實上比較精確的講法是郝樂遜署長所說的,「符合現實的匯率」, 也就是, 接近市場價位的匯率。

外匯貿易研究小組最後的決議是受到「美方的壓力」, 壓力的來源應該是合作分署與美國駐華大使館。對台灣而言, 幸運的是, 美方的壓力最終發揮力量, 新臺幣匯率終於在1961年回到單一而且符合現實的水準, 而出口擴張的高成長也接著啟動。

22

八點財經措施

"美援運用的新方法的目的是 … 創造出一個有利於民營企業發展的環境。"　　　　Haraldson (1959)

美 援期間, 合作分署與美國駐華大使館協力推動台灣經濟制度與政策的轉型, 其中, 前者的影響力較直接。由目前的檔案看來, 最有貢獻的是安全分署的卜蘭德署長, 與合作分署的郝樂遜署長。卜蘭德署長的任期從1954年3月3日至1958年1月25日, 在此之前他是副署長, 當時的署長是施幹克 (Hubert G. Schenck) 博士。卜蘭德上任署長大約5個月之後, 美國經濟顧問團即到台灣來, 因此, 顧問團來訪應該是他所促成的。

上一章已介紹了美國經濟顧問團所提出的政策改革建議, 不過, 一直到卜蘭德卸任時, 許多改革建議仍然停留在討論的階段。幸運的是, 續任的郝樂遜署長對於經濟發展的觀點與卜蘭德一致, 也繼續大力推動。因此, 經濟顧問團所提出的一些重要建議, 直到郝樂遜上任之後才陸續推動。

22.1　行動計劃

1958年是台灣戰後經濟發展的轉捩點, 這一年發生幾件重要的事情, 奠定了高成長的基礎。第一, 1958年4月12日外匯與貿易改革啟動。第二, 8月23日中共發動炮戰, 但無功而返, 台灣的政治情勢也更加穩定, 這提升了國內外廠商的投資意願。第三, 郝樂遜於1958年2月上任合作分署署長之後, 催生了1959年底的「加速經濟發展計劃大綱」與後續的「十九點財經措施」。

趙既昌在《美援的運用》一書裡說, 安全分署與合作分署前後兩位署長對台灣的政策改革「常常直言不諱」, 對於台灣的政策轉型貢獻良多。[1] 郝樂遜於1962年8月9日卸任時, 台灣的英文報紙 China News 在其社論裡說, 「只有真正的朋友才會不懷惡意地直言不諱」。[2]

郝樂遜署長於1959年6月有一個公開的演講, 題目是「台灣之經濟發展」。他在演講裡說, 台灣過去幾年的固定投資比率太低, 這對

---

[1] 趙既昌 (1985), 註11與12, 頁17。
[2] China News (1962)。

圖 22.1: 蔣中正總統 (右) 與卜蘭德署長 (左)

來源: 國史館, 002-050101-00030-267。

於經濟發展不利。他建議抑制政府與民間的消費支出, 並且鼓勵民營企業的發展。他所說的政府消費支出, 指的是軍費支出。1950年代, 中央政府的預算裡, 軍費支出平均高達90%。在這個時候, 蔣中正仍想要反攻大陸, 因此, 郝樂遜在演講裡提出抑制軍費的建議, 等於是公開挑戰蔣中正的想法。[3] 在1950年代的極權統治下, 這確實是「直言不諱」。

不過, 郝樂遜的建議是以經濟學的概念為基礎。1950年代晚期, 美國政府已開始縮減對外援助的規模。美援期間台灣的固定投資支出大約有31%是由美援資助。一旦美援終止, 固定投資的資金來源只能靠台灣本身的儲蓄。由經濟學的概念可知, 國民儲蓄是指國民所得減去消費支出, 而後者為民間與政府消費支出之和。在1950年代, 政府消費支出主要是軍費支出, 而且數額龐大, 因此, 郝樂遜說軍費支出若不能降少, 國民儲蓄與固定投資都無法提升, 這對於經濟發展不利。

---

[3] Lin (2013), 頁 993–994。

圖 22.2: 嚴家淦 (左) 與郝樂遜署長 (右)

來源: 國史館, 006-030203-00039-024。

郝樂遜的推論使用了經濟學的基本概念, 固定投資大約會等於國民儲蓄。直覺上來說, 一國所生產出來的產品 (GDP), 如果不是消費財 (如食物與衣服等), 就是固定資本財 (機器與廠房等)。因為國民儲蓄等於 GDP 減去消費支出 (即本年所生產的消費財), 因此, 國民儲蓄也等於固定投資 (即本年所生產的機器與廠房等)。[4]

郝樂遜是美國明尼蘇達大學 (University of Minnesota) 的經濟學博士, 受過經濟學的專業訓練, 曾經任職於聯邦準備體系 (The Federal Reserve System), 聯邦準備體系常簡稱為聯準會。他由經濟學的基本概念出發, 並以統計資料分析台灣經濟的現況。他的演講引起民間部門熱烈回響; 因為是合作分署署長的演講, 台灣的財經官員也極端重視。

1959 年的 12 月 3 日, 美國國際合作總署薩西奧 (Leonard J. Saccio) 代總署長來台灣訪問, 他建議國民政府提出計畫以加速經濟發展, 若計畫具體可行, 國際合作總署會考慮增加援助。[5] 國民政府也

[4]讀者若想要瞭解細節, 請見吳聰敏 (2018), 第 19 與 20 章。
[5]Yager (1959)。

知道美援計畫即將終止,因此,積極爭取增加援助。針對薩西奧的提議,美援會很快提出了一個「經濟建設四年計劃」送交合作分署,這也就是尹仲容後來在1961年的文章裡所提到的,兩期「經濟建設四年計劃」的第2期(頁350)。

郝樂遜看了以後回覆說,以上的計劃只籠統講了發展方向,但合作分署希望看到的是「行動計畫」(action program)。一個星期之後,美援會提出一個修正的計畫,但其中仍無具體的行動方案。郝樂遜在回覆中再度強調,合作分署希望看到的是具體的行動計畫 (specific steps that GRC was prepared to take)。

美國駐華大使館代辦葉格爾 (Joseph Yager) 後來在12月31日呈送一份報告給美國國務院,其中回顧以上的過程,報告裡說由美援會兩次提出的計畫來看,「美援會似乎不能瞭解我們所說的盡全力自我幫助的意思是什麼 (unable to understand what we meant by maximizing self-help)。」

22.2 「加速經濟發展計劃大綱」

美援會副主委尹仲容在連續碰了兩次釘子之後,請求郝樂遜能否寫下書面建議,讓他能夠仔細研究,並轉告其他部會的官員。郝樂遜很快於1959年12月20日提出一份書面建議,名為 "An Outline of An Accelerated Economic Development Program",中文譯為「加速經濟發展計劃大綱」。計劃大綱共分成4節,第1節為計劃的目的,第2節為目標,第3節為行動的方案,最後的第4節是具體的措施。

第4節是整個計劃大綱的重點,郝樂遜首先說明,「加速經濟發展計劃大綱」是美國對外援助的新模式 (new method of handling aid),目的是要動員一切資源以鼓勵受援國家民營企業之發展。為了創造有利於民營企業發展的環境,他建議國民政府採取穩定經濟的政策,鼓勵儲蓄與投資,並且盡可能解除對商業活動的管制。郝樂遜一再

表 22.1:「八點財經措施」: 1959年12月

1. 確實控制每年的軍事預算	5. 解除貿易管制
2. 非膨脹性的財政與貨幣政策	6. 成立公用事業管理委員會
3. 稅制改革	7. 建立資本市場
4. 單一而且符合現實的匯率	8. 公營事業民營化

來源: Haraldson (1959); Yager (1959)。

強調民營企業, 原因是此一時期國民政府的管制措施, 不利於民營企業的發展。

郝樂遜建議國民政府立即推動8項措施, 中文稱為「八點財經措施」(表22.1)。第1點是抑制軍費支出, 呼應他在6月的公開演講時所提出的建議。第2點是控制財政赤字與貨幣發行, 以維持經濟穩定。第3點是稅制改革。郝樂遜說, 企業有獲利, 才能提供工作機會與給付薪資, 也才能夠擴大稅基。任何阻礙企業發展的租稅與稅務行政應該要廢除。

1954年的美國經濟顧問團對於稅制改革曾提出非常詳盡的建議。但是, 經安會後來在回應裡說, 報告書的建議「似頗允當, ... 惟各項建議之牽涉法令預算之處甚多」, 意思是說, 是否採行還要從長計議。[6] 因此, 郝樂遜的建議等於是要求國民政府立刻行動, 不要再推拖拉。

接下來的第4與第5點是關於匯率與貿易管制之解除。尹仲容與嚴家淦所推動的改革, 已經在上一年的4月踏出第一步。不過, 複式匯率制度雖然已經簡化, 但仍為雙元匯率。因此, 以上兩點建議可以說是要求國民政府持續其改革匯率之政策。

第6點是成立公用事業委員會 (a utilities commission)。國民政

---

[6]經濟安定委員會 (1955), 頁 3–4。

府一直強力管制公用事業的價格,合作分署則認為價格管制有損經濟效率,建議國民政府設立獨立的公用事業委員會來管理。第7點是建立資本市場,最後的第8點則是建議把公營事業出售給民間部門。

郝樂遜提出書面建議的10天之後,陳誠副總統邀請他與美國駐華大使館的代辦葉格爾先生見面討論。雙方經過一番溝通後,陳誠副總統說,雖然推動改革可能在政府內部會有人反對,但他本人會全力支持。葉格爾代辦也趁機建議 (elicit),國民政府提出時間表,明確地說明在未來幾年內所要推動的政策。葉格爾代辦後來在12月31日給國務院的報告裡說,陳誠副總統對於計劃的熱忱,感覺上是真心的 (enthusiasm is genuine)。

會談結束後,尹仲容與美援會李國鼎祕書長著手擬定一個具同樣名稱的「加速經濟發展計劃大綱」,首先於1960年1月7日呈送蔣中正總統,並經核定「原則可行」。接著,美援會轉請美國駐華大使館與合作分署分別電告美國務院與國際合作總署,副國務卿狄倫 (Douglas Dillon) 很快回覆,表示對美援會的計劃「極為滿意」。1960年1月24日,行政院發函給美援會,核定「加速經濟發展計劃大綱」。

美援會提出的「加速經濟發展計劃大綱」之所以要事先知會美國政府,原因是美方承諾,若台灣推動政策改革,美國會考慮增加援助。美國駐華大使館與合作分署也關心「加速經濟發展計劃大綱」是否會真的推動。已升任副館長的葉格爾先生與郝樂遜曾當面向嚴家淦提議,中美雙方成立一個小組,定期非正式地檢討計劃的進度,並交換意見。[7]

22.3　十九點財經措施

行政院所通過的「加速經濟發展計劃大綱」裡指出,為達成加速經濟發展目標,鼓勵民營企業發展,中華民國政府決定採取「十九點財經

---

[7]嚴家淦 (1961),原件未署日期,判斷是1960年8月以後。

表 22.2:「十九點財經措施」: 1960年1月

1. 鼓勵儲蓄節約消費
2. 建立資本市場 (1年)
3. 解除或放寬對民營企業之管制
4. 公營企業民營化
5. 檢討資金融通、稅收與外匯貿易管理辦法, 以鼓勵民間投資 (1年)
6. 檢討設廠申請、工業用地手續、出入境手續及所有設廠申請及經營企業有關法令, 以鼓勵投資 (1年)
7. 檢查公營事業 (包括軍事生產事業) 現有設備, 以求其充份利用 (2年)
8. 對於公用事業費率之決定, 謀求長期解決辦法, 並考慮設立公用事業委員會 (1年)
9. 國防費用 (按固定幣值) 暫時維持目前之數額 (1年內作一檢討, 然後執行)
10. 整頓改革租稅制度及稅務行政 (2年)
11. 改進預算制度, 並推行績效預算制度 (2年)
12. 取消變相補貼, 以使軍政之真實費用及公營事業之真實盈虧能明白表現 (2年)
13. 取消對公務人員之變相補貼及福利, 提高薪資, 並實行退休制度 (1年)
14. 對軍費之支出, 加強稽核 (1年)
15. 建立中央銀行制度 (立即推行)
16. 所有辦理存放款業務之機構一律納入銀行系統, 受代理中央銀行之台灣銀行之控制 (1年)
17. 現在各銀行之業務, 將依其性質嚴格劃分, 並由政府依銀行法嚴格監督 (1年)
18. 建立單一匯率制度, 並盡量放寬貿易管制, 以求新臺幣能自由匯兌 (2年)
19. 簡化出口結匯手續, 以鼓勵出口; 加強與國外之商業接觸, 以謀求出口擴張 (長期努力)

來源: 行政院 (1960a)。

措施」, 因此, 此一計劃又稱為「十九點財經措施」。[8] 表 22.2 是行政院核定的「十九點財經措施」版本, 與送交美國政府的英文版大同小異; 英文版的文字較精簡, 中文版則有較多的說明。

美援會提出的「十九點財經措施」是以郝樂遜的「八點財經措施」

---

[8] 行政院 (1960b); 行政院 (1960c); 行政院 (1960a)。

為基礎, 因此, 主要的政策措施相同, 但前者有較多的政策細節, 另外, 也加入預計完成的時間表。例如, 第2點的「建立資本市場」即為「八點財經措施」的第7點。不過, 前者的第15到17點的3項措施, 並沒有出現在「八點財經措施」裡。這3項措施的目的是要建立涵蓋中央銀行與商業銀行在內的現代化金融制度。

不過, 關於金融制度之建立, 1954年的美國經濟顧問已經提出。由此可知, 「十九點財經措施」只是把合作分署歷年來的建議匯總在一起, 並加入執行的時間表。

「十九點財經措施」並未送到立法院審議, 因此只是行政院的施政目標。雖然如此, 行政院與合作分署都很重視; 而且, 合作分署是出錢又出力。例如, 1960年行政院推動中央銀行在台灣復業時, 合作分署即邀請兩位美國聯邦準備體系的專家前來協助。我們在第27章會講這一段故事。

另外一個例子是第10點的「整頓改革租稅制度及稅務行政」。合作分署為了協助台灣財務行政制度之革新, 邀請台灣的官員赴美實地考察, 同時也請美國專家提供建議。[9]

1959年底, 美國合作總署副署長薩西奧來台灣訪問時說, 若能推動加速經濟發展之計劃, 美國願意再增加2至3千萬美元的貸款, 「十九點財經措施」可以說是因應此項誘因而提出。1960年10月2日, 外交部長沈昌煥與美援會副主委尹仲容聯名寫了一封電文, 送交駐美大使葉公超與當時在華府訪問的嚴家淦, 信中說台灣已啟動「加速經濟發展計劃大綱」, 是否可能透過外交管道要求美國政府增加對台灣的援助。[10]

不過, 後來因為有些措施並未如期完成, 其中最重要的是軍費支出並未控制在1960年的水準 (第9點), 到最後美國只增加了2千萬美元的貸款。[11] 此外, 公營企業民營化 (第4點) 也可以說是毫無進展,

---

[9]趙既昌 (1985), 頁 241–242。
[10]沈昌煥 (1960)。
[11]Jacoby (1966), 頁135。

例如,國民政府並未把從日本人手中接收過來的商業銀行轉為民營。雖然如此,單就1960年前後陸續推動的幾項措施,其效果就足以啟動出口擴張。其中,最關鍵的一項措施是第18點,建立單一匯率制度與放寬貿易管制,也就是郝樂遜的「八點財經措施」中的第4與第5點。

22.4 民營企業的發展

「十九點財經措施」的提出與推動,關鍵的人物是合作分署前後兩任的署長。在國民政府的財經官員裡,美援會正副主委尹仲容與嚴家淦兩人最有功勞。雖然合作分署與美援會一起推動改革,但是,雙方對於如何才能推動經濟發展的想法並不同。

郝樂遜的「八點財經措施」所提出的政策,反映出一個與以往完全不同的經濟思維: 政府在經濟發展中的角色,並不是挑選出哪一項產業來發展,而是創造並維護一個民營企業可以發揮其生產力的環境。至於哪一項產業到最後會脫穎而出,端視比較利益與企業家的努力而定。換言之,「八點財經措施」的目標是要創造出一個有利於民營企業發展的環境(to develop a favorable, promising business climate)。

相對的,尹仲容在1950年推動的紡織業進口替代政策,也是要發展經濟,但他的做法是由政府官員挑選出特定的產業,並以管制進口與提供補貼的方式來發展。尹仲容的想法也就是「產業政策」(industrial policy) 的思想,國民政府的財經官員,幾乎沒有例外,每一個都有產業政策的思想。

事實上, 不僅國民政府的官員, 日治時期的財經官員也是如此。例如,1901年殖產局長新渡戶稻造提出的「糖業改良意見書」(第14章),也是產業政策的思維。

「政府應該出來領導」

就在「十九點財經措施」如火如荼地推動時，尹仲容在1960年發表了一篇文章，檢討台灣經濟過去10年來的發展，他在文章裡說:[12]

> "我們應該選擇兩三個有發展前途的出口工業，政府應該
> 出來領導、策劃、扶植、獎助，以整個國家的經濟力量，來
> 發展這些工業，假如在開始的時候，沒有企業家願意承
> 擔，政府便應該自行承擔起來，這是政府在促進經濟發
> 展過程中所不可避免的責任。"

政府要「領導」產業的發展，必要時「應該自行承擔起來」，這與郝樂遜所提的「八點財經措施」的自由經濟原則完全相反。

在同一篇文章裡，尹仲容也提到軍費負擔的問題，他說，「我不否認軍費對於經濟發展有不利的影響，但我認為就台灣的情形來說，影響不大。」他明顯是要反駁郝樂遜的論點，但是，郝樂遜對於軍費過高的評論是由「固定投資等於儲蓄」的基本概念出發，而且以統計資料作為佐證。相對的，尹仲容的「反駁」只有空洞的說法，沒有推論，也沒有提出任何佐證的數據。

尹仲容產業政策的思想，事實上出現在「十九點財經措施」裡。在英文的版本裡，第18點是 "Establishment of A Unitary Rate of Foreign Exchange & Liberalization of Trade Controls"，意思是「建立單一匯率制度，並解除貿易管制」。但是，中文版的文字是:「建立單一匯率制度，並盡量放寬貿易管制」，中文版本加上「盡量放寬」幾個字，意思是貿易管制不會完全解除。後來的確也沒有完全解除管制。例如，在1960年代初期，紡織品已經大幅出口後，台灣仍然持續管制國外紡織品的進口。

另外一項措施是商業銀行之民營化。美國經濟顧問團在1954年就建議，「鼓勵私人投資若干最可能措施之一，為出售商業銀行之公

---

[12]尹仲容 (1960), 頁 88–89; 91–92。

股。」[13] 戰後初期的商業銀行在日治時期原本都是民營企業, 國民政府接收後才變成公股行庫。「十九點財經措施」的第4點是公營企業民營化, 但並未明白指出, 公股行庫是否要轉為民營。

財經官員如果有強烈的保護性產業政策的思維, 他一定要掌控銀行, 也就是確保資金流向受保護的產業。由此看來, 1960年代公股行庫未開放民營, 也是反映尹仲容產業政策的思維。一直到今天, 台灣仍有眾多效率低落的公股銀行。[14]

1960年代起, 出口擴張已經啟動, 但公股行庫的資金被政府控制, 這對於民營企業的發展不利。在此情況下, 美援相對基金扮演商業銀行的功能, 成為民營企業資金的重要來源。[15]

前面第19章講到, 尹仲容在回顧美援對台灣經濟發展的貢獻時, 並未指出美援對於經濟政策轉型的貢獻。一個可能的原因是, 他或許認同郝樂遜對於解除管制的建議, 但並不認為民營企業會自行發展出來。尹仲容於1963年1月過世之後, 他的事蹟逐漸被淡忘, 代之而起的財經官員裡, 最常被提及的是李國鼎。尹仲容過世前仍擔任美援會的副主任委員, 當時的祕書長是李國鼎。

市面上描述李國鼎對於台灣經濟發展貢獻的著作非常多, 以「汗牛充棟」來形容也不為過。閱讀這些著作的人, 很快會形成一個印象: 以為所有的政策都是他推動出來的。但是, 如果尹仲容不是那麼早就過世, 他會繼續擔任重要的財經首長的職位, 若是如此, 描述台灣經濟發展的著作裡, 政策的推動者會是尹仲容, 而不是李國鼎。

李國鼎對於產業政策的觀念與尹仲容相同, 他在1961年的一篇文章裡說:[16]

"大多數的落後國家, 在其經濟發展的初期, 都有政府策

---

[13] 美國經濟顧問團 (1954), 頁5。

[14] 公股銀行包括: 台灣銀行, 台灣土地銀行, 兆豐金控, 台灣企銀, 第一銀行, 彰化銀行, 合作金庫銀行, 與華南金控。

[15] Jacoby (1966), 頁138。

[16] 李國鼎 (1961), 頁16。

劃領導,我們也沒有例外 ... 政府不但重視民營事業的
發展, ... 而且還給予種種的扶植與保護。... 所給予的
保護則有關稅與貿易及外匯管制,尤其貿易及外匯管制
已將台灣的工業置於完全保護之下。"

那麼,台灣戰後的高成長,是因為美援建立了有利於民營企業發展
的環境? 還是因為財經官員推動了產業政策而發展出來的? 這個問
題的答案不僅對於瞭解台灣的經濟發展很重要,對於任何一個今天
仍在尋求經濟成長的開發中國家也同樣重要。

如果郝樂遜的「八點財經措施」的想法是對的,那麼開發中國家
財經官員的施政目標,是建立一個有利於民營企業發展的環境。反
之,如果產業政策的想法才是對的,則財經官員必須努力挑選出幾
項產業,「給予扶植與保護」。那麼,哪一個想法才是對的?

經濟發展也就是產業發展,因此,我們可以從台灣戰後產業發展
的過程來找答案。

吸引外資

圖22.3畫出紡織業與電氣機械業的僱用人數,這兩項產業是高成長
時期最重要的產業,電子業的重要性更持續至今。紡織業的勞動僱
用人數,不管是男性或女性,從1950年開始增加,但3年之後就停滯
不動,原因是國內紡織品市場已經飽和。因為匯率受到管制,新臺幣
幣值高估,紡織品無法出口。

1958年的匯率制度改革,再加上外銷品原料退稅辦法修訂,台灣
在勞力密集產業上的比較利益終於出現,紡織品開始出口。

1960年代初期,電子業的僱用人數微不足道,但在1964年出現跳
升。1963年的女性員工僱用人數為2,185人,1964年劇增為38,772人,
其後也快速成長。台灣戰後電子業發展的起點是歐美日廠商來台灣
設廠,組裝電視機與零組件。後面的第23章會講這個故事。

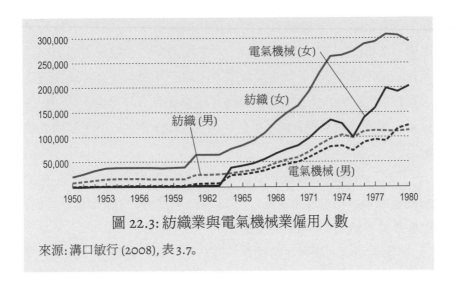

圖 22.3: 紡織業與電氣機械業僱用人數

來源: 溝口敏行 (2008), 表 3.7。

1960 年代, 幾家歐美電子業的大廠開始到海外尋找合適的地點設廠, 組裝零組件與電子產品。歐美電子業廠商選擇生產地點時, 會考慮各種因素, 但目標是要使生產成本最低。事後看來, 台灣是外資廠商的首選之地。換言之, 相對於其他地方, 外資廠商在台灣設廠的生產成本較低。

為何在台灣生產的成本低? 這有先天的條件與後天的因素。先天的條件是, 台灣在 1960 年代有充沛的勞動力, 而且, 勞動力品質高。後天的因素是, 合作分署再三強調民營企業的重要性, 並要求國民政府調整政策以創造適合民營企業發展的環境。所謂的民營企業, 包含本國廠商, 也包含國外來台灣設廠的企業。

郝樂遜在提出「八點財經措施」時說, 期待台灣能發展成對於外資 (foreign investors) 具有吸引力的國家。他在寫這句話時, 尚無大型的國外電子業者來台設廠。但是, 1960 年代中期以後, 大型的歐美日電子業者絡繹不絕地來台灣設廠, 表示在外資廠商的心中, 台灣是適合長期投資設廠的國家。

合作分署在吸引外資上曾提出幾項改革建議。台灣在 1954 年 7 月就通過「外國人投資條例」, 目標是吸引外人前來投資。美國經濟

顧問團在評估之後說, 與以前的立法比較確有進步, 「但仍有待改善之處」。經濟顧問團指出, 第15條「開業後10年內於投資人繼續保持其投資之時期中, 不予征用或收購」之規定, 「即不甚合美國投資人之意趣」。[17] 以上的條文後來在1959年時修正為, 「在開業20年內, 於投資人繼續保持其投資額不低於百分之51之時期中, 不予徵用或收購。」

美國經濟顧問團對於外資匯出資金之管制也建議放寬, 而立法院後來於1959年也通過放寬。另外, 1960年通過的「獎勵投資條例」對於外資也給予5年免稅的優惠。[18]

美國經濟顧問團還建議設立一個鼓勵投資之委員會, 「與紐約或其他美國金融市場保持接觸, 並應與美國主要投資機構維持密切關係。」1959年, 美援會設立「工業發展投資研究小組」; 1963年改組為「投資業務處」。1970年代初期, 「投資業務處」委託美國理特公司 (Arthur D. Little) 調查研究, 並出版了13冊關於台灣工業的投資展望之研究報告。對於有意到海外投資的歐美廠商而言, 報告裡的資訊相當有用。

與紡織業的情況類似, 1950年代國民政府對於電子業也是採取保護政策, 但是, 電子業也沒有發展起來。1960年代中期, 以出口為主的電子業, 是由外資廠商所發展出來的, 可以說與保護政策無關。初期的電子業比紡織業還勞力密集, 因此, 台灣具有比較利益。

台灣出口為主的電子業的發展, 驗證了郝樂遜的說法, 一旦建立了有利於民營企業發展的環境, 具有比較利益的產業就會發展起來。

22.5 經濟奇蹟的推手

歷史學者郭岱君回顧1950年代晚期的匯率改革, 認為尹仲容是「不可多得的觀念與政策的倡導者及推動者」。[19] 但是, 正確的說法是, 美

---

[17]美國經濟顧問團 (1954), 頁4。
[18]Jacoby (1966), 頁139。
[19]郭岱君 (2015), 頁169。

國負責援助台灣的合作分署才是改革的倡導者及推動者, 尹仲容則是執行者。

另外, 1954年底陳誠副總統與郝樂遜及美國駐華大使館代辦葉格爾先生會面時, 陳誠副總統說,「推動改革可能在政府內部會有人反對, 但他本人會全力支持。」尹仲容是國民黨內部許多人的眼中釘, 因此,「十九點財經措施」能夠通過並推動, 陳誠副總統可能也扮演重要的角色。

如果沒有合作分署前後兩任署長的努力與堅持, 匯率與貿易管制之解除可能在多年之後才會出現, 台灣的高成長也不會那麼早就出現。尹仲容是執行者的說法, 並不會抹滅他的貢獻, 只是更正確地描述他的角色。遺憾的是, 尹仲容病逝於1963年1月, 壽命不滿60歲。他對於高成長的啟動有貢獻, 但卻只目睹了高成長的起點。

尹仲容擔任美援會副主任委員期間, 李國鼎是祕書長, 李國鼎後來被一些人譽為是「台灣經濟奇蹟的重要推手」。[20] 不過, 如果尹仲容不是那麼早就過世, 則以上這句話要改成「尹仲容與李國鼎兩人是台灣經濟奇蹟的推手」。

但是, 台灣經濟奇蹟的推手不是尹仲容, 也不是李國鼎, 而是合作分署與美國駐台領事館的官員們。如果要找兩位來代表, 則卜蘭德與郝樂遜兩位署長是最佳人選。

---

[20]維基百科 (2022)。

23
「女工效率很高」

"好幾位在台灣設工廠的美國經理人告訴我,他們所僱用的女工效率很高。平均來講,台灣女工學某一項作業所需要的時間,比美國女工少三分之一,而且做得更好。但是,她們領的月薪僅20美元,美國的工資則是300美元。"　　　　　Hu (1966)

1964–2022

2020 年初, 台灣積體電路製造公司 (以下簡稱為「台積公司」) 在台南科學園區的 18 廠 (fab 18) 完工 (圖 23.1), 開始量產 5 奈米晶片。台積興建 18 廠耗資 170 億美元, 是人類有史以來最昂貴的工廠。相對的, 美國特斯拉 (Tesla) 電動汽車公司在上海所建的工廠, 雖然花費也高, 但僅為台積公司 18 廠的 20%。[1]

目前, 台灣有許多家國際知名的電子廠商, 例如, 宏碁 (acer) 與華碩 (ASUS) 兩家公司以電腦品牌聞名, 宏達電公司則以 HTC 手機品牌行銷全球。台積公司也是電子廠商, 但產品與以上三家不同。你的公司手機或電腦內所使用的晶片可能是台積公司所生產, 但產品外觀上卻看不到台積公司的商標。

進入 21 世紀後, 台灣最重要的產業是資訊與通信科技 (Information and Communication Technology, 簡稱為 ICT), 其下區分成 4 個子產業:

- 電子零組件製造業,
- 電腦、電子產品及光學製品製造業,
- 電信業,
- 電腦相關及資訊服務業。

台積公司是晶圓代工業, 屬於電子零組件製造業。華碩與宏碁兩家公司生產筆電與桌機, 屬於「電腦、電子產品」產業, 但是, 華碩公司也生產主機板, 這部分是電子零組件。以製造手機鏡頭聞名的大立光公司, 則屬於光學製品製造業。

台灣的 ICT 產業在全球享有盛名。所有現代的電子產品都有晶片在其中, 手機, 電腦, 電動車如此, 軍用產品也是如此。高階的晶片需要先進的製程才能生產出來。台積公司在先進製程上領先全球, 因此, 公司的動向成為全球關注的焦點。

[1]*Economist* (2021a)。

圖 23.1: 台積公司第18廠

來源: 台灣積體電路製造公司。

台積公司在中國南京有一間晶圓廠, 於 2018 年開始生產。這一間工廠主要是 16 奈米 (nanometer) 製程, 1 奈米是 1 米的 10 億分之一。早期, 奈米是用來衡量半導體內某項元件的寬度, 但到了今天, 它主要用來代表某種製程 (process)。雖然定義改變, 但不變的是, 5 奈米製程比 7 奈米精細, 7 奈米製程又比 10 奈米精細。2020 年台積在台南科學園區的工廠, 可以量產 5 奈米製程的晶片, 當時是全球最頂尖的技術。

2018 年, 台積南京廠的技術大約落後尖端技術 2 至 3 個世代。在半導體產業裡, 一個世代大約是兩年。高精細度與低精細度的晶片各有用途。頂級手機內的中央處理器會使用 5 奈米晶片, 相對的, 車用晶片可能使用 28 奈米晶片。全球能生產高階晶片的工廠並不多, 能夠量產 5 奈米晶片的工廠更是屈指可數。2021 年, 全世界能生產 5 奈米晶片的, 只有台積與南韓的三星 (Samsung) 兩家公司, 但台積在 5 奈米晶片的市占率估計高達 84%。擁有頂尖技術的晶片廠幾乎占有獨占的地位, 因而利潤也高。相較之下, 低階製程的工廠的家數

較多,利潤也相對較低。

2021年5月1日,《經濟學人》的封面故事是,台灣是「地表最危險的地方」(the most dangerous place on earth)。這篇報導所說的是,中國一直宣稱台灣是其領土,而且,不排除採取軍事行動。萬一擦槍走火,中國以武力攻台,後果不堪設想。

5月3日,美國哥倫比亞廣播公司 (CBS) 的電視新聞網播出對台積董事長劉德音的專訪,訪問者說,半導體產業被稱為是台灣的「矽盾」(Silicon Shield)。[2] 訪問者的意思是,世界各國不管是商業或軍事用途都需要高階晶片,如果中國攻打台灣,而台積公司落入中國手中,則西方國家無法再買到台積公司的頂尖製程的晶片,其後果不堪設想。

因為歐美國家要確保台積公司不會落入中國手中,台灣的安全也因此而得到保障。「矽盾」的另外一個講法是「護國神山」。

為了確保高階晶片的來源,歐美國家也請求台積公司前去設廠。2020年底,台積公司宣布前往美國亞利桑那州設5奈米12吋晶圓廠;2022年底工廠已經開始運轉。不過,台積公司最尖端的技術仍然是在台灣的工廠裡。

台灣的半導體製造產業起源於1976年。當年3月,位於新竹的工業技術研究院與美國無線電公司 (Radio Corporation of America,簡稱為 RCA) 簽約,引進半導體製造的技術。RCA 公司移轉的技術是7微米 (micron) 的製程。1微米等於1,000奈米,在當時已經是較落後的技術。台積公司於1987年成立時,一開始也只有較落後的製程技術。從1976年迄今,台灣的半導體產業的生產技術從落後的跟隨者,搖身一變成為領先者。

上面已經說明,半導體製造產業是 ICT 的四個子產業之一,台灣的 ICT 產業從1960年代萌芽,一開始只能做簡單的組裝。但到了21世紀,台灣在全球電子業裡占有舉足輕重的地位。電子業的發展在

---

[2] *Taiwan News* (2021)。

高成長中扮演關鍵的角色, 本章及以下 3 章要講的是台灣電子業發展的故事。

23.1 電視機與零組件

戰後初期, 台灣僅有幾家電子廠商, 產量少, 而且僅供島內市場消費。1950 年代初期, 有幾家本土廠商與外國廠商合作。1953 年, 大同公司與日本廠商簽約, 製造電表。1962 年, 建隆行與日本松下電器公司合資, 創立台灣松下電器, 初期的產品只在國內銷售。

1950 年代, 消費電子業剛剛萌芽, 主要產品是電視機與收音機。為了發展電子業, 台灣也採取管制與保護政策, 1960 年禁止收音機進口。因為不能進口, 國內廠商進口零組件, 裝配成收音機出售。

1967 年, 台灣大約有 1,000 家收音機店家, 大部分是零售與組裝。[3] 1962 年, 台灣首家電視台開播, 消費者對電視機的需求出現, 但尚無法自行生產, 僅能進口。該年, 台灣進口黑白電視機 6,000 部, 翌年則增加為 18,000 部。台灣生產黑白電視機是從 1964 年開始, 彩色電視機則從 1969 年。[4]

二戰之後, 電視機是新興的高科技產品, 高所得國家的需求很大, 美國與歐洲都有許多電視機廠商, 競爭激烈。1951 年美國有 97 家黑白電視機裝配工廠, 但是, 1960 年淘汰到剩 27 家。1968 年, 美國有 18 間公司 (30 家工廠) 生產彩色電視機, 1976 年減為 12 家 (工廠減為 15 家)。[5] 因為市場競爭激烈, 廠商努力降低生產成本。

傳統電視機的生產可分三部分: 映像管, 零組件, 與組裝。零組件的運輸成本不高, 為了降低成本, 美國廠商嘗試從日本進口零組件。1950 年代中期, 日本的零組件出口到美國之後, 美國廠商很快就發現, 日本的零組件不僅價格低, 品質還更佳。

---

[3]Tuan (1967), 頁 27–28。

[4]葉日崧 (1980), 頁 180, 203–204。

[5]本小節與下一小節對於 1950–1970 年電視機產業發展之說明, 主要參考 Kenney (2004)。

1963年,美國電視機大廠艾德蒙 (Admiral) 與增你智 (Zenith) 兩家公司從日本進口零組件。這些零組件運到美國境內的電視機裝配廠,加上映像管與機殼,組裝成電視機成品出售。美國電視機廠商使用日本進口的零組件,對於美國境內的零組件廠商造成很大的壓力,他們被迫要降低成本,否則無法生存。

電視機與收音機的技術開發,RCA 公司扮演關鍵的角色,它擁有許多專利,因此,在市場上具有獨占地位。為了降低 RCA 公司的技術獨占所造成的負面影響,美國司法部 (U.S. Department of Justice) 於 1958 年要求 RCA 公司免費授權給美國國內的電視機廠商。此一規定壓縮了公司的利潤,迫使它前往海外尋找願意付費取得授權的企業。

1960–1968 年期間,RCA 公司與日本廠商簽訂 105 個收音機與電視機的合約。[6] 以上的授權合約為公司帶來巨額利潤,但也開啟日本廠商進入消費性電子產業的大門。1962 年,日本首度出口黑白電視機至美國,兩年之後,彩色電視機的出口也跟進。與電子零組件的情況相同,日本製造的電視機物美價廉,造成美國市場上的競爭變得更激烈。

為了對付日本電視機大量進口,美國廠商啟動境外生產 (offshore manufacturing),亦即,把美國境內的生產線移到其他國家。[7] 1964 年,美國西爾斯 (Sears) 公司找日本東芝 (Toshiba) 公司代工生產彩色電視,1965 年,日本夏普 (Sharp) 公司也加入。[8]

23.2 直接外人投資

1964 年,台灣已核准 RCA 公司前來設廠,但工廠開工生產是在 1969 年。RCA 公司與增你智公司是當時美國市場上最大的兩家電視機廠

---

[6] Kenney (2004), 頁 88–89; Porter (1980), 頁 455。

[7] Office of Technology Assessment (1983), 頁 513–514。

[8] Kenney (2004), 頁 90–92。

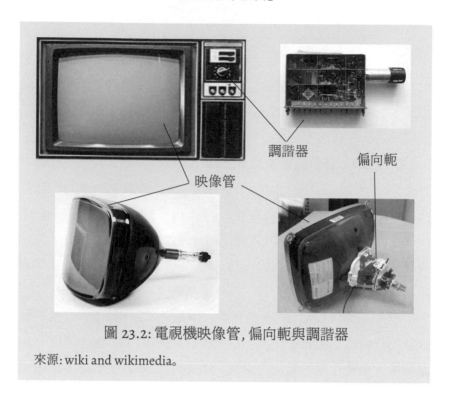

調諧器

偏向軛

映像管

圖 23.2: 電視機映像管, 偏向軛與調諧器

來源: wiki and wikimedia。

商。1982年, 美國市場上彩色電視機的市占率, RCA 公司約 20.0%, 增你智公司約19.4%; 後者也於1970年來台設廠。[9]

台灣通用器材公司

早在 RCA 公司在台灣的工廠開工之前, 1964 年 11 月底美國的通用器材公司 (General Instrument, 簡稱為 GI) 在新店的組裝廠已經開工, 這家工廠一開始取名為「台灣電子公司」, 1966年改名為「台灣通用器材公司」。[10] 台灣通用器材公司早期的產品是電視機用的調諧器 (UHF TV tuner) 與偏向軛 (TV deflection yoke)。

圖23.2的左上圖是傳統電視機的正面, 左下圖為映像管, 右下圖的映像管已裝上偏向軛, 其功能是控制映像管所顯示的影像; 右上

---

[9]Office of Technology Assessment (1983), 頁 114, 118。
[10]陳信行 (2006), 註9, 頁 19。

圖 23.3: 台灣電子公司生產線 (1964年)

「台灣電子公司」後來改名為「台灣通用器材公司」。來源: 郭惠煜。

圖的調諧器則是控制影像訊號的來源。

　　圖 23.3 為台灣電子公司生產線的情形, 這張照片可能是 1964 年 11 月底工廠開工時所拍, 具有歷史意義。一開始, 台灣電子公司從美國進口零件, 組裝之後, 全數出口。但很快地, 台灣也出現生產電子零件的工廠, 外資廠商也樂於使用, 因為這可以降低成本。

　　通用器材公司之後, 緊接著其他的外資電子工廠也設立。比較大的是美商飛歌 (Philco) 公司所設立的兩家工廠, 第一家是在高雄加工出口區的高雄電子公司 (General Microelectronics), 另一家是飛歌福特 (Philco-Ford)。1965 年 8 月, IBM 公司則與大同公司簽約採購計算機的零件, 而美商艾德蒙與荷蘭的飛利浦 (Philips) 兩家公司的廠房已經動工興建。此外, 許多美國電子大廠也在評估是否來台灣設廠。[11]

---

[11]Tuan (1967), 頁 29; Hu (1966), 頁 33。

表 23.1: 電子業直接外人投資 (1970年底)

廠商	員工數	主要產品
通用器材 (1964)	8,500	電視機零件
TRW (1966)	1,500	零組件, 半導體, 電視機
飛歌福特 (1965)	1,700	電視機, 收音機, 組件
艾德蒙 (1966)	1,700	電視機, 調諧器
RCA (1967)	2,300	零組件, 半導體, 電視機
增你智 (1970)	1,318	電視機, 零組件
台灣松下 (1966)	1,800	電視機, 收音機, 零組件
三洋電機 (1966)	1,800	電視機, 收音機, 電阻
三美電機 (1972)	1,500	調諧器, 電容, 線圈
太陽誘電 (1967)	1,300	電容
原田工業 (1968)	1,100	天線

括號內為登記日期, 增你智公司的員工為1972年數字。
來源: 吳聰敏 (2022), 表1, 頁170。

到了1966年10月, 台灣共核准35家國外廠商來台投資, 大部分是生產電子零組件, 但也有數家組裝電視機與收音機出口。表23.1列出1970年底重要的外資電子廠商。

歐美日電子大廠來台灣設廠, 是台灣外銷電子業發展的起點。企業到國外設廠, 稱為直接外人投資 (foreign direct investment, 簡稱為 FDI)。台灣外資電子業發展初期, 大部分的原材料都是進口, 而產品則全數出口。換言之, 外資工廠進口初級零件, 僱用勞力組裝成零組件, 但也有工廠組裝收音機與電視機, 產品全部出口。

1968年中, 通用器材公司僱用的工人已達 6,800 人, 1970年底增加為 8,500 人, 1973年幾乎倍增為 16,499 人。[12] 台灣電子業初期是勞力密集產業, 生產線僱用大量的勞工, 其中女性的比重較高。

---

[12]陳信行 (2006), 頁19。

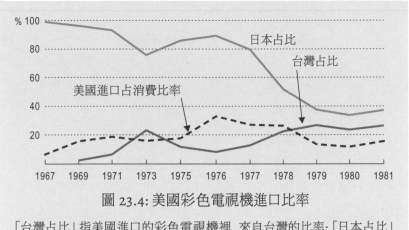

圖 23.4: 美國彩色電視機進口比率

「台灣占比」指美國進口的彩色電視機裡, 來自台灣的比率;「日本占比」則指來自日本的比率。來源: Office of Technology Assessment (1983), 頁 116。

「有秩序銷售協定」

表23.1的下半部分為來台灣設廠的日本廠商, 其中, 台灣松下與日本三洋兩家公司的產品已包括電視機。日本廠商接到美國的訂單之後, 購買零件運到台灣, 組裝之後出口。[13] 因此, 台灣出口的電視機可能由美資工廠所組裝, 也可能是日資工廠組裝。

圖23.4為美國彩色電視機進口之演變。1967年起, 美國進口電視機占國內電視機消費比率一路上升, 但1976年之後趨勢改變, 進口比率減少。電視機進口對美國本土的電視機廠商產生重大打擊。圖中顯示, 美國進口的電視機主要來自日本。早在1970年, 美國即控訴日本廠商有傾銷行為, 意思是說, 日本廠商以低於成本的價格出口電視機到美國。

美日兩國經過多次談判之後, 1977年美國實施「有秩序銷售協定」(Orderly Marketing Agreements) 政策, 限制日本出口電視機到美國的數量。兩年之後, 從日本進口的彩色電視機占美國進口的比率

---

[13]Tuan (1967), 頁 28; Cowie (1999), 頁 185。

從原來超過80%,下降到低於40%。

面對美國的進口設限,日本廠商把生產線移到台灣與南韓。圖23.4顯示,1970年代中期開始,台灣的彩色電視機占美國進口比率持續上升,1978年起也超過20%。不過,1979年開始,「有秩序銷售協定」也施加於台韓兩國,造成台灣的占比略有下降。[14] 到了1981年,台日韓三國的彩色電視機合計占美國進口的84.0%。

1981年台灣出口彩色電視機到美國的數量是51.4萬台。但是,台灣也出口到其他國家,因此總產量遠高於以上數字。當年台灣彩色電視機產量為162.6萬台,黑白電視機產量為524.8萬台,大約是彩色電視機的3.2倍。不過,彩色電視機的平均價格是黑白的4.6倍,因此,前者的產值高於後者。[15]

黑白與彩色電視機合計,1969–1981年期間台灣電視機產量年增率為41.9%。相對的,日治時期,1905–1935年期間,砂糖生產量的年增率為10.4%,甘蔗產量的年增率為8.8%。砂糖業為食品加工業,成長率受限於甘蔗農業(耕地與勞動力)的發展。相對的,電視機生產是製造業,工廠用地的面積不大,只要勞力充沛,成長率可能遠高於農業。

23.3　工資低

歐美日的電子廠商為何來台投資?一位美國學者訪問當時來台灣設廠的美國廠商,發現低工資是主要的因素。[16] 受訪的廠商表示,電子零組件是勞力密集產業,而且重量輕,運輸成本不高,因此,美國國內的電子業者在日本的競爭之下,必須外移到工資低的地方去。

美國增你智公司在1977年的《年報》裡說,公司把彩色電視機的電路板與機體組裝外移到台灣與墨西哥的工廠,每台成本可減少10–

---

[14]Kenney (2004),頁94; Office of Technology Assessment (1983),頁116–117。
[15]1981年開始,經濟部統計處;之前,《工業生產統計年報》。
[16]Schreiber (1970),頁40。

圖 23.5: 各國製造業勞動報酬對美國之比率

來源: 1975–2008, U.S. BLS: International comparisons of hourly compensation costs in manufacturing; 2009–2015, U.S. Conference Board: ILC program。

15 美元。[17] 1971 年, 增你智公司 19 吋電視的直接勞力成本 (direct labor cost) 是 18 美元, 簡單來說, 這是指生產線勞工的成本。到了 1984 年, 海外生產與自動化使直接勞力成本下降為 1970 年代初期的 6 分之 1。在 1984 年, 電視機的零售價格 (suggested retail price) 是 460 美元, 故直接勞力成本所占的比率微不足道。但因為市場競爭激烈, 工廠外移的趨勢無法避免。[18]

　　台灣的工資有多低? 本章開頭引用胡光麃 (K.P. Hu) 的文章, 他於 1960 年代中期的實地觀察發現, 台灣女工的工資僅為美國的 15 分之 1, 日本的 3 分之 1, 香港的一半。其他的調查也有類似的結論。美國勞動部曾經調查比較各國的時薪報酬 (hourly compensation), 報酬之計算包括三部分: 勞動者實領工資, 雇主支付的社會保險支出, 薪資稅或補貼。圖 23.5 是由調查的結果所畫出的時薪比率, 1975 年, 台灣的時薪報酬大約是美國的 16 分之 1。

---

[17] Office of Technology Assessment (1983), 頁 513。
[18] Kenney (2004), 頁 86。

圖 23.6: 台灣對日本製造業男性工資比率: 1930–2000

1950–1960年台灣的工資是以黑市匯率換算成美元。來源: 台灣, 溝口敏
行 (2008); 日本, 1957年之前, 大川一司 (1967); 1958年開始, www.stat.g
o.jp/english/data/chouki, 表19-37-a。

　　台灣的工資為何那麼低? 要回答這個問題, 我們先來回顧一下製
造業工資長期之演變。圖23.6為1930–2000年期間, 台灣的製造業
男性工資對日本之比率, 1930–1940年期間, 比率之平均值為53.2%。
經濟學家比較各國的薪資比與人均所得比, 發現兩項比率接近是正
常的現象。1937年, 台灣的人均GDP是日本的53.5%, 與1930年代的
工資比率幾乎完全相等。

　　日治時期, 台幣與日圓的匯率是1比1, 兩地的工資可以直接比較。
1950年開始, 台日兩國的工資分別先以匯率換算為美元, 再計算比
率。因為1950–1960年期間, 新臺幣的幣值高估, 本圖改以黑市匯率
換算。圖23.6顯示, 1965年, 台灣製造業男性工資是日本的30.6%, 與
胡光麃的觀察幾乎完全相同。圖中也顯示, 從1950年開始, 台日工資
比呈現下降趨勢, 1973年下降至14.9%。

　　1960年代, 台灣的高成長啟動, 工資也上漲, 為何台日的工資比
愈來愈低? 台灣的工資的確有成長, 但日本的成長率更高。日本從
1950年代初期就啟動高成長, 製造業的名目工資從1950年到1975年,

圖 23.7: 平均每甲耕地面積之農業就業者人數

單位: 人。來源: 溝口敏行 (2008), 頁 242, 288。

上漲為 12.9 倍。

以上是1950年代以後的改變,那麼,為何1950年代台灣製造業男性的工資不到日本的30%, 甚至低於1930年代?

工資決定於勞動市場的供給與需求, 1950年從中國大陸移入大約100萬的人口。學者推估, 1949年台灣的人口數是770.82萬人。因此, 移入的人口占原來人口總數的13.0%。[19] 人口大幅增加使勞動市場上的供給增加, 造成工資下降。

人口大幅增加時, 如果產業快速成長, 勞動力需求增加, 工資不一定下降, 也可能上揚。不過, 第14章已講了糖業帝國沒落的故事, 台灣的糖業沒有比較利益, 到了戰後即沒落。糖業沒落, 甘蔗的需求也減少, 農村的人口反而要設法前往城市找工作。

1950年, 在進口替代政策下, 紡織業發展起來。但是, 大約三年之後國內市場已飽和, 勞動僱用量也不再增加。因此, 由農村前往城市找工作的人, 只能回到農村。圖 23.7 畫出農業就業人數對耕地面積比值, 1951年開始之比值顯著高於1930年代, 與以上的推論一致。

幸運的是, 1950年代晚期國民政府推動匯率與貿易政策改革, 紡

---

[19]葉高華 (2021); Gleason (1956)。

織業與電子業出口擴張成功。這兩項產業都是勞力密集產業,需要大量的勞動力,因此,農業部門的勞動力又回流到工業部門。1970年,農業就業者人數比1960年減少5.5萬人,到了1980年,又比1970年減少36.1萬人。[20]

23.4 「做得更好」

外資前來台灣設廠的主要因素是台灣的工資低。但是,1960年代全世界工資低的國家很多,台灣只是其中之一。那麼,外資還看上台灣的哪些條件?

　　本章開頭引用胡光麃的文章,當時一位外資工廠的經理告訴他,台灣不只工資低,女工的效率還很高,「學某一項作業所需要的時間,比美國女工少三分之一,而且做得更好。」除了女工之外,生產線還需要品管與技術人員。理特公司是美國知名的管理顧問公司,它於1970年代初期接受國民政府委託,評估台灣發展高科技產品 (higher technology products) 產業的潛力。理特公司的調查發現,台灣生產電氣機械產品的成本大約是美國的60%,而某些產品的成本更低,主要原因是合格勞動力的工資很低。

　　在另一份評估電子業發展潛力的報告裡,理特公司比較10個國家的「勞動力效率」(labor efficiency),這是指單位時間內可以完成多少件指定的工作。理特公司發現,日本勞工的效率最高,但台灣也不差。把日本的勞動力效率設為1.0,美國介於0.8到0.9之間,台灣則介於0.8至1.0之間。

　　綜合工資水準與工人的效率,理特公司進一步計算「有效勞動成本」(effective labor cost)。簡單來說,有效勞動成本是指每製造一單位產品的勞力成本。例如,若日本女工的薪資是3,000元,每個月可以完成20項指定的工作,則有效勞動成本是150元。相對的,若台灣的工資是1,000元,但每個月可以完成25項指定的工作,則有效勞動

---

[20]溝口敏行 (2008),頁243。

表 23.2: 有效勞動成本

日本	125–305	南韓	50–115
香港	85–125	台灣	35–80
新加坡	70–115		

單位, 月薪美元。來源: Arthur D. Little (1973b), 頁 56。

成本是40元。表23.2顯示, 在亞洲四小龍裡, 台灣的有效勞動成本最低, 對直接外人投資也最有吸引力。

有效勞動成本低是兩個因素造成, 第一是工資低, 第二是效率高。上面說明, 工資低的原因是移入百萬人口與產業結構改變, 那麼, 效率高的原因為何?

本章開頭引述外資工廠經理人的話: 台灣女工的效率高, 而且學習能力強, 他所比較的是同一年代的美國女工。為何台灣女工的學習能力強? 很多人對這個問題的反應是, 台灣的就學率高。不過, 當時台灣的就學率遠低於美國, 因此, 這個解釋並不可信。

一位早期曾在台灣通用器材公司任職的台灣籍主管, 對於台灣工人的工作態度有親身的體驗。他後來曾在一家跨國企業裡任職, 有機會參與該企業在全球各地的電子工廠的管理工作, 因此能夠比較台灣與其他國家的工人的特質。除了台灣的新店廠之外, 他所待過的工廠分別位於印度, 德國, 法國, 愛爾蘭, 義大利, 匈牙利, 奧地利與中國。他在受訪時講了一個生動的例子:[21]

> "台灣工人的態度最好, 效率最高, 產品的良率最高。對公司而言, 良率高很重要。生產線通常每兩小時會休息10分鐘, 台灣的工人對於休息時間前幾分鐘進到眼前的這一件, 先處理完再休息, 他的休息時間會因此縮短

[21]訪問劉羽隆先生, 2020/12/31。

一些。同樣的情景若在愛爾蘭,工人對眼前的一件不會
動手,等休息回來後再做。"

　　另外一個例子是,他在愛爾蘭向工廠的員工講解作業流程時,中
場休息時間一到,底下的員工即指著手錶,明示要休息了。台灣的工
廠不會出現這種情況,因此,能夠在講者完整說明後,員工們再休息。
如果對這個例子做一點引伸的解釋,這似乎表示台灣的員工在學習
作業流程時較專注,因此也學得較快。

　　我還訪問了兩位電子業的中高階經理人,他們都認同「台灣工人
的態度最好」的說法,並且補充說,台灣工人的「服從性高,配合度也
高」。服從性很難明確定義,但「配合度高」可以用例子說明。生產活
動有淡季與旺季之分,旺季時公司會希望員工加班,台灣的員工相
對於其他國家,較願意配合公司的要求。[22]

　　以上對於工人的看法,其實也適用於台灣的企業。台灣電子業者
的特性之一是機動性高,若客戶有臨時的需求,廠商能很快調整產
線,要求員工加班,即時完成任務。但是,產品是生產線上的員工所
生產的,如果員工的配合度不高,廠商對客戶的配合度不可能高。因
此,從經理人到生產線員工,台灣人普遍有「配合度高」的精神。

　　歸根究底,配合度高的背後仍然是利潤誘因。若配合度不高,廠
商無法搶到訂單,員工也將喪失工作的機會。1960–1970年代,台灣
仍然是一個貧窮的國家,廠商與員工追求利潤的動機應該都很強烈。

　　以上所講的是「配合度高」,回到「服從性高」的說法。後面第26
章將會講台積公司的故事。台積公司成立後,前三任的總經理都是
對IC產業有經驗的美國人。第3任總經理是布魯克斯(Don Brooks),
他退休後回到美國曾接受訪問。訪問者的問題是,世界各國都努力
發展半導體產業,台灣成功的原因是什麼?

　　布魯克斯首先談到員工的特質;他說,台灣人的特性是同質性高,
而且有團隊合作的精神。如果有人在團隊中不盡責,其他人會給他

---

[22]訪問邱暉齊先生,2021/5/4;許中明先生,2021/8/1。

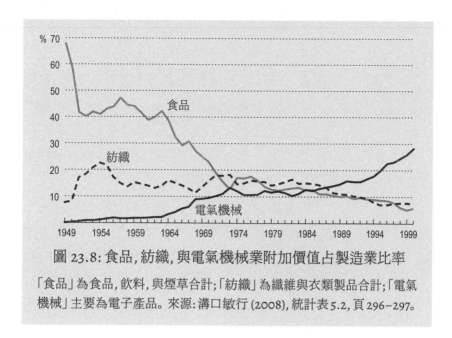

圖 23.8: 食品, 紡織, 與電氣機械業附加價值占製造業比率

「食品」為食品, 飲料, 與煙草合計;「紡織」為纖維與衣類製品合計;「電氣機械」主要為電子產品。來源: 溝口敏行 (2008), 統計表 5.2, 頁 296–297。

壓力。布魯克斯認為西方人沒有這種精神。「盡責」兩個字似乎比「服從性高」更精確地說明台灣員工的特質, 但是, 台灣人這一項特質是從哪裡來, 我不知道答案是什麼。

23.5　女性地位提升

圖 23.8 為食品, 紡織, 與電氣機械三項產業的附加價值占製造業之比率, 其中,「電氣機械業」以電子業的比重最高。1949 年, 製造業以食品業最為重要, 主要產品是砂糖。1950 年起, 紡織業迅速發展, 附加價值的比重也上升, 食品業的比重則一路下降。大約從 1965 年起, 電氣機械業興起, 其內容以電子業的比重最高。電子業的附加價值在 1980 年代晚期超越紡織業, 成為最重要的產業。

　　1960–1980 年代的紡織業與電子業都是勞力密集產業, 產業快速成長, 勞動需求也增加。上一章的圖 22.3 曾畫出紡織業與電氣機械業的僱用人數之變動, 在高成長期, 這兩項產業是台灣最重要的製造業。1960 年, 製造業僱用的男性工人合計為 192,077 人, 女性工人

為76,787人，1964年則分別增加為213,619人與206,544人。因此，男性工人增加了21,542人，但女性工人則劇增了129,757人。

　　製造業的女性工人大部分是未婚者，原因是早期很多工廠要求，生產線的女性員工結婚後必須離職。1960年16–25歲的女性人數為907,585人，其中受僱於製造業的比率為8.5%。1964年，比率上升為21.7%。到了1970年，比率更上升為33.1%。到了1980年，製造業的女性工人為1,008,330人，占16–25歲的比率為52.9%。

　　女性員工人數大幅增加，表示勞動市場上的供給增加，可能使工資成長停滯。但是，台灣在出口擴張的高成長年代，勞力需求有增無減，因此工資持續成長。從1960到1980年，製造業女性實質工資的年增率高達6.1%。

　　1960年代的出口擴張與高成長，使女性在社會裡的地位大幅提升。在以往的農業經濟裡，外出工作的女性很少，大部分是協助家務或農務。女性進入勞動市場工作後，家庭多了一項所得來源，在家庭內的地位也因此提高。

　　前面第13章曾說明，日治時期糖業的快速成長使蔗作農家勞動力需求大增。日治時期的蔗作農地主要集中在台中以南的地區，蔗作農家的女性就在家裡的田園勞動，不須遠離居住地。相對的，戰後的紡織廠與電子工廠則集中於當時的台北，桃園，台中與彰化，除非住家附近設有工廠，否則女性必須離開家庭才能找到工作。因此，紡織業與電子業的出現，除了提升女性的所得之外，也使他們更早就遠離家門，獨立生活。

24

「他們竭誠歡迎外資」

"我第一次到台灣時，就見到財政部部長與副總統。
他們竭誠歡迎外資，原因是當時台灣不僅失業率
高，人口成長率也高。"　　　　　Schreiber (1970)

1964–1980

I962 年, 日本首度出口電視機到美國。到了 1971 年, 日本出口到美國的彩色電視機的數量已高達 1.19 百萬台, 占當年美國市場消費的 17.1%。[1] 日本製造的電視機物美價廉, 美國電子業者面臨空前的壓力。為了提高生產力, 美國廠商開始把把生產線移到海外。當時台灣的工資低, 是美國廠商看中的地點之一。

不過, 全世界工資低的國家不只台灣。再者, 有些國家的工資雖然比台灣高一些, 但其他條件比台灣好, 綜合之後也可能比台灣更有吸引力。那麼, 為何歐美電子業者前來台灣設廠絡繹不絕?

24.1　工會

1970 年 12 月, 美國 RCA 公司關閉它在田納西州曼非斯市 (Memphis) 的電視機工廠, 當時工廠有 1,200 名員工。在鼎盛時期, 曼非斯市工廠的員工人數曾達 4,000 人。這家工廠是 1965 年 RCA 公司把印第安納州布魯明頓鎮 (Bloomington) 的電視機工廠內的部分產線搬遷過來而設立的。但是, 從 1965 到 1970 年, 曼非斯市的 RCA 工廠只存活了 5 年的時間。

工廠關閉後, 彩色電視機的生產線移回印第安納州的工廠, 黑白電視機的產線一部分南移到墨西哥北邊的華雷斯城 (Juárez), 另一部分則移往台灣。RCA 公司並未對外宣布工廠會移往何處, 但員工心裡有數, 因為他們看到公司把測試機器封裝之後, 貼上 "RCA Taiwan Ltd." 的郵寄標籤, 意思是要運往 RCA 公司在台灣的工廠。[2]

在美國境內, RCA 公司早在 1929 年就在東岸紐澤西州的康登鎮 (Camden) 設立工廠, 印第安納州的工廠則是在 1940 年啟用。康登鎮的工廠在 1950 年關閉之後, 布魯明頓鎮變成主要的生產據點。康登鎮工廠關閉的原因是東岸的工資上漲, 另外一個原因是工會運動活躍, 工人經常罷工, 造成生產成本上升。

---

[1] Office of Technology Assessment (1983), 頁 116。
[2] Cowie (1999), 第 3 章。

　　1965年，RCA公司把布魯明頓鎮一部分的電視機產線轉移往曼非斯市，原因也是生產成本的考慮，當時布魯明頓鎮工廠的工會也相當活躍，經常罷工。RCA公司選擇曼非斯市為工廠地點有三個理由：(1) 勞動力充沛，工資低，(2) 市鎮行政首長的合作意願，與 (3) 勞資關係良好 (favorable labor relations)。[3] 但出乎意料之外的是，工廠開工後，工會運動隨之而起。

　　除了工會運動之外，1960年代非裔美國人的民權運動風起雲湧。1968年3月18日，民權運動領袖金恩 (Martin Luther King Jr.) 抵達曼非斯市，對群眾發表演說。十天後，他帶領一場5,000人的遊行示威，但後來不幸演變成暴動。4月4日，他在曼非斯市準備另一場遊行，但傍晚在一家汽車旅館的陽台上被槍擊身亡。

　　RCA公司的工廠僱用許多非裔美國人，因此，民權運動毫無疑問會影響工廠的運作。不過，RCA公司對於關閉曼非斯市工廠之決定，對外所提出的兩個理由是，第一，材料與製造成本上升，第二，產業競爭日益激烈。[4] 對公司而言，若工人經常罷工，製造成本即上升。但是，第二個原因也重要：因為美國大量進口日本的電視機，國內電子業的競爭日益激烈。為了降低生產成本，美國電子廠商不得不把零組件與電視機組裝工廠移到國外。

　　美國政府的關稅政策對於工廠外移也有推力。美國關稅法的807條款 (US Tariff Schedules item 807.00) 規定，美國廠商出口零組件到國外，加工之後再運回美國，則再進口時僅需繳交在國外加工時所產生的附加價值的關稅。[5]

　　表24.1列出1960年代美國半導體廠商到國外設廠的地點，其中，快捷半導體 (Fairchild Semiconductor) 公司於1961年就在香港設組裝廠。快捷半導體公司是全世界開發第一款商用積體電路的公司，

---

[3] Cowie (1999)，頁79。

[4] Cowie (1999)，頁89–91。

[5] Office of Technology Assessment (1983)，頁117；Kenney (2004)，頁93；Cowie (1999)，頁95。

表 24.1: 美國半導體廠商海外設廠地點

快捷半導體公司	香港 (1961), 南韓 (1964), 墨西哥 (1968)
通用器材公司	台灣 (1964), 墨西哥 (1969)
摩托羅拉公司	南韓 (1965), 台灣 (1969), 墨西哥 (1969)
RCA 公司	台灣 (1964), 墨西哥 (1969)
增你智公司	台灣 (1970), 墨西哥 (1978)

來源: RCA 公司, 台灣, 蕭峰雄 (1994), 頁 285; 其他, Wilson (1992), 頁 163; 林榮芳 (1972)。

它分別在香港, 南韓, 與墨西哥 3 個地方設有海外工廠。

通用器材公司除了在台灣設廠之外, 也在墨西哥設廠。跨國企業在多個地點設廠, 目的之一是要降低風險: 萬一甲地之工廠因故停擺, 乙地仍可能繼續生產。此外, 若甲地的工資上漲, 公司可以減少該地工廠的產量, 而增加乙地工廠的產量來替代。[6]

RCA 公司在 1969 年前往墨西哥北邊的華雷斯城設立工廠, 但台灣早在 1964 年就核准 RCA 公司前來設廠, 生產黑白電視機。由此推測, RCA 公司把生產線移往曼非斯市時, 可能已經有前來台灣設廠的打算。RCA 公司後來在 1971 年也在高雄加工出口區設立一間積體電路組裝工廠。[7]

台灣的工資低, 而且早期在國民黨的極權統治下, 沒有工會運動, 這些條件對於外資廠商都有吸引力。不過, 美國廠商可以前往設廠的地方很多, 若其他國家也有類似的條件, 台灣只是眾多可能的選擇之一。那麼, 台灣還有哪些有利的條件?

美國理特諮詢公司於 1970 年代初期接受台灣政府委託, 評估發展高科技產業的潛力。公司後來出版了一系列的報告, 主要是要提

---

[6]Schreiber (1970), 頁 86; Wilson (1992), 頁 21; Arthur D. Little (1973a), 頁 58–60。

[7]蕭峰雄 (1994), 頁 282–284。

供給歐美的企業參考, 以吸引他們前來台灣設廠。報告裡臚列台灣的優異條件, 除了工資低與勞動力品質佳之外, 報告中還提到台灣無勞資衝突, 這對於在國內經常面對工會運動的美國電子業者而言, 極具吸引力。此外, 報告也指出, 台灣政府對直接外人投資的態度積極, 而且政策方向一致 (a positive and consistent government attitude)。[8]

24.2 外國人投資條例

早在1954年, 台灣就通過「外國人投資條例」, 提供優惠的條件以吸引外國企業來台灣設廠。不過, 1950年代台海局勢緊張, 毛澤東想要拿下台灣, 雖然美國提供軍事與經濟援助, 但台灣的政治前景仍不明朗。當時的經濟部長尹仲容也說,「大量的外資僑資的流入, 只可寄望於光復大陸之後。」[9] 換言之, 財經官員也不認為能吸引外資僑資前來台灣。

前面第19章說明, 1954年通過的「外國人投資條例」, 對於外資之徵用與收購, 以及資本之匯出之規定較嚴苛, 後來在美國經濟顧問團的建議之下, 才於1959年修改條文, 放寬條件。第19章已經說明, 台灣發展出民營企業與直接外人投資友善的環境, 美援功不可沒。

今天, 開發中國家為了經濟發展, 大多歡迎直接外人投資。但相對的, 在1950–1960年代, 大部分的開發中國家對於直接外人投資態度消極, 甚至排斥, 原因是當時許多國家都認為, 進口替代之工業化政策才能讓本國的產業發展起來。[10] 幾乎所有的拉丁美洲國家都持此看法, 亞洲國家也是如此。

台灣從1950年開始的紡織業政策也是標準的進口替代政策, 對於進口紡織品課徵高關稅, 甚至禁止進口。進口替代政策的主張又

---

[8]Arthur D. Little (1973a), 頁1。

[9]尹仲容 (1954)。

[10]Baer (1972), 頁95; Wilson (1992), 頁13。

圖 24.1: 失業 (1950年代初期)

來源: 石微 (雷柏爾, 全漢昇, 與陳紹馨 (1954), 頁 227)。

稱為幼稚產業理論, 支持者認為, 本國在幼稚工業上的基礎不夠, 若無保護, 無法發展起來。

　　本章一開頭的引文, 是一家在台灣設廠的美國企業的財務經理所說的話, 他造訪台灣的時間可能是在1965年前後。他能獲得副總統親自接見, 反映當時台灣對於直接外人投資的積極態度。這位經理人認為, 台灣歡迎直接外人投資, 目的並不是要發展特定的產業, 而是要解決失業問題。[11]

　　上一章說明, 1950年代初期台灣大約移入一百萬人口, 加上經濟獨立與產業轉型, 造成失業人口驟增, 也造成工資下降。圖24.1是1950年代初期的一張照片, 原照片的說明如下:「並非全部新遷來城市的人都找到了工作。有些人作賣菜小販, 而其他則多半時間失業。」

　　尹仲容於1954年11月在立法院報告「臺灣經濟的困難與出路」時說, 第一個困難是因經濟獨立所造成, 第二是因人口增加迅速。他說, 「迅速之人口增加, 使經濟上感受甚大之壓力」, 壓力就是失業人口

[11]Schreiber (1970), 頁 63。

多。[12] 經濟學者邢慕寰在一篇追悼尹仲容的文章裡也提到,尹仲容關心失業的問題,「而對人口迅速增加所引起的就業困難尤其關心。」[13]

副總統親自接見外資廠商,反映當時政府官員的努力。但更重要的是,台灣提供哪些政策的誘因? 前面第19章講了「十九點財經措施」,雖然並不是所有的措施都有做到,但已足於創造出郝樂遜所說的,「有利於民營企業發展的環境」。

不過,在一般人的腦海裡,一提到出口擴張與外資廠商,很多人想到的卻可能是加工區,因為在國高中的課本裡,加工區的設立及其成效被大肆宣揚。

加工出口區

1964年,美籍商人李福爾 (Edward J. Rehfeldt, Jr.) 來台灣投資設廠生產電子零組件,公司取名為「台美工業股份有限公司」(Tusico),這是台灣第二家取得外資執照的外商,比通用器材公司晚了一週。為了省下律師費用,李福爾與父親親自走訪了39個政府機關,才取得營運許可。[14] 李福爾的公司位於新店,如果當時高雄加工區已經成立,他有可能在加工區內設廠,手續可以大幅簡化。

高雄加工區於1966年12月3日開始營運,是亞洲地區最早設立的加工區之一。加工區位於高雄港附近,進駐的廠商可以向管理處租廠房,也可以自行蓋廠房。廠商生產所需的原物料絕大部分進口,產品則全數出口。因為產品全數出口,因此進口原物料免稅,這個制度稱為外銷品原料退稅。

外銷退稅制度降低了出口廠商的成本。舉例來說,若原物料成本占售價的30%,而原物料的進口關稅是20%,則外銷沖退稅讓廠商節省 30% × 20% = 6% 的成本。

---

[12] 尹仲容 (1954),頁36–37。
[13] 邢慕寰 (1993),頁241。
[14] Shapiro (2019)。

副總統嚴家淦在加工區開幕時致詞說, 加工區的成立有三個重要的意義, 第一, 它證明創新的精神 (pioneering spirit), 第二, 它提升台灣的出口能力, 第三, 它是增加就業機會的重要一步。[15] 最後一點呼應上述美籍財務經理人的看法。

1966年11月底, 加工區已核准的投資金額是10.7百萬美元, 其中, 電子業為4.7百萬美元, 占43.9%。其次是成衣業 (garments), 金額為1.6百萬美元, 占15.0%。初成立時, 加工區的目標是在1968年底要提供1.5萬個工作機會; 當年底實際的就業人數是1.2萬人。不過, 到了隔年年底, 就業人數已增為2.3萬人。

加工區之設立對於降低失業人口大有幫助, 但後來對於它的貢獻出現誇張的講法。例如,「沒有當年的舵手世界加工區之父前資政李國鼎, 帶領國人胼手胝足, 就沒有現在的加工出口區, 創造出臺灣經濟奇蹟。」[16] 台灣的高成長是由出口擴張所帶動, 但並非始於加工區的設立。台灣出口擴張的第一個產業是紡織業, 時間點大約是1960年。接下來是直接外人投資的電子業, 起點是1964年通用器材公司在新店設廠。

上述的引文把加工區的設立歸功於李國鼎, 這個講法也過度簡化。嚴家淦 (當時的副總統兼行政院長) 在高雄加工區開幕時致詞說, 他在1963年5月首度提議建立加工區制度, 當時他是財政部長兼美援會副主任委員, 而李國鼎是美援會祕書長。

加工區管理處自己的說法是, 1956年行政院經安會就提出構想, 但1958年7月經安會裁撤之後, 構想也無疾而終。接下來, 有外籍顧問建議在高雄港區設立國際貿易區 (international trade zone)。1963年5月,「自由貿易區」的名詞首度出現, 到了1965年1月25日, 立法院才通過「加工區設置管理條例」。[17]

---

[15] Yen (1967)。
[16] 高雄加工出口區管理處 (2016)。
[17] Kaohsiung Export Processing Zone Administration (1967), 頁11。

美援期間,許多的財經改革政策都是由美方的顧問所提出,加工區最早的構想也有可能來自美援會。當然,嚴家淦與李國鼎對於推動成立加工區也有貢獻。

不過,加工區對於出口擴張的貢獻,並不如一般人所想像的那麼大。外資廠商若選擇在加工區內設廠,確實省下很多繁雜的手續,高雄加工區很快就額滿,也證明它符合廠商的需求。行政院於1968年核定設置楠梓加工區,隔年再設置台中加工區。楠梓加工區的開發面積是222公畝,但到了1984年底,進駐的廠商僅占用了165公畝。[18]換言之,後來廠商進駐加工區的意願並不高。

美國理特公司的報告也說,大部分的直接外人投資都把工廠設在台北附近,而不進入以上三個加工區。另一位學者訪問在台灣設廠的外資,也發現受訪者進駐加工區的意願並不高。受訪者提出各種理由,其中之一是加工區內工廠密集,生產技術不易保密。[19]

工廠不在加工區內,能否也能享受外銷退稅?事實上,台灣在1961年就制訂保稅工廠制度,即使工廠不設在加工區,如果產品全部出口,仍可享受外銷退稅的優惠。

勞工不足

早期,加工區內的工廠全部都是勞力密集產業,廠商很快就發現不容易找工人。為了解決勞工不足的問題,很多廠商前往屏東與台南找工人,並提供交通車的服務運送遠地的員工上下班,但這使得廠商的勞力成本增加25%。[20] 當然,勞力供不應求的問題不只出現在加工區,北部工廠密集的地區也有同樣的問題。但這也說明,加工區的工廠在尋找勞動力上未必有優勢。

高雄加工區靠近高雄港,當初的考慮是商品進出方便。但是,電子零組件之材料進口與成品出口都是以飛機運送,因此,靠近港口

---

[18]Spinanger (1984),頁70。
[19]Schreiber (1970),頁78。
[20]Scott (1979),頁336–340。

並不重要。對廠商而言,工廠設在靠近勞力供給多的地方,比靠近港口更能節省成本。後來設立的楠梓與台中兩個加工區,並非位於港口附近,而是考慮其勞工供給較充裕。

1968年,有一家原本在香港設廠的假髮工廠,在高雄加工區建立第2個工廠。公司一開始的目標是要聘600位員工,但在籌備階段,人事主任已經發現大約只能聘到200多人。人事主任在1950年代中期是由雲南遷移到台灣來,原本落腳在台北,因為謀事不易,才到高雄加工區這一間假髮工廠擔任人事主任。

人事主任後來聽聞,屏東縣里港鄉的信國新村等4個社區的住民,也是1950年代從雲南地區遷來的華人。他前往該社區大力宣傳,也成功吸引不少人到加工區工作。不過,1960年代的交通並不方便,大部分的女工必須在加工區附近租房子。[21]

1970年代,部分電子業者在加工區內設廠,但更多的是設在台北與桃園附近,原因之一是外銷工廠若設在加工區之外,也能享受同樣的優惠。在1973年,台灣已選定50個地方作為工業區,作為工業發展之用。工業區的土地是由政府購入,出租給進駐的廠商。

加工區內的土地只能承租,但區域外的土地如果已經指定為工業用途,而政府尚未購入,則廠商可以自行購買土地,開設廠房。台灣早期的地價便宜,資金充裕的廠商可以直接買地,也是一種投資的管道。這可能是外資廠商不在加工區內設廠的另一個原因。[22]

加工區的出口值占製造業的比率在1970年是7.4%,1974年最高,比率為9.3%,之後則長期下降,1990年為5.6%。[23]加工區的設立對於某些廠商有吸引力,但是,把加工區的設立視為「創造出台灣經濟奇蹟」,則言過其實。[24]

---

[21]訪問楊名周先生,2021/2/27。
[22]Arthur D. Little (1973b),頁23–24。
[23]蕭峰雄 (1994),頁308。
[24]吳聰敏與蔡宛樺 (2018)。

　　1960年的出口擴張是台灣高成長的起點, 也使人均所得持續增加。在以上的過程中, 女性員工的地位也提升。加工區的女工, 學歷愈高, 薪水通常也愈高, 但工作性質不同。例如, 學歷高者有機會負責品管工作。在1960年代晚期, 加工區的女工, 高中畢業起薪480元, 初中畢業420元, 小學畢業360元。[25] 高學歷者的薪資較高, 這也可能使家長願意讓女兒取得較高的學歷。

　　在美援的引導與壓力下, 1960年代初期台灣創造出民營企業發展的有利環境, 而且, 政府對直接外人投資的態度積極。台灣鼓勵直接外人投資的政策相當成功, 也是電子業成長的起點, 其發展持續至今。其他國家在直接外人投資的政策為何? 以下簡單說明墨西哥, 南韓與日本的情況。

24.3　墨西哥、南韓與日本

1960與1970年代, 美國電子業廠商在海外組裝的零組件與電視機, 幾乎全數回銷美國。因此, 除了工資高低之外, 運輸成本也是選擇何處設廠的重要考慮。墨西哥, 拉丁美洲與加勒比海國家靠近美國, 因此, 若只考慮運輸成本, 以上國家應該是美國廠商的首選之地。

墨西哥

美國福特 (Ford) 公司早在1920年代就在墨西哥設廠, 但產品只在墨國境內銷售。1954–1972年期間, 墨西哥的人均 GDP 成長率是3.7%, 研究者稱此一時期為「穩定的發展」(stabilizing development)。但是, 墨國北方邊境地區的經濟狀況並不好。

　　美國在1942年曾通過「外籍勞工計畫」(Bracero Program), 允許墨西哥人越過邊境到美國工作。不過, 此一政策在1964年廢除, 墨西哥人無法再進入美國, 而原先在美國境內的墨西哥人則被遣送回國, 造成北邊地區嚴重的失業問題。為了解決失業問題, 1965年墨西哥

---

[25]蕭伊伶 (2014), 頁124。

政府推出「邊境工業化計畫」(Border Industrialization Program),
鼓勵本地資本與外資在邊境地區設立工廠。

在墨國北邊地區設立的工廠稱為「加工出口工廠」(*maquiladora*),
主要集中在提華納 (Tijuana), 諾加利斯 (Nogales), 與華雷斯城三個
城鎮地區。「邊境工業化計畫」一開始是希望本國企業前往設立工
廠, 但實際上, 前往設廠的大部分是美國的廠商。而且, 一直到1968
年的 RCA 公司之前, 以中小企業居多。不過, 到了1973年, 加工出口
工廠已經有168家, 包括 RCA 公司, 增你智公司, 快捷公司等大廠。
以廠家數目來看, 墨西哥似乎比台灣更能吸引外資廠商, 不過, 以產
量來看, 事實剛好相反。

1973年美國共計進口彩色電視機139.9萬台, 其中, 日本占105.9
萬台, 台灣32.5萬台, 南韓2千部。[26] 若以黑白電視機的產量而言, 1975
年, 台灣的產量是259.9萬台, 而墨西哥是48.9萬台。[27] 台墨兩國的電
視機主要是由外資廠商生產, 顯然, 以直接外人投資帶動消費性電子
業的發展而言, 台灣的表現比墨西哥好很多。

表24.2比較台灣與墨西哥外資電子業廠商所僱用的員工人數。
截至1971年為止, RCA 公司在墨西哥僅僱用350名員工, 但台灣的工
廠在1970年底僱用員工2,300人。若以通用器材公司而言, 1973年台
灣工廠的員工數目是墨西哥工廠的36.7倍。

墨國政府提供原材料進口免稅的優惠, 但規定加工後的產品必
須出口。[28] 這項優惠條件與台灣的加工區類似, 不過, 墨國政府加上
一些限制條件。例如, 美國企業若在加工出口區設立工廠, 其產品僅
能賣回給母公司。[29] 此一限制的動機為何, 並不清楚。

墨國政府在1965年就宣布「邊境工業化計畫」, 但法令的細節卻
遲遲未公布。一直到1971年, 墨國政府才規定在加工出口區內的外

---

[26] Office of Technology Assessment (1983), 頁116。
[27] Gao and Tisdell (2004), 頁18。
[28] Cowie (1999), 頁100–126。
[29] Wilson (1992), 頁36–37。

表 24.2: 直接外人投資僱用人數: 台灣與墨西哥

	台灣	墨西哥
RCA	2,300 (1970)	350 (1971)
通用器材	16,499 (1973)	450 (1973)

來源: RCA 公司, 台灣, 林榮芳 (1972); 墨西哥, Cowie (1999), 頁 114。通用器材公司, 台灣, 陳信行 (2006), 頁 19; 墨西哥, Wilson (1992), 頁 75–76。

資廠商可以擁有百分之百股份。在墨西哥其他地區, 外資最多只能擁有49%的股份。相對的, 台灣對於外資的規範寬鬆很多。例如, 外資工廠的股份可以百分之百持有, 利潤可以匯出。另外, 企業開始營運的2年之後, 不超過投資金額15%的資金可以匯回母公司。[30]

墨西哥的優勢是與美國的距離近, 但是, 以勞力密集的產品而言, 工資仍然是成本高低的重要因素。圖24.2比較墨西哥與台灣的工資, 在1960至1970年代, 墨西哥的工資遠高於台灣。此外, 加工出口工廠建廠之後, 強勢的工會也隨之而起, 這提高了外資廠商的成本。

相較於台灣, 墨西哥加工出口工廠除了僱用人數較少之外, 工廠的自製率 (local content rate) 也很低。自製率是指工廠使用的原物料中, 從國內工廠購入的比率。自製率高表示工廠使用的原物料大部分是從本地的工廠購買, 而不是進口; 換言之, 上游產業已經發展起來。例如, RCA 公司的電視組裝廠一開始可能連外殼都要從美國進口, 如果本地廠商能生產外殼, 電視組裝成本會下降。

1960年代中期, 外資在台灣設廠時, 一開始的自製率很低。但到了1978年, 電機與電子業的自製率已接近50%。相對的, 依據1980年代晚期的調查, 墨西哥加工出口區的自製率不到2%。[31] 調查報告發現,「邊境工業化計畫」地區的墨西哥本地工廠的產品有三大問題:

[30]劉敏誠 (1972); Chen (1974), 頁 134–135。
[31]Schive (1990), 頁 75; Brannon, James, and Lucker (1994), 頁 1933–1934。

434

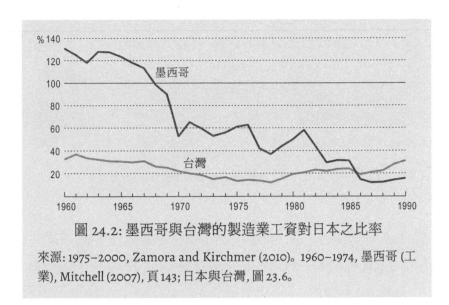

圖 24.2: 墨西哥與台灣的製造業工資對日本之比率

來源: 1975–2000, Zamora and Kirchmer (2010)。1960–1974, 墨西哥 (工業), Mitchell (2007), 頁143; 日本與台灣, 圖23.6。

價格偏高, 品質不佳, 交貨不可靠。[32] 因為有以上的問題, 廠商若使用墨國廠商生產的材料, 成本反而高於直接從美國進口。

　　綜合以上所示, 墨西哥在爭取直接外人投資上不如台灣, 可以歸結到三個因素。第一, 政策不明確, 因此國外廠商投資設廠的風險較高。第二, 工資相對較高。最後, 加工出口區的自製率很低, 表示外資廠商無法在墨國境內取得廉價而且品質可靠的原物料, 這也造成生產成本上升。

南韓與日本

南韓的經濟從1970年代開始發展, 到了今天也是成就非凡, 但是台韓兩國的發展策略不同。南韓政府的經濟發展策略模仿日本, 鼓勵財閥 (chaebol) 的發展。南韓的電子業也是靠出口推動。但是, 台灣早期的電子產品出口主要是外資廠商生產, 南韓的政策則是抑制直接外人投資 (FDI has been kept low), 出口品主要是由本國大企業生

---

[32] Institute for Manufacturing and Materials Management (1989), 轉引自 Brannon, James, and Lucker (1994), 頁1934。

表 24.3: 直接外人投資: 台灣與南韓

	全部產業	電子電機
台灣僑資 (1953-1970)	163.0	4.9
台灣外資 (1953-1970)	396.2	216.2
韓國外資 (1962-1969)	90.0	13.0

單位: 百萬美元。來源: 台灣, 劉敏誠 (1972); 南韓, Hong (1997)。

產。此外, 南韓國內投資的財源很大一部分來自對外舉債。相對的, 台灣的直接外人投資多, 但外債很少。[33]

表24.3比較台灣與南韓的直接外人投資, 其中, 台灣尚區分僑資與外資; 但以電子電機業而言, 外資遠高於僑資。1962-1969年期間, 南韓製造業的直接外人投資金額是82百萬美元, 電機電子業為13百萬美元。相對的, 1953-1970年期間, 台灣核准的華僑投資為163.0百萬美元, 外國人投資為396.2百萬美元, 兩者合計為559百萬美元。[34]

不管是電子電機業或全部產業, 台灣的外資都遠高於南韓。此一時期, 南韓與台灣的工資水準差異不大, 因此, 兩國直接外人投資的規模不同, 應該是政策所造成的。

雖然南韓的政策不鼓勵直接外人投資, 但針對半導體產業, 政府卻努力引進外資。1966年, 美國的快捷公司與西格尼蒂克 (Signetics) 公司前去南韓設廠, 隔年, 摩托羅拉 (Motorola) 公司也前往設廠。不過, 這三家公司工廠都是半導體封裝與測試, 也是勞力密集的生產線。[35] 台灣的半導體組裝產業也大約在同一時期起步。1966年, 通用器材公司在高雄加工區內設立高雄電子公司, 進行半導體封裝與測試, 性質與在南韓的3家外資工廠相同。

[33] Office of Technology Assessment (1991), 頁 311。
[34] 劉敏誠 (1972), 頁 46-48。
[35] Lim (2016), 頁 53, 100-101; Office of Technology Assessment (1991), 頁 317。

　　南韓的發展策略效法日本,因此,我們不難猜測日本政府對直接外人投資也不積極。1960年代,美國消費性電子市場因為日本產品進口發生結構性的轉變,國內電子廠商大受衝擊。當時,日本的工資仍低,因此,歐美電子大廠也曾嘗試前往日本設廠,不過,當時日本政府規定,直接外人投資一定要有日本人參與,而且,日本人的股份至少要占50%。[36]

　　例如,1952年荷蘭的飛利浦公司與日本的松下公司(Matsushita)合資成立 Matsushita Electronics Corporation (MEC) 公司時,日本的通商產業省 (Ministry of International Trade and Industry,簡稱為通產省) 規定日方資本要超過50%。[37] 以上政策的用意是保證日方的出資者在公司經營上擁有決策權,而且,也能掌握外國廠商所引入的技術,但是飛利浦公司可能不樂意接受。相對的,台灣的規定較寬鬆,產品外銷的外資企業可以擁有百分之百的股份。

　　以上的日本,南韓與墨西哥的例子,當然不能涵蓋所有的國家,但1960年代的台灣或許是全世界對直接外人投資限制最少的國家,也因此成為歐美日廠商對外直接投資的首選之地。

24.4　「開往中國的慢船」

1970年,RCA 公司關閉曼非斯市的工廠時,把黑白電視機的產線移到墨西哥與台灣。哪一邊的生產會比較順利,一開始沒有人知道。不過,墨西哥北邊工業區的美國企業經理人預測,因為位置鄰近美國,運輸成本低,墨西哥的發展會打敗「開往中國的慢船」(slow boat to China),以上這句話裡的「中國」是指台灣。[38] 事後看來,「開往中國的慢船」遠多於前往墨西哥的卡車。

　　圖 24.3 為台灣的直接外人投資 (淨流入) 占 GDP 之比率,並與全球平均比較。台灣的直接外人投資比率在1960年代中期開始上

---

[36]Schreiber (1970),頁 63。

[37]Putten (2004),頁 499,註 30; Panasonic Group (2022)。

[38]Cowie (1999),頁 115。

圖 24.3: 直接外人投資占 GDP 比率

台灣為僑外資核准金額, 全球平均為 foreign direct investment, net inflows。來源: 台灣, 蕭峰雄 (1994), 頁 274; 全球平均: World Bank。

升, 1971年是最高點, 比率為 2.42%。同一年, 墨西哥是 0.70%, 南韓是 0.67%, 世界各國的平均則是 0.47%。1970年代初期, 台灣的直接外人投資比率並非全球最高。因為有些歐美國家的企業前往開發中國家投資石油、礦業與鐵路, 金額都非常龐大。但如果只計算製造業, 台灣的直接外人投資的比率可能是全球最高的國家之一。

　　前面已提過理特諮詢公司在1970年代初期的評估報告, 它提出10項特點說明台灣在製造業的比較利益, 其中最重要的前4點如下:

- 低工資的勞動力充沛, 涵蓋各種技術水準, 可訓練, 且生產力高。

- 無勞資糾紛。

- 基礎建設良好。

- 政府對直接外人投資的態度積極, 而且政策方向一致。

第3點所提到的基礎建設, 主要是日本殖民統治時期所建立, 1950–1965年期間的美援則進一步強化。第4點則指出當時財經官員爭取直接外人投資的積極態度, 包括制訂誘因政策。

　　二戰之後,開發中國家普遍認為,進口替代之工業化政策才能打下產業發展的基礎。台灣的財經官員在推動直接外人投資政策時,主要是著眼於解決失業人口多的問題。但是,出乎意料之外的是,台灣從零組件與電視機的組裝的勞力密集產業,一步一步地發展出技術與資本密集的上下游產業,最後成為半導體製造的王國。這是以下兩章要講的故事。

25
供應鏈

"因為承接了這一個系統, 我們去培養這個外殼供應
商, 塑件供應商, 電源供應商, 然後這個線材供應
商, PC 板供應商, 尤其是 PC 板, 台灣那時候也很
少做那麼大片的多層板,所以經過這樣的慢慢的把
整個配套環境建立起來。"　　　　　　林玲妃 (2011b)

1964年11月底,通用器材公司在新店的台灣電子公司工廠開工運轉,生產電視機用的零組件,5年之後,台灣的電視機組裝廠商已經出口彩色電視機到美國。再經過4年,美國進口的彩色電視機裡,台灣所占的比率超過20%。換言之,台灣的電子業從零組件組裝開始,不到10年的時間就變成電視機出口的大國。

電視機與零組件的組裝是勞力密集產業,台灣電視機產業的興起解決了高失業率的問題。不過,廠商很快就瞭解到,電子業不能一直停留在勞力密集的生產型態上,一方面是勞力密集產業的利潤不高,另一方面,勞力密集的工廠是很容易被其他低所得國家的廠商所取代。

台灣以電子產品與紡織品出口為動力的高成長,大約經過20年之後,就面臨中國的競手。1980年代初期,中國實施改革開放政策,因為人口多,勞力充沛,工資更低,台灣的勞力密集產業的廠商逐漸被中國的廠商所取代。除了外資改成到中國設廠之外,台灣的廠商也前往中國設廠,而最早前往中國設廠的都是勞力密集產業的廠商。

電子產品事實上是由電子零組件組合而成。以電視機為例,除了機殼之外,內部就是映像管,偏向軛與調諧器等零組件。對於電視機的組裝廠而言,若零組件可以就近取得,即可省下運輸成本,最後的總製造成本也會比較低。

25.1 電視機映像管

1970年前後,美國的 RCA,艾德蒙,飛歌,與增你智等電視機大廠來台灣設立組裝電視機的生產線,產品全數回銷美國。傳統電視機內,體積最大,重量最重的一部分是映像管。對於台灣的電視機組裝廠而言,如果映像管由美國運來,組裝成電視機後再運回美國銷售,運輸成本會很高。因此,歐美的電視機廠商來台灣設組裝廠時,一定已經考慮了如何取得映像管的問題。

有需求就有供給, 美國的克林頓 (Clinton) 公司於1969年就在中壢設廠, 生產黑白電視機用的映像管。克林頓公司一開始設廠時的產能是50萬支, 但是, 1969年台灣黑白電視機產量已經是93.1萬台, 不足的映像管是由日本進口。

隔一年, 荷蘭的飛利浦公司也在竹北設廠, 生產映像管與映像管用的玻璃, 產能是170萬支。[1] 不過, 台灣的電視機組裝產業快速成長, 到了1973年電視機產量已增加為413.9萬台, 故兩家工廠的產量合計仍不敷需求。不足的部分是由日本進口東芝 (Toshiba) 與日立 (Hitachi) 兩家公司的映像管來補足。

映像管的需求量大, 國內的廠商也注意到。大同公司於1971年與 RCA 公司及國內數家廠商合資, 成立中華映管公司 (以下簡稱為華映公司), 生產黑白電視機的映像管。因此, 從1969到1971年, 台灣有3家映像管工廠先後設立。

飛利浦公司

飛利浦公司對於台灣電子業的發展扮演關鍵性的角色。早在1962年, 飛利浦公司的總裁飛利浦 (Frits Philips) 先生就到台灣來, 評估在台灣設廠的可能性。[2] 1966年, 飛利浦公司在高雄加工區設立一間工廠, 組裝磁芯記憶體 (magnetic-core memory), 這是早期的電腦儲存資料的記憶體。

1970年飛利浦公司在竹北設廠, 生產映像管與映像管用的玻璃。這間工廠登記的資本額是12,500萬美元, 在1972年底是台灣資本額最高的直接外人投資。公司僱用了1,148名員工, 因此, 平均每一位員工對應的資本額是10.9萬美元。相對的, 增你智公司在中壢的黑白電視機工廠, 登記資本額是225萬美元, 員工數是1,318人, 平均每一位員工對應的資本額是0.2萬美元。由此可見, 相對於電視機組裝, 映像管生產是資本與技術密集的產業。

---

[1] Arthur D. Little (1973b), Appendix D。
[2] 以下關於飛利浦公司在台灣的投資, 主要依據 Putten (2004)。

開發中國家常擔心直接外人投資只是前來使用廉價的勞力, 本國的技術不會因此而進步。從另外一個角度來看, 到海外設廠的國際企業擁有先進的技術, 這是其利潤來源; 非萬不得已, 他們也不想讓技術外流。因此, 開發中國家的擔憂似乎不無道理。不過, 由克林頓與飛利浦兩家公司的案例來看, 一旦台灣電視機組裝的量夠大, 技術密集與資本密集的廠商為了利潤, 就會前來設廠。

飛利浦公司在竹北設立映像管與映像管用的玻璃工廠, 工廠內有少數的高階管理者與技術人員是由荷蘭直接過來, 但大部分的中階以下的管理者與技術人員都是台灣的員工; 台灣的技術員工很快就學習到映像管及玻璃製造的技術。因此, 克林頓與飛利浦兩家公司來台灣設廠, 可以說是台灣跨入映像管與映像管玻璃技術的起點。

華映公司比飛利浦公司的竹北廠晚一年成立, 經濟部先後批准這兩家公司的設立時, 曾發生一件插曲。飛利浦公司提出設廠申請時, 公司總裁飛利浦先生以為台灣政府已同意, 兩年半之內不會再批准其他相同性質的工廠設立。1970年底, 他發現經濟部已考慮要批准華映公司 (其中含有 RCA 公司的資本) 設立, 馬上寫信向副總統嚴家淦與行政院長蔣經國抗議。不過, 此一抗議似乎沒有產生效果, 而飛利浦公司的建廠計畫已經啟動, 無法停下來。

目前不知道當時的政府部門如何回應抗議信事件, 也不知當初是雙方的認知有落差, 或者是有官員做出承諾, 但後來無法履行。不過, 飛利浦公司的映像管工廠的生產與銷售都很順利。1972年, 竹北廠新增一條產線, 一年之後, 年產量合計已達208.9萬支。

1976年, 飛利浦公司竹北工廠是全球最大的黑白映像管工廠。同一年, 飛利浦公司新設一間彩色映像管工廠, 並收購美商班迪克斯 (Bendix) 公司在台灣的工廠, 該工廠生產電視機銷售至歐洲市場。以登記資本額計算, 1976年底飛利浦公司是台灣第2大的電子公司, 僅次於大同公司。1980年, 飛利浦公司的黑白映像管的年產量是400萬支, 彩色映像管70萬支。

中華映管公司

華映公司於1971年成立,但一開始就不順利,生產的映像管雖然於1974年開始外銷,但品質問題始終無法解決。1975年,RCA公司及國內其他廠家先後撤資,由大同獨撐全局,但技術問題也沒克服。最後,大同公司與日本東芝公司簽訂技術移轉的合約,到了1986年才開始轉虧為盈。[3]

華映公司是電子業者從勞力密集轉型為技術密集的案例。但是,前後大約經過15年的努力,華映公司才克服技術上的問題,而且到最後是透過日本公司的技術移轉。整體而言,華映公司並不是一個成功的案例。不過,技術升級本來就是高風險,有人成功,有人失敗,而市場的常態是失敗的案例遠多於成功的案例。

華映公司一開始與RCA公司合作時,後者已有能力製造映像管,為何生產上仍然遭遇技術困難? 華映公司成立之初,公司內只有兩個人,其中一位是林正義先生。大同公司派他前往RCA公司在印第安納州的工廠訪察。當時,大同公司的員工出差,範圍只限於日本與東南亞地區,前往美國出差是第一次。因為無前例可循,大同公司以東南亞地區為基準發給出差旅費。

但是,林先生一抵達美國,馬上就發現,公司所發給的出差費根本不夠開銷。回到台灣後,他向公司據實以報,但大同公司並未補償差額,他也很快就辭職離開。林先生後來受訪時說,華映公司初期的經營不順利,是因為大同公司經營者管理不當所造成。[4]

華映公司成立後,政府立刻推出映像管進口替代政策,方法是規定自製率: 若電視機是在國內市場銷售,則製造電視機所使用的原物料,至少有一定的比率必須向國內廠商購買。1965年,內銷黑白電視機的自製率規定是50%,但是1973年一口氣提高為80%,翌年更上升為90%。

---

[3]吳琬瑜 (1997); 蔡志杰 (2007)。
[4]訪問林正義先生, 2021/4/6。

映像管是傳統電視機裡成本最高的材料項目。以1971年增你智公司的彩色電視機為例,材料成本合計是168美元,其中,映像管的成本是70美元,占41.7%。[5] 黑白電視機的映像管成本會低一些,但比率仍然很高。

當黑白電視機的自製率規定是50%時,內銷的電視機若使用進口的映像管,仍可符合自製率規定。但自製率提高到90%之後,映像管非得向國內廠商購買不可,否則不符合自製率的規定。

國內有哪幾家廠商生產內銷用的映像管?事實上只有一家,那就是在1971年才成立的華映公司。由時間點來判斷,自製率的調升顯然是配合華映公司的成立而訂定的。因為自製率調升,華映公司一成立之後就是內銷市場的獨占廠商。

但是,華映公司的映像管在1980年代中期以前的品質都不理想,這表示在以上期間,台灣消費者所買的電視機,若使用的是華映公司的映像管,品質可能有問題。自製率的規定也就是映像管產業的進口替代政策,在這個案例裡,付出代價的是台灣的消費者。

黑白電視機自製率的規定於1984年起取消,我不清楚當時取消管制的理由為何。[6] 不過,到了這個時候,華映公司經由東芝公司的技術移轉,已經解決生產技術的問題。

回到飛利浦公司的映像管工廠。1970年代該公司所生產的映像管,一部分是供國內市場消費。當時政府的規定是,如果產品在國內市場銷售,要求要有本地的資本參與。飛利浦公司嘗試找台灣的企業家合資,但無成果。後來,經濟部同意在前三年,飛利浦公司可以獨資經營。不過,三年之後經濟部又同意,飛利浦公司可以保持獨資,因此,自始至終並無本地資本參與。[7]

經濟部為何沒有堅持本地資本加入,目前並不清楚。但猜測可能

---

[5] Kenney (2004),頁86。
[6] 蕭峰雄 (1994),頁87–92。
[7] Putten (2004),頁514。

是因為當時華映公司已成立,經濟部也許認為台灣廠商很快就會有製造映像管的技術。

25.2 零組件

克林頓與飛利浦兩家公司的映像管工廠開工後,台灣的電視機組裝廠商可以就近取得映像管,不需再由國外進口,因此,電視機生產的成本下降,廠商的競爭力提升。除了外殼之外,電視機可以分成兩大部分,映像管與電子零組件。我們不難推測,如果克林頓與飛利浦兩家公司會來台灣設廠,國外的電子零組件工廠也會前來。

事實上,台灣最早的電子外資是1964年的台灣電子公司(後來改名為台灣通用器材公司),主要的產品就是電視機用的調諧器。

台灣通用器材公司的成功經驗吸引其他外資前來設廠,橡樹遠東電子公司(Oak Far East)是其中之一。橡樹遠東電子公司於1972年在台北設廠,生產電視機用的調諧器,登記資本額是30萬美元,產品也是全部出口。[8] 因為營運順利,公司很快又設立橡樹電子材料公司(Oak Materials Taiwan),主要產品是印刷電路板基板(Laminates),供本地的電視機與電腦廠商使用。[9]

橡樹電子材料公司

橡樹電子材料公司雖然是美資,但找黃任中當董事長,他是中國國民黨元老黃少谷的兒子。公司內的高階主管大多是台灣人,因此,雖然是百分之百外資,但台灣的員工很快就學習到印刷電路板基板的生產技術。

印刷電路板基板需要三項材料,玻璃纖維布(glass fiber),環氧樹脂(epoxy rasin),與銅箔(copper foil)。玻璃纖維布的技術來自日本JX金屬株式會社(JX Nippon Mining & Metals)的授權。日商為何願

---

[8]Arthur D. Little (1973b),頁 D-1。
[9]訪問鍾慶仁先生,2020/1/29, 2020/2/9。

意授權? 原因是當時台玻公司已經有能力生產類似的產品。如果日方不願意授權, 橡樹電子材料公司不難找到其他的公司來合作。由此可知, 除非技術是全球獨一無二, 否則擁有進階技術的廠商也要考慮競爭者的動向。對於尋求技術授權的台灣廠商而言, 這是有利的談判條件。

環氧樹脂的技術原先是希望取得瑞士汽巴・嘉基 (Ciba-Geigy) 公司的授權, 但未獲得對方同意。經過談判, 最後是由汽巴・嘉基公司, 橡樹電子材料公司, 以及台灣另一家廠商合資, 在台灣設立一家公司生產。

以上的玻璃纖維布與環氧樹脂之生產, 對於1970年代初期的台灣廠商而言, 已經是較高階的技術。外資為何有意願來台灣設廠生產? 原因是電視機廠商如果能在本地買到印刷電路板基板, 生產成本會下降。1970年代, 台灣的電視機產量已經非常大, 因此國外的零組件廠商有強烈的誘因前來設廠。

以上的情況與上一節所說的映像管工廠公司完全一樣, 不同的地方是, 克林頓與菲利浦兩家公司都是百分之百的外資。相對的, 環氧樹脂工廠也是由外資主導設立, 但後來有台灣廠商加入。上一節所說華映公司則是由大同公司主導設立, 但有外資廠商參與投資。事後看來, 環氧樹脂工廠與華映公司都是中外合資。

二手工作機台

台灣的電視機組裝業開始發展時, 半導體 (semiconductor) 產業也萌芽。早期的半導體元件稱為電晶體 (transitor), 電晶體元件的封裝與測試也是勞力密集, 因此台灣在1960–1970年代也具有比較利益。電晶體產業的起點也是直接外人投資, 上面提到飛利浦公司在加工區設記憶體組裝廠是早期的例子。

台灣本土的廠商如何進入電晶體產業? 高雄電子公司提供一個有趣的小例子。1966年, 美國加州通用微電子 (General Microelec-

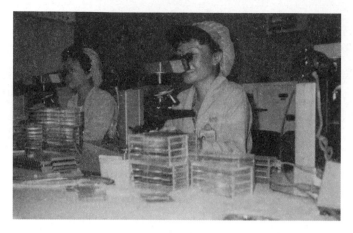

圖 25.1: 高雄電子公司早期的工作機台

來源: 蕭伊伶 (2014), 頁 89。

tronics) 公司在加工區設立高雄電子公司, 到了 1971 年, 這一家公司由通用器材公司收購。高雄電子公司的生產線是電晶體與積體電路封裝, 圖 25.1 是該公司早期使用的工作機台。

劉安民女士從 1969 年開始, 就在高雄電子公司上班, 起薪是新臺幣 480 元, 她後來在接受訪問時說:[10]

"以前高電(高雄電子公司)真的很守規矩, 像國家規定這種機子三年要淘汰, 就真的淘汰, 然後又有一些員工知道這些機器的性能, 就跟相關業務部門講一講, 來收買這些被淘汰機器, 在外面成立公司, 就兩部、三部這樣做起來的家庭式工廠。"

為何國家規定機器的使用年限? 原因是採購電子晶片的包括政府部門及國防單位, 晶片會使用在航太工程與國防軍事用途等精密設備上, 買方對於品質的要求較嚴格。[11]

---

[10]蕭伊伶 (2014), 頁 12。
[11]感謝蕭伊伶小姐提供資訊。

高雄電子公司有一位外籍總經理,底下的員工則大多是台灣人。劉安民女士所提到,員工收購二手機器,可能是類似圖25.1的機台。這些員工在高雄電子公司裡受過訓練,操作二手機器當然不成問題。二手機器設備所生產出來的產品,品質可能不如外資工廠,有些電子產品需要精密的電晶體元件,但也有一些對於電晶體元件的品質的要求沒有那麼高。

外資廠商所生產的精密電晶體售價較高,二手機器所生產的普通品質的電晶體,售價會較低,因此也不難找到客戶。當然,只要二手機器的廠商繼續努力,產品的品質即能提升。

25.3 個人電腦產業

1970年代晚期,電視機產業的市場逐漸飽和,但是,個人電腦產業(簡稱為 PC) 緊接著出現。電視機與個人電腦都是由電子零組件組裝而成,台灣在電子零組件產業上已經有相當好的基礎,因此,很順利地跨入個人電腦產業。此外,早期的個人電腦使用映像管顯示器,一些電視機廠商也順利地轉型為顯示器廠商。

圖 25.2為筆記型電腦,桌上型電腦,與主機板等三項產品,台灣廠商的出貨量占全球的比率。2000 年之後,台灣廠商在筆記型電腦與主機板兩項產品的產量,全球占有率最高。不過,電腦雖然由台灣廠商製造,但上面所掛的可能是美國品牌。

另外,雖然電腦是由台灣的廠商出貨,但工廠可能是在中國。以2011年為例,全球主機板出貨量是149.8百萬片,台灣廠商的出貨量為120.2百萬片,所占比率為80.2%;而台廠的出貨量中,僅2.5%是在台灣生產。換言之,台灣主機板廠商海外生產的比率高達97.5%。相較之下,1999年主機板廠商海外生產的比率是40.5%,因此,海外生產的比率長期上升。

不同的產品在海外生產的比率也不同。一般而言,勞力密集或低技術的產品,海外生產的比率較高。例如,1999年時滑鼠與鍵盤兩項,

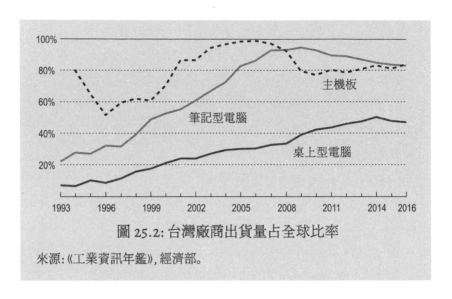

圖 25.2: 台灣廠商出貨量占全球比率

來源:《工業資訊年鑑》,經濟部。

海外生產的比率都已超過90%。[12] 台灣的電子業經過30年的快速成長,已經由勞力密集變成技術與資本密集。勞力密集的生產線移往海外,技術與資本密集可能仍留在台灣。這個現象與1960年代的歐美日電子廠商,把生產線移來台灣的情況類似。

1984年,宏碁電腦公司接到國際電話與電報 (International Telephone & Telegraph,以下簡稱為 ITT) 公司的一筆大訂單,為了處理這一筆大訂單,宏碁公司很快地成立明基電腦公司,是由李焜耀先生負責。他後來在接受訪問時,說明個人電腦組裝業如何帶動零組件產業的發展。

國際電話與電報公司來台灣找代工廠商,目的是要降低成本。如果整部主機的材料,例如,電源供應器與機殼,要從美國進口,則生產成本可能反而高於在美國生產。本章一開頭的引文是李焜耀先生接受訪問時所說的話,他的說明值得完整地引述如下:[13]

"台灣第一次做這麼大的數位產業,很多 know-how (專門技術) 還是從這個 ITT 這邊過來,他們有很多經驗豐

---

[12]Curry and Kenney (2004),頁135。
[13]林玲妃 (2011b),頁14–22。為方便閱讀,文字略做編輯。

富的工程師過來教導,我們的人過去把產品順利的承接過來,其實這個過程最困難的是,材料的本地化,畢竟他在美國設計的產品,他有用了很多材料了,不見得在台灣能夠找到同樣的供應商。

　　譬如說外殼或 power supply (電源供應器),那時候 power supply 找那個香港的去買,工廠在馬來西亞,但是我們總覺得這樣做太辛苦,太貴了,溝通也不方便,所以那時候我們才去找台達把它複製起來,請台達進來做這個 power supply。

　　慢慢的把這個技術在台灣落實。所以因為承接了這一個系統,我們去培養這個外殼供應商,塑件供應商,電源供應商,然後這個線材供應商,PC 板 (電腦印刷電路版) 供應商,尤其是 PC 板,台灣那時候也很少做那麼大片的多層板,所以經過這樣的慢慢的把整個配套環境建立起來。

　　所以說我們配套環境的建立喔,也是整個這種製造的移轉,他們老外叫做 transplant (移植),transplant 過程最困難最大的挑戰,就是要把整個 value chain (價值鏈) 等於要在台灣再重新建立,要移植過來。...

　　所以這個東西喔我就感觸很深,一個系統型的產品對於整個就業,或者是整個技術的養成,不是只有我們自己,周邊的配套的公司都可以得到非常大的利益,所以我們工廠可能用僱了一個人,外面的配套廠商加起來可能僱用兩個到三個人。"

李焜耀先生以親身的經歷,說明供應鏈的重要性,也說明電視機產業所建立的供應鏈有些可以直接用在個人電腦產業,例如,PC 板,但也有些是以往沒有的,例如,電源供應器。電視機產業所建立的基礎,對於個人電腦產業的興起,顯然是有幫助的。

25.4 「製造零組件的能力」

1970年代初期,美國理特公司接受經濟部的委託,來台灣調查工業發展的潛力。理特公司後來出版一系列的報告,其中有一本是以電子業為對象,報告中指出,「台灣已具備製造零組件的能力,但須再加強。」[14] 為何需要加強製造零組件的能力? 原因是這可以使最終產品的生產成本下降。以今天的名詞來說,理特公司認為台灣要儘速建立供應鏈 (supply chain)。事後看來,這句話預言了台灣電子業發展的道路。

台灣1960年代的電子業主要是電視機與收音機,1980年代開始是個人電腦,21世紀之後則是以手機為主。不過,打開電子產品的機殼,裡面都是各式各樣的零組件,因此,電子產品也可以說就是電子零組件的組合。前面第23章一開頭介紹ICT產業細分為4個子產業,第一個就是「電子零組件製造業」。

圖25.3畫出台灣電子業產值之變動,分為電腦,電視影音,電子零組件三大部分。1960年代中期開始,「電視影音」的產值最大,但大約10年之後,逐漸被「電子零組件」超越。「電腦」產業在1970年代中期出現,1980年代隨著個人電腦的普及而快速成長。但是,1980年代開始,電子零組件的產值始終高於電腦 (含手機在內) 與電視影音。以2017年為例,電子零組件的產值是電腦的16.8倍,電視影音的163.4倍。反過來說,電腦與電視影音的產值合計,僅為電子零組件的6.56%。

圖25.4畫出紡織,成衣,和電機與電子3個產業的自製率之變化,以上3個產業是1970年代最重要的民營出口產業。從1972年到1978年,成衣業的自製率下降,紡織業的自製率大約不變,電機與電子業的比率則上升。

---

[14]Arthur D. Little (1973b),頁6。

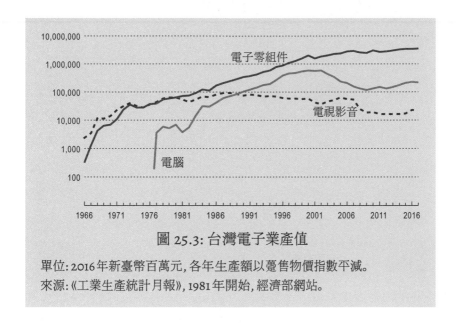

圖 25.3: 台灣電子業產值

單位: 2016年新臺幣百萬元, 各年生產額以躉售物價指數平減。

來源: 《工業生產統計月報》, 1981年開始, 經濟部網站。

　　另一項國外學者的研究使用加工區的調查資料分析, 1972年的自製率僅10%, 到了1979年只增加到30%。[15] 電子業在加工區內為大宗, 因此以上的研究顯示, 進駐加工區內的電子廠商, 相較之下, 比加工區外的電子廠商, 自製率可能較低。

　　那麼, 如何再加強製造零組件的能力? 不少國家使用自製率之管制政策, 台灣也不例外。

　　台灣早期對許多電子產品也規定自製率, 但對象限於國內銷售之產品, 出口品並不受管制。因此, 外資廠商若產品全數出口, 不受自製率規定的影響。上面說明, 經濟部在1973年曾大幅提高黑白電視機的自製率, 目的是要協助本土映像管產業的發展, 但結果並不成功。

　　規定自製率的政策是否有效, 一直有爭議。以上所講的案例說明, 電視機組裝廠一旦大量設立, 即使無自製率的規定, 本土的零組件廠商一定會因應而生。事實上, 政府強制規定自製率可能反而造

[15]Spinanger (1984), 頁79。

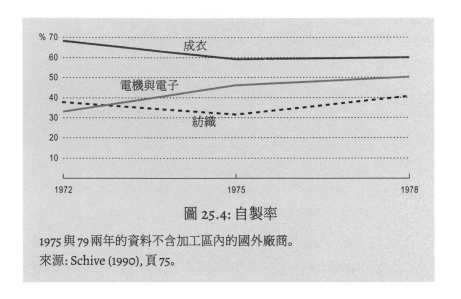

圖 25.4: 自製率

1975 與 79 兩年的資料不含加工區內的國外廠商。
來源: Schive (1990), 頁 75。

成負面影響。在管制之下,電視機廠商非得向本土的零組件廠商採購不可,零組件廠商提升品質的誘因反而會下降。

　　自製率規定產生負面效果的另一個例子是汽車產業。1961年,行政院通過「發展國產汽車工業辦法」,採用管制進口與關稅的保護政策。隔年又規定,營業客車應採用國產汽車。1965年開始,並規定汽車 (3.5噸及以下者) 之自製率為60%。[16] 雖然有以上的管制與保護措施,但相較於其他產業,台灣汽車產業的發展並不順利。

---

[16]蕭峰雄 (1994), 頁 89, 449–469; 洪紹洋 (2020)。

26
遠上寒山

1987–2022

半導體製造業是在半導體晶圓上做出許多的微型電路, 常稱為積體電路 (Integrated circuits, 簡稱為 IC) 製造業。 一般人所瞭解的晶片可能是手機與電腦內的中央處理器 (Central processing unit, 以下簡稱為 CPU) 與動態記憶體 (Dynamic random access memories, 以下簡稱為 DRAM)。美國英特爾公司所開發並生產的8086處理器, 是1980年代個人電腦裡的核心元件。

最早期的 Windows 電腦所使用的 CPU 與 DRAM 都是由英特爾公司開發製造的。不過, 個人電腦發明之前, 晶片已使用在電視機與收音機等消費性電子產品上。傳統電視機的體積龐大, 使用者操控功能簡單, 因此所使用的晶片的線路相對簡單。1980年代個人電腦發明之後, 功能更加複雜, 而且電腦本體不能太大, 因此, IC 產業的發展目標是, 如何在一片晶片內放入愈來愈多的元件, 或者說, 如何把電路做得愈來愈細。

早期, 晶片上電路的精細 (又稱為線幅) 是以微米 (micrometer) 衡量, 1微米等於1米的百萬分之一。台灣今天在國際上知名的半導體製造廠包括台灣積體電路公司 (Taiwan Semiconductor Manufacturing Company, 簡稱台積公司) 與聯華電子公司 (United Microelectronics Corporation, 簡稱為聯電公司)。

台積公司在1987年成立時, 它擁有的製程技術是2微米的電路。不過, 到了2020年初它已能量產5奈米的電路, 1奈米等於1微米的千分之一。台積公司剛成立時, 製程技術大約落後當時英特爾公司的尖端技術兩個世代。一個世代大約是2到3年, 換言之, 台灣的技術大約落後尖端國家4到6年, 但到了2022年, 台積公司在晶圓製造上的技術能力已領先英特爾公司。

台積公司在製程技術上領先全球, 表示它有能力製造其他業者無法做出來的精細晶片。另外一種情況是, 其他業者也可以做出來, 但良率 (yield) 太低。目前, 許多高階的處理器都是委由台積公司製造。例如, 超微公司 (AMD) 的 CPU 與輝達公司 (nVIDIA) 的圖形處

理器 (Graphics Processing Unit) 都是由台積公司製造。

　　每一隻手機內也有一片中央處理器。手機比筆記型電腦更小,因此,它的處理器必須做得更小,更省電。高階手機的功能不斷提升,其處理器一定是以最先進的製程製造。目前,蘋果公司的手機內 CPU 大多是由台積公司或韓國的三星 (Samsung) 公司製造。

　　積體電路在1950年代晚期由美國人發明出來,IC 產業最早也是在美國發展。晶片的製造可分為3個階段:(1) 線路設計,(2) 晶圓製造 (fabrication of wafer),(3) 封裝與測試。第1個階段的線路設計是技術密集,第2個階段的晶圓製造則同時是技術密集與資本密集,台積公司的晶圓代工屬於第2階段。第3個階段在早期是勞力密集,但後來也變成是技術密集與資本密集。

　　台灣的 IC 產業與消費性電子業同時起步。1960年代中期,外資來台設廠組裝零組件與電視機時,有幾家積體電路封裝與測試的工廠也來台灣設廠,包括美國的飛哥公司與荷蘭的飛利浦公司。當時的產品是較初階的電晶體。早期的封裝與測試是勞力密集產業,外資公司前來設廠的原因是台灣的工資低。不過,經過大約半世紀的發展,台灣的 IC 產業從設計,製造,到封裝與測試,有完整的產業鏈,而且全部都是技術與資本密集產業。

　　1960年代也有幾家美國封裝與測試工廠到馬來西亞設廠,但半世紀之後,馬來西亞仍然是以封裝與測試為主,並無具競爭力的 IC 設計與製造產業。1970年代,馬來西亞也有企業家想要發展 IC 製造業,但並未成功。[1]

　　台灣如何能從早期的勞力密集的封裝與測試產業,發展出今天的完整的 IC 產業鏈,而且領先全球? 很多人對此問題感到好奇,也提出各種解釋,但有些解釋彼此矛盾。不過,幾乎所有的人都會從工業技術研究院 (簡稱為工研院) 講起。

---

[1]訪問陳文洋先生,2020/12/23。

工研院的成立對於半導體產業的初期發展有幫助,但是,今天台積公司的晶圓製程技術能領先各國,與工研院的關係並不大。

26.1 工業技術研究院

1965年, 台灣已有半導體封裝與測試工廠, 下一個目標是設計與製造。1973年, 經濟部長孫運璿推動成立工研院, 翌年, 孫運璿諮詢任職於美國 RCA 公司沙諾夫 (David Sarnoff) 實驗室的老友潘文淵博士之後, 啟動一項為期4年的 IC 產業發展計畫。同時, 工研院成立「電子工業發展中心」負責推動半導體產業的發展, 後來改稱為電子工業研究所 (Electronics Research Service Organization (ERSO)), 簡稱為電子所)。

1976年3月, 工研院與 RCA 公司簽訂合約, 由 RCA 公司訓練工研院派過去的工程師, 並協助在工研院建立一家半導體製造示範工廠。示範工廠後來將技術移轉給民營企業,以推動產業發展。這個做法與日治時期總督府設立農事試驗場類似。[2] 1977年, 半導體製造示範工廠建立, RCA 公司的技術也移轉過來, 但這不表示半導體產業就會發展出來。一方面, 工研院從 RCA 公司移轉過來的技術是相對較落後的, 另一方面, 產品為何? 市場在哪裡? 都是未知數。

南韓也在1980年代發展半導體產業, 但策略與台灣不同。南韓依循日本的做法, 政府大力補助大財團發展 DRAM 產業。三星, 現代 (Hyundai) 與 LG 財團在取得美國與日本的動態記憶體廠商的授權之後, 投下大量資本, 興建動態記憶體工廠。到了1990年代晚期, 南韓的 DRAM 工廠幾乎已取代日本的工廠。[3]

台灣並無鼓勵大財團的政策,企業以中小型居多。中小型企業的長處是運作較靈活, 但缺點是較無財力投入大筆經費進行研究發展工作; 台灣成立工研院可視為對於中小型企業研究發展的補貼。用

---

[2]朱瑪瓏 (2022)。

[3]Leachman and Leachman (2004), 頁 214。

意良善, 但實際運作時有種種困難, 未必能達成目標。例如, 工研院所引進的技術與後續的研究, 最終是要轉移給廠商。但是, 科技業的發展瞬息萬變, 工研院所能移轉的技術不一定符合廠商的需求。舉例來說, 1980年代台灣曾有廠商想要投入 DRAM 的設計與生產, 這需要最尖端的設計與製造技術, 但工研院並無此項技術。

工研院與 RCA 公司簽約之後的一個月, 工研院派出19名年輕的工程師, 到美國 RCA 公司受訓, 學習 IC 設計, 製造, 測試等技術。[4] 在此同時, 工研院在新竹建立一間3吋晶圓製造的示範工廠, 工程師受訓回來後, 即負責示範工廠之運作。

RCA 公司為何願意把 IC 製造技術移轉給台灣? 對 RCA 公司來說, 技術或專利是利潤的來源, 它可以自己生產產品出售, 但也可以從對外授權中獲利。因此, 只要價格夠高, 它即願意移轉技術。RCA 公司移轉給工研院的是7微米的製程, 在當時是相對較落後的技術。但對於工研院而言, 以落伍的技術為基礎進一步研究發展, 也是一個可行的發展途徑。

當時電子所的工程師能力強, 示範工廠的良率很快就提升, 超過原先 RCA 公司訂下的目標。接下來的挑戰是商業化生產的訂單。電子所曾經接過電子錶訂單, 也做過音樂卡 IC, 但數量不穩定, 而且, 商業化生產並非示範工廠的目標。[5]

1978年, 工研院電子所向經濟部提議, 由政府與民間企業出資, 成立一家半導體設計與製造工廠。不過, 民間企業的興趣不高, 主要原因是他們認為風險太高。[6] 後來在經濟部的施壓之下, 交通銀行與幾家民營企業聯合出資新臺幣5億元, 於1980年創立聯華電子公司。若把國民黨的黨營企業也算進來, 政府持股比例達70%。[7] RCA 公司當初所蓋的示範工廠是3吋晶圓廠, 電子所則幫聯電公司蓋一間4吋

---

[4]Chang (2010); Mathews and Cho (2000), 157–165。
[5]林玲妃 (2011d), 頁 24, 33。
[6]林玲妃 (2011a), 頁 17–18。
[7]朝元照雄 (2016), 頁 29–30。

的工廠。

RCA 公司移轉給電子所的是7微米的製程技術, 到了1981年, 電子所已進步到4.5微米的技術。但是, 1980年代初期美國與日本在 DRAM 產業上的競爭激烈, 已經進化到2微米的技術。因此, 聯電公司只能生產較低階的產品, 如電子錶與電子計算器 (calculator)。開發中國家的產業發展, 從低階產品開始是很普遍的做法。1983年, 聯電公司從美國接到大量的電話撥號器訂單, 曾經大賺一筆, 但是, 同年9月撥號器出口急劇減少, 尋找客戶又成為當務之急。

聯電公司剛成立時, 訂單來源不穩定, 這是所有新創公司都會面臨的問題。[8] 如何增加客戶? 曹興誠 (前聯電董事長) 說, 1984年經濟部長徐立德找他, 看看能否把聯電擴大到百億以上的規模。曹興誠的計畫是除了聯電增資之外, 另外政府要支援幾家海外華人創設的 IC 設計公司, 包括國善 (Quasel) 與茂矽 (Mosel) 公司等。如果以上的計畫通過, 聯電的晶片製造廠即有穩定的客戶來源。

當時行政院的美籍科技顧問埃文斯 (Bob Evans, 曾擔任 IBM 公司主管技術的資深副總裁) 建議, 台灣的半導體產業應提升技術層級, 目標是1微米或更精密的製程。[9] 兩項建議的重點不同, 但並不衝突。不過, 擴大聯電公司的計畫所需經費相當龐大, 並非經濟部本身可以決定的。

聯電公司剛成立時, 是一間「垂直整合製造廠」(Integrated Device Manufacturer, 簡稱為 IDM), 從 IC 設計到晶片製造, 一手包辦。當時的 IC 大廠, 如 IBM 與英特爾兩家公司都採同樣的經營模式。以英特爾公司的 CPU 為例, 製造的第一步是構想 CPU 的功能, 接下來, IC 設計部門完成線路設計, 最後再交由製造工廠生產出成品。DRAM 的製造也是經過同樣的過程。

以上的過程不僅需要高技術水準, 最後階段的晶片製造工廠需

---

[8] 林玲妃 (2011e), 頁 9; 林玲妃 (2011d), 頁 33。
[9] 林玲妃 (2011e), 頁 9–11; 林玲妃 (2011a), 頁 25。

要龐大的資金才能建成,因此,IC 設計與製造是技術密集與資本密集產業。有一些 IC 設計公司本身無足夠的資金設立晶片製造廠,只能在線路設計完成後,委託 IDM 工廠把晶片製造出來。

行政院政務委員李國鼎看到聯電公司的計畫後,請當時仍擔任美國通用器材公司總裁的張忠謀表示意見。張忠謀並沒有反對意見,但提了一個問題:「為何聯電沒有打算做 DRAM?」[10] 張忠謀當時人在紐約,應該沒有考慮要來台灣發展,因此,台灣發展 IC 產業的利基為何,可能也沒有深入想過。

1985 年 2 月,聯電董事長曹興誠與經濟部工業局二組組長宋鐵民兩人,飛往紐約與張忠謀見面討論。宋鐵民後來提交給經濟部的報告裡說:「聯電自己進行的投資應予鼓勵,經濟部如果真有意願,可以另立公司,但必須把張忠謀先生請回來主持。」[11] 大約 3 年之後,行政院沒有採用擴大聯電的建議,而是另外成立台積公司,並請張忠謀擔任董事長。

26.2　純晶圓代工

張忠謀的名字很多人耳熟能詳。他出生於浙江,1948 年國共戰爭時,隨家人移居香港。1949 年前往美國,就讀哈佛大學,次年轉學至麻省理工學院 (MIT)。他在 1953 年取得碩士學位,後來進入德州儀器公司,前後工作了 25 年,期間並在 1964 年取得史丹佛大學電機博士。

張忠謀一輩子的工作都與半導體有關,可以說是半導體產業的老兵。早年,行政院長孫運璿與政務委員李國鼎在 IC 產業計畫上尊重他的意見,不無道理。1983 年,他辭掉德州儀器集團副總裁的職位,翌年即受聘為通用器材公司的總裁。不過,大約一年之後就離職,原因是他上任之後發現,公司運作的方向與他的理念不合。

---

[10] 林玲妃 (2011d),頁 46–47。
[11] 吳淑敏 (2019),頁 154–155。

純晶圓代工

早在1982年孫運璿與李國鼎就想要請他來台灣,但沒成功。張忠謀瞭解半導體技術的發展,對於全球的市場也有第一手經驗,1985年他從通用器材公司離職,在俞國華院長,李國鼎政委,與工研院徐賢修董事長力邀之下,前來台灣擔任工研院院長。[12] 他上任後馬上要處理的問題是,「擴大聯華電子生產積體電路」之計畫如何決定。

1985年9月10日,張忠謀前往行政院做簡報,提出兩個方案。[13] 方案 A 是另外成立一家公司,他並取名為「台灣積體電路公司」,經營模式是專業替 IC 設計公司製造晶片,本身完全不做 IC 設計。此一經營模式後來稱為純晶圓代工 (pure-play foundry)。方案 B 基本上是曹興誠原先的提案,但生產技術要現代化。當天出席的人包括行政院長俞國華,政務委員李國鼎,經濟部長李達海,交通銀行董事長謝森中等人。

由與會者的發言可知,很多人擔心風險太高。另外,多數人贊成民營,不要採公營模式。9月10日的會議裡並沒有決定要採哪一個方案,但成立一個五人小組進一步評估。到了11月25日,張忠謀上交一個簽呈給行政院長,其中說明政府出資多少,飛利浦公司出資多少。因此,到了1985年11月底,行政院應該已確定要採取方案 A。

台積公司於1987年2月成立,實收資本額新臺幣13.775億元,行政院開發基金出資48.3%,飛利浦公司出資27.5%,其他的國內民營企業合計出資24.2%,其中台塑公司占5%。依照張忠謀的說法,當時除了飛利浦公司之外,其他國內的民營企業(包括台塑公司)意願都不高,最後會出資應該是行政院施壓的結果。台塑公司雖然出資5%,但在台積公司股票上市 (1994年) 之前就把股份全部賣掉。[14]

台塑公司對於投資台積公司的意願不高,原因可能是認為風險太高,也可能是不認同純晶圓代工的經營模式。此外,台塑公司在當

---

[12] 張忠謀 (2001),頁240。

[13] 林玲妃 (2011d),頁 46–54。

[14] 吳淑敏 (2019),頁 160, 169–170。

時已經與德州儀器公司洽談合資成立 DRAM 工廠的計畫。[15] 也可能
是這個原因,台塑公司對於參與台積公司的興趣不高。

上一章說明,飛利浦公司早從1960年代開始就是台灣最重要的
外資,主要產品包含半導體在內。1987年,飛利浦在台灣兩家公司
的營收淨額合計新臺幣199.61億元,因此,它對台積公司的投資額只
占營收淨額的1.9%。相對的,台塑公司在1987年外銷的營收淨額是
276.42億元,它的出資額僅占本身營收淨額的0.2%。

我們目前不清楚,採用方案 A 的決策最終是如何形成的,但是在
當時參與決策的人員中,應該沒有人想到,這項決策不僅提升台灣
的 IC 產業,也改變了全球 IC 產業的營運模式。

方案 A 的純晶圓代工是前所未見的經營模式:工廠專門幫 IC 設
計廠把晶片製造出來,但本身不做 IC 設計。張忠謀說,這個概念最
早是由加州理工學院的米德 (Carver Mead) 教授所提出,他還在美
國工作時覺得可行,但不確定是否有穩定的客戶來源。

張忠謀在 IC 產業已經有30年的經驗,他熟悉尖端的技術,也瞭
解產業競爭的激烈程度。他也瞭解台灣半導體產業的狀況:技術落
後,研究發展落後,設計能力不足,行銷能力不足,智慧財產權制度不
健全。當時,美國的 IC 大廠,例如 IBM 公司或英特爾公司,都是採
用 IDM 模式經營,張忠謀認為台灣的 IDM 工廠很難與美日大廠競
爭。如果要發展尖端的 IC 產業,他認為純晶圓代工是唯一的機會。

以上的想法言之成理,但是,「市場在哪裡?」純晶圓代工廠能成
功運作的前提是,市場上要有很多本身並無晶圓製造廠的 IC 設計
公司 (又稱為 fabless)。但是,在當時這樣的公司並不多,而且大多是
小公司,對於晶片製造的需求量不大。另一方面,IBM 與英特爾等
IDM 大廠自己能製造晶片,不一定會把製造的部分外包。1987年台
積公司剛成立時,張忠謀自己對於市場在哪裡也沒有把握,他說,「我
僅能懷抱希望 (I only hope for it)。」

---

[15] 林玲妃 (2011c),頁 81–82。

　　台積公司開始營運之後, 初期客戶都是台灣的 IC 設計廠, 但它們的規模並不大。後來接到些大廠的訂單, IBM 公司是其中之一, 但來源也不穩定。台積公司成立後, 前三任的總經理都是對 IC 產業有經驗的美國人。他們熟悉全球 IC 產業市場, 對於推銷台積公司的晶圓代工服務很有貢獻。

　　第 3 任總經理是布魯克斯, 曾在德州儀器公司工作, 後來曾擔任快捷半導體公司的總裁。1991年, 布魯克斯上任總經理之前, 張忠謀對他說,「我們的晶圓廠 A 已經在營運, 目前在蓋另一間 B 廠。但是, 我並不預期會有第三間廠。」[16] 由此看來, 到了這時候, 張忠謀對於台積公司的前景仍無把握。事實上, 到了 1991或1992年, 台積公司的營運已初步穩定下來。[17]

　　在製程技術上, 電子所在1976年從 RCA 公司取得的技術, 已經落後當時最先進的技術一個世代。而到了1987年, 台積公司成立時, 從電子所移轉過來的技術則落後兩個半世代。[18] 不過, 台積公司成立後, 從飛利浦公司獲得較先進的技術授權, 包括 2 微米與 1.5 微米的製程技術。

　　除了提供較先進的製程技術之外, 飛利浦公司另外把它與各國半導體公司的互換授權協議 (cross-licensing agreements) 也移轉給台積公司, 這解決了台積公司可能面臨的智慧財產權的問題。台積公司開始營運後, 有些尖端的客戶提供技術授權, 因此, 公司的製程很快就提升到1.2微米。[19]

26.3　廠商的本質

寇斯 (Ronald H. Coase, 1910–2013) 是 1991年諾貝爾經濟學獎的得

---

[16] Brooks (2000)。

[17] Patterson (2007), 頁 13–14。

[18] Patterson (2007), 頁 11。

[19] Mathews and Cho (2000), 頁 171–172; Leachman and Leachman (2004), 頁 215。

主。他在1937年發表了一篇論文,〈廠商的本質〉(The Nature of the Firm),但一開始並不受重視。1960年,他發表了另一篇文章〈社會成本的問題〉(The Problem of Social Cost) 後,他的影響力出現,成為經濟學界重量級的學者。[20] 前一篇文章的主旨是在分析廠商的本質,或者,廠商為何存在?

這個問題聽起來有點奇怪。寇斯是英國人,他在讀大學的年代,經濟學家熱烈討論市場分工的利益,結論是分工會提升效率。以汽車廠為例,汽車零件可以自行製造,也可以從零件廠買入。依據經濟學家的講法,分工可以提升效率,這表示從外面買入的零件,成本會低一些。以上的推論也說明,為何零件廠商會出現。

不過,寇斯在美國參觀汽車廠時卻發現,有些汽車廠使用的零件是從外面購買,但也有一些是在廠內自行製造。寇斯的問題是:如果分工可以降低成本,為何汽車廠要自行生產某些零件?

寇斯後來自己提出的答案是,零件廠商的售價可能較低,但是,汽車廠在尋找合格的零件廠商與買賣契約的訂定,都需要花時間。把時間成本加上去,零件外購不一定成本較低。此外,汽車廠也會擔心,零件廠商的供貨是否穩定。經濟學後來以「交易成本」(transaction cost) 來稱呼這部分的成本。簡單來說,它指的是廠商所交付的貨款以外的成本。

以上的概念若用在半導體產業上,則 IDM 廠商自行製造晶片,即對照汽車廠自行製造零件。前面已經說明,半導體的製造分為3個階段:IC 設計,晶片製造,以及封裝與測試。在1960年代,封裝與測試已開始分工出去,但是,設計與製造仍在一個工廠 (IDM) 內。為何設計與製造沒有分工? 由寇斯的理論來說,設計廠把晶片製造分工出去,也許單價較低,但是,若交易成本太高,則它會選擇自己製造。

那麼,在半導體產業裡,主要的交易成本為何? 我們可以用張忠謀的話來回答這個問題。他在受訪時說,台積公司創業初期所面臨

---

[20]Coase (1937); Coase (1960)。

的最大挑戰是: 技術與信任 (technology and trust)。[21] 技術容易瞭解,因為當時台積公司的技術仍然遠遠落後,但信任指的是什麼?

半導體廠商若把自己設計的產品委由晶片製造廠生產,它會擔心後者會不會把設計圖洩漏給其他的 IC 設計廠。換言之,IC 設計廠擔心的是,智慧財產權是否有保障? 在台積公司設立之前,IC 設計廠把自己的設計交由 IDM 工廠生產時,也會擔心智慧財產權的問題。

台積公司成立之後,無晶圓製造廠的 IC 設計公司與 IDM 工廠多了一個選擇。台積公司的價格或許較低,但如果不能取得 IC 設計廠的信任,則設計與製造之間的分工並不會出現。早期台灣的智慧財產權制度較不完整,台積公司位於台灣,更難取得國外 IC 設計廠的信任。張忠謀對於智慧財產權制度的感受可能特別深刻,他後來在受訪時,回憶了早期的一件事情。

1968 年,張忠謀和德州儀器公司的執行長謝潑德 (Mark Shepherd) 與李國鼎會面, 希望在中和設廠。謝潑德向李國鼎說,「政府必須重視、保護智慧財產權。」李國鼎生氣地說,「那是帝國主義用來欺負落後國家的東西」,兩人就吵起來了。[22] 不過,後來德州儀器還是在中和設廠,主要產品是積體電路,產品百分之百外銷。[23]

台積公司是如何建立起客戶對它的信任的? 這是公司的機密,外人無法知道細節。但是, 台積公司的成功證明, IC 設計與晶片製造之間的分工是可行的。更重要的是,分工提升效率。三十年來,全球半導體產業的發展,驗證以上的理論。純晶圓代工廠出現之後,IDM工廠的模式沒落,而 IC 設計與純晶圓製造兩個產業則蓬勃發展。[24]

台積公司的成功,改變了全球電子業的經營模式。例如,英特爾公司的競爭對手超微公司大約在 2010 年就把晶圓製造分拆出去。另

---

[21] Patterson (2007),頁 14。

[22] 陳育晟 (2019)。

[23]《經濟日報》,1970/12/17,第 6 版。

[24] Kogut (2004),頁 262; Mathews and Cho (2000),頁 172。

外一家以圖形處理器知名的輝達公司,一開始成立時就只有設計,晶片製造是委外。一向以 IDM 模式經營的英特爾公司,在2020年也宣布考慮要把高階的晶圓製造外包。[25]

　　行政院雖然在1987年沒有採用「擴大聯電」的計畫,但事後看來,聯電公司後來也因為台積公司的成功而間接受益。1995年,聯電公司把 IC 設計部門拆分出去,本身轉型為代工廠,而拆分出去的部門所成立的 IC 設計公司,後來也有很好的發展。例如,聯發科與聯詠兩家公司在全球的 IC 設計市場都占有一席之地。

26.4　豆漿店

網路上流傳一則關於半導體發展的故事,1974年2月7日的清晨,經濟部長孫運璿,潘文淵以及幾位政府官員在台北一家「小欣欣豆漿店」早餐,「一邊用餐,一邊為台灣勾勒電子之路。幾乎拍板定案的早餐會報,竟成為現今台灣當紅半導體產業決定命運的關鍵時刻。」[26]早餐聚會應該是有這麼一回事,不過,把豆漿店的早餐視為是半導體產業發展的關鍵,那就離事實太遠。

　　前面第23章講了1960年代電視機產業的發展,關鍵的因素在於工資低與勞動力品質高,以及政府鼓勵外資的政策。以經濟學的概念來說,戰後初期台灣的比較利益是工資低,因此勞力密集的出口產業能迅速發展起來。

　　比較利益是指製造某項產品的機會成本低,而機會成本是指把製造此項產品的勞力與設備改用於生產其他產品之價值。例如,假設一條電視機生產線1年可以組裝1萬部電視機。現若把這些勞力,土地與設備改用於製糖,可以生產100噸糖,而每噸糖的售價的200元,則組裝1萬台電視機的機會成本就是新臺幣2萬元。換言之,若

---

[25] Fitch (2020)。
[26] 台灣工業文化資產網 (2022)。

組裝電視機的收入高於 2 萬元, 則生產線就會出現, 亦即, 這些勞力與設備不會用於製糖。

　簡化來說, 1960 年代台灣在勞力密集產業上具有比較利益, 意思是說, 美國廠商在台灣設電視機生產線, 生產成本低於美國國內的生產廠。不過, 影響生產成本的因素除了工資之外, 還包括供應鏈, 運輸成本, 基礎建設, 稅制, 匯率制度, 勞動力的品質, 勞工運動與環保等因素。其中, 基礎建設, 稅制, 匯率制度等, 都受政府政策的影響。前面第 20 章說明, 1950 年代的匯率與貿易管制把台灣工資低的優勢完全消除, 造成紡織品在國際市場上無法與其他國家競爭。

　台灣高成長的經驗說明, 政府在經濟發展中確實扮演重要的角色, 但政府政策的目標是要強化比較利益, 並避免管制政策抵消本身所具有的優勢。

　回到小欣欣豆漿店的故事, 故事中說, 1974 年 2 月參加早餐店聚會的人「勾勒電子之路」, 意思似乎是說, 他們當時已經知道, 台灣在半導體產業上有比較利益。這當然是誇大其詞。台灣有很多政府積極推動的產業, 後來以失敗收場, 1960 年代的「發展國產汽車工業辦法」是早期的例子。事實上, 半導體產業本身也有一個慘痛的例子。

　1980 年代, 台灣的 PC 產業已經蓬勃發展, 但因為 DRAM 價格波動很大, PC 廠商相當困擾。早期, DRAM 主要是由美國與日本的廠商所生產, 但南韓也很快追上來。台灣 DRAM 產業的發展可以說是兵分兩路, 首先是民間業者的努力。1989 年宏碁公司與德州儀器公司簽約, 成立台灣第一家 DRAM 廠, 取名為德碁公司。[27]

　另一方面, 行政院接受科技顧問埃文斯的建議, 推出「次微米製程技術發展技畫」(1990–1995 年), 主要目的是要發展 DRAM 產業, 全部經費是 70 億元。不過, 民間業者對此計畫的興趣不高, 後來僅有聯電與台積兩家公司加入。[28] 不幸的是, 不管是德碁公司的計畫,

---

[27]林玲妃 (2011c), 頁 81–94。
[28]蕭峰雄 (1994), 頁 507–511; 朝元照雄 (2016). 頁 46–50。

或者是行政院的計畫,後來的發展都不順利。

台灣的 DRAM 產業在2008–2009年遭遇空前的挫折。2008年的前3季,力晶等5家 DRAM 公司,合計虧損新臺幣947億元。這幾家公司從銀行融資達4,200億元,行政院在同一年提出6,000億元的專案融資與企業改造計畫。[29] 台灣把大筆資金投入 DRAM 產業時,民間廠商與政府部門對於電子業與半導體產業都已經有相當的經驗。但事後看來,業者與政府官員對於 DRAM 產業的比較利益之判斷,並不正確。

1985年張忠謀上任工研院院長時,副院長是胡定華,他後來在接受訪問時也談到豆漿店的故事。他說:「很多事情不要過度的把它神話。」[30] 他的意思是,很多事情的演變並非事先能預想得到的。對胡定華來說,把半導體的發展歸功於小欣欣豆漿店的早餐聚會,是一個神話故事。

小欣欣豆漿店不能解釋半導體產業的發展,那麼,台灣半導體產業成功發展的關鍵因素是什麼?

26.5 台灣到底有何不同?

國內外學術界對於台灣半導體產業的成功發展有許多研究,但結論不盡相同。例如,有兩位國外學者認為,半導體產業「是台灣政府部門一系列的精心規劃政策下的成果」。[31] 由上一節所講的故事可知,這個結論與事實不符。

相對於「精心規劃政策」的說法,另外兩位學者則認為,「從某個角度來說,半導體產業的成功是一個意外,因為這些公司進入晶圓製造領域不是因為他們認為這是最佳的策略,而是因為這是企業發展最可行的管道。」[32] 他們認為,「台灣半導體產業在一系列的試驗與

---

[29]朝元照雄 (2016),頁83–84。

[30]林玲妃 (2011d)。

[31]Mathews and Cho (2000),頁194。

[32]Leachman and Leachman (2004),頁215。

失敗後,意外地 (curiously) 獲得成功。」兩位作者所指的失敗,包括
DRAM 產業發展的失敗。

從另一個角度來看,張忠謀在美國工作多年之後決定前來台灣
發展,的確事先沒有人預料得到。如果張忠謀在1984年沒有從通用
器材公司離職,他應該不會到台灣來,1987年也不會有台積公司的出
現。如果他不到台灣來,他仍可能會開創一家晶圓代工廠,但地點或
許會在美國。

張忠謀大半輩子都在美國工作,他為何決定前來台灣發展?李國
鼎的回憶錄裡說,他的主要貢獻是延攬張忠謀返國。[33] 張忠謀自己則
說,李國鼎是他離開美國前來台灣發展的重要人物,不過在他考慮
來台灣時,李國鼎的身份是行政院應用科技研究小組召集人,「但不
是行政院長」。張忠謀的意思可能是,有權力決定工研院院長人選的
人並不是李國鼎,而是行政院長。

當年的行政院長是俞國華,他對張忠謀說,要借重他的能力把科
學研究的成果轉移為對台灣工業的經濟利益。俞國華的話打動張忠
謀,因為把研究發展的成果轉變成經濟利益,是他一輩子的志向。[34]

在另一篇訪問稿裡,張忠謀說,孫運璿與李國鼎在1982年曾力邀
張忠謀回國,但他因為個人財務規畫的考慮而回拒。個人財務規劃
是指德州儀器公司給予張忠謀的認股選擇權 (stock options),這項
選擇權按規定是要幾年後才生效。李國鼎寫了一封信罵張忠謀:「看
了你的信,我是非常的失望,想不到我們善意的提供你職務,你還不
考慮!」

事隔多年之後,張忠謀仍清楚記得信中的內容,但他並不怪李國
鼎當時會有那樣的反應,「因為直到今天,台灣還是有很多人不瞭解
認股選擇權。」[35]

---

[33] 康綠島 (1993),頁 239。

[34] Patterson (2007)。

[35] 洪淑菁與張怡文 (2006)。

　　到了 1985 年,張忠謀財務規畫的問題已經解決,加上當時工研院董事長徐賢修再度找他,因此他決定前來台灣發展。許多因素促成張忠謀意外的旅程,也意外地改變了台灣半導體產業發展之路。

　　回到晶圓代工。張忠謀本人一開始對於台積公司能否成功,並無把握。台積公司的第 3 任總經理布魯克斯在 2000 年受訪時說,晶圓代工的業務在 1995 到 1996 年起飛,「張忠謀與其他人同感驚訝」。[36] 相對的,布魯克斯在 1991 年上任時,對於晶圓代工模式的潛力則遠比張忠謀樂觀。訪問者問了他一個問題,歐洲國家從 1950 年代就想要發展 IC 產業,但未成功,「台灣到底有何不同?」

　　布魯克斯說,台灣人的特性是同質性高 (It is a homogeneous, very...),具有團隊合作的精神。如果有人在團隊中不盡責 (pull their weight),其他人會給他壓力。他認為西方人沒有這種精神。另外,他認為台灣人不僅聰明,有能力解決問題,而且薪水比其他國家低。他的觀察與 1960 年代中期,外資電子廠商的經理人對於生產線女工的看法不謀而合。

　　張忠謀本人在 2021 年的一場演講中,提到台灣在晶圓製造的優勢之一是:「大量優秀敬業的工程師、技工、作業員。」他在早年接受訪問時也說,亞洲的工程師比較按步就班,更認真,更有條理秩序。[37]

　　但是,仍有一個問題尚待回答:台積公司為何能從技術落後,變成領先?

從落後到領先

2021 年,全球半導體業界的熱門話題是,為何英特爾公司會從技術領先,變成技術落後。這個問題的另一種問法是,1987 年台積公司成立時,技術落後當時技術頂尖的英特爾公司大約 4 到 6 年。為何在 30 多年之後,台積公司變成全球晶圓製造的領先者?

---

[36] Brooks (2000)。

[37] 張忠謀 (2021); Patterson (2007)。

　　我訪問了幾位半導體業界的專家，他們的看法類似。[38] 段孝勤先生的說法如下：「說台積公司的技術超過美國那是不敢當。我覺得英特爾自己犯的錯誤因素更大。台積公司是關關難過關關過，緊要關頭都能闖過去，有內在原因也有運氣。」以上的說法對一般人來說仍然抽象，我自己的解讀如下。

　　晶圓製造領域有一個有名的「摩爾定律」(Moore's Law)，這是英特爾公司創始人之一，摩爾 (Gordon Moore) 於1965年所提出的。他預測，電晶體密度大約每2年會加倍。一直到2020年，這個預測仍然正確。因此，半導體廠商的目標是2年後要做出電晶體密度2倍的晶片，4年後的目標則是密度4倍。廠商的目標明確，但如何才能做到？

　　半導體製造技術的提升需要投入巨額的研發經費，風險非常高。如果廠商在某個關卡做了錯誤的判斷，其他廠商就會追上來，甚至超越過去。因此，我們也可以說，廠商之間的競爭在於，誰犯的錯誤較少。上述引文中，「英特爾自己犯的錯誤因素更大」，指的是這種情況。而萬一某一次的判斷出錯，因為投入的研發經費龐大，要再回頭追上來，非常困難。

　　接下來的問題是，為何台積公司犯的錯誤較少？這問題更難回答。張忠謀在一次的受訪中，談到1958年他在德州儀器公司的經驗。當時他進入公司3年，被派去負責某一條生產線。這一條產線原先的良率幾乎是0，他到了之後，經過不斷地調整，良率上升為25-30%，產品可以上市，公司也能夠獲利。提升良率不外乎調整製程中的溫度與壓力等變數，但是，張忠謀兩次強調，亂猜沒有用，你須瞭解基礎物理學。[39]

　　張忠謀在退休後的一次演講中說，台積公司的成功可歸功於專業經理人領導與長期堅持 R&D (研究與發展) 的投資。[40] 其中，「專業

---

[38] 依據陳文洋 (2020/12/23, 2020/12/31), 孫元成 (2020/12/23), 與段孝勤 (2021/1/2) 三位先生的訪問。

[39] Patterson (2007)。

[40] 張忠謀 (2021)。

經理人」的功能為何，每個人有不同的解讀，事實上，財務與行銷也都是專業。但由台積公司發展的歷史來看，張忠謀應該是指半導體產業的專業。

想像在2018年時，全球主要的半導體公司已開始規劃2奈米的製程，並假設有3種可能方法可以達成目標。因為每一種方法都有許多不確定的因素，因此，每個公司都必須判斷，選擇哪一種方法的成功機率最高。這個情況類似張忠謀於1958年在德州儀器公司的情況。如果專業經理人「瞭解基礎物理學」，他們有較高的機率選出成功的方法。

依據以上的解讀，台積公司由落後變成領先的原因是，台積公司長期以來的決策階層都是擁有半導體專業知識的專業經理人。他們仍無法完全避免決策錯誤，但長期而言，因為犯錯較少，因此，晶圓製造技術從落後變成領先。

「護國神山」

不知從何時開始，台積公司被封為「護國神山」，但這四個字的意義為何，每個人的解讀可能不同。長期以來，美國政府對於特定的半導體製品與設備之出口設有管制，目的之一是要避免半導體製品被敵對國家使用於軍事用途上。美國管制的對象之一是中國，2020年開始美中關係緊張，管制措施更為嚴格。

除了國防的考量之外，管制政策也有經濟上的考量。IC 產業被視為是關鍵性產業，美國不希望半導體技術被其他國家超越，特別是敵對國家。歐洲國家與美國的立場雖然不完全相同，但在貿易政策上也有類似的考量。[41]

台積公司剛成立時，晶圓製造技術遠遠落後，到了今天已超越英特爾公司，從產業發展的角度並非美國所樂見。不過，台灣與美國的關係友好，因此這對於美國並不構成國防上的威脅。但是，在美中關

---

[41]Barkin (2020)。

係緊張的情況下,美國要確認台積公司的尖端製程技術不會流入中國,也不會同意中國所主張的「台灣是中國一部分」的政策。台灣一旦被中國併吞,中國即擁有台積公司的先進製程技術,可以拒絕為國外的 IC 設計公司製造高階晶片,這對於美國或者歐洲國家都是莫大的威脅。

1987年台積公司成立時,政府的目標是要從勞力密集的封裝與測試,升級到資本與技術密集的 IC 製造。經過30年的努力,台灣已有相當完整的從上游到下游的 IC 產業鏈,也是製造業最重要的一環。除了提升產業與經濟成長之外,台積公司的成功還具有國防上的作用,這應該是出乎所有人的意料之外。

27

匯率操縱國

"美國官員說，台灣是新的一輪談判裡最主要的對象，主要原因是它的匯率與經濟基本面所決定的水準有非常大的差距。"

Pine (1986)

1960 年由美援會所公布的「十九點財經措施」裡, 第15點是建立中央銀行制度, 國民政府很快就著手進行。翌年7月, 中央銀行在台灣復業, 徐柏園被任命為央行總裁, 一直到1969年他才卸任。中央銀行復業時, 世界主要工業國家採取固定匯率制度, 台灣順理成章也採固定匯率制度, 新臺幣兌美元的匯率是40元。

值得一提的是, 歐美國家的固定匯率制度下, 民間可以持有並自由交易外匯, 但台灣除了將匯率固定下來之外, 從1950年代初期即管制民間不得交易外匯。

在歐美國家的固定匯率制度之下, 各國央行訂定本國貨幣兌換美元之匯率。民間可以自由交易外匯, 央行也參與外匯之買賣, 目標是要維持匯率水準目標。以日圓兌美元為例, 若日本央行所訂的目標匯率是360圓, 而外匯市場交易所決定之匯率變成350圓 (美元貶值), 則日本央行可以進場買美元, 讓美元匯率調整到360圓的目標水準。

以上的制度稱為布列敦森林體系 (Bretton Woods system), 這是1944年各國的代表在美國新罕布夏州的布列敦森林開會後, 所設立的國際金融體系。國際貨幣基金組織與世界銀行 (World Bank) 兩個機構也是為了這個體系的運作而成立的。

到了1970年代初期, 國際間發現固定匯率制度的問題叢生, 無法再維持下去, 各央行相繼宣布脫離固定匯率制度, 之後基本上也不再介入外匯市場之交易, 匯率就是由外匯市場的供需所決定。新的制度稱為浮動匯率制度 (又稱為機動匯率制度)。各國改取浮動匯率制度之後, 在央行貨幣政策的操作中, 排除追求匯率穩定, 僅專注於物價穩定與減少景氣波動。

但是, 貨幣供給應如何控制才能達成以上目標? 曾經有一段時間, 主要工業國家的貨幣政策是以菲利浦曲線 (The Phillips Curve) 為基礎, 它是指物價膨脹率與失業率具有反向變動的關係。因此, 貨幣政策的操作原則如下: 景氣衰退 (失業率高) 的時候, 央行增加貨幣供

給 (提高物價膨脹率) 以提振景氣; 反之, 景氣過熱的時候, 央行減少貨幣供給, 以求降低物價膨脹率。

因應各國改採浮動匯率制度, 台灣在1978年7月也宣布脫離固定匯率制度, 但不是立刻轉變成浮動匯率制度。台灣匯率制度的轉型前後大約花了10年的時間, 到了1989年4月, 才比較接近所謂的浮動匯率制度, 轉變成管理浮動匯率制度。加上「管理」兩個字, 意思是央行得隨時「按照己意」管控一下匯率。

為何匯率制度的轉變要拖那麼久? 主要是因為1980年代起, 台灣持續出現貿易順差, 而貿易順差的國家若採取浮動匯率制度, 本國的貨幣會升值。舉例來說, 若日本對美國的貿易由原先的貿易平衡 (進口等於出口) 變成順差 (出口大於進口), 出口商會賺入較多的美元, 因此也會在外匯市場上出售較多的美元, 進而造成日圓對美元會升值。

台灣若真的實施浮動匯率制度, 新臺幣會升值, 順差會減少, 而政府官員擔心, 出口減少將使經濟成長率下降, 因此盡量拖延匯率制度的轉型。台灣匯率制度最終會轉型, 事實上是美國施壓的結果。美國為何要台灣改變匯率制度? 這要從「廣場飯店協議」說起。

27.1　廣場飯店協議

歐美工業國家在1970年代初期改採浮動匯率制度後, 1980年代上半, 美元對日圓與德國馬克大約升值50%, 對於美國的經濟造成重大的衝擊。美元升值對於美國進口業者有利, 但對於出口業者不利, 因此, 後者聯合起來遊說國會議員, 要求國會通過保護本國產業之法案。但是, 當時的雷根 (Ronald Reagan) 政府認為, 保護政策對美國本身也有負面影響, 因此開始與主要工業國家協商, 謀求解決之道。

1985年初起, 美國, 英國, 法國, 西德, 與日本等5個國家 (合稱為Group 5, 簡稱為G5) 密集協商, 最後的成果是有名的「廣場飯店協議」(Plaza Accord)。9月22日, G5國家的財政部長與央行總裁在紐

約的廣場飯店 (Plaza Hotel) 開會, 決議要採取一致的行動讓美元貶值, 以求減少美國的貿易逆差。

1980年代起, 台灣對美國也有龐大的貿易順差, 但並未參與廣場飯店協議, 因此, 美國要特別處理。前面第21章的圖21.1(頁372) 畫出台灣的進出口占 GDP 的比率。1985 年, 貿易順差占 GDP 的比率是12.9%, 翌年更上升為18.5%, 為戰後以來最高的水準。台灣當時的貿易順差主要是對美國, 1985 年美國的商品貿易逆差合計是1,486.2億美元, 其中, 日本占31.1%, 加拿大占14.6%, 西德占7.5%。台灣的比率是7.9%, 比西德還要高。

在紐約的廣場飯店協議之前的一個月, 美國派一個由7位參議員組成的代表團到台灣來, 進行貿易談判。這一次談判的內容並未對外公開, 但由事後的發展來看, 美方應該是要求台灣解除貿易與匯率管制。

「中心匯率制度」

前面第21章說明, 台灣在1950年代初期因為貿易逆差, 設下許多的貿易與外匯管制, 例如, 對進口品課徵高關稅。到了1970年代, 貿易逆差已逐漸變成順差, 但進口管制並未取消。以上的管制使美國的商品要出口到台灣來面對層層障礙。在貿易代表團來台灣之前, 台灣已經解除部分的管制, 但美方認為進度太慢。[1]

除了貿易管制之外, 美方也關切台灣的匯率政策。1986 年 7 月, 美國財政部長貝克 (James Baker) 宣布將與台灣與南韓展開匯率談判。廣場飯店協議是美國與 G5 (已開發國家) 之匯率談判, 而針對台灣與南韓的談判則是美國首度與第三世界國家 (Third World countries) 的匯率談判。[2] 除了台灣與南韓之外, 香港的匯率制度也受到美國財政部的關切。

---

[1] *Wall Street Journal* (1985)。
[2] Pine (1986)。

台灣早在1978年7月就宣布放棄固定匯率制度,新臺幣兌美元的匯率由38元調整為36元。如果已經脫離固定匯率制度,似乎表示匯率是由市場決定的,那美國要來談什麼?事實上,台灣並未真正改制為浮動匯率制度,匯率仍然是由央行直接操控。

台灣在1978年12月底修訂「管理外匯條例」,准許台銀等5家商業銀行與廠商持有外匯,並可以在外匯市場買賣。既然如此,匯率應該是由外匯市場的供給與需求來決定。但是,央行並未放手不管。銀行與廠商之間交易之匯率一開始是由央行與5家商業銀行所議定,稱之為「中心匯率」,官方文獻稱此一時期為「中心匯率制度」。[3]

在1978年以前,央行直接規定匯率水準,而且管制民間不得持有外匯,出口商所賺的外匯要以官價賣給央行,進口商只能向央行買匯。1979年起,開放民間持有外匯,但央行仍管制持有之上限。換言之,央行從原先的無所不管,改變成民間可以持有少許的外匯;也可以彼此交易,但匯率仍由央行掌控。簡單來說,台灣回到1951年4月9日全面管制外匯交易之前的制度。

台灣為何要採取中心匯率制度,而不是直接轉型為浮動匯率制度?1945年起,國民政府官員的中心思想就是管制。相對的,浮動匯率制度是讓市場供需決定匯率,政府官員認為市場所決定的匯率並不理想。何謂「不理想」?1980年代初期,台灣的貿易順差日趨龐大,若採浮動匯率制度,新臺幣會升值,而升值對出口不利,因此,中心匯率制度的目的事實上是要阻升新臺幣。

1978年底,新臺幣兌美元的匯率是36.03;1981年7月,匯價略上升為36.26。匯價上升表示新台幣對美元貶值,反之,匯價下跌表示升值。但是,半個月之後,央行一舉將新臺幣貶值為38元。除了管制匯率水準之外,央行也管控銀行每天外匯交易數額之上限。

美國為何關切台灣的阻升政策?原因是台灣央行阻升新臺幣,表示新臺幣應升值而未升,美元則是應貶值而未貶。對美國的出口商

---

[3]臺北外匯市場發展基金會 (2016),頁31-37。

而言, 台灣央行的匯率管制造成他們產品的出口障礙。出口擴張可以帶動經濟成長, 因此, 台灣央行的匯率管制等於是阻礙了美國的經濟成長。

經濟學有一個名詞描述阻升政策, 叫作「以鄰為壑」(beggar-thy-neighbor)。如果台灣對美國的順差不大, 美國對台灣央行的阻升政策可能也不在意。但是台灣成為對美國的順差大國之後, 美國非得要阻止台灣央行「以鄰為壑」的政策不可。

匯率干預

1985與1986兩年, 美國與台灣的貿易與匯率談判發生效果, 新臺幣開始升值。1985年底, 匯率是39.86, 翌年年底為35.95, 升值了9.8%。但是, 美國認為新臺幣升值的幅度太小, 速度過慢。如果一年內升值10%仍然太慢, 那要升到多少才合理? 事實上, 美方也不知道合理的匯率是多少。這聽起來有點奇怪, 但是, 美國財政部是由台灣央行匯率干預的角度出發, 來判斷新臺幣仍應升值。

所謂匯率干預 (intervention), 是指央行在外匯市場買入或賣出外匯, 數量大到影響匯率水準。美國《華爾街日報》在1987年1月16日刊出一篇文章, 報導台灣央行的外匯管制:「在1986年12月9日之前的兩個月期間, 台灣央行每天在外匯市場買入美元, 目標是保持新臺幣每天只升值新臺幣1分錢。」[4]

如果外匯市場上只有進出口商與投資信託業者在交易, 決定的匯率是36.0元。現若央行加入買方, 則需求增加將使美元的價位上升, 新臺幣貶值。反之, 若央行在市場上賣出美元, 則使新臺幣升值。例如, 如果前一天的匯率是36.01元, 而今天的交易本來會使新臺幣大幅度升值, 但央行可以進場買匯, 一直到讓匯率只升值1分, 變成36.0元。

---

[4] Leung (1987)。

本章最前端的引文中說,美國財政部官員在1986年說,台灣的「匯率與經濟基本面所決定的水準有非常大的差距」,他所謂的「經濟基本面所決定的水準」,指的是央行不干預,而由市場供需決定的匯率水準。1986年起,新臺幣持續升值,但台灣央行的干預也沒停過,結果是新臺幣升值的幅度減緩。

台灣央行對外宣稱,匯率是由市場決定的,但是,《華爾街日報》報導說,大家都知道 (it is common knowledge) 央行平均每天買進130百萬美元外匯。台灣央行並不對外公開它在外匯市場的交易金額,《華爾街日報》的記者可能是私下訪問銀行業者,得知央行買入美元的金額。

不過,還有一個方法可以間接推估央行的干預行動。央行如果進場買美元,其持有的國外資產會增加,因此,外界可以由央行國外資產的變動來間接判斷是否有干預行動。例如,1986與1987兩年,台灣央行的國外資產分別增加了1,980百萬美元,與2,537百萬美元,顯示央行確實有阻升新臺幣的行動。

27.2 緩慢升值

1980年代中期,台灣央行的干預政策阻升了新臺幣,但出現一個嚴重的問題: 干預引發了美元外匯投機 (speculation) 的機會,使新臺幣升值的壓力進一步上升。以1986年8到10月的兩個月為例,《華爾街日報》報導,新臺幣每天僅升值新臺幣1分錢,故兩個月期間合計升值0.6元。在央行的干預下,8月初的匯率大約是38.1元,10月初則升值為37.5元。

如果有人在8月初從國外匯入100萬美元,在外匯市場出售可得新臺幣3,810萬元。到了10月初,再以37.5元的匯率出售新臺幣,可以換得3,810/37.5 = 101.6萬美元,因此,兩個月期間的報酬率是1.6%,折算為年報酬率是 1.6 × 6 = 9.6%。《華爾街日報》說,「外匯市場的

投機穩賺不賠」(speculation became a sure bet)。也因為如此,大量的熱錢 (美元) 匯進台灣,新臺幣升值的壓力更為提高。

熱錢匯入台灣是由誰買走? 極少的一部分是由進口商,大部分則是由想要阻升新臺幣的央行所買走。以上這一段期間的干預政策,後來稱為「緩慢升值」政策。緩慢升值的後果之一是台灣央行蒙受巨大損失,會計的名詞是「匯兌評價損益」。名詞有點嚇人,但不難理解。以股票為例,如果你去年年底花300元買某一股票,今年年底股價跌為280元,你的損失是20元。

如果你不想買股票,也可以買美元。假設去年的匯率是38元,則新臺幣380元可以買到10美元。若今年新臺幣升值為32元,則10美元的價值變成新臺幣320元,匯兌評價損益是320−380 = −60元。因為是負值,所以是損失,又稱為「外匯資產評價損失」。如果你當下把美元兌換成新臺幣,則出現實際的損失。反之,如果你並未兌換,則是「未實現外匯資產評價損失」。

因此,若央行花380億元新臺幣買入10億美元,當新臺幣升值為32元時,央行的未實現外匯資產評價損失為新臺幣60億元。

依據央行總裁張繼正在立法院的報告,1987年底央行的匯兌評價損失合計是新臺幣4,639億元。央行的損失就是全體國民的損失,「緩慢升值」政策讓全體國民損失新臺幣4,639億元。

阻升政策是央行印鈔票購買美元。緩慢升值政策造成大量的熱錢流入,央行不得不印更多的鈔票,而市場資金充沛進一步引發股市泡沫與房價飆漲。1986年12月,台股加權指數為1,012點,1990年2月劇升為11,983點,上漲為11.8倍。但8個月之後,股市泡沫破裂,指數下跌為2,912點。「緩慢升值」政策引發熱錢流入台灣,少數人趁機大撈一筆,但許多民眾在股市與房市的泡沫中嚴重受創。[5]

為何央行要採取「緩慢升值」政策?《華爾街日報》的報導說,當時的財政部長錢純,經濟部長李達海,與央行總裁張繼正對於要採

[5]Champion (1998)。

取「緩慢升值」，或者是「一次升足」，曾有過辯論。但目前不清楚，支持「緩慢升值」者的理由為何？也不清楚是否有哪一位官員主張「一次升足」？

報導裡訪問當時的財政部金融司的簡弘道副司長，他說「緩慢升值」政策目的，是要讓企業在面對快速升值時有「喘一口氣的空間」(a breathing space)。乍聽之下，似乎有道理，但實際上，緩慢升值並不會有這個效果。

新臺幣升值使台灣的產品在國際市場上的價格上升，這一點是確定的。如果央行的政策是「一次升足」，則匯率很快就會調整到均衡的價位，買賣雙方即以此價位簽訂合約。反之，在「緩慢升值」的政策下，除非買賣雙方都相信央行能夠堅持下去，否則央行的動向變成是另外一個不確定的因素。從1986年8到10月，新臺幣每天升值1分，但在美國的壓力與大批熱錢流入的情況下，沒有人知道央行的阻升政策能撐多久。

1988年，熱錢流入未見減緩，股市與房市也持續飆漲，美國國會則通過一個法案「國際貿易與競爭力總括法案」(The Omnibus Foreign Trade and Competitive Act)，要求財政部每年向國會提出報告，評估國際經濟政策，其中包括匯率政策。

以上法案的目的，是要制止貿易對手國使用管制的手段創造不公平的競爭力。法案中規定，如果採用管制政策的對手國持續對美國出現貿易順差，美國得採報復措施，例如提高進口關稅。上述的法案後來衍伸出「匯率操縱國」(currency manipulator) 的名詞，美國財政部每半年須向國會提出報告，評估美國的貿易夥伴是否有操縱匯率之行為。

美國財政部在10月24日首度提出報告，其中指出：南韓與台灣的幣值低估是「央行干預，資本管制，管控機制的結果，其目標是要避免其匯率水準反映市場供需，以提高其競爭力。」[6] 報告出版後，美

---

[6]Government Accounting Office (1989)，頁32–33。

國即要求與台灣進一步協商,雙方的代表於翌年的3月22日在美國夏威夷開會。這一次的協商後,台灣答應推動以下的改革:廢止議定中心匯率制度,外匯交易價格自由化,銀行買賣外匯的額度放寬,國外匯入款限額也由5萬美元提高至100萬美元。1989年4月3日,央行宣布上述的改革方案,開始採取管理浮動匯率制度。

雖然台灣已宣布改革方案,但是1989年4月美國財政部的匯率報告裡並未改變台灣是「匯率操縱國」的認定,原因是美國財政部官員不能確定,台灣央行真的會放手,或者只是「說一套,做一套」。[7]

張繼正總裁於1989年5月卸任,繼任者是謝森中。圖27.1畫出外匯存底與新臺幣兌美元之匯率。從1991下半年到1992年8月,外匯存底大增15,615百萬美元。美國財政部在1992年春季的匯率報告裡,認定台灣央行仍然操縱匯率,因此,很快又與台灣進行兩次談判,台灣央行也答應要檢討。但是,10月分的匯率報告裡說,台灣「並未承諾具體措施」(not yet committed to specific measures),因此仍被列為匯率操縱國。[8]

不過,從1992年底到1998年底的6年之間,台灣央行的外匯存底僅增加8,035百萬美元,這應該是美國財政部持續施壓的結果。

27.3 盈餘繳庫與房價飆漲

1995年,許遠東上任央行總裁,但不幸於1998年2月遭遇空難,總裁一職由彭淮南接任。彭淮南一直到2018年才卸任,任期長達20年。從2000年1月到2019年1月,台灣的外匯存底增加為4.21倍,年增率是7.9%。顯然,彭淮南擔任央行總裁的期間,匯率政策重回阻升的老路,前面圖27.1右邊的灰色區域為彭淮南擔任央行總裁的期間。

由1980年代後半「緩慢升值」的經驗可知,阻升的成本之一是外匯資產評價損失,彭淮南重新推動阻升政策後,也無法避免。2017年,

---

[7]Department of Treasury (1989),頁18。

[8]Department of Treasury (1992),頁27。

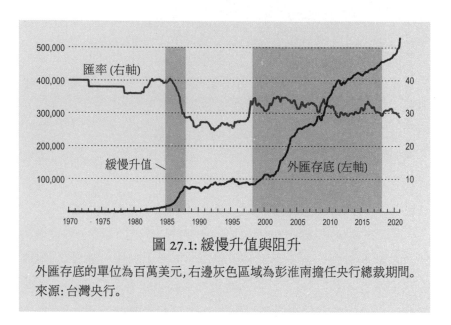

圖 27.1: 緩慢升值與阻升

外匯存底的單位為百萬美元,右邊灰色區域為彭淮南擔任央行總裁期間。
來源:台灣央行。

央行外匯資產評價損失高達新臺幣11,563億元,以台灣2,300萬人計算,平均每人的損失是新臺幣5.03萬元。彭淮南於2018年卸任後,楊金龍上任。因為新臺幣仍然升值,外匯資產評價損失也持續出現。2020年的損失是7,971億元,平均每人3.47萬元。

　　1980年代後半的緩慢升值,央行是擔心升值太快,廠商無調整的空間。相對的,在彭淮南任內,台灣經歷2001年的網路泡沫(dot-com bubble)與2007–2008年的金融海嘯,央行阻升政策的目的是要促進出口提振景氣。但是,在以上期間,美國也面臨嚴重的景氣衰退,聯準會為了國內經濟所採取的寬鬆貨幣政策,也間接產生對於貿易夥伴匯率干預政策反擊之效果。

　　2008年底,聯準會推出「量化寬鬆」(Quantitative easing,簡稱為QE)政策,目標是降低美國國內的長期利率。利率一下降,美國國內的資金開始往外跑,其中一部分到台灣來,造成新臺幣對美元升值。美國聯準會的QE政策對上台灣央行的阻升政策,這是貨幣戰爭(currency war)的例子,到最後是兩敗俱傷。

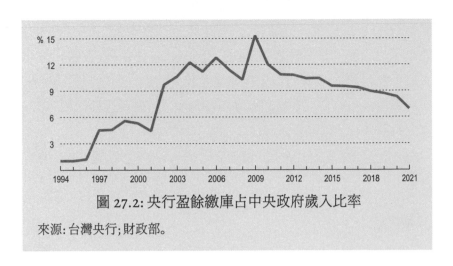

圖 27.2: 央行盈餘繳庫占中央政府歲入比率

來源: 台灣央行; 財政部。

盈餘繳庫

除了阻升之外, 彭淮南任內還有另一項政策, 那就是長期壓低利率。兩項政策加在一起, 結果是台灣央行每年都有龐大的盈餘繳庫。圖 27.2為1994年以來央行盈餘繳庫占中央政府歲入之比率。在彭淮南上任之前, 比率並不高, 2002年開始, 比率快速上升, 2009年超過15%。央行龐大的盈餘繳庫讓負責編預算的主計總處很高興。2012年, 行政院主計長劉三錡就對央行的貢獻, 感謝連連, 「政府應該頒一個金質獎章給彭總裁!」[9]

彭淮南對於龐大的盈餘繳庫也引以為傲。但是, 天下沒有白吃的午餐, 央行盈餘繳庫的錢是哪裡來的?

央行巨大的盈餘繳庫是兩項政策造成的。第一是阻升政策讓央行累積巨額的外匯存底, 這些外幣資產存放國外, 每年產生可觀的利息收入。第二是台灣央行壓低國內利率, 因此, 央行本身要支付的利息也會比較少。以上兩項政策加在一起, 造成央行能夠交出龐大的盈餘。

決定央行盈餘大小的因素之一是國內外的利差, 台灣央行無法

---

[9] 刁曼蓬 (2012)。

影響國外的利率, 但是, 國內的利率卻是央行的貨幣政策所決定的。如果貨幣政策不要那麼寬鬆, 國內的利率就會比較高, 存款人的利息收入會比較多, 而央行的盈餘繳庫會較少。由此可知, 央行盈餘繳庫的錢是來自存款人本來應得到的利息收入。央行盈餘繳庫多, 存款人的利息收入就變少。

央行盈餘繳庫的政策是「慷他人之慨」;「他人」是誰? 全台灣的存款人。

房價飆漲

台灣央行長期壓低國內利率的政策, 對於年輕族群產生另一個打擊: 房價飆漲。圖 27.3 顯示, 從 2001 年第 1 季到 2022 年第 3 季, 台北市的房價上漲為 3.5 倍, 新北市也是上漲為 3.9 倍。經濟學使用「房價所得比」來分析家庭的買房負擔有多重, 計算的方法是中位數房價除以家戶年可支配所得的中位數。依據 Demographia 機構的調查, 2022 年全球都會區的房價所得比, 最高的是香港, 比值為 23.2, 澳洲的雪梨其次, 比值是 15.3。[10]

以上的調查不包含台灣, 但內政部有台灣的統計結果。全台灣平均, 2022 年第 3 季中位數家戶的可支配所得是 87.7 萬元, 房價所得比是 9.8。但是, 雙北地區的房價所得比非常高, 2022 年第 3 季台北市的房價所得比是 16.2, 新北市是 13.0。把雙北市放進上述的排名裡, 台北市在全世界排名第 2, 新北市排名第 5。

雙北的房價所得比並不是一直都這麼高。圖 27.4 顯示, 2002 年第 1 季, 台北市的房價所得比是 6.1, 因此, 從 2002 年第 1 季到 2022 年第 3 季, 台北市的房價所得比上漲為 2.7 倍, 新北市則上漲為 2.0 倍。如果 2002 年以來, 家戶所得與房價指數上升的幅度相同, 則房價所得比不會變動。換言之, 房價所得比大幅上升, 表示家戶的所得上漲遠小於房價上漲, 這反映了薪資停滯的現象。下一章會講薪資停滯

---

[10] www.demographia.com。

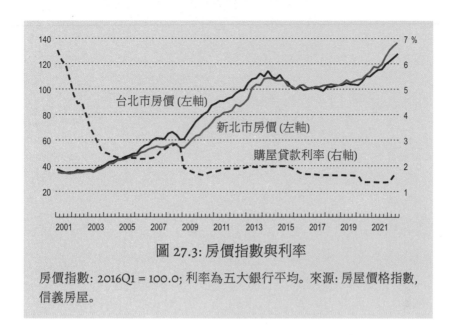

圖 27.3: 房價指數與利率

房價指數: 2016Q1 = 100.0; 利率為五大銀行平均。來源: 房屋價格指數, 信義房屋。

的問題。

對於原來已經有房子的人, 房價飆漲或許是好消息。但除非有一棟以上的房子, 自住而無法賣出的房子對屋主而言, 高房價的好處其實是看得到卻吃不到。但對於無殼蝸牛 (年輕族群占多數) 而言, 房價飆漲更是一項打擊; 再加上薪資停滯, 不啻為雪上加霜。

2000年代初期以來的房價飆漲, 央行的低利率政策難辭其咎。台灣利率水準不只是低, 而且是不正常的偏低。在高所得國家裡, 台灣的利率只比日本高。[11] 日本的利率低, 原因是日本央行想要解決「日本失落20年」的問題。但是, 台灣從2000年以來的經濟成長, 在高所得國家裡並不低, 因此, 沒有道理把利率壓得那麼低。

台灣央行也不否認低利率是房價飆漲的原因之一, 但不斷強調還有其他的因素, 把房價飆漲的責任推得一乾二淨。2022年初開始, 因為物價膨脹的問題, 歐美國家的利率已大幅調升, 但台灣央行仍持續壓低利率。

---

[11]陳虹宇等 (2021), 圖3.2, 頁65。

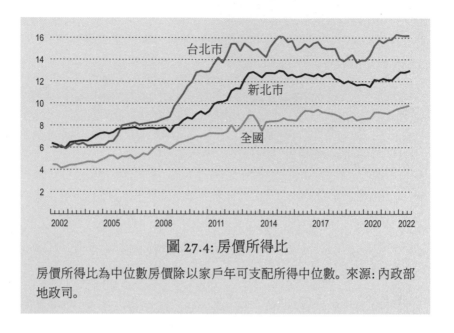

圖 27.4: 房價所得比

房價所得比為中位數房價除以家戶年可支配所得中位數。來源: 內政部
地政司。

　　即使利率只是影響房價的原因之一, 但如果利率回升到正常的
水準, 房價就有機會下降到年輕族群比較能負擔得起的水準, 為何
台灣央行不調高利率?

　　上面已經說明, 如果利率調升, 央行的盈餘繳庫會減少。不只台
灣央行如此, 其他國家的央行也是如此。2020年美國聯邦準備體系
的盈餘繳庫為869億美元, 占聯邦政府歲入的2.5%, 2021年的比率是
2.7%。相對的, 前面圖27.2顯示, 2021年台灣央行盈餘繳庫的比率雖
然已下降, 但仍高達6.9%。媒體報導, 聯準會的官員對外說明, 因為
聯準會大幅調升利率, 使得2022年9月聯邦準備體系出現虧損。[12]

　　聯邦準備體系會出現盈餘或虧損, 聯準會的官員並不在意, 原因
是盈餘並不是貨幣政策的目標。相對的, 對於彭淮南與楊金龍兩位
總裁而言, 盈餘繳庫高似乎比房價所得比降回到正常水準還重要。

　　前面圖27.3顯示, 購屋貸款利率在2000年代初期大幅下降, 2008
年曾短暫回升, 但之後又一路下降。想像2010年前後, 某人考慮要買

---

[12] Derby (2022)。

房。房價飆漲對他是沉重的負擔,但他擔心未來房價還會再上漲。因為房貸利率低,因此,他可能咬緊牙關出手貸款買房。

2022年開始,台灣央行也調升利率,但幅度遠小於其他國家。央行官員會擔心,利率若大幅調高,目前還在付房貸的人會難以承受。尾大不掉的房屋市場問題,使得央行在貨幣政策上更為綁手綁腳。彭淮南在2018年卸任,繼任的楊金龍總裁接下一個不知如何處理的燙手山芋。

27.4 管制與市場機制

2021年,彭淮南獲頒國立清華大學名譽經濟學博士學位,他在頒獎典禮上的演講中除了再度批評聯準會 QE 政策外,還說明為何外匯市場須管理:「若預期心理頻繁發生,新臺幣對美元價位也會頻繁波動,不利正常的經濟活動。」以上的說法也正是台灣央行每3個月一次的理事會後,對外發布的新聞稿中的說法,意思是說,市場機制不會達到最好的結果。

許多人對於市場機制的觀念有所誤解,以為市場機制無所不能,事實上,經濟學家的看法並非如此,且讓我引用美國史丹佛大學考科藍 (John H. Cochrane) 教授的說法:[13]

> "支持市場機制的理由並不是說市場運作是完美的;
> 而是說,由政府管制市場,結果一定更糟糕。"

考科藍教授的說法略嫌簡短,完整的說法是,「若無外部性 (externality) 問題,市場機制優於管制。」當外部成本或外部利益存在時,政府介入的結果可能優於市場機制。[14]

任何的公共政策有其效益,但也有其成本。因此,考科藍教授的意思是,市場機制運作下,效益大於成本,反之,管制政策下,成本會大於效益。

---

[13] Cochrane (2011)。
[14] 吳聰敏 (2018),第7章。

從成本與效益的角度來看,台灣央行如果認為外匯市場須管理,它不能只是看「美元價位會頻繁波動」的影響,還要考慮央行對於外匯市場的「管理」,社會要付出多少代價。

事實上,彭淮南任內的匯率政策,重點不是減少美元價位波動,而是阻升新臺幣。那麼,阻升的成本與效益有哪些?

明顯可見的效益是台灣的出口持續暢旺,但是,阻升政策有多種成本。首先,長期持續的阻升政策,讓台灣的廠商缺乏產業升級的誘因。其次,阻升加上低利率政策,造成央行盈餘繳庫異常偏高。第三,阻升政策可能產生巨大的匯兌評價損失。第四,低利率政策造成房價飆漲。最後,美國會提出抗議。遺憾的是,彭淮南在他的演講裡也沒有討論以上這些問題。

阻升新臺幣是匯率管制政策,1950年代以來,台灣社會因為匯率管制付出慘痛的代價,這也不是第一次。1980年代晚期的「緩慢升值」是另一個例子。前面第21章講了1950年代的匯率管制,可能是影響最大的例子。後來如果不是「美方的壓力」,戰後的高成長何時才會啟動,沒有人知道。

市場機制與管制何者較佳,是經濟學研究最根本的議題。經濟學家累積的證據顯示,市場機制的結果較佳。很多財經官員不相信,彭淮南是其中之一,徐柏園與張繼正是另外兩位。我不能理解的是,早期的匯率管制都造成災難,為何2000年以來的央行仍然重蹈覆轍?

27.5 「專業、正直與負責」

1961年7月1日,中央銀行在台灣復業時,美國有兩位聯準會的專家到台灣來提供協助。還有另一位專家是莫里爾 (Chester Morrill),他在1931–1950年期間,擔任聯邦準備理事會的祕書處長 (Secretary of the Federal Reserve Board)。莫里爾在1951年6月就來台灣,擔任財政部的顧問一年。以上三位分別對於建立央行制度提出建言。

莫里爾在他的報告裡說, 負責貨幣政策的官員必須有財經的專業, 正直與負責 (integrity and responsibility); 央行在制定政策時, 必須能避免個人利益與公眾利益的衝突。[15] 以上把 "integrity" 譯為「正直」, 並不精確。在牛津語言 (Oxford Languages) 的定義裡, integrity 是指誠實且堅守道德原則 (the quality of being honest and having strong moral principles), 而堅守道德原則是指「做正確的事」(doing the right thing)。

1950 年代的台灣仍然是黨國不分的極權統治, 莫里爾是財政部的顧問, 以上建言可能是有感而發。不令人意外的是, 他的建言並未發生作用。

徐柏園從 1957 年起就擔任中國國民黨財務委員會的主任委員, 他在 1960 年上任央行總裁時, 並未辭去黨職。在黨國不分的體制下, 要求央行總裁避免個人利益與公眾利益的衝突, 無異於緣木求魚。例如, 從 1961 至 1970 年, 中央銀行以「無息透支」方式貸款給國民黨, 共 5 筆合計 16,464 萬元。[16]

前面第 21 章講了外匯貿易研究小組的故事, 徐柏園在擔任財政部長期間, 把他的管制思維用到匯率政策上, 為害經濟甚巨。因此, 他也談不上具備專業能力。以上的說法聽起來有點奇怪, 央行總裁為何沒有專業能力? 徐柏園有財經的學歷, 但是, 有學歷並不等於有專業能力。台灣早期的財經官員, 所謂的「黨政資歷」比專業能力重要。既然黨政資歷凌駕專業能力的要求之上, 上任後的決策錯誤多, 也不令人意外。

張繼正從 1984 到 1989 年擔任央行總裁, 正值美國對台灣施壓, 匯率政策非調整不可的時候。前面已說明,「緩慢升值」政策是由財政部長錢純, 經濟部長李達海, 與央行總裁所決定的, 但政策的執行者是張繼正。由緩慢升值政策所造成的嚴重後果來看, 張繼正有專業

---

[15] Leonard, Deming, and Morrill (1961), 頁 99。
[16] 許有為 (2019), 頁 219–220。

能力嗎? 答案也是否定的。

　　彭淮南任期內的央行決策官員有專業能力嗎? 以下用一個例子來說明。美國聯準會在2008年推動 QE 政策, 2010年聯準會主席柏南克 (Ben S. Bernanke) 在第6屆歐洲央行的央行貨幣政策研討會上以一張統計圖顯示, 有些國家採取阻升政策, 台灣是其中之一。柏南克所要表達的是, 對美國而言, 以上國家的阻升政策使美國的景氣衰退雪上加霜。

　　柏南克的演講之後, 台灣央行很快就發表一篇澄清稿反擊, 結論是「從上述資料觀察, 可證明我國並未干預匯市以阻升新臺幣。」表面上看來, 這是台灣央行與美國聯準會的專業而公開的對話, 但是, 央行澄清稿的推論根本不合邏輯, 完全夠不上專業的水準。[17]

　　台灣央行的澄清稿一開頭說:「本 (19) 日美國聯準會網站公布某位官員之演講稿 ...」。聯準會主席柏南克變成「某位官員」, 為何如此? 我完全無法理解。台灣央行與美國聯準會的政策目標不同, 貨幣政策可能彼此抵觸, 因此, 公開的辯論或私下的討論可能是必要的。但是, 即使是意見相左, 尊重對手是專業討論的基本要求。

　　台灣央行對外發布這一份澄清稿, 一定獲得彭淮南總裁的同意。澄清稿把聯準會主席柏南克貶抑為「某位官員」, 已經不是專業水準夠不夠的問題, 而是有沒有「堅守道德原則」的問題。

　　從1986年的匯率談判開始, 美國財政部不斷提出台灣央行阻升的議題。台灣央行的標準回應是,「匯率由市場供需決定, 央行的干預只是要減少匯率波動, 並無阻升。」但若是如此, 台灣的外匯存底應該是有增有減, 而不會一路快速且大幅增加 (圖 27.1)。長期以來, 在台美兩國的匯率協商裡, 台灣央行「並未阻升」的說詞一直無法說服美國財政部, 原因就是與證據不符。

　　若是如此, 上述澄清稿裡「可證明我國並未干預匯市以阻升新臺幣」的說法是要講給誰聽的? 唯一的可能是, 台灣央行的「反擊」, 是

---

[17]吳聰敏 (2021)。

要表現給台灣的民眾看的。台灣央行「並未阻升」的說法無法說服美國聯準會，但因為一般民眾對於貨幣政策是如何運作的，可能並不清楚，央行的「反擊」可能獲得媒體與民眾的掌聲。

事實上，央行不只反擊聯準會，也反擊國內媒體的任何批評，這是彭淮南任內，台灣央行的另一個特色。央行的反擊行動若能獲得掌聲，它也就不需要花精神調整其政策。

彭淮南任內的台灣央行，「專業、正直與負責」三個標準都不及格，他在2018年卸任時，留下了盈餘繳庫與高房價等種種問題，台灣社會付出極高的代價。[18]

---

[18]陳虹宇等 (2021)。

雁行千里

"1930年代, 日本經濟學者赤松要提出「雁行理論」以解釋亞洲國家的經濟成長。雁子在空中飛行, 形狀如倒 V 字。領頭雁是亞洲第一個工業化國家, 日本。... 不過, 2010年日本的人均所得是 33,800 美元, 台灣是 34,700 美元。" *Economist* (2010)

英國《經濟學人》週刊在 2010 年 11 月刊登一篇文章, 報導台灣的經濟成長, 文章一開頭引用日本學者赤松要在 1930 年代提出的「雁行理論」。赤松要認為亞洲國家經濟成長的型態, 日本為領頭雁, 鄰近的國家緊跟在後, 猶如在天空中飛行的雁子, 排列成一個倒 V 字型。作者接著說, 到了 2010 年, 飛行的雁子不再是 V 字型排列,因為有一隻雁子衝到日本的前面去。這隻雁子是台灣。根據國際貨幣基金組織的統計, 台灣的人均 GDP 在 2010 年超越日本。

台灣在二戰之後, 所得水準遠低於日本, 2010 年能超越日本, 原因是持續的高成長。1960–2000 年期間, 日本的人均 GDP 年增率為 4.2%, 但是, 台灣的年增率高達 6.5%, 全球排名第一。

亞洲另外有 3 個國家, 新加坡, 香港, 與南韓的成長率也很高。以上 4 個國家合稱為亞洲四小龍 (簡稱為四小龍), 也有人稱之為四小虎。新加坡與香港在 2000 年就超越日本, 南韓後來在 2019 年也超越日本。因此, 到了 2020 年亞洲已經有 4 隻雁子超越日本。

經濟學家重視四小龍的高成長的現象, 原因是人類歷史上也有一些國家在短期內會出現高成長, 例如, 產油國家在油價飆漲期間的成長率就會很高。但是, 油價飆漲通常不會持續很久, 因此, 產油國也無法長期維持高成長。

四小龍持續的高成長經驗, 在人類歷史上極其罕見。諾貝爾經濟獎得主盧卡斯 (Robert Emerson Lucas Jr.) 認為四小龍的持續高成長是一項奇蹟, 意思是說, 經濟理論不容易解釋。

事實上, 日本從 1950 到 1980 年代的成長率也很高, 1955–1985 年期間的人均 GDP 年增率為 5.9%。但是, 1991–2010 年期間卻下降為 0.7%, 有人稱之為日本「失落的 20 年」, 後來甚至加上 10 年, 變成「失落的 30 年」。

如果早期是領頭雁的日本, 後來的經濟會失落 30 年, 四小龍是否也有可能步入日本的後塵? 在 2000 至 2018 年期間, 台灣的成長率為

2.88%, 而日本僅 0.85%, 相對的, 全球的平均是 4.12%。[1] 進入 21 世紀後, 台灣的成長率從世界第一, 下降到低於全球平均的水準, 這是否是台灣經濟失落的起點?

28.1 從高成長到低成長

1980–1990 年代, 學者對於四小龍的高成長現象發表了許多的研究, 其中有一些學者分析經濟成長的來源, 他們的推論如下。一國的經濟若有成長表示其商品與服務的產值增加, 而產值的增加不外乎三個原因, 勞動投入增加, 機器設備增加, 或者生產技術進步。學者的研究發現, 四小龍在高成長期間, 產出的增加主要來自前兩項。

以台灣為例, 1960 年代中期, 歐美電子大廠前來設廠 (機器設備增加), 吸引大批的勞工進入生產線工作 (勞動投入增加), 這是電子業高成長的來源。在高成長期間, 四小龍的生產技術也有進步, 但其幅度並沒有比先進國家高。

因此, 經濟學者推測, 四小龍不可能持續地高成長, 原因是隨著人口成長減緩, 勞動投入的成長率會下降; 企業的機器設備增加雖然能提高產出, 但其效果在長期之後也會下降。[2] 另一位諾貝爾經濟獎得主克魯曼 (Paul Krugman) 即認為把四小龍的高成長視為奇蹟, 是一種迷思 (myth)。[3]

從今天往回看, 經濟學者對於四小龍的成長率終將會下降的預測是對的。事實上, 所得提高後經濟成長會減緩, 不只是四小龍如此, 所有的高所得國家也都是如此。不過, 一個國家出現持續 40 年的高成長, 確實是人類歷史上的第一次。

表 28.1 列出四小龍, 以及日本, 美國, 與英國在 2000–2018 年期間的成長率。到了 2010 年代, 四小龍已經是高所得國家, 因此, 表中

---

[1] Bolt and Zanden (2020)。
[2] Solow (1956)。
[3] Lucas, Jr. (1993); Krugman (1994)。

表 28.1: 人均 GDP 成長率: 2000–18年

台灣	新加坡	香港	南韓	日本	美國	英國	全球
2.88%	3.35%	2.45%	2.79%	0.85%	1.05%	0.98%	4.12%

來源: Bolt and Zanden (2020)。

的7個國家可以視為是高所得國家的代表,而它們的成長率都低於全球平均。以上的結果與經濟學理論的預測相符: 所得較高的國家,成長率會較低。今天日本會被冠上「失落的30年」的封號,只是因為其成長率下降的幅度特別大。

表中的7個國家裡,新加坡的成長率最高,台灣排名第二,日本則是最低。有些人以台灣過去的高成長來貶抑今天經濟成長的表現,這種看法是錯誤的。事實上,與英美日等先進國家比較,台灣的成長率仍然比較高。

進入21世紀之後,台灣的人均所得繼續成長,但出現一個以往未曾出現的現象,經濟學家稱之為「薪資停滯」。家戶的所得有兩個來源,薪資所得與資產所得。總所得上升時,一般而言,薪資與資產兩項所得都會上升。不過,大約從1990年代開始,台灣家戶薪資所得的成長率明顯低於總所得的成長率。換言之,上班族的薪資幾乎沒有成長,或者,成長率低。

28.2 薪資停滯

圖28.1畫出台灣工業及服務業實質每月薪資之成長趨勢,「實質」兩個字的意思是,已扣除物價膨脹的影響。1980–2000年期間,工業及服務業實質薪資年增率,男性為5.1%,女性為5.3%。到了2000–2020年期間,前者下降為0.2%,後者下降為0.8%。相對的,上面表28.1顯示,在2000–2018年期間,台灣的人均 GDP 成長率是2.88%。

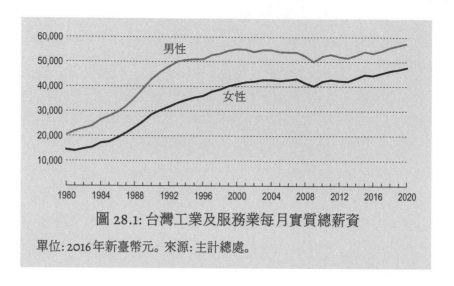

圖 28.1: 台灣工業及服務業每月實質總薪資

單位: 2016年新臺幣元。來源: 主計總處。

　　對於上班族而言, 只要薪資持續調升, 經濟成長率高或低, 他應該不在意。反之, 若經濟成長率高, 但薪資沒有調漲, 他不會太開心。21世紀初以來, 台灣的情況是, 經濟仍有成長, 只是成長率較低, 但是薪資呈現停滯。

　　事實上, 薪資停滯世界各國共通的現象, 所得水準高的國家似乎較明顯。圖28.2畫出台灣, 美國, 與日本三個國家的工資之變動。為了方便比較, 本圖把三個國家1980年的工資都定為100。本圖顯示, 美國與日本的薪資停滯更早就出現。日本的薪資成長在1970年代初期即減緩, 但當時台灣仍然快速成長。台灣一直到1990年代晚期才出現薪資停滯。美國的薪資停滯更早, 1970年代初期工資幾乎已停滯, 2000年之後略有上升, 但幅度不大。

　　薪資為何不成長? 經濟學家認為主要原因有兩個: 全球化 (globalization) 與自動化。

全球化

1960年代中期, 美國電子業者前來台灣設廠, 台灣的就業增加, 工資上漲, 相對的, 美國的電子產業部門則是失業率上升, 工資停滯。例

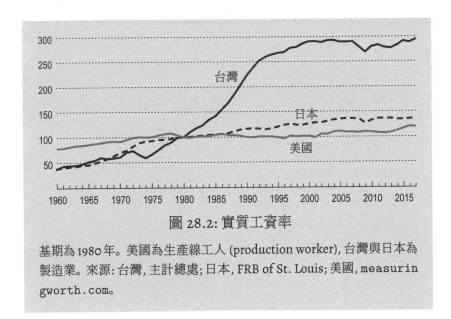

圖 28.2: 實質工資率

基期為1980年。美國為生產線工人 (production worker), 台灣與日本為
製造業。來源: 台灣, 主計總處; 日本, FRB of St. Louis; 美國, measurin
gworth.com。

如, 美國增你智公司把彩色電視機工廠外移到台灣與墨西哥, 造成
美國境內損失5,000個工作機會。[4] 另外一個例子, 美國的 RCA 公司
在1970年前後把工廠移至墨西哥與台灣, 其在美國境內的裝配工廠
的規模即縮減。同樣的, 日本的電子廠商來台灣設廠, 對其國內也有
類似的影響。

　　但是, 風水輪流轉, 美國與日本勞動者的經歷, 最後也在台灣出
現。為什麼? 因為工資更低的中國進入全球貿易體系。

　　1970年代以前, 中國管制直接外人投資, 因此, 雖然工資低, 但很
少國外的企業前去設廠。1980年代初期, 中國改革開放後, 各國廠商
紛紛前往設廠, 其中, 台商所占的比重相當高。圖 28.3 比較台灣, 中
國, 與墨西哥的工資變動。中國早期的薪資統計較不完整, 本圖裡中
國統計資料的起點是2002年。在這一年, 台灣, 墨西哥, 與中國製造
業的時薪分別是: 6.83, 4.23, 與0.60美元, 換言之, 中國的工資水準
僅為台灣的8.8%。

---

[4]Office of Technology Assessment (1983), 頁117。

圖 28.3: 製造業工資

單位: 美元/小時。來源: U.S. Bureau of Labor Statistics。

　　台灣的廠商到海外設廠,造成台灣的薪資停滯,這就如同1960年代以來,美國與日本的廠商到海外設廠,造成兩國的薪資停滯一樣。相對的,中國工人的工資則上升。到了2012年,台灣的工資為9.40美元,但中國已上升3.06美元,對台灣的比率上升為32.6%。

　　中國的改革開放是「全球化」非常重要的一環,全球化是指各國的貿易障礙解除,貿易數額增加之現象。1995年1月,世界貿易組織(World Trade Organization,簡稱為WTO)成立,總部設在瑞士的日內瓦,目的是促進國際貿易。WTO成立之前,國際間協調貿易爭端的機構是「關稅暨貿易總協定」(General Agreement on Tariffs and Trade,簡稱為GATT),這是1948年由國際間22個會員國所創設,中華民國是GATT締約成員。但是,大陸淪陷後,國民政府撤退來台,於1950年自動退出GATT。

　　中國於2001年12月11日獲准加入WTO,這對於全球經濟產生重大影響,原因是中國人口眾多,而且工資便宜,因此,中國加入WTO等於是在很短的時間內,數以千萬計的勞工加入全球的勞動市場。中國入會之後,2002年1月台灣才以「台澎金馬個別關稅領域」的名稱成為WTO第144個會員。[5] 2021年,WTO共有164個會員國。

[5]中華經濟研究院 (2013)。

貿易障礙的指標之一是關稅。1947年, 美國, 日本, 與歐洲國家的平均關稅稅率是22%, 到了2015年, 全球消費財的關稅稅率已下降至7.2%。經濟學常以商品與服務出口值占GDP之比率, 來衡量貿易自由化的程度。1960年, 全球出口占GDP之比率為12.8%, 1980年上升為19.5%, 到了2016年, 更上升至28.6%。

對於高所得國家而言, 全球化與中國改革開放之後的出口擴張, 是好消息, 也是壞消息。好消息是, 消費者日常生活用品的價格下跌, 所有人都受益。此外, 本國具有比較利益的產業 (如資本與技術密集產業), 也會因為對手國的關稅下降, 更為蓬勃發展。壞消息是, 本國失去比較利益的產業 (如勞力密集產業), 廠商會關廠或者把工廠外移, 造成失業率上升與薪資停滯。

自動化

除了全球化之外, 另一個造成薪資停滯的原因是自動化。在日常生活中, 全球化與自動化的現象都很明顯, 但自動化的現象可能更容易看到。

以往, 你要轉帳給別人, 必須親自跑一趟銀行, 先填好表單, 再交由櫃員處理。現在, 登入網路銀行之後即可直接轉帳。網路銀行出現後, 金融業對於櫃員的需求減少。以前, 你要搭台鐵火車, 要先到窗口買票, 剪票口也有人負責剪票。現在搭短程的台鐵火車, 進出時刷一下悠遊卡或一卡通即可。

以前, 開車到加油站, 現場有人幫你加油並結帳。現在許多加油站已採用自助加油。從手動加油變成自助加油, 加油站節省許多人力。廠商自動化的理由是降低成本。設置自助加油系統需要一大筆資本支出, 但設立之後, 加油站所需的員工減少, 老闆的薪水支出也減少。

從銀行到加油站, 自動化系統愈普及, 廠商僱用的員工就愈少。工資是由勞動市場的供給與需求所決定, 自動化的趨勢使低技術勞

工的需求減少, 也造成他們的薪資停滯。

28.3 薪資再成長?

從 1990 年代晚期算起, 台灣的薪資停滯已超過 20 年。不意外的是, 歷屆總統大選的候選人都會提各式各樣的政策。不管是民進黨或國民黨, 上台後最常做的政策是調高基本工資。1998 年, 台灣的基本工資是 15,840 元, 2021 年調高至 24,000 元。扣除物價膨脹的因素後, 實質基本工資的年增率為 0.97%, 幅度並不大。不過, 2011–2020 年期間, 調整幅度較大, 平均年增率為 2.29%。

調高基本工資能否使薪資再成長? 假設某甲原本就是領基本工資, 2020 年的基本工資是 23,800 元, 2021 年調高為 24,000 元之後, 他的工資也跟著調升。雖然增幅很少, 但也是增加。但是, 若某人的工資原本就高於基本工資, 則調升基本工資對他並無影響。

由此看來, 原本領基本工資的人是政策的受益者。但事實上, 未必如此, 也可能是「未蒙其利, 反受其害」。某甲的工資隨著基本工資調升的前提是他仍保住工作。但是, 經濟學家的研究發現, 調高基本工資後, 原先只領基本工資的人, 有些人的工作可能不保。為什麼?

對於企業而言, 員工的薪資支出是營業費用的一部分。勞力密集產業的薪資支出占營業費用的比率較高, 且一定比率的勞工的薪資等於基本薪資, 故政府調高基本工資使其營業費用增加較多。老闆可能採取的對策是, 辭退生產力較低的員工, 或者改用自動化生產; 某些較無競爭力的廠商甚至可能因此關閉。以上三種情況都會造成工人失業。因此, 領基本工資的勞工本來是政策想要協助的對象, 但他們也可能反而變成是受害者。

那麼, 領基本工資者有多少人會失業? 這個問題只有經由研究與調查才能找到答案。國外學者對此問題做了許多研究, 但台灣的研究很少, 可以說幾乎沒有。換言之, 調高基本工資是藍綠兩黨的共識, 但決策者並不知道, 提高基本工資, 對多少人造成負面影響。

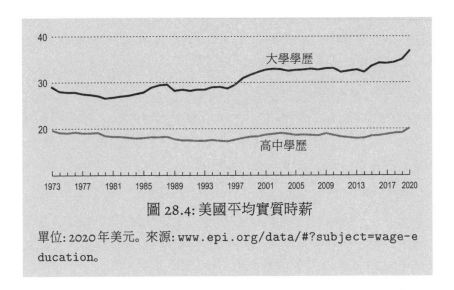

圖 28.4: 美國平均實質時薪

單位: 2020 年美元。來源: www.epi.org/data/#?subject=wage-e
ducation。

　　如何解決薪資停滯? 經濟學家也沒有好的答案。不過, 各國的勞
動統計顯示, 在不同的勞工身上, 薪資停滯的幅度不同。以美國為
例, 圖 28.4 為 1973–2020 年期間大學學歷與高中學歷的平均時薪之
變動。2015 年之後, 大學畢業生的薪資成長較明顯, 但高中畢業生的
薪資成長幅度仍然很小。1973–2020 年期間, 大學學歷的勞工的實質
薪資上漲為 1.27 倍, 而高中學歷勞工的實質薪資僅上漲為 1.02 倍, 幾
乎是完全停滯。

　　全球化之後, 各國的關稅都下降, 對於高所得國家而言, 技術密
集的產業更為蓬勃發展, 因此, 廠商對於技術性員工 (skilled worker)
的需求也增加。相對的, 勞力密集產業大都已外移, 因此, 勞動市場
上對於非技術性員工 (unskilled worker) 的需求則相對減少。自動
化也有類似的影響。由此推論, 技術性員工與非技術性員工的薪資
差距應該會擴大。

　　技術性與非技術性通常是以員工的學歷來區分, 大學或以上學
歷的員工稱為技術性員工, 高中或以下學歷的員工稱為非技術性員
工。圖 28.5 畫出美國與台灣的大學對高中學歷之薪資比。從 1991 年
到 2020 年, 美國的比值從 1.61 上升至 1.83, 但是, 台灣卻相反, 比值

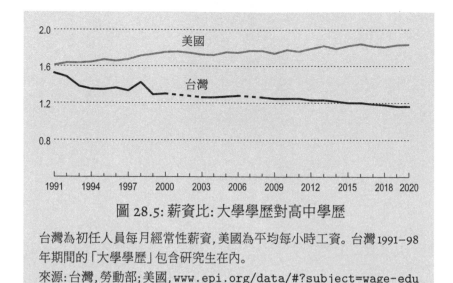

圖 28.5: 薪資比: 大學學歷對高中學歷

台灣為初任人員每月經常性薪資,美國為平均每小時工資。台灣1991-98
年期間的「大學學歷」包含研究生在內。
來源:台灣,勞動部;美國,www.epi.org/data/#?subject=wage-edu
cation。

從1.52下降為1.16。

　　美國的現象與經濟理論的預測相符,台灣的現象則與理論的預
測相反。相對於美國,台灣除了比值長期下降之外,另一項特徵是比
值較低。為何如此? 原因之一可能是產業結構不同。如果台灣技術
密集的廠商較少,則整體而言,台灣對於技術性員工的需求也會比
較低。這會造成技術性員工對非技術性員工的薪資比較低。

　　不過,台灣還有另一個因素,也使薪資比變低,那就是台灣的教
育管制。

28.4　教育管制

以下的統計數字可能讓你驚訝, 2017年台灣25-34歲年輕族群接受
高教人口的比率是71%,而南韓是70%。大部分的高所得國家都比台
灣低,例如,加拿大62%,日本61%,英國則是51%。相對的,美國,法國
與德國都不到50%。[6] 我沒有去找早期的統計數字,但不難猜測,早期

---

[6]www.cna.com.tw/news/ahel/202008100066.aspx。

台灣年輕人擁有大學學歷的比率不會太高,原因是教育管制。

　　是否要上大學是由家長與學生決定的。若評估上大學的利益高於成本,就去上大學,否則,高中或專科畢業後即進入職場。大學學歷的薪資高於高中畢業生,反映上大學的利益。但是,上大學有成本,除了需要4年的時間與學雜費的支出之外,還有少了4年的薪資收入。但是,薪資差異愈大時,學生上大學的誘因就愈強。

　　早期在威權時代,教育部對各級學校有重重的管制,當時,思想管制是重點,而教育部也不准新的大學設立。1971年,大學與獨立學院計有23家,到了1986年只增加5家,變成28家。1990年代中期,教育部改弦易轍,推動「廣設大學」的政策。1996年,大學與獨立學院增為67家;2006年,再增為147家。從1986到2006年,大學與獨立學院的家數增加為5.2倍。

　　表面上看來,「廣設大學」似乎是解除管制,但是,教育部有更積極的做法。教育部不只是解除學校設立之管制,還提供補貼,誘使許多專科學校「升格」為大學。[7] 因此,「廣設大學」的政策可以說是反向的數量管制:大學非增加不可。

　　大學數量快速增加,但如何在短時間內增加合格的老師?專科學校升格為大學之後,教育部要求老師們要提升學歷,老師們也努力進修,取得碩士或博士學位。課程內容如何調整?這並不難,把原先專科學校的課程內容略加修改,即成為大學課程的內容。從這個角度來看,如果說「廣設大學」的政策只是把學校的名稱由「專科」改成「學院」或「大學」,也不為過。

　　專科升格為大學,對於校方有何幫助?有,教育的補貼較多。對於學生們也有吸引力,學費增加並不多,但原來的專科學歷現在變成大學學歷。但是,學生在學校裡獲得的知識有增加嗎?我猜連教育部都不知道答案。

---

[7] 周祝瑛 (2008), 頁 122–130。

不過, 學生在學校裡能學到多少知識, 還跟另一件事情有關。要解釋這一點, 我要先講一個故事。

「院長室門口排隊的學生」

可能是在2009年初, 我與一位台大經濟研究所碩士班的畢業生見面, 他在4年前前往美國攻讀博士學位。我跟他碰面時, 他已經快拿到學位, 正在找教書工作。他的博士論文的研究做得很好, 因此, 美國幾間一流的大學都找他面試, 其中之一是美國西岸的史丹佛大學 (Stanford University) 的管理學院, 這家學院在全球管理學院的排名裡是前幾名。

我們見面時, 我問了他在美國大學面試的經驗, 他告訴我他與史丹佛管理學院院長見面時的對話。院長完全沒有問他研究上的問題, 只對他說, 「如果我們聘你過來, 你開始上課之後, 我院長室門口外面就會有學生來排隊, 要向我抱怨你課教得不好!」院長接著說, 「如果隨著學期過去, 排隊的學生愈來愈少, 那你就 OK 了!」

我回想起我在1980年代中期受聘到台大任教, 當時的院長並沒有給我類似的警告。就我所知, 全台灣的大學裡, 上述情境的對話也沒有, 原因並不是台灣的大學老師都教得很好, 而是因為校方與學生對於教學品質的問題都不太在意。

台灣的學生面對教學品質不佳的老師時, 通常就接受下來, 不會抱怨。為何台灣的學生不會抱怨授課品質? 解釋之一是台灣人的個性比較溫和。有可能, 但我認為更重要的原因是學費。

2012學年度, 史丹佛管理學院的學費是5.7萬美元。當年新臺幣對美元的匯率大約30, 假設上下兩個學期合計是30週, 每週上課15小時, 則每小時學費折合新臺幣是3,800元。相對的, 目前台灣私立大學的學雜費每年約新臺幣12萬元, 假設上下兩學期合計32週, 每週20小時, 則每小時的學雜費是188元。相對的, 公立大學每年的學雜費大約新臺幣6萬元, 每小時的學雜費是94元。

如果台灣的學雜費一小時是3,000元,上課時老師講授一些學生認為沒有用的內容,下課後應該有學生會問老師:「請問這些內容對我將來有何幫助?」但是,如果一小時的學雜費是200元,而且學雜費可能是父母幫忙付的,學生可能就不會問了。

除了學雜費較低之外,學生不抱怨還有另外一個原因,那就是抱怨也沒有用。就我所知道的一些案例,學生向系主任抱怨某位老師的授課品質,系主任最多只是安撫一下學生,並不會有具體的改善行動。那麼,為何史丹佛管理學院的院長在乎學生的批評,而台灣各大學的主任比較不在乎?原因和台灣的學費受到管制有關。

學費管制

解嚴之後,部分的教育管制鬆綁,但是,教育部對於學費管制並未放手。在2020年,公立大學的學雜費每年大約是6萬元,私立大學大約是12萬元,公立大約是私立的一半。為何是這個比例?你去問教育部長,他也沒辦法回答你。

學費管制是什麼?想像你要開一家平價的義大利麵餐廳,在計算店面租金與人事成本之後,你認為合理的訂價是每份新臺幣150元。營運計畫拍板定案之後,你已準備擇日開張。但是,主管的經濟部前來告訴你,每份的價格不得超過40元。訂價40元根本入不敷出,如何營運?但你不用擔心,因為經濟部會補貼你110元。你評估一下,這也行得通,開始營業。

不過,你很快就發現,你的餐廳附近還有另外一些餐廳,營業項目類似,但每份的訂價僅20元。這價格也是經濟部定的,不僅如此,這些餐廳事實上是經濟部自己出來開的。經濟部對自己開的餐廳比較大方,每份補貼200元。

你可能覺得我以上的故事只是在講笑話。並不是。把以上的「餐廳」改成「大學」,把「經濟部」改成「教育部」,以上的故事是台灣高等教育的現況。

　　教育部自己經營的大學稱為國立大學或市立大學，其他的則稱為私立大學。公私立大學的學費都受到管制，但公立大學的學費低於私立大學。照道理，公立大學應該要出來抗議學費收入太少。但是，教育部對公立大學的補貼遠多於私立大學，因此，公立大學並不抱怨。

　　故事講到這裡，你應該瞭解為何台灣的學生不太抱怨老師的授課品質。一份義大利麵的合理價格是150元，但顧客只付40元或20元，在此情況下，如果餐點的品質不盡理想，顧客們應該是睜隻眼閉隻眼。另外一方面，餐廳的主要收入來源是政府的補貼，因此，老闆重視的是經濟部(教育部)的意見，客戶的抱怨毋須重視。

　　學費管制與補貼制度產生幾個嚴重的問題。首先是各大學提升品質的誘因受到壓抑，我還是以上面的例子來說明。假設某家餐廳的老闆想要付重金聘用一位廚師，他的算盤是，廚師聘進來之後，因為手藝佳，他把價格提高到200元還是會有客戶上門。如此一來，餐廳額外的收入不僅可以支付廚師的高薪，老闆自己的利潤也會上升。

　　以上是市場經濟裡，各行各業的老闆努力提升品質的故事。但是，在台灣的大學裡卻不會出現，原因是教育部規定，私立大學的學費是12萬元，公立大學是6萬元，不能多收。換言之，學費管制堵住競爭的管道，也堵住大學提升品質的誘因。最後的結果是學校的授課品質不佳。

　　由以上的故事，我們現在可以解釋，為何前面圖28.5中，台灣的大學畢業生對高中畢業生的薪資比相對較低，而且長期下降。「廣設大學」使大學生人數增加，其中一大部分是以往的專科畢業生。他們的學歷「升級」，但在學校裡所獲得的知識與以往差異不大，因此畢業以後的薪資也不會升級。廣設大學之後，統計資料上大學畢業生的平均薪資，事實上是以往的大學生與專科生的平均，因此，圖28.5中的薪資比下降，非常合理。

　　很多人認為學費管制是一個具有社會正義的政策，因為低所得

的家庭的小孩可以上大學。但這只看到事情的表面。教育部對於公立大學的補貼遠高於私立大學。以國立台灣大學為例,台大的學生平均而言是來自所得水準較高的家庭,表示所得高的家庭反而得到較多的補貼。因此,學費管制並不是具有社會正義之政策。

「邁向頂尖大學」

因為學費受到管制,因此公私立大學的學費收入都不足以應付學校的支出。以國立台灣大學為例,學費收入大約只占全年支出的15%。不足的部分怎麼辦?公私立大學的教授都可以向科技部申請研究計畫,若獲得通過,學校也有一些經費收入。但是,最重要的收入來源是教育部的補貼,特別是國立大學。

在學費管制與補貼政策下,大學校長不需要擔心經費來源,可以專心於發展校務。但是,補助也不是一伸手就有,大學必須滿足教育部設下的種種條件。有人說,台灣其實只有一間大學,名叫「教育部大學」,聽起來像是開玩笑,其實有道理,因為各大學校長努力的目標是要滿足教育部的要求。

大約在2000年前後,行政院發現台灣各大學的研究水準不如國外,想要迎頭趕上。2005年,教育部推出「邁向頂尖大學計畫」,目的是要「提升國內研究水準、建設世界級的頂尖大學」。第一期的計畫名叫「五年五百億」,平均每年支出100億元。2005年,各級政府歲出淨額是新臺幣22,920億元,因此,100億元占歲出淨額的0.4%。我們很少看到以花多少錢作為名稱的政策,取名為「五年五百億」,可能是要表現教育部的決心。

計畫的目標是要提升研究水準,如何提升?古代是「重賞之下必有勇夫」,現代則是「重賞之下必有學者努力做研究」。早期,公私立大學教授的薪水是由教育部統一規定,與做不做研究並沒有太大的關係。在此制度下,大學教授持續做研究的誘因不高。「五年五百億計畫」是要突破以上的限制,研究做得比較好的,有額外的收入,而

且能較早升等為教授。

如何判斷研究做得好或不好? 學者的研究都會發表在學術期刊上,因此,我們就來算一下發表在期刊上的論文篇數。國內期刊的水準參差不齊,但平均而言,不如國外,因此,很快發展出一個標準出來,發表在國外期刊上的論文被認為是品質較佳的,研究者也會獲得較多的補貼與獎勵。

從這個時候開始,台灣學者發表在國外期刊上的論文大增,表示努力做研究的學者增加,同時似乎也表示,教育部的錢花在刀口上。

但是,任何人仔細看一下台灣學者的文章刊登在哪些期刊上,就會發現,大部分是在中下等級的期刊上。這個結果不令人意外,「先求有,再求好」,如果一開始能發表在中下級的期刊,未來就有機會發表在頂級的期刊上。

「邁向頂尖大學計畫」花了不少納稅人的錢,由登在國外期刊上的論文數目來看,成效也不錯。但出現一個問題。

在某些領域裡,學術研究的議題有地域性。譬如,台灣央行貨幣政策的操作方式與美國,英國,與歐盟不同。[8] 如果有學者研究台灣的貨幣政策,投稿到國際期刊上,期刊的編輯與審稿人對台灣的制度不瞭解,對此議題的興趣也不高,因此,接受刊登的機率也較低。

不過,「邁向頂尖大學計畫」只在乎文章發表在國際期刊上,任何主題都可以。因此,台灣學者在選擇研究題目時,會優先考慮國外期刊有興趣的議題。結果,若是計算論文發表的數目,國內研究水準的確提升,但是,在具有地域性的研究領域裡,學術界對於本土問題的瞭解不僅未增,反而減少。原因是在目前的誘因制度下,台灣的學者投入更多精力在國外學者較有興趣的議題上。

教育部對於研究者的補貼,來自納稅人繳交的稅,它在成果報告裡會統計,台灣學者登在國際期刊的數目增加多少,但它沒有講的是,這些研究讓我們對於台灣社會的瞭解增加了多少。

---

[8]陳虹宇等 (2021)。

　「邁向頂尖大學計畫」使國內學者在國際期刊上發表的論文增加，但我們對於台灣社會的瞭解增加了多少，是一個未知數。如果我們對於社會的瞭解不透徹，公共政策只能以政府官員主觀的感覺為基礎，無法對症下藥。

　所有的政府官員都強調研究的重要性。但是，各大學的校長，教育部長，國家科學及技術委員會主任委員，與財經官員們，沒有人指出來，「邁向頂尖大學」的計畫事實上阻礙了我們對台灣的瞭解。

　2017年之後，「邁向頂尖」的努力並未停下來，接續而來的是「高等教育深耕計畫」；台灣的學者則在納稅人的補貼之下，繼續為研究其他國家的問題而努力。

國立大學是公營企業

除了管制之外，台灣高教制度的另一個特性是公營企業多。台灣每一間國立大學都是不折不扣的公營企業，我自己任教的國立台灣大學也不例外。圖28.6是國立台灣大學的椰林大道。

　在民營企業裡，董事長負責擬定企業經營的方針。公營企業也有董事長，但不同的是，上面還有一個主管機關，而董事長要聽主管機關的指示。例如，台電與中油公司的主管機關是經濟部，經濟部說油電價格要凍漲，油電價格就不會調漲。

　台灣每一間大學都有校長，但是，大學的經營方針卻是教育部決定的，國立大學特別是如此。為什麼國立大學校長特別要聽教育部的話？原因是國立大學的經費，絕大部分來自教育部。

　上面講了「五年五百億」的政策，教育部要大學努力做研究，大學教授們就努力做研究。不過，教育部後來發現，以上的政策出現一個問題，老師們不太在乎教學。因此，教育部改變政策，指定某些大學以研究為主，另一些則以教學為主。

　對於民營企業而言，經營方針的調整也不算少見，但調整的目的是要滿足客戶的需求。那麼，教育部在決定高教方針時，目標是什

圖 28.6: 國立台灣大學的椰林大道

來源: 吳聰敏。

麼? 哪些人決定的? 高教教育所要服務的對象是哪些人? 教育部如何瞭解這些人的需求? 2021年, 大專院校學校數共計149所, 教育部有能力為所有的大專院校決定經營方針?

如果教育部真的有能力為各大學訂定明確的目標, 則下一個問題是, 大專院校的實際績效如何? 有達成教育部的目標嗎? 講到這裡, 我們面對的是公營企業制度的本質問題。公營企業的服務品質比民營企業差, 所有的人都有所體會。

2018年台鐵發生普悠瑪翻覆事故, 造成18人死亡。三年之後, 台鐵在2021年又發生花蓮清水隧道出軌的重大意外, 49人死亡。這兩項事故之後, 輿論認為, 只有民營化才能改善台鐵的經營。

2021年5月13日, 台電公司無預警地大停電。4天之後, 又大停電一次。依經濟部的說法, 「此次故障原因為在進行新機組加入系統前檢測時, 工作人員錯誤操作隔離開關」。台灣還有其他大大小小的公營企業, 例如, 台糖公司, 中油公司, 公股行庫, 請想一下, 有哪一家

是以服務品質著稱的?

　以上是經濟部與交通部管轄下的公營企業,或許,教育部所管轄的國立大專院校會不一樣? 教育部也許自認為如此,但實際上並不然。2005年,行政院推動「五年五百億」時,目標之一是要「前進百大」,意思是說,台灣要有幾間大學的排名要進入全球的前一百名之內。將近20年之後,此一目標依舊遙遠。

　台灣的高教排名落後,表示在研究與教學上都有待努力。排名落後的影響是什麼? 以教學而言,教學品質落後的影響是,大學生在學校裡所學的,對他未來的工作與生活的能力幫助不大。上面提到,教育部嚴格管控學費,因此,學生的學費成本低,但結果是,在學校裡的收穫也不多。

　台灣目前已有不少的企業,特別是電子業,在全球的排名是在前十名之內。台灣有競爭力的企業,全部都是民營企業,無一例外。由此看來,台灣高教要「前進百大」,最有機會的方法是公營大學民營化,而不是擴大補貼國立大學。

　這個建議乍聽之下,有點匪夷所思,但其實不是。上面提到台鐵連續發生事故時,很多人都同意,唯有民營化才能提升其營運效率。交通運輸與高教都是服務業,如果民營化可以提升台鐵的營運績效,它也同樣可以提升大學的營運績效。

　以上所說的並不是天方夜譚。全世界最頂尖的大學大部分是在美國,而且大多是私立大學(民營大學)。

　值得強調的是,國營企業的績效差,並不是說企業的員工能力不佳。事實上剛好相反。以高教而言,國立大學的教職員的能力平均而言都在一般人之上,問題是,公營與管制影響他們的誘因,也影響他們的表現。

28.5　歷史的教訓

台灣經濟400年,我們學到什麼? 20世紀初葉,台灣人的生活水準

開始提升，一路走來，漸入佳境。生活水準提升是人類社會共同的趨勢，但是，各國的情況不同。全世界最早的現代經濟成長，出現在英國與西歐幾個國家。亞洲國家裡，日本是領頭雁。

台灣的現代經濟成長到了日治初期才出現，比英國大約晚了一百年。雖然起步晚，但台灣今天的所得水準在全球名列前茅。戰後高成長年代初期，台灣人辛苦謀生；大約半世紀後的今天，「現在生活真的很好」應該是很多人共同的感受。

台灣經濟400年的歷史教訓是什麼？台灣長期的經濟發展，雖然是漸入佳境，但並非一帆風順，而是過程曲折。1945到1950年代晚期的經濟管制，曾使社會陷入困境。幸運的是，美國對台灣的經濟援助使台灣走回市場經濟制度，並跨出高成長的第一步。台灣長期經濟成長的經驗，提供難得而明確的證據，市場機制比起管制，更有利於經濟成長。

參考文獻

Andrade, Tonio (2000), "Commerce, Culture, and Conflict: Taiwan under European Rule, 1624–1662," PhD thesis, Yale University.

———(2005), "Pirates, Pelts, and Promises: The Sino-Dutch Colony of Seventeenth-Century Taiwan and the Aboriginal Village of Favorolang," *Journal of Asian Studies*, 64(2), 295–321.

Arthur D. Little (1973a), "Perspective on Industrial Investment in Taiwan," Report No. 5 for the Council for International Economic Cooperation and Development.

———(1973b), "The Outlook for the Electronics Industry in Taiwan," Report No. 4 for the Council for International Economic Cooperation and Development.

Baer, Werner (1972), "Import Substitution and Industrializaton in Latin America: Experiences and Interpretations," *Latin American Research Review*, 7(1), 95–122.

Barclay, George W. (1954), *Colonial Development and Population in Taiwan*, Princeton: Princeton University Press.

Barkin, Noah (2020), "Export Controls and the US-China Tech War," URL: `merics.org/en/report/export-controls-and-us-china-tech-war` (visited on 03/18/2020).

Berman, Max (1997), "A Survey of Present Conditions in Formosa Compiled During a Visit to the Island," in Robert L. Jarman (ed.), *Taiwan: Political and Economic Reports: 1861–1960*, vol. 8, Slough, U.K.: Archive Editions Limited, 135–223.

Biggs, E.T. (1997a), "Formosa Economic Notes, 16th January to 15th February, 1950," in Robert L. Jarman (ed.), *Taiwan: Political and Economic Reports: 1861–1960*, vol. 9, Slough, U.K.: Archive Editions Limited, 199–209.

———(1997b), "Formosa Economic Notes, 16th June to 15th July, 1950," in Robert L. Jarman (ed.), *Taiwan: Political and Economic Reports: 1861–1960*, vol. 9, Slough, U.K.: Archive Editions Limited, 199–209.

Blussé, Leonard (1996), "No Boats to China, the Dutch East India Company and the Changing Pattern of the China Sea Trade, 1635–1690," *Modern Asian Studies*, 30(1), 51–76.

Blussé, Leonard and Natalie Everts (2000), *The Formosan Encounter*, vol. 2, Taipei: Shung Ye Museum of Formosan Aborigines.

———(2006), *The Formosan Encounter*, vol. 3, Taipei: Shung Ye Museum of Formosan Aborigines.

Blussé, Leonard, Natalie Everts, and Evelien Frech (1999), *The Formosan Encounter*, vol. 1, Taipei: Shung Ye Museum of Formosan Aborigines.

Blussé, Leonard and Marius P.H. Roessingh (1984), "A Visit to the Past: Soulang, a Formosan Village anno 1623," *Archipel*, 27, 63–80.

Bolt, Jutta and Jan Luiten van Zanden (2020), "Maddison Style Estimates of the Evolution of the World Economy. A New 2020 Update," Groningen Growth and Development Centre: Maddison-Project Working Paper WP-15.

Borao, José Eugenio (2001), *Spaniards in Taiwan*, vol. 1, Taipei: SMC Publishing.

Bossen, Laurel and Hill Gates (2017), *Bound Feet, Young Hands: Tracking the Demise of Footbinding in Village China*, Stanford: Stanford University Press.

Boxer, C. R. (1965), *The Dutch Seaborne Empire 1600–1800*, London: Penguin Group.

Brannon, Jeffery T., Dilmus D. James, and G. William Lucker (1994), "Generating and Sustainning Backward Linkages Between *Maquiladoras* and Local Supplies in Northern Mexico," *World Development*, 22(12), 1933–1945.

Brooks, Don (2000), "Interview with Don Brooks," Stanford Digital Repository, URL: https://exhibits.stanford.edu/silicongenesis/catalog/cj78 9gh7170 (visited on 02/08/2000).

Campbell, W.M. (1903), *Formosa Under the Dutch*, London: Kegan Paul, Trench, Trubner & Co.

Champion, Steven R. (1998), *The Great Taiwan Bubble: The Rise and Fall of An Emerging Stock Market*, Berkely, CA: Pacific View Press.

Chang, Meg (2010), "Veteran Tells Story of Taiwan's Semiconductor Industry," *Taiwan Today*, URL: taiwantoday.tw/news.php?unit=6&post=9508 (visited on 06/18/2010).

Chen, Che-Tong (1974), "The Electronics Industry in Taiwan: A History and Analysis," PhD thesis, University of Santa Clara.

Chien, C.T. (1955), *Status of Implementation of EAG Report*, memorandum to Martin Wong, 1955-01-29 (Academia Historica).

China News (1962), "Harald Departure," *China News*, 1962/8/8.

Chu, Samuel C. (1963), "Liu Ming-ch'uan and Modernization of Taiwan," *Journal of Asian Studies*, 23(1), 37–53.

Coase, Ronald H. (1937), "The Nature of Firms," *Economica*, 4(16), 386–405.

——— (1960), "The Problem of Social Cost," *Journal of Law and Economics*, 3(1), 1–44.

Cochrane, John H. (2011), "How Did Paul Krugman Get it So Wrong?" *Economic Affairs*, 31(2), 36–40.

Colquhoun, A.R. and J.H. Stewart-Lockhart (1885), "A Sketch of Formosa," *The China Review*, 13(13), 161–207.

Constant, Jacob and Barend Pessaert (1623), "Description of the Village Soulang," in Leonard Blussé, Natalie Everts, and Evelien Frech (ed.), *The Formosan Encounter*, 1999, Taipei: Shung Ye Museum of Formosan Aborigines, 4–22.

Cowie, Jefferson (1999), *Capital Moves: RCA's Seventy-Year Quest for Cheap Labor*, Ithaca: Cornell University Press.

參考文獻

Cullather, Nick (1996), "'Fuel for the Good Dragon': The United States and Industrial Policy in Taiwan, 1950–1965," *Diplomatic History*, 20(1), 1–25.

Curry, James and Martin Kenney (2004), "The Organizational and Geographic Configuration of the Personal Computer Value Chain," in Martin Kenney and Richard Florida (ed.), *Locating Global Advantage: Industry Dynamics in the International Economy*, Stanford: Stanford University Press, 113–141.

Cutler, David, Angus Deaton, and Adriana Lleras-Muney (2006), "The Determinants of Mortality," *Journal of Economic Perspectives*, 20(3), 97–120.

Dalton, John E. (1937), *Sugar: A Case Study of Government Control*, New York: Macmillan Company.

Davidson, James W. (1903), *The Island of Formosa, Past and Present*, London: Macmillan.

Demsetz, Harold (1967), "Toward a Theory of Property Rights," *American Economic Review*, 57(2), 347–359.

Department of Treasury (1989), *Report To The Congress on International Economic and Exchange Rate Policy*, April, Washington DC: US Department of Treasury.

———— (1992), *Report To The Congress on International Economic and Exchange Rate Policy*, December, Washington DC: US Department of Treasury.

Derby, Michael S. (2022), "Fed's net income turned negative in September, but it was no surprise," URL: www.reuters.com/markets/us/feds-net-income-turned-negative-september-it-was-no-surprise-2022-10-12 (visited on 10/13/2022).

Donaldson, Dave (2018), "Railroads of the Raj: Estimating the Impact of Transportation Infrastructure," *American Economic Review*, 108(4–5), 899–934.

Ebi, Saburo (1947), *Sugar Industry of Java and Formosa: A Comparative Study*, Tokyo: Economic Cooperation Administration, Mission to China.

Economist (2010), "Taiwan and Japan: X not V," *The Economist*, 2010/11/11.

———— (2020), "Why is the idea of import substitution being revived?" *The Economist*, 2020/11/7.

———— (2021a), "A look inside the factory around which the modern world turns," *The Economist*, 2021/12/21.

———— (2021b), "Ready to roll: A malaria vaccine is approved by the World Health Organisation," *The Economist*, 2021/10/7.

———— (2022), "Which is really the weakest sex?" *The Economist*, 2020/3/7.

———— (2023), "Picking losers," *The Economist*, 2023/1/14.

Esquivel, Jacinto (1632), "A Situationer on the Conversion of ths Isla Hermosa," in José Eugenio Borao (ed.), *Spaniards in Taiwan*, vol. 1, Taipei: SMC Publishing, 2001, 179–189.

Farrell, Jo (2015), "Unbound: China's last 'lotus feet' — in pictures," *The Guardian*, URL: www.theguardian.com/artanddesign/gallery/2015/jun/15/unbound-chinas-last-lotus-feet-in-pictures (visited on 06/15/2015).

Feyrer, James and Bruce Sacerdote (2009), "Colonialism and Modern Income: Islands as Natural Experiments," *Review of Economics and Statistics*, 91(2), 245–262.

Fitch, Asa (2020), "Intel's Success Came with Making Its Own Chips, Until Now," *Wall Street Journal (Online)*, URL: www.wsj.com/articles/intel-chips-cpu-factory-outsourcing-semiconductor-manufacturing-11604605618 (visited on 03/27/2020).

Gao, Zhicun and Clem Tisdell (2004), "Television Production: Its Changing Global Location, the Product Cycle and China," Working paper, University of Queensland.

Geerligs, H.C. Prinsen (1912), *The World's Cane Sugar Industry, Past and Present*, Manchester: Altrincham N. Rodger.

Glamann, Kristof (1958), *Dutch-Asiatic Trade, 1620–1740*, Hague and Copenhagen: Nijhoff and Danish Science Press.

Gleason, Ralph N. (1956), *Taiwan Food Balances: 1935–1954*, Taipei: Chinese-American Joint Commission on Rural Reconstruction.

Government Accounting Office (1989), *U.S. Trade Deficit: Impact of Currency Appreciations in Taiwan, South Korea, and Hong Kong*, Washington, D.C.: United States Government Accountability Office.

Haggard, Stephan and Chien-Kuo Pang (1993), "The Transition to Export-Led Growth in Taiwan," in Joel D. Aberbach, David Dollar, and Kenneth L. Sokoloff (ed.), *The Role of the State in Taiwan's Development*, Armonk, N.Y.: M.E. Sharpe.

Hannah, A.C. and Donald Spence (1997), *The International Sugar Trade*, New York: John Wiley and Sons.

Haraldson, Wesley C. (1959), "An Outline of An Accelerated Economic Development Program," Academia Historica: 006-010502-00017-007.

Hawaiian Sugar Planters' Association (1969), *Sugar Manual*, Hawaii: Hawaiian Sugar Planters' Association.

Ho, Samuel P.S. (1978), *Economic Development of Taiwan, 1860-1970*, New Haven: Yale University Press.

Hong, Kyttack (1997), "Foreign Capital and Economic Growth in Korea: 1970–1990," *Journal of Economic Development*, 22(1), 79–89.

Hu, K.P. (1966), "The Growing Electronics Industry on Taiwan," *Industry of Free China*, 26(6), 28–33.

Jacoby, Neil (1966), *U.S. Aid to Taiwan*, New York: Fredric A. Prager Publishers.

Jarman, Robert L. (ed.) (1997), *Taiwan: Political and Economic Reports: 1861–1960*, 10 vols., Slough, U.K.: Archive Editions Limited.

Jones, Howard (1953), "The Chargé in the Republic of China (Jones) to the Department of State," No. 142, 1953/10/6, URL: history.state.gov/historicaldocuments/frus1952-54v14p1/d142 (visited on 10/15/2022).

Kaohsiung Export Processing Zone Administration (1967), "The Story of KEPZ," *Industry of Free China*, 27(1), 10–22.

參考文獻

Kenney, Martin (2004), "The Shifting Value Chain: The Television Industry in North America," in Martin Kenney and Richard Florida (ed.), *Locating Global Advantage: Industry Dynamics in the International Economy*, Stanford: Stanford University Press, 82–110.

Klöter, Henning (2008), "Facts and Fantasy About Favorlang: Early European Encounters With Taiwan's Languages," in Alexander Lubotsky, Jos Schaeken, and Jeroen Wiedenhof (ed.), *Evidence and Counter-Evidence: Essays in Honour of Frederik*, vol. 2, Studies in Slavic and General Linguistics, Vol. 33, Amsterdam: Rodpoi, 207–223.

Kogut, Bruce (2004), "From Regions and Firms to Multinational Highways," in Martin Kenney and Richard Florida (ed.), *Locating Global Advantage: Industry Dynamics in the International Economy*, Stanford University Press, 261–281.

Koo, Hui-wen (2011), "Deer Hunting and Preserving the Commons in Dutch Colonial Taiwan," *Journal of Interdisciplinary History*, XLII(2), 185–203.

―― (2015), "Weather, Harvests, and Taxes: A Chinese Revolt in Colonial Taiwan," *Journal of Interdisciplinary History*, XLVI(1), 39–59.

―― (2021), "Sugar Production and Trade in Dutch Colonial Taiwan," *Taiwan Historical Research*, 28(2), 45–87.

Krugman, Paul (1994), "The Myth of Asia's Miracle," *Foreign Affairs*, 73(6), 62–78.

Leachman, Robert and Chien H. Leachman (2004), "Globalization of Semiconductors: Do Real Men Have Fabs, or Virtual Fabs?" in Martin Kenney and Richard Florida (ed.), *Locating Global Advantage: Industry Dynamics in the International Economy*, Stanford University Press, 203–231.

Leacock, Eleanor (1954), *The Montagnais "Hunting Territory" and the Fur Trade*, Arlington, VA: American Anthropological Association.

Leonard, R.F., F.L. Deming, and Chester Morrill (1961), *Comments and Recommendations on Central Banking in the Republic of China*, Taipei: The Central Bank of China.

Leung, Julia (1987), "Taiwan Comes Under Fire for Pushing Its Currency Up Against the U.S. Dollar," *The Wall Street Journal*, 1987/1/16.

Lim, Wonhyuk (2016), "The Development of Korea's Electronics Industry During Its Formative Years (1966-1979)," Government Publications Registration Number: 11-1051000-000756-01.

Lin, Ching-yuan (1973), *Industrialization in Taiwan, 1946–72*, New York: Praeger.

Lin, Hsiao-Ting (2013), "U.S.-Taiwan Military Diplomacy Revisited: Chiang Kai-shek, *Baituan*, and the 1954 Mutual Defense Pact," *Diplomatic History*, 37(5), 971–994.

Lucas, Jr., Robert E. (1993), "Making a Miracle," *Econometrica*, 61(2), 251–272.

Mackay, George Leslie (2015), *The Diary of George Leslie MacKay, 1871–1901*, Taipei: Institute of Taiwan History, Academia Sinica.

Malthus, Thomas Robert (1826), *An Essay on the Principle of Population*, 6th ed., London: John Murray.

參考文獻

Mathews, John Alwyn. and Dong-Sung Cho (2000), *Tiger Technology: The Creation of a Semiconductor Industry in East Asia*, Cambridge, UK: Cambridge University Press.

Meskill, Johanna Menzel (1979), *A Chinese Pioneer Family*, Princeton: Princeton University Press.

Mitchell, B.R. (2007), *International Historical Statistics: The Americas, 1750–2005*, 6th ed., New York: Macmillan.

Myers, Wykeham W. (1997), "On the Cultivation and Manufacture of Raw Sugar in South Formosa," in Robert L. Jarman (ed.), *Taiwan: Political and Economic Reports: 1861–1960*, vol. 4, Slough, U.K.: Archive Editions Limited, 407–421.

NBER Macrohistory (2017), "NBER Macrohistory: IV. Prices," URL: www.nber.org /research/data/nber-macrohistory-iv-prices (visited on 10/30/2017).

Office of Technology Assessment (1983), *International Competitiveness in Electronics*, Washington, D.C.: U.S. Government Printing Office.

——— (1991), *Competing Economies: America, Europe, and the Pacific Rim*, Washington, D.C.: U.S. Government Printing Office.

Ostrom, Elinor (2008), "Design Principles of Robust Property Rights Institutions: What Have We Learned?" in Gregory K. Ingram and Yu-Hung Hong (ed.), *Property Rights and Land Policy*, Cambridge, MA: Lincoln Institute of Land Policy, 23–51.

Panasonic Group (2022), "Technical Cooperation Agreement with Philips Inked," URL: holdings.panasonic/global/corporate/about/history/chronic le/1952.html (visited on 12/27/2022).

Park, Young-Il and Kym Anderson (1991), "The Rise and Demise of Textiles and Clothing in Economic Development: The Case of Japan," *Economic Development and Cultural Change*, 39(3), 531–548.

Patterson, Alan (2007), "Oral History of Morris Chang," Computer History Museum, URL: www.computerhistory.org/collections/catalog/1026581 29 (visited on 08/24/2007).

Perkins, Nevill (1997), "Report on Formosa," in Robert L. Jarman (ed.), *Taiwan: Political and Economic Reports: 1861–1960*, vol. 5, Slough, U.K.: Archive Editions Limited, 194–207.

Phang, Sara Elise (2002), "The Families of Roman Soldiers (First and Second Centuries A.D.): Culture, Law, and Practice," *Journal of Family History*, 27(4), 352–73.

Pine, Art (1986), "U.S. Planning Currency Talks with 2 Nations," *The Wall Street Journal*, 1986/7/28.

Porter, Michael E. (1980), *Competitive Strategy: Techniques for Analyzing Industries and Competitors*, New York: Free Press.

Putten, Frans-Paul van der (2004), "Corporate Governance and the Eclectic Paradigm: The Investment Motives of Philips in Taiwan in the 1960s," *Enterprise and Society*, 5(3), 490–526.

Rankin, Karl Lott (1964), *China Assignment*, Seattle: University of Washington Press.

Raper, Arthur F. (1953), *Rural Taiwan—Problem and Promise*, Taipei: Chinese–American Joint Commission on Rural Reconstruction.

Schive, Chi (1990), *Foreign Factor*, Stanford: Hoover Press Publication.

Schreiber, Jordan C. (1970), *U.S. Corporate Investment in Taiwan*, New York: Dunellen Publishing.

Scott, Maurice (1979), "Foreign Trade," in Walter Galenson (ed.), *Economic Growth and Structural Change in Taiwan*, Ithaca: Cornell University Press, 308–383.

Sen, Amartya (1990), "More Than 100 Million Women Are Missing," *The New York Review of Books*, 37(20).

Shapiro, Don (2019), "The Rehfeldt Group's Deep Roots in Taiwan," *Taiwan Business*, URL: topics.amcham.com.tw/2019/04/the-rehfeldt-groups-deep-roots-in-taiwan/ (visited on 04/22/2019).

Shepherd, John Robert (1993), *Statecraft and Political Economy on the Taiwan Frontier, 1600–1800*, Stanford: Stanford University Press.

——— (1995), *Marriage and Mandatory Abortion among the 17th-century Siraya*, American Ethnological Society monograph series; no. 6, Arlington, VA: American Anthropological Society.

——— (2019), *Footbinding as Fashion: Ethnicity, Labor, and Status in Traditional China*, Seattle: University of Washington Press.

Shimada, Ryuto (2006), *The Intra-Asian Trade in Japanese Copper by the Dutch East India Company During the Eighteenth Century*, Leiden: Brill.

Solow, Robert M. (1956), "A Conbribution to the Theory of Economic Growth," *Quarterly Journal of Economics*, 70(February), 65–94.

Speidel, William M. (1976), "The Administration and Fiscal Reform of Liu Ming-ch'uan in Taiwan, 1884–1891: Foundation for Self-strengthening," *Journal of Asian Studies*, 35(3), 441–459.

Spinanger, Dean (1984), "Objectives and Impact of Economic Activity Zones: Some Evidence from Asia," *Weltwirtschaftliches Archiv*, 120(1), 64–89.

Taiwan News (2021), "TSMC chairman hopes no war will happen in Taiwan," *Taiwan News*, URL: www.taiwannews.com.tw/en/news/4193594 (visited on 05/03/2021).

Takao Club (2022), "Pelham Laird Warren," URL: takaoclub.com/britishconsuls/pelham_laird_warren.htm (visited on 11/20/2022).

Timoshenko, Vladimir P. and Boris C. Swerling (1957), *The World's Sugar*, Stanford: Stanford University Press.

Tingle, G.M. (1997), "An Appreciation of the Administration and Situation in Formosa after Fifteen Months of Chinese Control," in Robert L. Jarman (ed.), *Taiwan: Political and Economic Reports: 1861–1960*, vol. 8, Slough, U.K.: Archive Editions Limited, 233–239.

Tsao, Yung-Ho (1982), "Pepper Trade in East Asia," *T'oung Pao*, 68, 221–247.

Tuan, Kailin (1967), "The Development of Electronic Industries in Taiwan," *Industry of Free China*, 27(6), 26–34.

U.S. Agency for International Development (1971), *U.S. Economic Assistance Programs Administered by the Agency for International Development and Predecessor Agencies, April 3, 1948–June 30, 1970*, Washington, D.C.: U.S. Agency for International Development.

U.S. Department of State Archive (2009), "The Taiwan Strait Crises: 1954–55 and 1958," URL: 2001--2009.state.gov/r/pa/ho/time/lw/88751.htm (visited on 10/15/2022).

United States Department of Agriculture (1961), *The Cotton Situation*, Washington, D.C.: United States Department of Agriculture.

United States International Trade Commission (1978), *The History and Current Status of The Multifiber Arrangement*, Washington, DC: United States International Trade Commission.

Van Veen, Ernst (1996), "How the Dutch Ran a Seventeenth-Century Colony: The Occupation and Loss of Formosa 1624–1662," *Itinerario*, 20(1), 59–97.

Wall Street Journal (1985), "U.S. Warns Taiwan about Trade," *The Wall Street Journal*, 1985/10/18.

Warren, Pelham (1997), "Report on the Trade of Taiwan for 1886," in Robert L. Jarman (ed.), *Taiwan: Political and Economic Reports: 1861–1960*, vol. 4, Slough, U.K.: Archive Editions Limited, 109–117.

Wikipedia (2022a), "Human sex ratio," URL: en.wikipedia.org/wiki/Human_sex_ratio (visited on 12/30/2022).

——— (2022b), "List of countries by GDP (PPP)," URL: en.wikipedia.org/wiki/List_of_countries_by_GDP_(PPP) (visited on 11/20/2022).

——— (2022c), "Triangulation," URL: https://en.wikipedia.org/wiki/Triangulation (visited on 12/08/2022).

Wills, John E., Jr. (2005), *Pepper, Guns, and Parleys: The Dutch East India Company and China, 1662–1681*, Los Angeles: Figueroa Press.

Wilson, Patricia A. (1992), *Exports and Local Development: Mexico's New Maquiladoras*, Austin: University of Texas Press.

Woodin, Martin D., C. E. Jacob, and Josoph J. Stroup (1952), *A Survey of the Taiwan Sugar Industry*, Part III, Taipei: U.S. Mutual Security Agency Mission to China.

Yager, Joseph (1959), "Telegram From the Embassy in the Republic of China to the Department of State," No. 323, 1959/12/31, URL: history.state.gov/historicaldocuments/frus1958-60v19/d323 (visited on 10/15/2022).

Yeh, George K.C. (1956), "A Plan for Sino-American Cooperation to Combat Communist Penetration in Asia," 1956/12/1, U.S. Declassified Documents Reference System, 1–52.

Yen, C.K. (1967), "Significance of Kaohsiung Export Processing Zone," *Industry of Free China*, 27(1), 2–5.

參考文獻

Zamora, Elizabeth and Jacob Kirchmer (2010), "Compensation Costs in Manufacturing across Industries and Countries, 1975–2007," *Monthly Labor Review*, June, 32–54.

Fleming, Nancy Hsu (2009),《狗去豬來：二二八前夕美國情報檔案》, 蔡丁貴 (譯), 台北: 前衛。

Freedman, Ronald (1961), "Preface,"《臺灣省人口統計 (中華民國五十年)》, 台灣省政府。

Huang, Tony (2022), "1920 年代「台灣農民組合運動」的回顧," URL: www.tonyhuang39.com/tony0571/tony0571.html (visited on 12/27/2022)。

weng3309 (2022), "臺灣古代的官道南北行," URL: weng3309.pixnet.net/blog/post/11206438 (visited on 12/20/2022)。

刁曼蓬 (2012), "彭淮南替國家賺大錢," 天下雜誌, 第 284 期, URL: www.cw.com.tw/article/5041590 (visited on 07/06/2012)。

大川一司 (1967),《物價》, 長期經濟統計, 第 8, 東京: 東洋經濟新報社。

小田俊郎 (1995),《台灣醫學 50 年》, 洪有錫 (譯), 台北: 前衛。

中村孝志 (1997a), "荷蘭的台灣經營," 收於《荷蘭時代台灣史研究, 上卷》, 台北: 稻鄉, 321–342。

——— (1997b), "荷蘭時代之台灣農業及其獎勵," 收於《荷蘭時代台灣史研究, 上卷》, 台北: 稻鄉, 43–80。

——— (1997c),《荷蘭時代台灣史研究, 上卷》, 台北: 稻鄉。

——— (1997d), "荷蘭統治的台灣內地諸稅," 收於吳密察與翁佳音 (編),《荷蘭時代台灣史研究, 上卷》, 台北: 稻鄉, 259–320。

——— (2002),《荷蘭時代台灣史研究, 下卷》, 台北: 稻鄉。

中村是公 (1905a),《臺灣土地調查事業概要》, 台北: 臨時臺灣土地調查局。

——— (1905b),《臺灣土地調查事業概要 (中譯本)》, 台北: 臨時臺灣土地調查局。

中華經濟研究院 (2013), "我國申請加入 GATT/WTO 之歷史紀要," URL: web.wtocenter.org.tw/Node.aspx?id=62 (visited on 12/31/2013)。

六十七與范咸 (1747),《重修臺灣府志》, 2 冊, 台北: 行政院文化建設委員會 (2005)。

尹仲容 (1952a), "從臺幣改革泛論目前臺灣的經濟情形," 收於《我對臺灣經濟的看法全集》, 初編, 台北: 美援運用委員會 (1963), 21–27。

——— (1952b), "發展本省紡織工業問題的檢討," 收於《我對臺灣經濟的看法全集》, 初編, 台北: 美援運用委員會 (1963), 62–68。

——— (1953), "一年來台灣花紗布的管制工作," 收於《我對臺灣經濟的看法全集》, 初編, 台北: 美援運用委員會 (1963), 69–73。

——— (1954), "臺灣經濟的困難與出路," 收於《我對臺灣經濟的看法全集》, 續編, 台北: 美援運用委員會 (1963), 36–47。

參考文獻

尹仲容 (1959a), "對當前外匯貿易管理政策及辦法的檢討," 收於《我對臺灣經濟的看法全集》, 續編, 台北: 美援運用委員會 (1963), 130–149。

——— (1959b), "臺灣之美國經援及其運用,"《臺灣銀行季刊》, 10(3), 52–60。

——— (1960), "臺灣經濟十年來的發展之檢討與展望," 收於《我對臺灣經濟的看法全集》, 三編, 台北: 美援運用委員會 (1963), 40–96。

——— (1961a), "十年來美國經濟援助與臺灣經濟發展,"《臺灣銀行季刊》, 12(1), 71–82。

——— (1961b), "臺幣通貨膨脹之控制," 收於《我對臺灣經濟的看法全集》, 三編, 台北: 美援運用委員會 (1963), 190–196。

——— (1997), "對當前糧食政策之意見," 收於黃登忠 (編),《臺灣百年糧政資料彙編》, 2冊, 第一篇, 台北: 臺灣省政府糧食處, 8.72–8.75。

巴克來 (1955),《臺灣人口研究報告》, 蔡文希, 石本素, 與甘碧雲 (譯), 台北: 中國農村復興聯合委員會。

日本糖業聯合會 (1935),《內地砂糖輸入高表》, 東京: 日本糖業聯合會。

木村光彥 (1997), "朝鮮、台灣における民族間所得分配, 1930–40年,"《國民經濟雜誌》, 175(2), 29–37。

王世慶 (1994), "清代臺灣的米價," 收於《清代臺灣社會經濟》, 台北: 聯經, 73–92。

王泰升 (1999),《台灣日治時期的法律改革》, 台北: 聯經。

王瑛曾 (1764),《重修鳳山縣志》, 臺灣文獻叢刊第146種, 台北: 臺灣銀行 (1962)。

王學新 (2014),《日據時期戶口調查史料選輯》, 南投: 國史館臺灣文獻館。

冉福立 (1999a),《十七世紀荷蘭人繪製的台灣老地圖, 上冊》, 江樹生 (譯), 台北: 漢聲。

——— (1999b),《十七世紀荷蘭人繪製的台灣老地圖, 下冊》, 江樹生 (譯), 台北: 漢聲。

古慧雯 (1996), "論「肥料換穀」,"《經濟論文叢刊》, 24(4), 479–507。

——— (2018), "十七世紀荷日貿易中台灣所扮演的角色,"《經濟論文叢刊》, 46(2), 209–234。

台灣工業文化資產網 (2022), "台灣 IC 產業夢想的起點," URL: iht.nstm.gov.tw/tour/index-1.asp?m=13&m1=6&m2=28&id=17 (visited on 12/31/2022)。

台灣行政長官公署 (1946),《臺灣省五十一年來統計提要》, 台北: 行政長官公署。

台灣省主計處 (1971),《中華民國台灣省統計提要: 1946年–1967年》, 台中: 台灣省政府主計處。

台灣省政府 (1947),《中華民國三十五年度臺灣省行政紀要》, 台北: 台灣省政府。

——— (1950),《臺灣貿易五十三年表》, 台北: 台灣省政府。

台灣糖業公司 (1946),《臺灣糖業概況》, 台北: 台灣糖業公司。

外匯貿易委員會 (1969),《外貿會十四年》, 台北: 行政院外匯貿易委員會。

永積洋子 (1987),《唐船輸出入品數量一覽, 1637–1833年》, 東京: 創文社。

參考文獻

────── (1993a), "荷蘭的台灣貿易, 上"《臺灣風物》, 43(1), 許賢瑤譯, 13–43。

────── (1993b), "荷蘭的台灣貿易, 下,"《臺灣風物》, 43(3), 許賢瑤譯, 45–91。

甘為霖 (2003),《荷據下的福爾摩莎》, 李雄揮 (譯), 台北: 前衛。

────── (2009),《素描福爾摩沙: 甘為霖台灣筆記》, 林弘宣, 許雅琦, 與陳珮馨 (譯), 台北: 前衛。

白起圖 (1737), "臺灣善後事宜," 收於《清高宗實錄選輯》, 臺灣文獻叢刊第186種, 台北: 臺灣銀行 (1964), 9。

矢內原忠雄 (1929),《帝國主義下の台灣》, 東京: 岩波。

────── (1999),《日本帝國主義下之臺灣》, 周憲文 (譯), 台北: 海峽學術出版社。

石弘毅 (2007), "清代康熙年間治臺策研究," 博士論文, 國立成功大學。

石萬壽 (2002), "臺灣棄留議新探,"《臺灣文獻》, 53(4), 151–181。

立法院 (1951),《第一屆立法院第八會期第七次祕密會議速記錄》, 1951/11/27, 台北: 立法院。

伊能嘉矩 (1999),《臺灣番政志》, 溫吉 (譯), 2 冊, 台中: 臺灣省文獻委員會。

伊藤重郎 (1939),《臺灣製糖株式會社史》, 東京: 臺灣製糖株式會社。

吉井友兄 (1896),《臺灣財政視察復命書》, 東京: 大藏省。

朱瑪瓏 (2022), "日治時期臺灣總督府農事試驗場位置圖," URL: thcts.sinica.edu.tw/themes/rd15-09120.php (visited on 12/31/2022)。

江丙坤 (1972),《臺灣田賦改革事業之研究》, 臺灣研究叢刊第108種, 台北: 臺灣銀行。

江樹生 (1985), "梅花鹿與台灣早期歷史關係之研究," 收於《台灣梅花鹿復育之研究, 73 年度報告》, 屏東: 內政部墾丁國家公園管理處, 3–62。

────── (2000),《熱蘭遮城日誌》, 第 1 冊, 台南: 台南市政府。

────── (2002),《熱蘭遮城日誌》, 第 2 冊, 台南: 台南市政府。

────── (2003a),《梅氏日記》, 台北: 漢聲出版社。

────── (2003b),《熱蘭遮城日誌》, 第 3 冊, 台南: 台南市政府。

────── (2007),《荷蘭臺灣長官致巴達維亞總督書信集 I, 1622–1626》, 台北: 南天書局。

────── (2010),《荷蘭臺灣長官致巴達維亞總督書信集 II, 1627–1629》, 台北: 南天書局。

────── (2011),《熱蘭遮城日誌》, 江樹生 (譯), 第 4 冊, 台南: 台南市政府。

────── (2015),《荷蘭臺灣長官致巴達維亞總督書信集 IV, 1629–1633 [2]》, 台北: 南天書局。

竹越與三郎 (1905),《臺灣統治志》, 東京: 博文館。

行政院 (1960a), "「加速經濟發展計劃大綱」核定," 國史館: 006-010507-00002-003。

────── (1960b), "加速經濟發展計劃大綱案," 國史館: 006-010507-00002-002。

參考文獻

行政院 (1960c), "擬具加速經濟發展計劃大綱報請公鑒案," 國史館: 006-010507-00002-001。

行政院美援運用委員會 (1952),《四十一年度美援工作報告》, 行政院施政報告附件, 1952/12/5, 台北。

行政院經濟設計委員會與內政部 (1976),《臺灣地區戶籍人口統計之調整》, 台北: 行政院經濟設計委員會綜合計劃處。

何炳棣 (1988),《中國古今土地數字的考釋和評價》, 北京: 中國社會科學出版社。

何智霖 (2007),《陳誠先生書信集: 與蔣中正先生往來函電》, 2冊, 台北: 國史館。

余文儀 (1774),《續修臺灣府志》, 台北: 行政院文化建設委員會 (2005)。

利邦 (2012),《利邦上尉東印度航海歷險記: 一位傭兵的日誌 (1617–1627)》, 賴慧芸 (譯), 台北: 遠流。

吳長濤 (2007), "臺灣省糧食局七月來工作報告," 收於陳雲林 (編),《館藏民國臺灣檔案匯編》, 第109冊, 北京: 九州, 329–398。

吳密察 (1999), "後藤新平的台灣統治經營," 收於黃昭堂 (編),《後藤新平・新渡戶稻造研究》, 台北: 現代文化基金會, 63–91。

吳淑敏 (2019),《胡定華創新行傳》, 新竹: 力和博創新網絡。

吳琬瑜 (1997), "大同寶寶衝刺新戰場 — 後林挺生時代開啓,"《天下雜誌》, 198期, URL: www.cw.com.tw/article/5106394 (visited on 11/01/1997)。

吳濁流 (1995),《無花果》, 台北: 草根。

吳興鏞 (2013),《黃金往事: 一九四九民國人與內戰黃金終結篇》, 台北: 時報文化。

吳聰敏 (1994), "台灣戰後的惡性物價膨脹," 收於梁國樹 (編),《台灣經濟發展論文集 — 紀念華嚴教授專集》, 台北: 時報文化公司。

——— (1996), "台灣長期的物價與物價指數," URL: homepage.ntu.edu.tw/~ntut019/ltes/tp.pdf。

——— (2001), "台灣農畜業之生產額: 1902–52,"《經濟論文叢刊》, 29(3), 302–338。

——— (2004), "由平均每人所得的變動看台灣長期的經濟發展,"《經濟論文叢刊》, 32(3), 293–320。

——— (2005), "台灣農村地區之消費者物價指數: 1902-1941,"《經濟論文叢刊》, 33(4), 323–357。

——— (2008), "荷蘭統治時期之贌社制度,"《臺灣史研究》, 15(1), 1–29。

——— (2009), "贌社制度之演變及其影響: 1644–1737年,"《臺灣史研究》, 16(3), 1–38。

——— (2013), "原住民土地流失問題," 台大經濟系未出版論文。

——— (2016), "從貿易與產業發展看荷治時期台灣殖民地經營之績效,"《經濟論文叢刊》, 44(3), 379–412。

——— (2017a), "大租權土地制度之分析,"《經濟論文叢刊》, 45(2), 299–337。

——— (2017b), "進口替代與台灣糖業帝國的興衰," URL: homepage.ntu.edu.tw/~ntut019/ltes/Sugar-Tea-Policy.pdf。

——— (2018),《經濟學原理》, 3 版, 台北: 雙葉。

——— (2019), "台湾経済の体制転換と輸出振興—1946 年から 1960 年代まで," 收於武田晴人・林采成 (編),《歴史としての高成長—東アジアの経験》, 京都大学学術出版会, 193-221。

——— (2020a), "清末的隱田,"《經濟論文叢刊》, 48(3), 305-342。

——— (2020b), "導論: 制度與經濟成長," 收於《制度與經濟成長》, 台北: 國立臺灣大學出版中心, 1-30。

——— (2020c), "糖業, 纏足與失蹤婦女," URL: homepage.ntu.edu.tw/~ntut019/ltes/Sugar-Gender.pdf。

——— (2021), "台灣央行的澄清稿," URL: homepage.ntu.edu.tw/~ntut019/edu/BK-mp-Reply-1.pdf (visited on 12/30/2022)。

——— (2022), "戰後台灣電子工業の產業發展," 收於武田晴人・林采成 (編),《東アジアの高成長史》, 京都大学学術出版会, 165-189。

吳聰敏與高櫻芬 (1991), "台灣貨幣與物價長期關係之研究: 1907 年至 1986 年,"《經濟論文叢刊》, 19(1), 23-71。

吳聰敏與葉彥珣 (1996), "台灣糖業國的沒落: 從甘蔗原料收購制度的角度觀察," 台大經濟系未出版論文。

吳聰敏與蔡宛樺 (2018), "台灣加工出口區之研究," URL: homepage.ntu.edu.tw/~ntut019/ltes/Taiwan-EPZ.pdf。

吳聰敏與盧佳慧 (2008), "日治初期交通建設的經濟效益,"《經濟論文叢刊》, 36(3), 293-325。

李壬癸 (2010),《新港文書研究》, 台北: 中央研究院語言學研究所。

李文良 (2007), "清初入籍臺灣法規之政治過程及其歷史意義,"《臺大文史哲學報》, 67, 107-137。

李文環 (2004),《台灣關貿政策之歷史研究, 1945-1967》, 2 冊, 新北市: 花木蘭出版社。

李仙得 (2013),《李仙得臺灣紀行》, 羅效德與費德廉 (譯), 台南: 國立臺灣歷史博物館。

李怡萱 (2004), "臺灣棉紡織業政策之研究, 1949-1953," 碩士論文, 政治大學。

李根培 (2017), "台灣二林蔗農事件文化協會," URL: www.facebook.com/872935069433235/posts/1473420072718062。

李國鼎 (1961), "論臺灣的工業發展," 1(6), 收錄於《台灣的工業化》, 台北: 資訊與電腦雜誌社 (1999)。

——— (1999),《臺灣經濟高速發展的經驗》, 台北: 資訊與電腦雜誌社。

李連春 (1955),《十年來的台灣糧政》, 台北: 台灣省糧食局。

村上直次郎 (1970),《巴達維亞城日記》,郭輝 (譯),台北:臺灣省文獻委員會。

杜張梅莊 (2019), "原住民族土地政策演進,"《地質》, 38(4), 9–11。

沈昌煥 (1960), "美援防衛支助金額," 國史館: 006-010507-00002-029。

沈起元 (1729), "治臺灣私議," 收於臺灣銀行 (編),《清經世文編選錄》,台灣文獻叢刊
　　　第 229 種,台北:臺灣銀行 (1966), 6–12。

沈雲龍 (1972),《尹仲容先生年譜初稿》,台北:傳記文學。

邢慕寰 (1993), "尹仲容先生與我的一段交往," 收於邢慕寰 (編),《臺灣經濟策論》,
　　　237–242。

周文 (1973a), "臺灣之紡織工業,"《臺灣銀行季刊》, 24(1), 95–124。

——— (1973b), "臺灣外銷紡織品銷售分析,"《臺灣銀行季刊》, 24(1), 125–165。

周俊霖與許永河 (2010),《南瀛糖業誌》,台南:台南縣政府。

周茂春 (2014), "日治時期台灣地權制度變遷之考察," 博士論文,國立政治大學。

周祝瑛 (2008),《台灣教育怎麼辦?》,台北:心理。

周婉窈 (2012), "陳第 (東番記) ─ 十七世紀臺灣西南平原的實地調查報告," 收於《海
　　　洋與殖民地臺灣論集》,台北:聯經, 107–150。

季麒光 (1685), "康熙中諸羅縣知縣季麒光覆議二十四年餉稅文," 收於《福建府台灣
　　　通志》,台灣文獻叢刊第 84, 164–169。

——— (2004),《東寧政事集》,臺灣文獻匯刊,第 4 輯第 2 冊,北京:九州出版社。

——— (2006),《蓉洲詩文稿選輯·東寧政事集》,李祖基點校,香港:人民出版社。

岡田章雄 (1983),《日欧交渉と南蛮貿易》,京都:思文閣。

岩生成一 (2013),《朱印船貿易史の研究, 新版》,東京:弘文堂。

服部一馬 (2007),《近代日本糖業史》,劉萬來 (譯), 2 冊,高雄:社團法人台灣糖業文
　　　化協會。

林昌華 (2009), "追尋華武壠:以荷蘭文獻重構華武壠 (Favorlang) 民族誌,"《台灣教
　　　會史研究會通訊》, 63, 1–7。

——— (2011), "西拉雅族群認同的追索:《福爾摩沙語辭彙集》初探 (上)"《臺灣風
　　　物》, 61(2), 141–169。

——— (2019), "《福爾摩沙語詞彙集》,《華武壠語辭典》開啟族群內在世界的原住
　　　民辭典," URL: tcnn.org.tw/archives/56024 (visited on 07/15/2019)。

林玲妃 (2011a), "史欽泰先生口述歷史," 美國電腦歷史博物館, URL: https://arch
　　　ive.computerhistory.org/resources/access/text/2012/02/1027459
　　　99-05-02-acc.pdf。

——— (2011b), "李焜耀先生口述歷史," 美國電腦歷史博物館, URL: https://arch
　　　ive.computerhistory.org/resources/access/text/2012/02/1027459
　　　95-05-02-acc.pdf。

—— (2011c), "施振榮先生口述歷史," 美國電腦歷史博物館, URL: https://arch
ive.computerhistory.org/resources/access/text/2012/02/1027460
01-05-02-acc.pdf。

—— (2011d), "胡定華先生口述歷史," 美國電腦歷史博物館, URL: https://arch
ive.computerhistory.org/resources/access/text/2012/02/1027459
97-05-02-acc.pdf。

—— (2011e), "曹興誠先生口述歷史," 美國電腦歷史博物館, URL: https://arch
ive.computerhistory.org/resources/access/text/2012/02/1027460
12-05-02-acc.pdf。

林淑慧 (2004), "日治時期臺灣婦女解纏足運動及其文化意義,"《國立中央圖書館臺
灣分館館刊臺灣雜誌》, 10(2), 76-93。

林榮芳 (1972), "臺灣電子工業中之僑外資,"《臺灣銀行季刊》, 22(4), 172-178。

林福裕 (2020), "4萬換一元的歷史鐵證," URL: https://twitter.com/t88651529
/status/1319647557203587072 (visited on 10/23/2020)。

武澤贇太郎 (1932),《鐵道旅客運賃表》, 7版, 台北: 臺灣總督府交通局鐵道部。

施坤生, 周建新, 與蘇震 (1961), "臺灣貿易外匯之研究,"《臺灣銀行季刊》, 12(1), 83-
125。

施添福 (1989a), "竹塹、竹塹埔和「鹿場半被流民開」," 收於施添福 (編),《清代臺灣的
地域社會: 竹塹地區的歷史地理研究》, 新竹: 新竹縣文化局 (2010), 233-240。

—— (1989b), "清代竹塹地區的「墾區莊」— 莘豐莊的設立和演變," 收於施添福
(編),《清代臺灣的地域社會: 竹塹地區的歷史地理研究》, 新竹: 新竹縣文化局
(2010), 37-64。

—— (1990a), "清代〈番黎不諳耕作〉的緣由: 以竹塹地區為例," 收於施添福 (編),
《清代臺灣的地域社會: 竹塹地區的歷史地理研究》, 新竹: 新竹縣文化局 (2010),
117-142。

—— (1990b), "清代竹塹地區的土牛溝和區域發展 — 一個歷史地理學的研究," 收
於《清代臺灣的地域社會: 竹塹地區的歷史地理研究》, 施添福 (編), 新竹: 新竹
縣文化局 (2010), 117-142。

—— (2001a), "紅線與藍線 — 清乾隆中葉台灣番界圖," 收於《清代臺灣的地域社
會: 竹塹地區的歷史地理研究》, 新竹: 新竹縣文化局 (2010), 241-246。

—— (2001b),《清代臺灣的地域社會: 竹塹地區的歷史地理研究》, 新竹: 新竹縣
文化局。

施琅 (1958),《靖海紀事》, 臺灣文獻叢刊第13種, 臺北: 臺灣銀行。

柯志明 (2001),《番頭家: 清代臺灣族群政治與熟番地權》, 台北: 中央研究院社會研
究所。

洪敏麟 (1976), "纏腳與台灣的天然足運動,"《臺灣文獻》, 27(3), 143-157。

—— (1978),《日本據臺初期重要檔案》, 台中: 臺灣省文獻委員會。

參考文獻

洪淑菁與張怡文 (2006), "孫運璿開三條件力邀張忠謀回台," 《時報週刊》, 1462, URL: www.sunyunsuan.org.tw/b_1.asp?newsid=2&newscat=A。

洪紹洋 (2020), "產業政策與企業經營: 1950–1970年代臺灣汽車工業的發展," 未出版論文。

——— (2021), 《商人、企業與外資: 戰後臺灣經濟史考察 (1945-1960)》, 台北: 左岸文化。

相良捨男 (1919), 《經濟上より見たる臺灣の糖業》, 東京: 東洋印刷株式會社。

美國經濟顧問團 (1954), 《美國經濟顧問團報告書》, 台北: 美國經濟顧問團。

范燕秋 (2010), 《疫病、醫學與殖民現代性: 日治臺灣醫學史》, 台北: 前衛。

孫鐵齋 (1959), "臺灣糖價之研究," 《臺灣銀行季刊》, 11(1), 71–95。

徐柏園 (1955a), "處理當前外匯問題," 國史館: 006-010307-00004-003。

——— (1955b), 《關於美國經濟顧問團各項建議之實施情形》, 國史館: 006-010307-00004-003。

桃園市政府文化局 (2017), 《桃園市文化景觀「土牛溝調查研究暨保存維護計畫」成果報告書》, 桃園市: 桃園市政府文化局。

翁佳音 (2006), "「福爾摩沙」由來," 《翰林社會天地》, 5, 4–13。

——— (2007), "路是人走出來的: 十七世紀中葉台灣島內南北交通路線表," 《歷史月刊》, 232, 33–38。

耿慧玲 (2008), 《禁錮婢女碑與清代臺灣婦女地位研究》, 第13冊, 311–339。

馬淵東一 (2017), 《馬淵東一著作集》, 余萬居, 林雪貞, 與黃淑芬 (譯), 台北: 中研院民族所。

高山 (1745), "陳臺灣事宜疏," 收於《清奏疏選彙》, 台灣文獻叢刊第256號, 台北: 臺灣銀行 (1968年), 39–44。

高拱乾與周元文 (1712), 《臺灣府志》, 台北: 行政院文化建設委員會 (2004)。

高雄加工出口區管理處 (2016), "世界加工出口區之父 — 李國鼎," URL: www.epza.gov.tw/info.aspx?pageid=e2bbde3dd72b1118&cid=d3b4c1768c1ec549 (visited on 11/29/2016)。

康斯特與培斯特 (1985), "蕭壠城記," 江樹生 (譯), 《臺灣風物》, 35(2), 80–87。

康綠島 (1993), 《李國鼎口述歷史: 話說臺灣經驗》, 台北: 卓越文化。

張季熙 (1958), "糖業," 收於《台灣工業復興史》, 台北: 中國工程師學會。

張忠謀 (2001), 《張忠謀自傳》, 2版, 台北: 天下遠見。

——— (2021), "珍惜台灣半導體晶圓製造的優勢," 2021大師智庫論壇。

張炎憲, 王世慶, 與李季樺 (1993), 《台灣平埔族文獻資料選集 — 竹塹社》, 2冊, 台北: 中央研究院台灣史田野研究室。

張建隆 (2016), 《日治初期淡水史料匯編》, 新北市: 張建隆。

張研 (2002), 《清代經濟簡史》, 台北: 雲龍。

張茲闓 (1959), "中央黨部發言要點," 國史館: 006-010502-00024-002。

參考文獻

張隆志 (2002), "後藤新平: 生物學政治與臺灣殖民現代性的構築, 1898–1906," 收於胡健國 (編),《20世紀臺灣歷史與人物: 第六屆中華民國史專題論文集》, 台北: 國史館, 1235–1259。

張德粹 (1967),《臺灣砂糖保證價格之研究》, 台北: 台灣糖業公司與中國農村經濟學會。

張澤南 (1948),《台灣經濟提要》, 台北: 善後救濟總署台灣分署。

曹永和 (1979a), "明代臺灣漁業誌略," 收於《臺灣早期歷史研究》, 台北: 聯經, 157–174。

—— (1979b), "明代臺灣漁業誌略補說," 收於《臺灣早期歷史研究》, 台北: 聯經, 175–254。

—— (1979c), "歐洲古地圖上之臺灣," 收於《臺灣早期歷史研究》, 台北: 聯經, 295–368。

—— (2000a), "小琉球原住民的消失 — 重拾失落台灣歷史之一頁," 收於《臺灣早期歷史研究續集》, 台北: 聯經, 185–237。

—— (2000b), "明末華人在爪哇萬丹的活動," 收於《中國海洋史論集》, 台北: 聯經, 233–271。

—— (2000c), "環中國海域交流史上的台灣與日本," 收於《臺灣早期歷史研究續集》, 台北: 聯經, 613–639。

—— (2011),《近世臺灣鹿皮貿易考》, 台北: 遠流。

莊天賜 (2012), "臨時臺灣糖務局時期原料採取區域制度之施行 (1904–1911),"《師大臺灣史學報》, 5, 71–96。

許有為 (2019),《《黨產研究》別冊: 檔案選輯》, 2 版, 台北: 不當黨產處理委員會。

許佩賢 (1995),《攻台見聞》, 台北: 遠流。

許雪姬 (2020),《田庄人的故事 (一)》, 台北: 中央研究院臺灣史研究所。

許惠姍 (2003), "進口替代時期台灣的棉紡織政策, 1949–1958," 碩士論文, 政治大學。

郭岱君 (2015),《台灣經濟轉型的故事》, 台北: 聯經。

郭詠華 (2010), "現代型國家下個人身分及其識別: 百年來的台灣個人資料法社會史," 國立台灣大學, 碩士論文。

陳育晟 (2019), "誰這麼厲害? 玩弄了張忠謀還讓他佩服不已,"《遠見》, URL: www.gvm.com.tw/article/66589 (visited on 06/06/2019)。

陳信行 (2006), "打造第一個全球裝配線,"《政大勞動學報》, 20, 1–48。

陳秋坤, 利天龍, 曾坤木, 與莊天賜 (2014),《重修屏東縣志: 人群分類與聚落村莊的發展》, 屏東: 屏東縣政府文化處, URL: openmuseum.tw/muse/digi_object/1f9fff86b8eeb530176e76a0065baac0#209。

陳虹宇, 吳聰敏, 李怡庭, 與陳旭昇 (2021),《致富的特權: 二十年來我們為央行政策付出的代價》, 台北: 春山。

參考文獻

陳家豪與蔡龍保 (2020),"日治時期台灣現代交通建設對商品運輸的影響:以米穀為中心 (1899–1918),"《經濟論文叢刊》, 48(3), 381–420。

陳紹馨 (1979a),"臺灣死亡現象之社會學的考察," 收於《臺灣的人口變遷與社會變遷》,台北:聯經, 35–91。

———— (1979b),"臺灣的人口變遷與社會變遷," 收於《臺灣的人口變遷與社會變遷》,台北:聯經, 93–177。

陳榮富 (1953),《台灣之金融史料》,台北:臺灣銀行。

———— (1954),《臺灣貨幣金融全書》,台北:三省書店。

———— (1956),《六十年來台灣之金融與貿易》,台北:三省書店。

陳興唐 (1992),《台灣「二二八」事件檔案史料》, 2冊,台北:人間出版社。

陳璸 (1961),《陳清端公文選》,臺灣文獻叢刊第116種,台北:臺灣銀行。

陸軍參謀本部陸地測量部 (1896),《台灣諸景寫真帖》,東京:陸地測量部。

曾獻緯 (2015),"戰後初期臺灣的糧食管制 (1945–1949),"《臺灣文獻季刊》, 66(3), 53–102。

朝元照雄 (2016),"臺灣半導體產業的形成與發展," 收於林惠玲與陳添枝 (編),《臺灣產業的轉型與創新》,台北:台大出版中心, 15–96。

森久男 (1980),"臺灣總督府糖業保護政策之開展," 收於黃富三與曹永和 (編),洪尊元 (譯),《台灣史論叢》,台北:眾文, 368–410。

程玉鳳 (2009),"光復初期臺糖的銷售問題—十五萬噸敵糖的來龍去脈 (1945–1947),"《國史館館刊》, 21, 47–94。

程紹剛 (2000),《荷蘭人在福爾摩莎》,台北:聯經。

華松年 (1984),《臺灣糧政史》, 2冊,台北:商務印書館。

雲海龍吟 (2009),"熱蘭遮城外城牆殘蹟與市鎮," URL: c931011106.pixnet.net/blog/post/232143716 (visited on 11/25/2009)。

黃仁姿 (2020),《田庄人的故事 (二)》,台北:中央研究院臺灣史研究所。

黃玉階 (1911),"本島婦人の纏足と其の歷史,"《臺灣雜誌》, 7, 64–65。

黃叔璥 (1736),《台海使槎錄》,台灣文獻叢刊第4種,台北:臺灣銀行。

黃東之 (1956),"臺灣之棉紡工業,"《臺灣銀行季刊》, 7(1), 1–33。

黃修文 (2005),"世紀之交的臺灣糖業與蔗農," 碩士論文,國立政治大學。

黃登忠 (1997),《臺灣百年糧政資料彙編》, 2冊,台北:臺灣省政府糧食處。

塩見俊二 (2001),《秘錄・終戰前後的台灣》,日本文教基金會編譯,台北:文英堂。

楊英 (1981),《先王實錄》,何碧笙校註,福州:人民出版社。

楊國楨 (2009),《明清土地契約文書研究》,北京:人民大學出版社。

楊龢之 (2004),《遇見三百年前的台灣 — 裨海紀遊》,台北:圓神。

溝口敏行 (2008),《アジア長期經濟統計 I: 臺灣》,東京:東洋經濟新報社。

經濟安定委員會 (1955),《對于美國經濟顧問團報告書之綜合研究意見》,國史館:006-010307-00001-005。

參考文獻

葉日崧 (1980), "從產品的國際循環看臺灣電視機產業之發展," 《臺灣銀行季刊》, 31(2), 156–205。

葉高華 (2021), "從解密檔案重估二戰後移入臺灣的外省籍人數," 《臺灣史研究》, 28(3), 211–229。

葉新明 (1997), "當前糧食問題之前剖析," 收於黃登忠 (編), 《臺灣百年糧政資料彙編》, 2 冊, 第 1 編, 台北: 臺灣省政府糧食處, 8.65–8.71。

葉榮鐘 (1995), 《台灣人物群像》, 台北: 時報文化。

董宜秋 (2002), 《帝國與便所—日治時期台灣便所興建及污物處理》, 台北: 台灣書房。

鈴木哲造 (2007), "日治初年台灣衛生政策之展開 — 以「公醫報告」之分析為中心," 《臺灣師大歷史學報》, (37), 143–180。

雷柏爾, 全漢昇, 與陳紹馨 (1954), 《臺灣之城市與工業》, 台北: 美國國外業務總署駐華共同安全分署與國立台灣大學。

廖學枝 (1915), "纏足之弊害及救濟," 收於 《纏足之弊害及救濟》, 台北: 台灣日日新報社, 7–13。

維基百科 (2022), "李國鼎," URL: zh.wikipedia.org/wiki/%E6%9D%8E%E5%9C%8B%E9%BC%8E (visited on 12/02/2022)。

臺北外匯市場發展基金會 (2016), 《臺灣的匯率制度與外匯管理自由化》, 台北: 臺北外匯市場發展基金會。

臺灣行政長官公署 (1946), 《臺灣一年來之糧政》, 台北: 臺灣行政長官公署。

臺灣省文獻委員會 (2001), 《日據時期宜蘭地區原住民料彙編與研究》, 王學新 (譯), 總督府檔案專題翻譯 (九), 台中: 臺灣省文獻委員會。

臺灣省文獻會 (1994), 《臺灣總督府檔案中譯本》, 林品桐等 (譯), 第 4 冊, 南投: 臺灣省文獻會。

——— (1995), 《臺灣總督府檔案中譯本》, 林品桐等 (譯), 第 5 冊, 南投: 臺灣省文獻會。

臺灣省行政長官公署 (1946), 《臺灣省行政長官公署提出省參議會施政報告》, 第一屆第一次大會, 台北: 臺灣省行政長官公署。

臺灣省政府 (1949), 《臺灣省政府施政報告》, 1949 年 12 月, 台北: 臺灣省政府。

臺灣省糧食局 (2007), "電陳本省撥借軍糧平價接濟民食實施辦法乞核示由," 收於陳雲林 (編), 《館藏民國臺灣檔案匯編》, 第 86 冊, 北京: 九州, 346–348。

——— (2017), "臺灣光復後之糧政措施," 《臺灣銀行季刊》, 1, 210–212。

臺灣製糖株式會社 (1908), 《臺灣製糖株式會社第八回報告書》, 台灣鳳山廳: 臺灣製糖株式會社。

臺灣銀行 (1963), 《清代臺灣大租調查書》, 6 冊, 臺灣文獻叢刊第 152 種, 台北: 臺灣銀行。

臺灣銀行經濟研究室 (1963), 《臺灣私法物權編》, 台北: 臺灣銀行經濟研究室。

參考文獻

臺灣銀行調查課 (1919),《臺灣の米價》, 台北: 臺灣銀行。

臺灣總督府 (2000),《臺灣總督府公文類纂殖產史料彙編, 糖業》, 顏義芳編譯, 台中: 臺灣省文獻委員會。

——— (2007), "臺灣總督府農商局食糧部移交清冊," 收於陳雲林 (編),《館藏民國臺灣檔案匯編》, 第 41 冊, 北京: 九州。

臺灣總督府民政部 (1915),《記念台灣寫真帖》, 台北: 臺灣總督府民政部。

臺灣總督府民政部土木局 (1918),《臺灣水道誌》, 台北: 臺灣總督府民政部土木局。

臺灣總督府官房臨時戶口調查部 (1918),《第二次臨時臺灣戶口調查記述報文》, 台北: 臺灣總督府官房臨時戶口調查部。

臺灣總督府財務局 (1916),《臺灣宅地租調查事業成績報告書》, 台北: 臺灣總督府民政部財務局。

——— (1918),《臺灣稅務史》, 2 冊, 臺灣總督府民政部財務局。

——— (1922),《臺灣貿易二十五年對照表》, 台北: 臺灣總督府財務局稅務課。

臺灣總督府陸軍幕僚 (1905),《臺灣陸軍衛生概況》, 台北: 臺灣總督府。

臺灣總督府殖產局 (1919),《臺灣ノ農業勞働ニ關スル調查》, 農事調查第 2, 台北: 臺灣總督府殖產局。

——— (1927),《臺灣糖業概觀》, 台北: 臺灣總督府殖產局。

臺灣總督府總督官房文書課 (1908),《台灣寫真帖》, 台北: 臺灣總督府總督官房文書課。

臺灣總督府警務局衛生課 (1932),《マラリア防遏誌》, 台北: 臺灣總督府警務局衛生課。

臺灣總督府鐵道部 (1911),《臺灣鐵道史》, 3 冊, 台北: 臺灣總督府鐵道部。

——— (1990),《臺灣鐵路史, 上卷》, 江慶林 (譯), 台中: 臺灣省文獻委員會。

趙既昌 (1985),《美援的運用》, 台北: 聯經。

劉文騰 (1954), "赴韓經濟訪問團紡織部份報告書,"《紡織界》, 第 50 期, 5–9。

劉良璧 (1742),《重修福建臺灣府志》, 行政院文化建設委員會 (2005), 台北。

劉敏誠 (1972), "臺灣僑外資事業與經濟發展,"《臺灣銀行季刊》, 22(4), 40–71。

劉翠溶 (1967), "清初順治康熙年間減免賦稅的過程,"《中央研究院歷史語言研究所集刊》, 37(2), 757–777。

劉銘傳 (1886), "量田清賦申明賞罰摺," 收於《劉壯肅公奏議》, 臺灣文獻叢刊第 27 種, 台北: 臺灣銀行 (1958), 303–305。

——— (1958),《劉壯肅公奏議》, 臺灣文獻叢刊第 27 種, 台北: 臺灣銀行。

劉澤民 (2002),《平埔百社古文書》, 台中: 國史館臺灣文獻館。

審計部 (1951),《中華民國四十年度中央政府總決算審核報告書》, 台北: 審計部。

歐素瑛 (2018), "臺灣省參議會對糧荒問題之調劑 (1946–1951),"《臺灣學研究》, 22, 35–76。

歐陽泰 (2007),《福爾摩沙如何變成臺灣府?》, 鄭維中 (譯), 台北: 遠流。

參考文獻

蔡志杰 (2007), "大同: 從國貨第一品牌到外移 (一)," URL: www.coolloud.org.tw/node/5086 (visited on 12/27/2022).

蔡龍保 (2010), "飯田豐二與日治初期的臺灣鐵路,"《臺灣博物季刊》, 29(2), 74–79。

鄭友揆, 程麟蓀, 與張傳洪 (1991),《舊中國的資源委員會: 1932–1949》, 上海: 上海社會科學院出版社。

鄭政誠 (2005),《臺灣大調查: 臨時臺灣舊慣調查會之研究》, 台北縣: 博揚文化。

駒込武 (2020), "殖民地支配與近代教育: 一個台灣知識分子的足跡," 收於許佩賢 (編), 許佩賢 (譯),《帝國的學校・地域的學校》, 臺北: 國立臺灣大學出版中心, 407–426, ISBN: 9789863504030。

盧樂山 (1953), "紗布外銷的成本問題,"《紡織界》, 48, 11–12。

蕭伊伶 (2014),《金釵記: 前鎮加工區女性勞工的口述記憶》, 高雄: 高雄文化局・麗文文化。

蕭峰雄 (1994),《我國產業政策與產業發展》, 台北: 遠東經濟研究顧問社。

賴永祥 (2023), "女皇飯店," URL: www.laijohn.com/book3/220.htm (visited on 01/11/2023)。

賴澤涵, 黃富三, 黃秀政, 吳文星, 與許雪姬 (1994),《二二八事件研究報告》, 台北: 時報文化。

戴炎輝 (1963), "清代臺灣之大小租業,"《臺北文獻》, 4, 1–47。

總督府公文類纂 (1905), "臨時戶口調查諭告第二號," 總督府公文類纂: 00001116012, (visited on 12/21/2022)。

臨時臺灣土地調查局 (1900),《清賦一斑》, 台北: 臨時臺灣土地調查局。

——— (1903),《臨時臺灣土地調查局事業報告第一回》, 台北: 臨時臺灣土地調查局。

——— (1905a),《台灣土地調查事業概要 (中譯本)》, 台北: 臨時臺灣土地調查局。

——— (1905b),《田收穫及小租調查書》, 台北: 臨時臺灣土地調查局。

——— (1905c),《臺灣土地慣行一斑》, 3 冊, 台北: 臨時臺灣土地調查局。

——— (1905d),《臨時臺灣土地調查局事業報告第五回》, 台北: 臨時臺灣土地調查局。

——— (1905e),《臨時臺灣土地調查局事業報告第四回》, 台北: 臨時臺灣土地調查局。

臨時臺灣戶口調查部 (1908),《臨時臺灣戶口調查記述報文》, 台北: 臨時臺灣戶口調查部。

——— (1909),《臨時臺灣漢譯戶口調查記述報文》, 台北: 臨時臺灣戶口調查部。

臨時臺灣舊慣調查會 (1905),《調查經濟資料報告》, 2 冊, 東京: 臨時臺灣舊慣調查會。

——— (1910),《臺灣私法》, 陳金讓 (譯), 3 冊, 台中: 台灣省文獻委員會 (1993)。

薛月順 (2001),《臺灣省貿易局史料彙編》, 第 1 冊, 台北: 國史館。

參考文獻

謝明如 (2022), "由館藏看日治臺灣醫學教育的建立與醫師的養成," URL: archive s.ith.sinica.edu.tw/collections_list_02.php?no=50 (visited on 12/08/2022)。

韓家寶 (2002a),《荷蘭時代台灣的經濟、土地與稅務》, 台北: 播種者文化。

——— (2002b), "荷蘭時代的土地權型態," 收於《荷蘭時代台灣的經濟、土地與稅務》, 台北: 播種者文化, 75–125。

韓家寶與鄭維中 (2005),《荷蘭時代台灣告令集, 婚姻與洗禮登錄簿》, 台北: 曹永和文教基金會。

藍鼎元 (1723),《平臺紀略》, 臺灣文獻叢刊第14種, 台北: 臺灣銀行 (1958)。

——— (1958),《東征集》, 臺灣文獻叢刊第12種, 台北: 臺灣銀行。

顏怡真 (1997), "日治時期臺灣族群間所得之分配," 碩士論文, 台北: 國立台灣大學。

魏凱立 (2000), "身高與台灣人經濟福利的變化, 1854–1910,"《經濟論文叢刊》, 28(1), 125–142。

嚴家淦 (1961), "關於加速經濟發展計劃之推動事宜," 國史館: 006-010502-00009-006。

蘇峯楠 (2015), "清治臺灣番界圖的製圖脈絡: 以〈紫線番界圖〉的構成與承啟為中心,"《臺灣史研究》, 22(3), 1–50。

蘇瑤崇 (2014), "戰後臺灣米荒問題新探 (1945–1946),"《近代史研究所集刊》, 86, 95–134。

索引

索引

索引

索引

543

索引

索引

索引

索引

索引

索引

索引

All Voices from the Island

島嶼湧現的聲音